EVRENSEL
BASIM YAYIN

DİMİTIR DİMOV

*

TÜTÜN-2

*

Çeviren

Burhan Arpad

Doğa Basın Yayın
Dağıtım Ticaret Limited Şirketi
Tarlabaşı Bulvarı
Kamer Hatun Mah.
Alhatun Sk. No: 27
Beyoğlu / İstanbul
Tel: 0212 361 09 07 (pbx)
Faks: 0212 361 09 04
web: www.evrenselbasim.com
e.posta: bilgi@evrenselbasim.com

Evrensel Basım Yayın – 104

TÜTÜN-II
Dimitır Dimov

Çeviren
Burhan Arpad

Kapak Tasarım
Savaş Çekiç

Birinci Basım
1962(İzlem-May)

On birinci Basım
Ekim 1998

On ikinci Basım
Ağustos 2004

ISBN 975-6865-01-6

Baskı
Ayhan Matbaası
(Yüzyıl Mah. Massit 5. Cad. No: 47 Bağcılar 0212.629 01 65)

TÜTÜN-2

1

Bahar yağmurlarıyla birlikte Almanlar Bulgaristan'a girdi. Sofya sokaklarından gürültüyle geçen motorlu birlikler güneye gitmekteydi. Toplar ve makineli tüfeklerle silahlandırılmış zırhlı araçlar, yağmurla pırıl pırıl yıkanmış demir grisi gövdeleriyle, sabah sisleri arasından birbiri ardından ortaya çıkıyordu. Birliklerin, eski barbarlık çağlarından kalma ölü kafası, geyik, kaçak tavşan, kanatlarını germiş kartal gibi simgeleri, egzoz borularından çıkan mavimsi dumanlara rağmen seçiliyordu. Motorlu birlikler arada bir mola veriyordu. Böyle anlarda tank ve kamyonlarda soluk mavi bakışlı buz gibi suratlar beliriyordu. Askerler, jambon ve sucuklarını ağır ağır çiğnemekteydiler. Zırhlı birliklerin seçkinleriydi bunlar. Halk, bu tahrip ve ölüm gereçlerine korkulu gözlerle bakıyordu.

Zırhlı birlikleri, motorlu piyadeler izledi. Hitler Gençliği arasından derlenmiş bu sarışın oğlanlar, kana susamış vahşi hayvan yavruları gibiydiler ve yaşama sevincinden önce öldürmeyi ve ölmeyi öğrenmek zorundaydılar. Onların ardından asıl kara ordusu geliyordu. Tarlalarından ve fabrikalarından askere alınmışlardı; yerlerine savaş tutsakları verilmişti. Bu sonuncu askerlerin pek öyle candan ve dimdik bir görünüşleri yoktu. İriyarı erkekler, şiş ayaklarına güçlükle basarak, ağır ağır yürüyorlardı; heyecanla alkış tutanlara, dalgın ve ilgisiz bakmaktaydılar. Tröstler için ölmeye can atan bir görünüşleri yoktu. Ama aşırı disiplinliydiler ve buralara niye getirildiklerini soracak kişilikten yoksundular. Yorgun, suskun görünüşlerine bakınca, acımamak elde değildi. Mola verince, Essen'li işçilerden bir asker, küçük bir Bulgar kız çocuğunu elinden tutup yaya kaldırımında aşağı yukarı dolaşmaya başladı. Promeranyalı bir köylü, yurdunun tarlalarını hatırlamış gibi, iri bıyıklarını düzelterek taze otlara ve tomurcuklu ağaçlara hüzünle baktı. Sonra, yine miğferlerini koydular başlarına, tüfeklerini omuzladılar; sessiz ve suskun yürüdüler, güneye doğru.

On gün sonra sisler dağıldı; Bulgar başkenti yeşilliklerle doldu, renk renk bir çiçek denizi oluverdi. Sofya'nın böylesine tasasız ve keyifli olduğu hiç görülmemişti. Pastanelerde, lokantalarda iyi giyimli insanlar göze çarpıyordu. Güzel kadınların, kendini beğenmiş erkeklerin bindiği lüks otomobiller, çelik miğferli Alman askerlerinin motosikletleri ve Bulgar kamyonları hızla geçiyordu caddelerden. Akşamları meyhanelerde başlayan keyifli âlemler, barlarda, randevuevlerinde sabaha kadar sürüyordu. Kendilerini pek akıllı sayan işadamları, Almanların omzuna dostça vurup, Trakya ve Makedonya'yı Bulgaristan'a katmayı başkalarına yaptırıverdi diye, kralın sağlığına kadeh kaldırıyorlardı. Sabaha karşı kent budalaca neşelenmelerden, haykırışmalar ve gürültüden yorgun düşmüş gibi sessizleşiveriyordu. Yurdundan uzaklarda olmanın hüznüne kapılmış bir Alman askeri, bir sokak kadınını yakındaki bir otele götürür, gece işçileri sokakları temizlemeye başlardı sessizce. Polislerin ayak sesleri duyulurdu arada bir. Gece işinden dönen bir telefoncu kız, eline geçen paranın azlığından yakınır, yoksul bir emekli, korkunç fiyat yükselişlerine atıp tutardı tramvay duraklarında.

Alman birlikleri, güneye doğru yürüyüşü sürdürürken, tütüncüler dünyasında hızlı bir canlılık başlamıştı. Birbiri arkasından yeni yeni firmalar kuruluyordu. Tütünden hiç anlamayan kişiler Alman dostu oluverip yeni firmalar kuruyor, anlaşmalar yapıyor, Alman sigara tröstlerinden kredi alıyorlardı. O güne kadar ticaret nedir hiç düşünmemiş kendi halinde yedek subaylar bile, bu tütün tutkusuna kapılıveriyorlardı. Birinci Dünya Savaşı'ndan kalma Alman nişanlarını çekmecelerinden çıkarıyor ve onları von Geier'e salık verenler eski yararlılıklarıyla övünüyorlardı. Bunlardan bazıları gerçekten dürüst kişilerdi. Ne var ki, çalmasını ve yalan söylemesini beceremediklerinden, işleri yürütemeyen bu gibilerin yerine, öteki firmalardan ayartılıp hemen uzman yapılan ve okuması yazması bile olmayan ustalar çalıyor ve yalan söylüyordu. Batakçiya ile eski bir generalin kurduğu küçük bir firma, kısa sürede gelişivermiş, Nikotiana'nın eski ustabaşısı bir otomobil satın almış, bir kapatma edinmiş, çocuklarını Alman okuluna yazdırmıştı. Ancak, eski tanışlarının alaya almasına bakılınca, bütün bunları kendine yakıştıramadığı anlaşılıyordu. Kendini rahat bulduğu yerler, doğduğu küçük kentin kahvesi ve köylüleri kafese koyduğu o leş kokulu köy meyhaneleriydi. Böyle yerlerde onunla kimse boy ölçüşemezdi. Küçük dalaverelerin eşsiz ustasıydı. Büyükçe parti tütünleri düşük fiyatla satın almasını becerirdi.

Nikotiana da, Ege denizine uzanmaya hazırlanıyordu. Öteki büyük firmalarla anlaşıp koruyucu bir yasa çıkarttırmışlardı. Trakya'da satın alınacak tütünlerden gelecek kayıpları hükümet üzerine alıyordu. Bay Morev, Barutçiyev ve ötekiler, doğabilecek zararlara karşı böylece önceden korunmuş olarak sağlam iş yapacaklardı. Güney Trakya yabancı elinde kalırsa, hükümet, bilinmez nedenler yüzünden oralarda kalacak tütünlerin değerini firmalara ödeyecekti.

Boris, Çam-Koruya'daki villasında bir akşam, "Yaman bir iş bu," dedi.

Von Geier ve Binbaşı Friscmut'la geçen bütün bir günün yorgunluğuyla dalgınlaşmış olan İrina, "Ne işi?" diye sordu.

Boris'in gençliği gidivermişti. Derinin pörsümesi, gözlerin altındaki ve ağzın çevresindeki kırışıklıklar, aşırı gerilimli bir yaşamın ve içkiye düşkünlüğün sonucu, erken yaşlanmanın belirtileriydi. İrina, birkaç yıl sonra onun can sıkıcı bir yaratık, bedensel gücünü yitirmiş bir erkek durumuna düşeceğini, ilgisizlikle düşündü.

Boris, kaba bir tavırla, "Bir şey söylerken hiç kulak vermezsin bana!" dedi. "Eğlenceden başka bir şey düşünmezsin!"

İrina, yatakta okumak için bir polisiye roman ararken, "Ne dedin?" diye sordu.

"Savaş biterken Trakya'nın son ürünlerinden yüklüce tütün satın alabilirsem parlak olmaz mı derim?"

"Trakya'nın bizde kalacağını nerden biliyorsun!"

"Almanya çökmediği süre Trakya bizde kalacak!.. Almanlar bize açıkça söz verdiler. Dünyanın tütüne saldıracağı böyle bir anda bütün ürünü Bulgaristan'a getirip piyasaya süreceğimi bir düşün! Her savaştan sonra tütün tüketimi artar. Gerçi bu planın tehlikeli yanları da var ama, ben severim böylesini!"

İrina öfkeyle, "Ya Bulgaristan'ı Yunanlılar işgal ederse?" diye sordu. "O zaman da Yunanlılar geri götürürler, hem bizimkileri de birlikte. Bu durumda senin tehlikeli işlerden hoşlanan yanın hapı yutar."

"Sırplar da Yunanlılar da Bulgaristan'ı asla işgal edemez; çünkü orduları bu ilkbaharda yok edilecek."

"Yaa?"

"Bulgaristan'ı İngilizler işgal edecek. İngilizler, özel mülkiyete saygı beslerler."

"Rusların buralara gelebileceğini hiç düşünmüyor musun?"

Boris, "Ruslar mı?" derken güldü. "Bugün öylesine kötümsersin ki, Frischmut gibi bir budalanın bile ilgisini çektin. İngilizler olayları öyle yönetiyorlar ki, sonunda Almanya ile Sovyetler birbirlerini çökertecekler."

"Frischmut'un budala düşüncelerini von Geier'in nasıl yanıtladığını işitmemişe benziyorsun. Onun dediğine göre savaş daha başlamadı bile. Almanlar doğuda yürüyüşe geçince savaş başlamış sayılacakmış."

"Almanlar Rusları üç ayda yere serer. Ondan sonra da ne Rus, ne de Alman ordusu kalır."

İrina, aradığı polisiye romanı bulmuştu, odasına çekilmeye karar verdi. Boris'in böylesine iyimserliğini saçma ve anlamsız buluyordu. Hayatın keyifli yanlarıyla ilgisi yoktu onun; altınlarına sıkı sıkıya sarılıp bunları elinden hiçbir gücün alamayacağını sanan dar kafalı, erken yaşlanmış bütün cimriler gibi asık yüzlü, inatçı biri olmuştu.

İrina, onunla hiç ilgilenmez bir tavırla, "Sen kendi isteklerinden başkasını düşünemiyorsun!" dedi.

"Ya, sen ne düşünüyorsun bu konuda?"

"Hiçbir şey. Bana hepsi vız geliyor."

İrina esnedi ve Boris'e iyi geceler bile demeden, odasına çekildi. Alkol ve gerilimlerle dolu bir yaşayış Boris'in keskin zekâsını yormuşa benziyordu. Bir zamanlar kusursuz ça ticaret işlerinde bile bir karara varmakta güçlük çek süzleşmiş, ürkekleşmişti. İrina, bundan acı bir keyif du oldu. Boris'ten nefret ediyordu farkında olmaksızın, para hı sından, acımasızlığından, dar görüşlülüğünden, kendi eliyle ulaştığı zenginliğinden, her şeyinden nefret etmekteydi. Kirli işlerine kendini de ortak ettiği, iç dünyasını zehirleyip yaşama ve dünya sevincini elinden aldığı için de nefret ediyordu ondan. Bu duygularla odasına giren İrina, kapatması olduğu von Geier'le yakında buluşacağını düşünüp rahatladı. Soyundu, polisiye romandan birkaç bölüm okudu ve uyuyuverdi.

Uyandığında gün doğuyordu. Boğuk ve sürekli gümbürtülerle titriyordu camlar. Bir kasırga yaklaşıyor gibiydi ama, bu gibi durumların habercisi rüzgâr esmiyordu. Tuhaf bir heyecan duydu, kalkıp pencereyi açtı. Gün doğmakta, çamların tepeleri ortaya çıkmaktaydı. Dallarda en hafif bir rüzgârın soluğu bile yoktu. Bulutsuz gökyüzü pırıl pırıl yıldız doluydu. Uzaklardan doğru gelen gümbürtüler şimdi daha da iyi duyuluyordu. Dağda bir kasırga çıkmış da gök gürültülerinin sürekli yankıları duyuluyormuş gibiydi. Gök gürültüleri, dağların tepelerinde, boğaz ve vadilerde acı yankılar bırakmaktaydı. İrina, bu gürleyişlerin Yunan sınırındaki beton siperleri yıkan bombaların patlayışı, makineli tüfek takırtıları ve ağır topçu ateşinin karışımı olduğunu anladı. Güney Trakya'ya yürüyüş başlamıştı. Dünyayı hâlâ yöneten kanlı elleri görüyormuşçasına bir korku duydu belli belirsiz.

Boris, paskalya tatilini anasının babasının yanında geçirmeye gitti. İrina, son zamanlarda Boris'in hiç hoşlanmaz olduğu, Lichtenfeld ve von Geier'i o pazar günü öğle yemeğine çağırmak için yararlandı bu durumdan. Ama bunu, o paskalya pazarının gecesini hastanede nöbette geçirecek biçimde düzenledi. Böyle davranmakla yokluğu sırasında keyfini düşünmediğini Boris'e kanıtlamak istiyordu. Sonra, Bulgaristan'ın yeni politika işbirlikçilerine karşı iyi niyetini göstermek ister gibi, birer Alman subayını da yemeğe getirmelerini von Geier ve Lichtenfeld'den rica etti.

Von Geier, albaylığa yükselmiş olan can sıkıcı Frischmut'u getirdi. Bu gibi işlerde daha usta olan Lichtenfeld ise, yeğenlerinden tank üsteğmeni Zenker'le bir sürpriz yaptı İrina'ya. Çağrılı baylardan önce gelen von Geier'in şoförü, dört orkide buketi getirdi.

Konuşmalar, üsteğmenin Almanya'dan getirdiği son haberler üzerineydi. Genç teğmen, albayın orada bulunmasının izin verdiği ölçüde hoş, canlı ve zekiydi. İrina'yı neşelendiren fıkralar anlatıyordu. Genç teğmenin bronzlaşmış teninde, mavi gözlerinde ve kül rengi üniformasında öylesine Almanlık vardı ki, İrina ırk sorununun doğruluğuna inanır gibi oldu. Ama Albay Frischmut'un koyu saçlı ve kemer burunlu esmer yüzünde öylesine bir Yahudilik vardı ki, bu görüşle hemen çelişiyordu. İrina bu yüzü gözden geçirirken, suratı yüzde yüz safkan çizgileri taşıyan Yahudi bir hekim arkadaşını hatırladı. Bütün bu düşüncelerden sonra, İrina genç teğmenden hoşlandığını ve onunla flörte hazır olduğunu anladı. Ancak, onun alaycı ve gülümseyen bakışlarının uyandırdığı tuhaf bir duygudan kurtulamıyordu. Genç teğmen sonunda sustu; yaptığı gevezelikten utanmış ve Baron Lichtenfed'in bakışlarından çekinmişti. Bu sert bakışlar, İrina'nın, ancak önemli kişilerin içebileceği bir şarap olduğunu açıklamaktaydı. Masada ağır bir hava esmeye başlamıştı. Üsteğmen Zenker, tatlısını sessizce yemekte olan von Geier'den yana bakıyordu, suçlu suçlu. Yaşlı yedeklerin de askere alınacağı söylentisinden tedirginleşmiş olan Lichtenfeld, can sıkıcı düşüncelere dalmıştı. Havayı değiştirmeye çabalayan Frischmut, Bulgaristan'ın sağlık işleri durumu üzerine bilgi istiyordu. O her zamanki yorucu ve sıkıcı edasıyla İrina'ya soruyor ve yanıtları genelkurmay subayının hiç unutmayan belleğine yazıyordu.

Von Geier, "Bu konu sizi neden böylesine ilgilendiriyor?" diye sordu.

Albay, "Her şeyle ilgilenmeliyim," diye karşılık verdi. "Bir ulusun savaş dayanıklılığını ancak böylece gereği gibi kestirebilirim."

Frischmut, iyi şarap ve nazik masa arkadaşları yüzünden, aklına bile getirmiyordu başkalarının canını sıktığını. İrina sorularıyla daha da artırıyordu onun gevezeliğini. Bu sorulara kendini kaptıran albay, savaşın gelişmesi üzerine çok 'sağlam' düşüncelerini açıklamaktaydı. Onun görüşünce bir ulusun dayanma gücünü ortaya getiren birtakım öğeler, Alman ulusunda vardı ve şimdiye kadar bu pek çok kez kanıtlanmıştı. Savaş, matematik bir kesinlikle gelişiyordu. Savaşın gelişme biçimi bütün ayrıntılarıyla önceden belliydi. Genelkurmay Albayı Frischmut, sayılar veriyor, bunları birlikte ele alıyor ve sonuçlar çıkarıyordu. Masanın tahtası bile, bu sözlerin sonunda, Almanların er geç zafere ulaşacağı kanısına varmıştı. Frischmut'un sesinin tekdüzeliği bir makine tıkırtısını andırıyordu. Albay, kendi de farkında olmadan İrina, Zenker ve korkusundan aklı başından gitmiş Lichtenfeld'in ilgisini üzerinde toplamıştı. Yalnızca von Geier, başını öfkeyle önüne eğmiş, kıpırtısız duruyordu. Masada konuşulan sersemliklerle ilgilenmiyormuş gibi bir görünümü vardı. Subay okulundan arkadaşı Frischmut, olağanüstü belleği ve sonsuz çalışkanlığıyla sınıfta göze çarpmıştı. Parlak dereceyle bitirmiş okulu, bir hesap makinesinden farksızdı.

Von Geier, öfke ve üzüntü karışımı bir duyguyla düşündü; her Alman genelkurmayında böyle bir hesap makinesi bulunurdu; işine bağlı, buyruk dinler ve iddiasız... Siyasal başka olasılıkları hiç düşünmezlerdi bunlar; bütün makineler gibi. Böylelerinin sınırlı bilgilerinde, düşüncelerindeki uyuşuklukta bir korkunçluk vardı. Von Geier, Alman genelkurmayının buyruk dinler böyle hesap makinelerinden oluştuğunu ve doğudaki savaşın başarısı üzerine kuşkularını belirtmeyi göze alanların görevden uzaklaştırılmış olduğunu biliyordu.

İrina, "Sovyetler Birliği'nin durumundan oldukça tedirginlik duyuyoruz," dedi.

Albay, "Her şey önceden kararlaştırıldı," diye güçlendirdi onları. Çenesini kısa aralarla çabuk çabuk oynatarak bir kirpi gibi yiyordu. "Almanya tükenmez yedeklerini henüz silah altına çağırmadı."

Lichtenfeld, korkusundan titredi. Kendisi de bu yedekler arasındaydı.

Yaşlıca üstünün gevezelikleriyle ikinci plana düştüğünü hisseden Üsteğmen Zenker, kahveden sonra kalkıp ayrıldı. Frischmut hepsinin ilgisini yine üzerine çekmişti. Şimdi de tütüncülük alanındaki bilgisiyle övünüyordu.

İrina, Zenker'e, "Neden böyle erken bizi bırakıyorsunuz?" diye sordu ve ayağa kalktı.

Üsteğmen, üzüntülü bir gülümseyişle, "Askerlerimizin yanına gitmem gerekiyor," dedi. "Bugün bol şarap dağıtıldı da."

"Ne çıkar bundan?"

"Aşırı içerler diye korkarım."

İrina, üsteğmeni kapıya kadar geçirdi. Döndüğünde von Geier'i keyfi kaçmış buldu ve gözleri heyecanla parladı.

Merdivenleri inen Üsteğmen Zenker, neşeli bir şarkı mırıldanıyordu. Sokağa çıkınca bir sürü patlama duydu, bomba sesleri olduğunu hemen anlamıştı. Şaşkın şaşkın, 'bir eğitim olmalı,' diye düşündü. Ama paskalya pazarıydı ve böyle bir günde Bulgarlar eğitim falan yapmazdı. Beş dakika sonra, Messerschmidt tipi birkaç uçak, kuyrukluyıldız hızıyla havayı yırtıp geçtiler. Üsteğmen Zenker, bir taksiye atladı ve kentin kenar semtlerinden birine sürmesini şoföre emretti isteksizce; hava saldırılarına karşı gizlenmiş tank birliği orada bulunuyordu. Yolda olağanüstü bir şey çarpmadı gözüne, yalnızca birkaç hasta otomobili hızla geçti yanlarından.

Kentin dışına yaklaşınca, küçük on-on beş evin dumanlar içinde yandığını, askerlerin cesetleri taşıdığını gördü. Zenker, şaşkın şaşkın, 'önceden bildirilmemiş hava saldırısı,' diye düşündü. Taksiyi durdurdu ve bombardımanla yıkılmış evlerin arkasındaki koruya doğru koştu. Tanklar ağaçlar arasına gizlenmişti. Bir astsubay, hafif bir bataryanın yanında duran mermi kovanlarını sayıyordu. Zenker, rahat bir soluk aldı. Tanklarına ve askerlerine bir şey olmamıştı. Bunu görünce bir sigara yaktı ve o neşeli şarkıyı tutturdu yine. Cesetlere boş veriyordu. Varşova cehennemini yaşamıştı o. Sigarasını bitirince, başçavuşu çağırıp, "Müller!" dedi. "Ben kente dönüyorum yine. İşlere göz kulak olun!"

Sonra gülümsedi. Müller de gülümsedi. Üsteğmenin bir karı yakaladığını anlamıştı.

Kafasının içini kemiren acı düşünceler ve kuşkular, von Geier'i gece bir daha İrina'ya gitmeye zorladı. Beyaz önlüklü ve çiçekbozuğu suratlı yaşlıca bir genç kız olan hizmetçi açtı kapıyı. Bu suskun ve asık yüzlü kızı bir klinikte bulmuştu İrina.

Von Geier, şapka ve pardesüsünü isteksizce alan kıza, "Bu öğlen yemekte bulunan subaylardan biri şu arada yine geldi mi?" diye sordu.

Hizmetçi kız, "Bilmiyorum", dedi. "Bir sürü işim vardı da..."

Von Geier, İrina'nın tam istediği hizmetçiyi bulmuş olduğunu anladı.

İrina onu ön odada karşıladı. Az önceki giysisini çıkarmış, hastane kılığını giymişti. Yakışmıştı ama, modası geçmişti biraz. Sitemli bir sesle, "Önceden bildirmeden ilk kez evime geliyorsunuz," dedi. "Bu gece hastanede nöbetçiyim."

"Öyleyse size engel olmayayım."

Von Geier, rahat bir soluk aldı. İrina'nın evinde Zenker'i bulacağım, diye gelmişti.

İrina, dostlaşan bir sesle, "Hayır, gitmeyin," dedi. Ama von Geier bu içtenliğin doğruluğuna pek inanamamıştı. "Nöbetten kurtulmaya çalışacağım."

Görev sorumluluğunun yerine getirilmesinden yana bulunan Alman, "Nasıl yapacaksınız bunu?" diye sordu.

"Bir meslektaştan benim yerime nöbette kalmasını isteyeceğim."

"Pek doğru olmaz bu davranışınız. İşiniz olduğunu düşünemediğim için, Kostov ve Lichtenfeld'i buraya çağırmıştım; briç oynarız diye..."

"Hastaneye gitmeyi canım istemiyor hiç."

Bir meslektaşına telefon edip nöbetini almasını diledi. Meslektaş, yüksek sosyeteden bayanların klinik şefi üzerindeki etkinliğini bilen biriydi, ilerisini görür bir kişiydi.

İrina, kulaklığı yerine bırakırken, "Yoluna girdi," dedi. Bunu derken, yaptığı şeylerin çoğunun patavatsızlık olduğunu ve kötü sonuçlarını hiç düşünmediğini aklından geçirdi. Meslektaşlarının yardım duygularını kötüye kullanıyor, mesleğini ciddiye almıyor, doktorlukla ilgili yayınları izlemiyordu artık. Düzensiz yaşayışını, zenginlerin kapatması bir kadının utandırıcı varlığını maskelemek için doktorluktan yararlanıyordu. Ama hemen sıyrıldı bu düşüncelerden ve koltuğa oturup bir sigara yaktı.

Alman, "Bugün canınızı sıktık sanırım?" dedi. "Bir daha yalnız geleceğim."

İrina, "Şu Frischmut, bir söz makinesinden farksız."

"Harp okulunda da böyleydi. Doğum yılımız birdir."

"Demek şimdi siz de albay olacaktınız?"

"Ya da general! Oysa, şimdi bir tröstün yöneticisiyim."

İrina, gülümsedi.

"Bunda ne var gülünecek?"

"Ben de size benzemeye başladım. Yani bütün yaptıklarımın çok iyi olduğuna inanmaya başladım."

"Bundan hiç kuşkunuz olmasın."

İrina, bir baktı ve von Geier'in de tıpkı kendisi gibi ahlakça bozulmuş, buz gibileşmiş ve acımasız olduğunu gördü. Alçalmanın her çeşidini gık demeden kabulleniyor ve ahlaksızlığın hiçbir biçimine sesini çıkaramıyordu ama, bunun böyle olduğunu söylemeye de yanaşmıyor, çevresindeki saçmalıklardan kurtulmak için müziğe ve felsefe kırıntılarına sığınıyordu. Yurdunun batacağına inandığı halde büyük Almanya'yı hayal ediyor, Gestapo'dan tir tir titrerken insanüstü olmanın saygınlığından söz açıyor, kendini pek akıllı saymasına rağmen Zenker ve İrina tarafından aldatılıyordu. Acınacak olduğu kadar gülünç bir kişiydi bu von Geier. İrina, bunlardan dolayıdır ki, ona biraz acınarak, "Ben buna sizin kadar inanamıyorum," dedi. "Ben sizin ortamınıza çok aşağı hayat koşullarından geldim, bu yüzden de gerçekleri sizden daha iyi seziyorum."

Alman, çabuk çabuk, "Evet," dedi. "Ama bu da sizin yanlışınız. İyi ve kötü hiçbir şey yoktur aslında. İnsanın kendi kendine yarattığı gerçekten daha başka bir gerçek yoktur."

İrina, "Rahatlatıcı bir görüş, ama işe yaramaz," dedi.

"Neden?"

"Çünkü siz kendiniz bile bir kez olsun buna inanmıyorsunuz."

Von Geier, birkaç dakika sustu. Şu andaki ruh haliyle günün olayları arasında bir ilinti vardı. Bütün olanakları şöyle bir gözden geçirdi, ama en kolayını unuttu: Zenker'in az önce buradan gitmiş olabileceğini. İstenmedik bir serüvenin ve içini dolduran acı duyguların İrina'yı şu anda bunlardan kaçıp kurtulmaya zorladığını o bilmiyordu, bilemezdi de.

Az sonra Lichtenfeld, tedirginleştirici bir sürü haberin heyecanı içinde, göründü. Düşman uçakları hiç beklenmedik bir anda, istasyon semtini bombalamışlardı. Bulgar uçaksavarları, düşmanı Alman uçakları sanmış, avcılar da çok geç havalanmıştı. Baron, titrek bir sesle anlatıyordu bunları şefine: "Otomobilinizi nerede bıraktınız?" diye sordu.

Bacağı sakat birinin uçak saldırısı gibi tehlikeli bir anda yaya dolaşması çok saçmaydı; Baron kendi uyanıklığını içinden övdü. Arabasını evin önünde bırakmıştı. Tehlike düdükleri çalarsa bütün ev halkını Bojana'daki villaya götürürdü otomobiliyle.

Baron'un korkusunu fark eden von Geier, "Yaya geldim," diye homurdandı. "Sizin arabaya güvendim."

Lichtenfeld'e bir baktı; önce beni evime bırakır sonra sürtersiniz gece lokallerinde, demek ister gibiydi. Oysa Baron, 'bugün paskalya pazarı, gece lokalleri kapalı,' diye aklından geçirdi. Sonra İrina'ya, "Bir konyak içmeyi öyle istiyorum ki!" diye rica etti.

Genç kadın, "Ben de öyle," dedi ve büfeden bir şişeyle üç bardak aldı. "Akşam yemeğine kalıyorsunuz değil mi?"

Lichtenfeld, şefinin gözlerine sorar gibi baktı. Kararı o verebilirdi. Ama eski hava subayı susuyordu. Heyecanla kulak veren bir hali vardı.

Uzaklardan doğru derinden, ama direnen bir uluma odaya kadar sokulmaktaydı; gittikçe artıyordu, bomboş bir evde rüzgârın uğuldamasını andırıyordu. Belirli bir yüksekliğe ulaştıktan sonra kesiliveriyor, sonra bir ikinci, bir üçüncü, bir dördüncü ve tıpkı birincisi kadar çirkin uğultuların eşliğinde yeniden başlıyordu. Yüzlerce düdük, kenti, yaklaşan tehlikeye karşı uyarmaktaydı. Düdüklerin uluyuşu, sinirleri bozan bir yankı bırakıyor, ilk anlarda beyni uyuşturuyor ve dehşet salıyordu. Tufandan önceki dev hayvanların ulumalarını andırıyordu. Bu uluyuşta, çağdaş uygarlığı yutmak isteyen bir barbarlık vardı. Bu duygu İrina ve von Geier'de yalnızca birkaç saniye sürdüğü halde, mantığı onlar derecesinde güçlü olmayan Lichtenfeld'i şaşkına çevirmişti. Çarpık demir çubuklar ve çökmüş beton bloklar biçimini almış olan ölüm, Baron'un bedenini parça parça ediyordu şu anda. Müthiş bir korkuya kapılmıştı, arabasına koşup kentten kaçmak istiyordu. Ama yapmadı bunu. Yüzü sapsarı oldu ve kısık bir sesle, "Hava alarmı," dedi.

Von Geier, dalgın dalgın, "Evet, öyle," diye doğruladı.

Eski avcı uçağı subayı, "Düzenlemeye uyarak şu anda sığınakta olmalıydık," dedi.

"Burada kalmamız tehlikeli mi gerçekten?"

"Şansa bağlı."

İrina, "Öyleyse şansa güvenelim," dedi. "Kostov nerdeyse gelir, hemen yemeğe otururuz."

Tam bu sırada ışıklar söndü ve sigaralarını karanlıkta içmek zorunda kaldılar. Lichtenfeld cep feneriyle ışık tuttu birkaç kez. Hizmetçi kız bir mum yakıp getirdi ve kapalı mı diye pencerelere baktı. İrina yine konyak doldurdu kadehlere. Baron bir dikişte bitirdi konyağını.

"Kostov gelmez. En doğrusu villaya gitmemiz."

İrina, Baron'un sesinin titrediğini fark edip şaştı.

Von Geier, "Neden gideceğiz villaya?" diye sordu.

"Orada daha rahat oynarız briçimizi."

"Nasıl daha rahat?"

"Orada büyük bir gaz lambamız var da."

Von Geier, sustu. Baron'un böylesine korkaklığına öfkelenmişti. Almanlığa yakışmazdı böylesi. Ama, Lichtenfeld'in olağan her insan gibi ölümden korktuğunu kavramakta gecikmedi. O da, herkes gibi hayata bağlıydı. Korku ve dünyaya bağlılık, Baron'u, İrina ile Geier gibi akıldışı ve ciddilikten uzak davranışlardan alıkoyuyordu. Lichtenfeld, şu anda İrina ile von Geier'den çok daha aklı başında düşünmekteydi. Biri, briç oyunu hava saldırısı yüzünden yarıda kaldı diye öfkeleniyor, öteki ise yerinden bile kımıldamak istemiyordu.

Villaya gitme önerisinin benimsenmesine çabalayan Baron, "Bir Petromax feneriniz var mı?" diye sordu.

İrina, "Hayır", dedi. "Ama yarın bir tane aldıracağım. Bana kalırsa, yemeğimizi yiyelim, sonra da mum ışığında oynarız briçi."

Baron, "Ben bu zayıf gözlerimle seçemem ki," dedi. Sonra susuverdi, korkusunu ele verdiğini fark edip utanmıştı.

İrina, hayal kırıklığıyla, "Akşamımız ziyan oldu," dedi.

Baron, zorlama bir boş vermişlikle, "Öyleyse içelim," diye bir söz etti. Ve şişeyi alıp kadehlere konyak doldurdu.

Alkol korkusunu gideriyordu ama, hafifleyen alarm düdükleri yine de kıvrandırıcıydı. Sokaktan ayak sesleri duyuluyordu. İnsanlar sığınaklara koşuyordu. Yıldırım hızıyla geçen otomobillerin homurtusu duyuluyordu zaman zaman. Kapkaranlık kentin üzerine tedirginlik yüklü gerilimlerle dolu bir sessizlik çökmüştü. Bunu hisseden Lichtenfeld, kıvranıyordu olduğu yerde. İngiliz uçaklarının on beş dakika sonra kentin üzerinde olacaklarını hesaplıyordu. Gözünde çılgın herifin biri olan Hitler'e kızıyordu, kendilerini savaşçı sanıp bir ay önce damlara makineli tüfekler yerleştiren Bulgarlara öfkeleniyordu, hiçbir şeyden soğukkanlılığı bozulmayan von Geier'e ve şu her şeyleri pek hafiften alan İrina'ya bile içinden atıp tutuyordu. Villasında oturup bir polisiye roman okuyacağına briç oynamak amacıyla buraya geldiği için kendisine kızıyordu. Ama bütün düşünceler ve öfkelenmeler, von Geier'in önünde uslu uslu susmak alışkanlığında kayboluverdi. Yine doldurduğu kadehini, eli titreyerek ağzına götürdü.

İrina fark etti bunu. İçinden gelen bir kahkaha, acı bir suçluluk duygusuyla yarıda kaldı. Böyle şeylerden korkmazdı ama, kendi yerine nöbetçi kalacak hekim arkadaşı hava saldırılarından pek ürkerdi. Genç meslektaşı, asistanlığı ele geçirebilmek için her şeye katlanıyordu. Yükselme tutkusu ve açlıkla geçen yükseköğrenim yılları yüzünden bir böcek, bir sürüngen olmuştu. Mesleğinde bir mevki kapma ve zengin hastaları elde etme tutkusuyla parıldayan o zeki gözleri görür gibi oldu. İrina'yı kızdırıp da klinik şefinin desteğinden yoksun kalmamak için hastaneye gideceğini biliyordu.

İrina, bencilliği oldukça ileri götürdüğünü, insanlara pek düşüncesiz davrandığını, böylesine duygusuzluğuyla Boris'e benzediğini hissetti birden. Kendi nöbetini tutsun diye bir meslektaşına hemen hemen emretmiş olmasından utanç duydu. Yardım umduğu için asla karşı gelemeyecek korunmasız bir kişiye böyle davranışından küçüldü. Genç meslektaşının zayıf yanını ne adice sömürmüştü! Boris'i, von Geier'le, von Geier'i, ötekilerle aldatması da ne aşağılıktı! Bütün bunları dahi bir yıl öncesine kadar yüzü kızarmadan, bulantı duymadan düşünebilir miydi? Şu anda yaşamakta olduğu hayattan ve kendi kendisinden tiksindi birden. Boris, von Geier, Lichtenfeld birer budalaydılar ve Zenker, Alman ordusunun subay genelevlerinde yetişmiş pis bir hayvandan başka bir şey değildi. Babasının yanında geçen tertemiz günlerini, güneş batınca çiy bozmasın diye tütün yapraklarını toplayışını hatırladıkça hüzün kaplıyordu içini. O günlerin dinginliğine dönebilmeyi, her yanına bulaşan bu pisliklerden arınmayı öyle istiyordu ki! Ama çok geç kaldığının farkındaydı. Pislik iyice yer etmiş, çıkarcılık ve iğrenç hayat olağanlaşmıştı. Bundan böyle yapabileceği tek şey, alçaltıcı davranışlara başvurmamak, insanların onurunu çiğnememek ve aşağılık orospu yöntemlerini kullanmamaktı. Bu düşüncelerle kafası allak bullak, "Hastaneye gitmeliyim!" dedi.

Von Geier, "Şimdi mi?" diye sordu. "Yerinize nöbet tutacak birini buldunuz ya!"

"Gitmemiş olmasından korkuyorum. Biraz korkaktır da. Bu akşam ben nöbetçiyim; sorumluluk benim."

Eski hava kurdu, tasayla, "Öyleyse hemen yola çıkmalı," dedi; yorgunluk çökmüştü üzerine ve briç oynamaya hiç keyfi kalmamıştı şu anda. "Sizi hastaneye bırakırız otomobille," diye sözlerini bitirdi.

Lichtenfeld konuşmaları dinlerken tedirginleşmişti. Düşman filosunun yaklaştığı ve uçaksavarların her an ateşe başlayabileceği böyle bir anda buradan yola çıkmaktan daha büyük bir çılgınlık olamazdı. Yine ölümü düşündü ve beyninin mermi parçalarıyla dağılıverişi gözünün önüne geldi. Bu düşüncelerle, "Çok geç kaldık," diye kekeledi.

Von Geier, "Ne gibi?" diye sordu.

Baron, "Şu anda tehlikeyle burun burunayız," diye mırıldandı. "Bataryalar her an ateş açabilir."

Von Geier, öfkeyle, "Korkuyor musunuz?" diye sordu. İrina, "Ben tek başıma giderim, otomobille!" dedi.

Lichtenfeld, yiğitliği elden bırakmayarak, "Olmaz, ben sizi bırakırım hastaneye," dedi.

İrina, mantosunu giydi ve merdiveni karanlıkta indiler. Sokakta kimseler yoktu. Evlerin sessiz gölgeleri, yıldızlı gökyüzüne doğru yükseliyordu. Von Geier geçti direksiyona, İrina yolu göstermek için onun yanına oturdu. Lichtenfeld de arkaya. Eski havacı, bomboş sokaklarda sürüyordu otomobili. Kentte korkunç bir sessizlik vardı, bütün insanlar ölmüşçesine. Otomobilin farları, sığınakları gösteren beyaz çizgilere ve ok işaretlerine cılız bir ışık tutuyordu. Von Geier kulak kesilmişti. Pervanelerin derinden derine ve çılgınca uğultusunu, çok iyi tanıdığı o tekdüze homurtulu türküyü, otomobil gürültüsüne rağmen seçebiliyordu; bir anda yirmi yıl gerilere götürüveren gürültüyü. Bir yerlerden uçaklar yaklaşmaktaydı. Ama gürültü, henüz uzaktan geliyordu; boğuk ve belli belirsiz. Bu tekdüze felaket habercisi motor homurtuları, bir zamanlar sinirlerini koparırcasına gererdi, ama şimdi anıların ve geçen zamanın olağanüstü oyunlarıyla hoşuna gitmekteydi. Bombardıman uçaklarının bu güçlü, bu yankılarla dolu türküsü, onu yirmi üç yaşın hayallerine, Birinci Dünya Savaşı'nın havacı romantizmine, hayat dolu ateşli günlerine götürmekteydi. Düşüncelerinde dalıp gittiği bu geçmiş, Nibelungen efsaneleri kadar güzel görünüyordu şimdi gözüne. İşte tam bu anda ense kökünden yükselen umutsuz bir çığlık, onu gerçeğe döndürdü:

Baron, "Geliyorlar!.. Uçaklar geliyor!" diye kekeliyordu. "Daha hızlı sürün, daha hızlı, sayın yüzbaşım!.."

Çeyrek yüzyıl öncelerinin hava subayı, "Öğütlerinizi kendinize saklayın," dedi fısıldar gibi bir sesle.

İrina güldü.

Von Geier, "Siz korkmuyor musunuz?" diye sordu.

"Hayır. Ama bütün bunlar benim yüzümden."

"Eve dönüyorum nasıl olsa... Sizin de nöbetiniz olduğuna göre hastaneye gitmeniz gerekiyor. Yerinize nöbet tutacak meslektaşınız görünmezse size söz gelir."

"Hayır hayır, hiç de böyle değil. Bunu kimse göze alamaz. Meslektaşım da gelecektir. Ama briç partisi yüzünden görevden kaçmamı siz de hoş bulmazsınız, öyle değil mi? İnsanlara karşı biraz daha namuslu davranmaya karar verdim bu gece."

Von Geier, "Saçma!" dedi. "İnsan kendi ilkelerine karşı namuslu olmalı yalnızca."

"Öyle mi?"

"Evet."

"Ya ilkelerim yoksa?"

"İlkeleriniz var."

Genç kadın güldü ve damdan düşer gibi, "Bugün öğleden sonra Zenker beni görmeye geldi," dedi.

Von Geier susuyordu. Bu tepeden inme şaşkınlıkla, hiç gerekmeyen bir hareket yaptı. Lastikler kaldırım taşının kenarına sürtündü ve otomobil bir sıçradı.

Von Geier, pek keyiflenmiş gibi: "Oo!" dedi yüksek sesle, "Sizi görmeye gelmek için izin istedi mi?"

"Hayır ben onu çağırdım."

"Beklemiştim bunu. Böyle davranabileceğinizi düşünmüştüm." Her şeye boş veren ve dünyadan uzaklaşmış bir sesle konuşuyordu.

"Sanırım beni şimdi yeterince hor görebilirsiniz."

"Hayır, o kadar dar kafalı değilim. Siz öteki kadınlardan başkasınız ve dilediğiniz gibi davranmakta özgürsünüz. Bu yüzden daha da kötü olmuyorsunuz."

"Bir bakıma, evet. Ama bunun önemi yok."

"Önemli olan, size duyduğum saygı."

"Saygı duymanızı gerektiren daha neyim kaldı ki?"

"Korkusuzluğunuz... Kliniğe gitmek istemeniz... Sonra da... Şu Zenker işini bana açmanız..."

İrina, "İstemeyerek oldu bu!" dedi. "Size söylemeyebilirdim de."

"Hayır, böyle şeyleri kendinize saklayacak kadar güçlü değilsiniz daha. Ama bundan sonra böyle davranacaksınız! Böyle davranmalısınız!"

"Teşekkür ederim. Böylesi daha rahat ama, ben başaramam."

"Neden?"

"Çünkü böyle davrandıktan sonra daha tedirgin oluyorum."

Alman, acınır gibi, "Zayıfsınız," dedi.

İrina, bu erkeğin de tıpkı kendi gibi, yaşadığı şu kirli çevrede zehirlenmiş olduğunu ve durumunun umutsuzluğunu bir daha anladı.

Otomobil, hastanenin önünde geçip Knjashevo'ya giden şoseye varmıştı. Yol karanlık ve bomboştu. Uçak motorlarının homurtusu iyice duyuluyordu. Uçaklar kentin üzerindeydi. Projektörler gökyüzünü tarıyordu. Bataryalar ateşe başlamıştı. Mermiler hafif bulutlu gökyüzünde donanma şenliği varmış gibi patlıyor, arkalarında uzun duman şeritleri bırakıyorlardı.

İrina, "Burada durun, lütfen," dedi. "Bundan sonrasını yayan gideceğim."

Von Geier, hiç istifini bozmadan, "Sizi kliniğin önünde bırakırız," dedi.

Arkada oturan Lichtenfeld, "Bu kadar uzun boylu vaktimiz yok!" diye haykırdı.

Von Geier hiç aldırmadı ona ve hastaneye giden yola saptı. Bataryalar daha şiddetle ateş etmekteydi. Mermi parçaları düşüyordu kaldırıma. Topların gümbürtüsü arasında bir uçağın homurtusu duyuldu. Uçağın yakınında bir makineli tüfek uludu kudurmuşçasına. Sonra bir patlama oldu derinden derine ve her şey sarsıldı. Bütün bunlar birkaç saniye sürdü, sonra motor gürültüsü de, makineli tüfek de susuverdi. Von Geier, hastane bahçesinin karanlık ağaçlıklı yollarında arabasını sürüyordu soğukkanlılıkla. İrina da sakin bir sesle yolu tarif ediyordu ona.

Otomobil, iç hastalıkları pavyonunun önünde durduğunda uçaklar uzaklaşmış, uçaksavarlar susmuştu. Von Geier, İrina'yı kapıya kadar götürdü. İrina, Almanın buz gibi dudaklarını kısa bir süre elinde hissetti.

Kliniğin holü karanlıktı. Koridorun dibinde bir lambanın titrek ışığı vardı. İrina, nöbetçi hekim odasına girdi. Boştu oda. Herkes sığınağa koşmuştu. Meslektaşlarının ve hastabakıcıların böylesine korkaklığına şaşmıştı, 'ne tabansız şeyler,' diye düşündü dalgın dalgın. Şu anda bombalar da düşse hiç korkmayacağını sanıyordu. Ama çok geçmeden, şimdi duyduğu rahatlığın ne yüreklilik, ne kendini tutmak, ne de sorumluluk olmayıp yalnızca ilgisizlikten geldiğini kavradı. Çevresindeki her şeyden sıkılıyordu; insanlardan ve dünyadan tiksiniyordu. Şu anda bombalardan da, ölümden de ürkmeyen tuhaf bir duygu, hayatı umursamazlıktı.

2

Her yere uzak olduğu halde Sredorek de savaş yüzünden bazı değişikliklere uğradı. Tütün fiyatları düştü. Yoksulluk arttı. Yedeklerden birçoğu askere çağrılıp başka illere gönderildi. Ne var ki, tütün firmalarının adamları yine geldiler köye. Tütünleri tarlada gözden geçirip aralarında Almanca görüştükten sonra Jonny'nin meyhanesine gidiyorlardı. Kurutulmuş kekik ve ekşi şarap kokan meyhaneye suratlarını buruşturarak girerlerdi. Tütün alımı sırasında, her zamanki dalaverelere başvuruluyordu. Firmaların adamları, köylülerin, patronları dilenecek duruma düşürdüklerinden yanıp yakınıyor, kazıklanmış kişi gibi surat asarak çekişe çekişe pek az avans ödüyorlar, buna da vergiciler el koyuyordu hemen. Onlar da bunu yaparken, vergiler olmazsa devletin batacağını ileri sürüyorlardı. Gene de, ne firmaların sahipleri ne de devlet yoksul düşüyordu. Tersine, varlıklı kişiler gittikçe daha böbürleniyorlar, durumlarından daha hoşnut kalıyorlardı. Devlet de, hiç gerekli değilken Sredorek'te bir polis merkezi kurmak lüksünü göze alıyordu; oysa köyde ne grev yapılıyordu, ne de bir kimse ötekinin canına göz koyuyordu. Böyle olaylar, babadan kalan verimsiz bir toprağı paylaşmak için birbirine giren erkek kardeşler arasında görülüyordu ancak.

Polis merkezine beş polis verilmişti. Başlarına getirilen memur, Kuzey Bulgaristanlı kötü herifin biriydi. Kendini pek beğenirdi. Zamanın çoğunu Jonny'nin meyhanesinde geçiriyor, sorguları orada yapıyor, kadınlara sarkıntılık ediyordu. Esmer, kara gözlüydü; tembel bakışlarında bir zehirli yılanın sabitliği vardı.

Sredorek'e yükseköğrenimli bir belediye başkanı da gönderildi; kovboy filmlerindeki emniyet amirlerine benzeyen bu adam, görevine başlar başlamaz rüşvet almaya da başlamıştı. Bu belediye başkanı, gerçekten rezilin biriydi. Yanından tabancasını eksik etmez ve iyi ata binerdi.

Jonny eskisi gibi Nikotiana adına alım yapmaktaydı ve kendisinden yardım isteyen köylüleri kıskıvrak bağlamasını biliyordu. Solcuların korkusu yavaş yavaş azalmıştı; çünkü devlet, onların üstesinden gelmek için sert önlemler alıyordu. Fitilçe'nin ölümü aydınlanmıştı. Jonny'nin de katillerden korkması gerekmiyordu. Çünkü bir tanesi kentte kendi eliyle canına kıymış, öteki de hiçbir iz bırakmadan kaybolmuştu. Ama duyduğu bu güven Stoişko Dankin'le arasını açmıştı. Aralarına soğukluk girmişti. Tütün yüzünden bozulan bu eski dostluk, Dorjan'da askerde başlarına geleni arada bir hatırladıkça biraz canlanıyordu.

Sabahleyin ağaç kesip öğleden sonra karısına tarlada yardım etmiş olan Stoişko Dankin, bir haziran akşamı meyhaneye damladı. Hemen bütün bir hafta Jonny'ye hiç uğramamıştı; böyle davranmakla dostunun canını sıkacağını ummuştu. Stoişko Dankin, tütün alımı sona erinceye kadar ona hiç uğramamaya karar vermişti ama, beklenmedik güçlükler yine bu tefeciden yardım istemek zorunda bırakmıştı onu.

Meyhanede, üniformasının düğmelerini açmış olan polis amiriyle Jonny vardı; meyhaneci de her zamanki yerinde, tezgâhın yanındaydı. İçerde boğucu bir hava vardı. Gaz lambasının isten kararmış şişesinin çevresinde kocaman bir pervane çırpınıyordu. Polis amiri, içkisini ağır ağır yudumlarken, gözüne çarpmış olan bir dul kadın için Jonny'den bilgi istiyordu. Jonny aşağıdan alıyor, isteksiz ve yarım yamalak karşılıklar veriyordu. Polis amirinin gözüne girmek isterken, geveze ya da pezevenk durumuna düşmekten kaçınıyordu. Karı işleri onu hiç ilgilendirmiyordu ve polis amirinin gönül işlerinden de herkes bıkmıştı.

Stoişko'nun, "Günaydın!" selamına ne polis, ne de meyhaneci karşılık verdi. Odun kırıcı Stoişko, bütün köyün en az konuşan, insanlardan en çok kaçan kişisiydi. Polis amiri ona yine de düşmanca bir baktı; sözü yarıda kaldı diye. Onun aptal giysilerinin akla getirdiği bitiklik, tütün bakmaya gelen otomobilli bayların gözünde 'Sredorek içki ve konuk evi'nin ününü azaltır korkusuyla, Jonny de kızdı ona.

Stoişko, konuşanları rahatsız edebileceği kaygısıyla, kapının yanındaki bir masaya sessizce oturdu. Polis amiri esnedi, dünya zevklerine düşkünlük okunan gevşek yüz çizgilerinde öfke belirtisi vardı. Sonra kalktı, içkisini sonuna kadar içip mahmuzlarını şıngırdatarak meyhaneden çıkarken, Jonny'yi başıyla selamladı dalgın dalgın. Meyhaneci, yıkadığı küçük konyak bardaklarını tezgâha koydu.

Stoişko Dankin, kızgın bir sesle, "Jonny be!" diye seslendi. "Beni görmüyor musun?"

Jonny hiç karşılık vermeyince, oduncu da sustu alıngan bir tavırla. Ne var ki Stoişko Dankin, eski dostluğu ne olursa olsun yenilemek istiyordu. Çünkü yeniden borçlanmak zorundaydı; eskisini ödemediği halde.

Hiçbir şeye kızmamaya kararlı insanın bol keseden neşesiyle, "Ver bakalım bir kadeh!" dedi.

Jonny bütün kabalığıyla, "Bu akşam içki yok sana!" dedi. "Beni yeterince sızdırdın!"

Stoişko Dankin, "Ben mi seni sızdırdım?" diye sordu şaşkınlıkla. Ve istemeye istemeye kemerinden aldığı uzun bir bezi açıp birkaç tane beş levalık çıkardı. Beş levalıklardan birini alıp umursamaz bir tavırla tezgâha bıraktıktan sonra, kalanları bir bir saydı.

Jonny paralara küçümseyerek bir baktı ve kaba bir tavırla, "Koy paranı yerine!" deyip Dankin'e bir küçük şişe rakı uzattı. "Bu sonuncu. Bir daha ister parayla, ister parasız tek kadeh içki vermeyeceğim sana! Aklında olsun!"

Stoişko Dankin, büyük bir heyecanla, "Yapma be Jonny!" diye bağırdı.

Bir hafta süreyle düşünü gördüğü rakıya hem de parasız kavuşmuş olmak, onurunu falan unutturmuştu ona. Beş levasını çabuk çabuk yerine yerleştirdi yine.

Jonny, "Seni haylaz herif seni!" diye homurdandı. "Sırtına giyeceği gömleği yok, kalkmış rakı parası fırlatıyor önüme."

Dostunun sert kişiliğini bilen Stoişko, bu sözlerden hiç alınmadı. Bir yudum aldığı içkinin tadını damarlarında duymak için gözlerini yumdu.

Jonny, "Ne diye sürtünüyorsun yine?" diye sordu.

"Hiç! Eski günlerden söz etmek için. Hepsi bu."

Jonny, hafifçe gülümsedi. Geçmişin anılarına karşı büsbütün duygusuz kalamıyordu; rom şişesine baktı elinde olmadan.

Stoişko Dankin, bu duygu anını kaçırmadı ve çabuk çabuk, "Hatırlıyor musun Jonny," dedi, "onu ikimiz birlikte yürütmüştük?"

Meyhaneci hâlâ şişeyi süzmekteydi. Yirmi beş yıl önce onlara birer madalya ve memleket izni kazandıran o kahramanlık an'ı öylesine heyecanlıydı ki, şimdi bile tutuşturuyordu insanı. Jonny küçük rastlantıların kimi zaman hayat ya da ölümle sonuçlandığını düşünmekten kendini alamadı. Giysileri parça parça, mideleri bomboştu ama, aysız bir gece, el bombaları ve bıçaklarla silahlı olarak İngiliz siperlerine kadar sokulmuşlardı bir panter çevikliğiyle. Yaralı bir İskoç askerini sürükleyip getirmeyi de başarmışlardı. Tutsak, aldığı yaraların sonucu ölmüştü birkaç saat sonra. O dövüşlerin korkunç anlarında bıçağı kimin ilk sapladığına bağlı olurdu her şey. Stoişko Dankin, meyhaneci dostunun bu heyecanlı anılarından çok yararlanmıştı. Bunu iyi bilen Jonny, kısıkça bir sesle, "Tilki herif seni!" dedi. "Bir kadeh içki koparmaya geldin! Yoksa beni sızdırmak mı istiyorsun yine?"

Stoişko, sararmış kırık dişlerini ortaya çıkararak, suçlu suçlu güldü ve sözleri ağzından dökülerek, "Yoksulluk kötü şey be kardeşim!" dedi.

Jonny, "Metelik alamazsın benden!" diye sözü ağzına tıkadı. "Bu yıl tütün fiyatları daha da düşecek. Bütün ürünün parasını önceden ödedim. Eline geçeceğinden de çoğunu aldın."

Stoişko Dankin, rakibinden para koparmak isteyen bir mürit gibi, yalvaran bir çekingenlikle sırıtıyordu hâlâ.

Meyhaneci, sert sert, "Ne kadar istiyorsun?" dedi.

Stoişko, çekinerek, "Bin beş yüz leva..." diye kekeledi.

"Ne yapacaksın bu parayı?"

Oduncu, "Oğluma giysi alacağım," diye mırıldandı. "Büyük oğlana... Kenttekine... Bu yıl bitirdi liseyi... Güzde yedek subay okuluna girecek..."

Jonny, öfkeyle, "Şu serserinin biri olan mı?" diye sordu. "St. George kutsal günü Çar'a söven oğlan mı?"

Stoişko Dankin, "İnanma söylenenlere, yalan be kardeşçiğim!" diye yeminler ederek, içkiden bir yudum aldı ve kır düşmüş bıyıklarını eliyle kuruladı. "İftira ettiler. İyi oğlandır. Çalıştı ve başardı, kendi başına. Tek leva harcamadım ona..."

Oduncu sustu. Bakışlarında, onurlanmanın ışıltısı vardı. "Ben de şimdi diyorum ki..." diye başladı, "bu oğlana ben de bir giysi alayım. Tanrı önünde suçluyum, gerçekten. Bugüne kadar oğlana tek leva harcamadım. Kendi ekmeğini kendi kazandı oğlancağız."

Jonny, bunları dinlerken, kıskançlık duyuyordu. Stoişko Dankin, istemeyerek ne büyük budalalık ettiğini birden kavradı. Jonny'nin iki çocuğu vardı; biri kız, biri oğlan. Oğlu bin güçlükle ortaokulu bitirebilmişti. Liseyi başaramayınca da babasının yanına meyhaneye girmiş, sonra askere alınıp kente gitmiş, kavgacı serserinin biri olarak dönünce, polis şefine gönül işlerinde tam bir belalı kesilmişti. Jonny'nin kızı ticaret okuluna gitmişti, güzel ve becerikliydi, ama günün birinde kentliler gibi giyinen bir serseri marangozun peşine takılıp kaçmıştı. Herif şimdi, başka kızların arkasından koşuyor ve karısının drahomasını har vurup harman savuruyordu. Oysa, Jonny ona kentte bir atölye de açmıştı. Meyhaneci paracıklarını bu it herifin har vurup harman savurmasına ve bütün elisıkılığına rağmen, ondan para sızdırmasına pek üzülürdü.

Stoişko Dankin bütün bunları biliyordu. Eski dostunun tasalarına karşı gerçekten bir acıma duyardı. Onu yatıştırmak için bir davrandı beceriksizce ve, "Benim oğlan da öyle pek hayırlı şey değil. Ne de olsa genç," dedi. "Sen bilirsin ki... hemen her şeye kapılıveriyor. Ama dedim ya, ona bir kat giysi alayım istedim... düşündüm ki..."

Jonny, "Oğlun için metelik alamazsın benden!" diye kestirip attı.

"Neden be kardeşçik?"

"İstemiyorum da ondan."

Stoişko Dankin, "Bu yıl iyi ürün alacağım," diye onu yola getirmeyi denedi. "Tarlasında yarıcı olarak çalıştığı papaz Manol'dan da tütün payım var."

Meyhaneci, "Metelik alamazsın benden," diye yineledikten sonra ikinci konyağı da uzattı; dostuna karşı kötü düşüncesi olmadığını göstermek ister gibiydi.

Stoişko Dankin, dostunun içini kavuran acı kıskançlık duygusunu sezmişti. Küçük konyak şişesine elini sürmeden, "Ah Jonny, ah!" diye içini çekti hüzünle. Düşüncelere daldı. Hiçbir gün böylesine acımasız bir istek duymamıştı, parası olsun diye. Oğluna bir kat giysi alacak kadar bir parası. Bütün hayatının yoksulluk içinde geçtiği aklına gelince böyle bir düşünceye kapılmıştı. Ne işte çalıştıysa, ne kadar çalıştıysa, çocukları yırtık pırtık giysilerle ve aç sürünmüşlerdi. Oğlu Stoine, bu umutsuz, bu kurtuluşu olmayan köylü yoksulluğundan kendi çabasıyla sıyrılmayı başarmıştı. İşte bu oğluna bir giysi satın almak isteği, Stoişko Dankin'de gittikçe büyüyordu. Birden, "Beni dinle, kardeşçik," dedi. "Sana bir senet vereceğim. Tütün borsasında borcumu sana ödemezsem, tarlamı satabilirsin."

Jonny, onu öfkeyle süzerek, "Sen çıldırmışsın, çulsuz herif!" dedi. "Oğluna giysi almak için tarlanı ipotek mi edeceksin? Bir şeyler öğrendi de subay ya da öğretmen olacaksa sana ne bundan? Sırtına giyecek bir gömleği bile yokken, senden daha mı üstün oldu? Üstünü başını da onlar alsınlar. Biliyorsun kimleri demek istediğimi."

Stoişko Dankin, tedirginlikle, "Kimler yani?" diye sordu.

"Okumasına yardım eden kent palavracıları... Ne bakıyorsun öyle? Canıma göz diken kişilere para vermem ben."

"Canına göz dikenler mi?"

"Ya da mallarımı elimden almak isteyenler, hepsi bir kapıya çıkar. İşte böyle, daha fazla başımı ağrıtma. İç şu konyağını!"

Jonny, kadehini uzattı tokuşturmak için. Stoişko Dankin, küçük ve koyu mavi gözleriyle öfkeli öfkeli süzdü onu. Sonra, bir küfür savurup kapıya yürüdü. Kendisine sunulan bir kadehe elini sürmeden meyhaneden ayrılışı ilk kez olmaktaydı.

Meyhaneci, "Hey Stoişko. Hey be kardeşçik!" diye bağırdı arkasından "Gel be budala!"

Ama Stoişko Dankin, arkasına dönüp bakmadı bile.

Sıcak ve parlak bir yaz, bol tütün ürünü vaat ediyordu. Sredorek köylüleri tarla işlerinden baş kaldıramıyorlardı. Masmavi ve durgun gökyüzü pırıl pırıldı. Güneş, tütün ekili tepelerin kumlu ve kızılımtırak topraklarını kavuruyordu. Güneşten bronzlaşmış kadınlar ve erkekler, zehirli bitkilerin dümdüz dizileri arasında sabahtan akşama kadar çapa sallıyor, otları ayıklıyor, olmuş yaprakları derliyorlardı. Ancak öğleleri, sıcak dayanılmaz olup da tarlalara ağır bir sessizlik çökünce, işe ara verip bir ceviz ya da kestane ağacının gölgesinde dinleniyorlardı.

Kupkuru bir köylü kadın, çocuğunu emzirmeye başlamıştı. Ak saçlarına yırtık hasır şapka ve bacaklarına yamalı çizmeler geçirmiş çok ihtiyar bir adam, ırmağa doğru ağır ağır indi ve tembel tembel akan bulanık sulara soktu şişmiş ayaklarını. Çocukluktan delikanlılığa yeni geçen köylü oğlanları, kızlara takılıyorlardı kirazların altında. Bekâr erkeklerin çoğu Trakya'ya ve Makedonya'ya gönderilmişti. Genç kızlar öylesine kahkahalar atıyorlar, öylesine çın çın öttürüyorlardı ki her yanı, derin sessizliğe bütün yaşama sevinçlerini döküveriyorlarmış sanılırdı.

İkindi üzeri güneş iyice yanlayıp gölgeler uzarken, kente giden şosede bir tütün firmasının otomobili göründü. Otomobilden inen uzmanlar, kilot pantolonlu, spor kasketliydiler. Pek keyifli görünüyorlardı. Çünkü yakındaki manastırda bir şeyler yemişlerdi az önce. Alabalık kızartması yemişler ve yıllanmış Melnik şarabı içmişlerdi. Tütün ürünü üzerine bilgi edinmek için buralara gelmiş olan baylar, yararlı işlerde bile hayatın tadını çıkarmasını becerirlerdi.

Otomobilden inince güler yüzle, "Eeey, tütün bu yıl iyi mi?" diye sordular.

Aldıkları yanıt, koskocaman bir "Evet!" oldu.

Ama onlar, "Yapraklarda leke var mı?" diye soruşturdular.

Köylüler, alışkanlıkla, "Hayır, hayır!" diye yalan söylediler.

Köylülerin bu huyunu bilen uzmanlar topraklarda hastalık var mı diye bakmak için, kuşkularını açığa vurmak istemeyen yüzlerle, tarlalara yürüdüler. Yer yer solgun pembe çiçeklerle bezenmiş yemyeşil tütün dizilerini heyecanla gözden geçirdiler. Sonra yüzlerinde vahşi bir öfke belirtisi görüldü; alım sırası böyle oluverirdi o keyifli yüzler.

Şişman ve tıknaz bir bay ağzındaki sigarayı atmadan gözlerini kırpıştırarak, "Kimin bu tarla?" diye sordu.

Asık suratlı bir köylü, "Eğribacak Stojne'nin," yanıtını verdi.

"Nerde bu Stojne?"

Bay uzman, köylünün şivesini taklit ederek üst perdeden konuşurken, ot bürümüş tarlayı ve lekeli tütün yapraklarını da hileli bakışlarla süzüyordu.

"Sıtmadan yatıyor. Oğlu da askerde. Tütünleri ilaçlamakta geciktiler bu yüzden. Hangi firmadansınız?"

Şişko uzman, cebinden bir not defteri çıkarıp bir şeyler yazdıktan sonra, köylüye dönüp, "Ne?" diye sordu. "Bir şey mi sordun?"

"Hangi firmadan olduğunuzu öğrenmek istedim de..."

Şişko, "Nikotiana'dan" diye yalan söylerken, sırıttı ve yanındaki memurlar pek göze batacak biçimde kıkır kıkır güldüler.

"Şef misiniz?"

"Hayır, değilim. Nikotiana'nın şefi, bakanlarla, çok yüksek kişilerle görüşür ancak."

Cebel firmasının yeni müdürü, rakiplerini atlatmak için yaptığı bu dolaşmayı böyle bir şakayla gizleyebildiği için kırılıyordu gülmekten.

Stojne'nin tarlasının bitişiğindeki bir başka bakımsız tarlayı göstererek; "Kimin bu tarla?" diye soruşturmalarını sürdürdü.

"Popadin'in."

"Nerde kendisi?"

"Dağlara kaçtı."

"Neler saçmalıyorsun?"

"Doğruyu söylüyorum."

Bu yanıtı veren köylü, Sredorek köylülerinin sırtından geçinen bu parazitlerin yüzlerindeki tedirginliği aşırı bir kaygıyla süzüyordu.

Dinko sıcak bir haziran günü öğleden sonrası tarlasının yakınındaki karaağacın gölgesine uzanmıştı. Bütün bir öğleden önce cayır cayır yakıcı güneşin altında tütün çapalamış, iyice yorulmuştu. Koyun peyniri ve ekmekle karnını doyurduktan sonra karaağacın gölgesine uzanıp uyumuştu. Uyandığında, sıcak azalmıştı. Tütün ekili tepelerin kırmızı toprakları, mavi gökyüzü altında daha da göze çarpıyordu.

Çevredeki tarlalarda yine işbaşı yapmışlardı. Dinko, havadaki sıkıntı göğsüne çökmüş gibi içini çekti. Oysa hiçbir şey yapamamanın öfkesiyle kıvranıyordu aslında. Köyde kurulan savaş birliğinin silahı yoktu. Popadin, Almanlar hakkında düşmanca konuştuğu için yakalanacak söylentisi çıkınca kaçmıştı. Kaçarken tek bir el bombası ve paslanmış eski model bir tüfek almıştı yanına.

Dinko, böylesine sıkıntılı düşüncelerden bir türlü kurtulamıyordu. Güçlü bedeniyle bir gerindi ve çapasını alıp bir süre daha çalışmak için tarlaya yürüdü. Hâlâ tütün işlemenin hiçbir anlamı kalmamıştı ama, zaman öldürmeye yarıyor, belediye başkanının göz hapsinden de korkuyordu. Dinko'nun tarlası, küçük bir karaağaç koruluğunun arkasındaydı. Tepenin en yüksek yerine kadar uzanan tarlada, güneş pek yakmadığından sabahları ya da akşamları çalışırdı. Tepenin öteki yamacı iri iri yuvarlak taşlarla doluydu ve pek dikti! Sredorek'ten kente giden şose bu yamacın bitiminden geçerdi.

Tepeye varınca aşağıya bakan Dinko, toprak su testisi taşıyan beyaz başörtülü bir kızın şoseden yürüdüğünü gördü; kız kardeşi Elka'ydı bu. Biçimli endamından ve sert yürüyüşünden tanımıştı. Elka da onu görmüştü, adımlarını biraz sıklaştırdı ve kitap, mektup ya da gazeteye benzeyen beyaz bir şeyi başının üzerinde salladı. Dinko'nun keyfi yerine gelmişti. Kız kardeşi taze suyla birlikte kentten yeni haberler getiriyordu belki de.

Oldukça yaklaşmış olan Elka, "Pek hoş bir haber getirmiyorum!" diye seslendi. "Askere çağrılma emri ve İrina'dan bir mektup!"

Dinko, hüzünle sevinç karışımı bir his duydu. Askere çağrılma emri, bu eli kolu bağlı bekleyişe bir son verecekti. İrina'nın çok seyrek mektupları da acı bir özlem, merak ve heyecan uyandırırdı iç dünyasında. Onun hayalini hiçbir zaman unutmuyordu. İrina, iki yılda bir mektup yazardı yeğenine; o da kentte ve köyde babadan kalma mülklerin düzenlenmesi gerektiğinde. İrina'nın bu mektupları, kendi yazdıklarına bir yanıt olurdu. Dinko, yarıcıya verilen tarlaların geliriyle mülklerin getirdiği para vergilere yetmeyince, işten gayrısından söz açmayan kısa mektuplarla durumu İrina'ya anlatırdı. O da çoğu zaman gerekenden çoğunu gönderir, artacak parayla yoksul yakınlarına öteberi almasını rica ederdi. Dinko bu satırlara üzülürdü. İrina'nın aşırı ve yapmacık bir içtenlik ve yakınlıkla yazılmış mektuplarında yeğenleri, amca ve halaları ve başlarından geçen olaylar birbirine karıştırılırdı hep. Bambaşka bir dünyada yaşayan, o dünyanın insanı olan İrina, onlarla hiç de ilgilenmiyordu aslında. Lüks kâğıtlara iri ve dik harflerle yazdığı satırlarda, sayfaları doldurup bu ağır görevden kurtuluvermek isteği sezilirdi. Ama mektuplar böylesine yavan da olsa, Dinko'nun yüreğinde geçmişi uyandırıyorlar ve onu Sredorek'teki tekdüze yaşayıştan uzunca bir süre için kurtarıyorlardı.

İri ve yuvarlak taşlarla dolu yamacı tırmanmaktan yüzü kıpkırmızı olmuş Elka, ter içinde kalmıştı; Dinko gibi iriyarı, sevimli, koyu mavi gözlü ve sarı saçlıydı. Verimsiz toprağına bağlı yoksul bir köylünün baş tacı edeceği sağlıklı bir hayvan kadar cana yakındı. Ama İrina'nın zarifliğinden, güneyli kadınların incelik ve kibarlığından yoksundu. Elka'nın yalnızca dişleri ve gülümseyişi kentteki güzel yeğeni andırıyordu.

Heyecanını gizlemeye çalışan Dinko, ilgisiz görünerek, "Mektubun İrina'dan geldiğini nereden biliyorsun?" diye sordu.

Genç kız, "Bilirim ben," dedi soluk soluğa. Testiyi yere bıraktı ve sırılsıklam olmuş yüzünün terini sildi. "Lüks kâğıdından ve mis kokusundan."

Dinko her iki mektubu da aldı. Terli elde kirlenmesinler diye Elka onları eski bir gazeteye sarmıştı. Zarftan yayılan Origon parfümü kırların toprak, ot ve tütün kokuları arasında hemen belli oluyordu. Uzlaşamayacakları bir varlığın, yabancı bir dünyanın bu güzel kokusu Dinko'nun içerisini kinle doldururken kız kardeşinde hayranlık duyguları uyandırırdı.

Silah altına çağrılma mektubu askerlik şubesinden geliyordu ve şaşılacak bir şey değildi, Dinko bunu bekliyordu da. Mektubu okuduktan sonra kesin kararını verdi; Partizan birliklerinden birine katılacaktı. Yarın yeni bir gün başlayacaktı; coşkunluk, ateşlilik ve tehlikelerle dolu, ama bugüne kadar yoksun kalıp özlediği hayat. Şimdiye kadar düşündüğü, doğru yolu bilip öyle davrandığı amaca bağlı kalmak için başka bir yol yoktu. Ağabeyinin aklından geçenleri anlamış gibi olan Elka, "Ne yapacaksın şimdi?" diye korkuyla sordu.

"Dağlara gideceğim. Başka yolum kalmadı."

"Ya anam, ya ben ne olacağız?"

"Tasalanmayın. Size bir kötülük yapacaklarını sanmam."

Elka ağlamaya başlayınca, Dinko, "Ulumayı kes!" diye çıkıştı. "Böyle uluyasın diye mi yazdırdım seni İşçi Gençler Birliğine?"

Dinko, içi astarlı zarfı açtı. İrina'nın mektubu her zamanki dostça sözlerle, her zaman olduğu gibi adlarını karıştırdığı yakınlarına ilgilerle başlıyordu. Sonra da isteğini kısaca bildiriyordu. Köyde babadan kalma nesi varsa satmak kararındaydı ve bu konuda Dinko'ya yetki veriyordu. "Bu parayı daha verimli bir işe yatırmak istiyorum," diye yazıyordu. "Umarım bu kararımı sen de uygun bulursun. Çünkü iki tarlayla su değirmeninin getirdiği para vergileri güç karşılıyor." Bundan sonraki satırlarda, Dinko'nun yolu Sofya'ya düşerse kendisini görmeye gelmesini rica ediyor, babasının yakınları tarafından unutulmak istenmediğini abartılmış sözlerle belirtiyordu.

Dinko, mektubu zarfa koydu yine. Acı düşünceler kaplamıştı içini. İrina hiç değişmemişti; yakınlarına karşı yabancı, uzak ve yapmacıklıydı. Sözü geçer kişilerin ulaşılmaz dünyasında bir kapatma olmadan, daha lisedeyken de okul çantası yırtık pırtık ve ayaklarında çarıklar var diye yeğeninden utanırdı. Dinko bunu ve daha bir sürü ayrıntıyı hatırladı çocukluk günlerinden;

yoksulluk ve köydeki kültürsüzlük yüzünden İrina'nın ona yabancı durmasını. Ne var ki, İrina'yı şimdi de seviyordu, gizli, acı veren ve umutsuzca bir aşkla.

Elka, "Ne yazıyor?" diye sordu, merakla. Gözyaşları dinmişti meraktan.

Dinko, "Hiç!" demekle yetindi.

Kız kardeşinin duygulu bakışlarına öfkelenmişti. Elka'nın gözlerinde, "Hâlâ mı acı veriyor sana bu kadın?" sorusu vardı. "Onu unutamayacak mısın?"

Dinko, az önceki kuru ve bir tek sözle verdiği yanıtla bütün derdini ele verdiğini sezdi. Bu yanıtın etkisini hafifletmek çabasıyla, "Köydeki mallarını satmak istiyor," diye homurdandı, küçümser bir edayla.

"Mallarını mı?"

"Evet, her şeyi."

Elka şaşkınlıkla, "Neden?" diye sordu.

"Hiç, öyle işte... Bahçeyi, iki tarlayı, su değirmenini..."

"Kim satın alacak?"

Dinko güldü. "Alıcı çok. Mal satın alacak açıkgözlüler çoktur ama, satacak budalaların sayısı az. Paranın değeri düşüyor. Toprağa yatırımın kârlı olduğunu herkes görüyor. İrina belki de haklı. İçinde yaşadığı dünya yakında çökecek."

Elka, alaycı alaycı, "Ama o hem akıllı, hem de kültürlü!" dedi. İrina'yı ağabeyinin gözünde küçültmek için hiçbir fırsatı kaçırmazdı.

Dinko, öfkeyle, "Kendi bileceği iş," dedi. "Nikotiana'nın hisse senetlerinden almak istiyordur belki."

"Hisse senedi mi? Hisse senedi de ne?"

Dinko, artan bir öfkeyle, "Sana anlatması güç, kavrayamazsın," dedi. Ama yaptığından hemen vazgeçip, "Hisse senetleri kârı aralarında bölüşmeye yarar," diye açıkladı.

"Kimlerin arasında?"

Dinko, "Sırtımızdan geçinenlerin," derken sesi büsbütün öfkeliydi. "Tüccarlar, Almanlar, Bulgar hükümeti, Çar, Boris. Sırtımızdan geçinip bize hayvanmışız gibi davranan tüm kişilerin."

Dinko, testiyi başına dikip buz gibi suyu kana kana içti.

"Eve git de öteberimi hazırla. Ben baytarı bekleyeceğim burada. İnekler için biraz bilgi alacağım ondan."

Saatine baktı. Ona kendi tabancasını vereceğini söyleyen baytar, neredeyse yakın köyden gelirdi. Dinko, katılacağı birliğe bir başkası için de ikinci bir tabanca götürmek istiyordu.

Elka, köyün yolunu tuttu ağır ağır. Az sonra, Dinko baytarın arabasını gördü. İki tekerlekli at arabası, dönemeci bol şoseyi ağır ağır tırmanıyordu. Dinko yola indi, yokuşun bir yerine oturup bekledi. Araba dönemeci geçmiş yaklaşıyordu. Güneş ufka iyice yaslanmıştı; çevrede boy atmış yabanmarulları ve civanperçemlerinin yeşili akşam kızıllığında daha da parlak görünüyordu. Tarla sınırlarından, yol kenarlarından, su çukurlarından ve yokuşun cılız çalılıklarından doğru ağustosböceklerinin cırcırları duyuluyordu; tütün tarlalarında çalışan insanların hayatı gibi hüzünlü ve tekdüze. Zaman zaman esen sıcak ve kuru bir rüzâr yabanmarullarını eğiyor, güneşin kavurduğu otlarla toprak kokusu karışımı bir koku getiriyordu.

Çok yaşlı ve sıska bir atın çektiği araba sonunda iyice ortaya çıktı; atın yükünü hafifletmek isteyen baytar, inmiş, arabanın yanı sıra yürüyordu, başı tasayla öne düşmüştü. Boylu, zayıf, uzun bacaklı, yüzü kemikli ve erken çökmüş bir gençti. Arabaya da, pek eski giysisine de, kreolin ve at kokusu sinmişti. Arabada alet çantası, serum ve lastik sondasını koyduğu küçük bir sandık ve atlara burundan verilen bir ilaç vardı.

Dinko yola çıktı, "Günaydın, doktor!" diye selamladı onu.

Düşüncelere dalmış olan baytar, biraz da ürkerek, "Sen misin?" dedi.

Atın yanı sıra yayan yürürken, can sıkıcı bazı düşüncelere dalmıştı; ondan hiç hoşlanmayan ilçe baytarını, komşu köyde kuduz köpeğin ısırdığı yaşlı kadını, kendi bölgesindeki hayvanlar arasında baş gösteren ağızkabarcığı ve tırnak düşmesi hastalıklarını, bir türlü önüne geçilemeyen domuz humması salgınını düşünüyordu. Bu tehlikeli hastalıklar, karantina, aşılar, raporlar, çevrede yorucu dolaşmalarda belediye başkanlarıyla ve çiftlik sahipleriyle durmamacasına sürtüşmeler ve tartışmalar gerektiriyordu. Bir dağ köyünde köylüleri salgın hayvan hastalıklarına karşı uyarmak için yaptığı toplantıda, bir ara, Rusya'da uygulanan yöntemlerden söz açınca, az sonra belediye başkanının çıkagelmiş olduğunu şaşkınlıkla görmüştü. Durum üst makamlara hemen duyurulmuş olmalıydı. Arabanın yanında yorgun argın yürürken, hasta hayvanları için öğleden beri onu bekleyen yoksul köylüleri de hatırladı. Yardımcısının telefonla bildirdiğine göre, hasta hayvanlar arasında midesi aşırı büyümüş bir de at vardı. Hayvanın midesini sondayla dikkatle yıkamak çok zaman alırdı ama bütün yorgunluğuna karşın bu işi hemen yapması gerekiyordu.

Baytar, dalgın dalgın, "Beni burada beklediğini unutmuştum, kusura bakma!" dedi.

"Zararı yok. Şey yanında mı?"

"Elbette."

Bomboş şoseyi büyük bir dikkatle süzen baytar, arka cebinden aldığı tabancayı Dinko'ya verdi çabucak. "Al bakalım. Eski bir nagant, ama iyi ateş alır."

"Evde bir bakarım."

Baytar, "Canavarlar!" diye sövdü. "Cepheye gönderecekler seni!"

"Gideceğimi mi sanıyorsun? Bu gece dağa çıkıyorum." Baytarın gözleri parladı bir an için. Öylesine heyecanlanmıştı ki, söyleyecek söz bulamadı. "Silahınız var mı?" demekle yetindi.

"Düşmanın silahlarını alırız. Haydi gel bir sigara tellendirelim."

"Olmaz. Hastalar bekler. Gel yürü benimle."

"Peki."

Baytar dizginlere uzandı. Yürüdüler birlikte.

Dinko, baytarın yanı sıra yürüyordu. Güneş batıyordu ağır ağır. Günün son ışıkları tepelere hüzünlü bir kızıllık serpiyordu. Az sonra güneş büsbütün kayboldu ve batıdan doğru menekşemsi bir sis yükseldi. Zehir yeşili tütün tarlaları ağustosböceği cırcırlarıyla doluvermişti. Irmaktan doğru kurbağa vak vakları geliyordu.

Baytar, "Kaç kişi seninle geliyor?" diye sordu.

"Yedi kişi."

"Stoişko Dankin'in oğlu yok mu?"

"Onun yedek subaya gitmesine karar verdik. Askerlik deneyimi olan bir arkadaş kazanacağız iki yıl sonra."

Baytar, düşünceli düşünceli, "Peki," dedi, "bu işlerin bu kadar süreceğini mi sanıyorsun?"

"Çok uzun sürebilir."

Batan güneşin bıraktığı kızıllığın yerini loşluğun açık grisi almıştı. Yakındaki dağın koca gövdesi karanlıkta kaybolmuş, yalnızca tepelerin kaya sivrilikleri turuncu bir ışıltı içindeydi henüz. Aralıksız kurbağa sesleri gittikçe artıyordu.

Tepeye varınca, arabaya binip vadiye sürdüler. Düzlüğe vardıklarında, akşam loşluğundan pırıl pırıl yıldızlı bir gökyüzü çıkıverdiğini gördüler. Havada mis gibi kuru ot kokusu vardı. Karanlığı delen ışıltılı böcekler uçuşuyordu, arada bir uzaklarda sığırlar böğürüyor, bir köpek havlıyordu. Geç kalmış çobanlar koyunları ağıllara sürüyorlardı acele acele. Dinko içini çekti. Bu sakin ve barış dolu çalışmaların sessizliğinde belki bir daha hiç tadamayacağı anlaşılmaz bir güzellik vardı. Doğuda bir devler savaşı başlamıştı. Yeni bir dünya bu savaştan doğacaktı.

Uzaklardan köyün ışıkları parlıyordu. Dinko indi arabadan. Baytar, gezginci sağlık merkezinin bulunduğu yakın köye doğru sürdü. Ayrılırken içtenlikle el sıkıştılar. Dinko yalnız kalınca, uzaklaşan bu insanı son kez görüyormuş ve barışta yaşamanın mutluluğunu son kez hissediyormuş gibi oldu. Bu duygunun bir önsezi değil, hayatı seven insanlara özgü sıradan bir korku, birkaç saat sonra kendisini bekleyen, tehlikelerle dolu gizli yaşayışa karşı bir korku olduğunu kavrıyordu. Ama hemen kendini toparladı.

Köy yakınındaki korunun önünde ve gecenin ilerlemiş saatlerinde buluşan yedi erkek, dağa doğru yürüdüler ağır ağır.

3

Boris'i hâlâ seven ve sayan tek insan annesiydi. Oğlunun hayatta bugüne kadarki yaşayışı ve bununla ilgili olaylar, Stephan'ın yasıyla kararmalarına karşın, mutlu kılan anılarla doluydu.

Ana, bir ikindi üzeri oğluna telefon etti ve hemen görmeye gelmesini istedi.

Boris, ertesi gün Hamburg'a gitmek zorunda olduğu halde hemen "Peki," dedi. Akşam olunca otomobile atladı ve elden geldiğince hızla sürmesini söyledi şoföre. Bir buçuk saat sonra baba evindeydi.

Anası onu bahçede karşıladı. Ilık bir bahar yağmuru yağmıştı. Leylak ve gül kokuları baş döndürücüydü. Boris anasının elini saygıyla öptü. O da oğlunun alnına dudaklarını değdirdi. Stephan'ın ölümü yüzünden Boris'e duyduğu soğukluğu bir türlü yenemiyordu.

Oğul, "Neden çardak altında oturmuyorsun?" diye sordu.

"Yalnızım. İçerisi de sıcak. Biraz hava alayım, dedim."

Ana, caddeden ağır ağır geçmekte olan bir polisi süzdü heyecanla, ama o yana bakmadan.

"Babam nerede?"

"Sofya'ya gitti dün."

Boris, yüzünü ekşitti. Babasının başkentte yaptığı her yolculuk bir budalalıkla ilgiliydi. Babasının bu yanlarını öfkeyle hatırlayan Boris, "Beni görmeye gelmedi," dedi. "Yine bir şeyler mi tasarlıyor?"

"Belediye başkanıyla takışmaktan vazgeçmedi hâlâ. Kaplıcaların bahçesinde yaptığı Roma kazılarını sürdürmek istiyor. Belediye başkanı da mevsim geçmeden buna izin vermiyor. Haklı da."

"Elbette. Babama anlatamıyor musun bunun böyle olduğunu?"

Ana, gülümsedi çekingen çekingen. Buna kimse inandıramazdı Redingot'u. Tıpkısını oğluna da söyleyecekti belki, ama şu anda kafasında daha önemli düşünceler vardı.

Boris, "Deli bu adam!" diye köpürdü. "Bundan böyle onunla ilgilenmeyeceğim. Bakanlıklarda rezil oldum onun yüzünden. Siyasal olaylar dünyayı altüst ederken o Roma hamamı kazılarıyla uğraşıyor."

Sokaktaki polis ortadan kaybolmuş, ananın yüzü rahatlamıştı.

Boris, "Nedir bu yeni çılgınlığı, neden öğretmenleri değiştirmek istiyor?" diye sordu. "Okul öğretmenleri ondan yaka silkiyor."

"Roma hamamı kazısını yoluna koyabilirsen öğretmenlerle uğraşmaktan vazgeçer."

"Hiç akıl yok mu bu adamda!"

Boris, anasının koluna girdi, evin kapısına doğru yürüdüler ağır ağır. Güneş, portakal rengi bulutların ardında kaybolmuştu. Yakınlarındaki ırmak hafiften hafiften ve tekdüze şıpırdıyordu. Leylak kokusu daha da keskinleşmişti.

Ana, merdivene yaklaşırken, "Maria nasıl?" diye sordu.

Boris, dalgın ve canı sıkkın, "Her zamanki gibi," dedi. "Dün, Çam-Koruya'ya götürüldü. Herkese yük olmaya başladı."

Ana, hiçbir şey demedi. Bunları söyleyenin kendi oğlu olmasına utanmıştı.

Yemek odasına girdiler. Ana avizeyi yaktı. Bol ışık altında ananın yüzü daha iyi seçiliyordu. Bu yüzde hem sevinç, hem tedirginlik, hem de tasa vardı. Koyu renkli gözleri tedirgince parıldıyor, pörsümüş yanakları sararıp kızarıyordu.

Boris, "Nen var senin?" diye sordu.

Anasının bu haline tasalanmıştı. Kadıncağızın rahatını kaçıran kim ise bütün öfkesiyle saldıracaktı üstüne.

Ana, "Hiç!" diye gülümsedi.

"Beni neden çağırdın?"

"Çoktandır görmedim seni... Seni biraz burada göreyim istedim."

Boris, ilçe öğretmenleri arasında solcuları ayıklamak için, Redingot'un yurtsever çabalarından söz açtı anasına, buna karşı değildi elbette. Ama bir sürü karışıklığa yol açacak bu gibi işlerden paraca hiçbir kazanç sağlanamazdı. Şu Roma hamamı kadar saçmaydı bu iş; bundan ötürü de Redingot bu davranışıyla öğretmenleri Nikotiana'ya karşı kışkırtıyordu.

Babasına karşı öfkesi biraz yatışan Boris, "Bir konyak vermeyecek misin bana?" dedi.

Ana kararlı, "Hayır, bugün konyak içmeyeceksin," dedi. "Sonra şarap veririm sana."

Boris, "Olur ana!" demekle yetindi.

Ananın yüzünde yine o gizli gülümseyiş belirmişti. Boris, 'yönettiği yetimler yurdu için para isteyecek,' diye düşündü. Anasını mutlu kılmak için yüklüce bir bağışta bulunmaya karar verdi. Bu konuda anasından önce davranmamış olmak için, "Senin yetimler yurdu ne durumda?" diye sordu, rastlantıyla aklına gelmiş gibi.

"Her zamanki gibiler... hüzünlü ve cana yakın yavrucaklar."

"Bir ihtiyaçları falan var mı?"

"Şimdilik yok."

Boris, bu yanıttan sonra daha da şaştı. Ana, sözü oğlunun Trakya'daki işlerine aktarmıştı. Bir yandan da masaya temiz örtü yaymış, dolaptan aldığı takımlarla üç kişilik sofra hazırlamıştı.

Boris, "Niye sen iş yapıyorsun?" diye sordu. "Kız nerede?"

"Köyüne gitti, birkaç günlüğüne izne çıktı."

Boris, öfkeyle, "Ev işlerini kim yapıyor?" diye sordu. "Sağlığına boş veriyorsun yine."

Bir sigara yaktı ve anasını dikkatle süzmeye başladı. Ananın her hareketinde aşırı bir heyecan belirtisi vardı. Birden, "Ne diye üç kişilik kurdun sofrayı?" diye sordu.

Ana sustu. Yüzü kıpkırmızı olmuştu. Sonra, hafifçe iç çekti ve bacaklarında güç kalmamış gibi iskemleye bıraktı kendini. Boris korkuyla yerinden sıçradı. Çünkü tam bu anda Redingot'un çalışma odasının kapısı açılmış, uyumlu bir ses yükselmişti: "İyi akşamlar, kardeş!" diye.

Kapı eşiğinde Pavel durmaktaydı.

Boris, şaşkın şaşkın baktı ona.

İlk duyduğu, müthiş bir korkuydu. Beklenmedik bir anda hayalet gibi karşısına dikilen Pavel, Alman ordusunu önüne katıp acımasızca vuran ve bölen bir başka dünyanın adamıydı. Nikotiana genel müdürü korkuyordu. Bulgar köylü ve işçilerinden, onlarla çalışan kardeşi Pavel'den, Nazi sürülerini önüne katıp kovalayan Rus ordusuna kadar herkesten ve her şeyden korkuyordu. Korkusu hızla artmış, dört bir yanını dehşet kaplamıştı. Boris sapsarı olmuş titriyordu.

Pavel, birkaç adım ilerledi. Hep o Pavel'di. İriyarı, geniş omuzlu, arkaya taranmış parlak kara saçlı. Yüz çizgileri daha keskin ve sert olmuş, teni güneşten yanmış, bakır rengini almıştı. Bütün değişiklik bu kadardı. Dudaklarında belli belirsiz alaycı bir gülümseyiş vardı.

Kardeşine biraz daha yaklaşıp, keyifli keyifli, "Ne o, korktun mu?" dedi. "Bir bu eksikti. İyi akşamlar!"

"İyi akşamlar!"

Boris, kısık bir ses ve yapmacık bir sevinçle konuşuyordu. Anasına, "Bir konyak versene bana!" dedi.

Pavel, derin kalın sesiyle, "Konyak da nesi!" dedi. "İçmeyeceğine söz verdindi ya!"

"Yapamayacağım... Sinirliyim... Konyak içmeliyim."

"Ne dedin? Bu duruma geldin mi?" Pavel şaşkınlıkla süzdü kardeşini ve, "Ana, ver şuna bir konyak," dedi. "Haydi, birlikte kadehlerimizi kaldıralım."

Ana, iskemlesinden hâlâ kımıldayamıyordu inmeli gibi, oğullarına bakıyordu hiç konuşmadan. Sonunda güçlükle doğrulup masaya bir konyak şişesi koydu. Pavel kadehleri doldurdu, tokuşturdular.

Boris, biraz kendini toplamıştı. "Demek böyle!" dedi. "Bu duruma diyecek yok, komedi parlak!"

Bunu söylerken Pavel'in omzuna vurdu ve sesli sesli güldü.

Pavel birden ciddileşti. "Dinle beni, kardeş!" dedi. "Bir gelen olursa hemen kaybolurum ortadan. Sen de beni gördüğünü unutacaksın. Anlaşıldı mı? Yoksa kötü olur."

Boris, "Ne gibi kötü olur?" derken yine sararıverdi.

"Anam için de, ötekiler için de..."

Boris, kendini toplayarak, "Ha, anladım," dedi. "Senin kılına dokunamazlar. Kimse dokunamayacak sana. Tam da zamanında geldin."

"Ne gibi?"

"Olup bitenleri görmüyor musun? Yakında bizlere yardım etmen gerekecek."

Pavel gülümsedi.

Ana, oğullarının yüzüne bakmaktaydı. Korktuğu şeyler olmamıştı. Birbirlerini dostça selamlamışlar ve ilk anın düşmanca duygularını yenmişlerdi; bu duruma göre, barışacakları akla yakındı, ama ana yüreğinin tedirginliği yine de geçmiş değildi. Bu durumları, çocukluktan beri analarının önünde tartışmama alışkanlığındandı belki de.

Boris, "Çok oldu mu Bulgaristan'a geleli?" diye sordu.

"Birkaç ay oldu."

"Nerden geliyorsun."

Pavel karşılık vermedi.

Boris, şöyle bir el salladı gerekmez gibilerden ve, "Gizliyse söyleme," diye konuştu. "Yurtdışında nasıl geçirdin on yılını?"

"Arjantin ve Brezilya'da dolaşmadığım yer kalmadı. Sonra, İspanya iç savaşına gönüllü olarak katıldım. Anam anlatmıştır sana."

"Şimdi de partide ileri gelenlerdensin, değil mi?"

"Hayır, yalnızca bir savaşçı."

İkinci kadeh konyağı yuvarlayan Boris, neşelenmişti. "Külahıma anlat bunu," dedi. "İşler senin dilediğin gibi sonuçlanırsa bakan olursun; Vatan Cephesi kabinesinde."

"Bizler bakanlık sandalyesi için dövüşmüyoruz."

"Yok canım. Hep böyle konuşurlar, koltuğa kuruluncaya kadar."

Pavel, alnını kırıştırdı. Biraz sustuktan sonra da, "Ya sen?" diye sordu. "Sen ne yapıyorsun?"

Boris, büyük bir alçakgönüllülükle, "Hiç," dedi. "Kendi halimde ticaret yapıyorum, durumumuzu kurtarmak için Almanları atlatmaya çalışıyorum. Evet kardeşim, korkunç insanlar bu

Almanlar. Bütün dünya onlardan yaka silkiyor. Herkesin burasına geldi yaptıkları."

"Ama, siz çağırdınız Almanları."

"Böylesine canavar, böylesine soyguncu çıkacaklarını nereden bilebilirdim. Bak şu İngilizler; ne kadar başka. Onlarla uyuşulabilir. Onlar nasıl davranacaklarını bilirler. Yaman insanlar şu İngilizler!"

Pavel yine alnını kırıştırdı. Ana, farkında olmamıştı bunun. Mutfakla yemek odası arasında mekik dokuyor, mutluluktan uçuyordu. İki kardeş, çocukluklarında olduğu gibi, özgürce şakalaşıyor, birbirlerine takılıyorlardı. İki oğlunu yine böyle hiç çekişmesiz yanında görebileceği anı nasıl özlemiş, bunun özlemiyle yanmıştı.

Anasının bir ara yine mutfağa girmesinden yararlanan Boris, "Biliyor musun başıma geleni?" dedi.

"Evet, seni mutlu kılmayan bir evlilik yaptın."

Boris bu yanıtı hiç beğenmemiş gibi, "Yok, yok!" dedi. "Bu evlenme mutlu sayılmalı daha çok. Hayır, bu değil. Senin partizanlar birkaç gün önce beni az daha öldüreceklerdi. Tasarılarının bu olup olmadığını yine de pek kestiremeyeceğim. Partizanların halktan yana olduğunu biliyorum. Anama açmadım bu olayı, tedirginleşmesin diye."

"Bunu daha sonra..."

Pavel, susmasını işaret etti. Ana, bir şişe beyaz şarapla gelmişti. İki kardeş, sudan bir konuya geçiverdiler ve yine şakalaşmaya başladılar. Babalarının akıl almaz davranışlarından oldukça saygısızca söz açtılar. Yemekte de, yine babanın türlü davranışlarından konuştular, çocukluk anılarını anlattılar karşılıklı. Arada bir, Stephan'ın gölgesi düşer gibi oluyordu. İçlerinden biri adını söyleyince, sessizce onu anıyorlar, ananın gözlerinden yaşlar boşanıyordu.

Boris, bir ara, "Bütün suç şu Kostov'da," dedi. "Bu kart züppe mektubu iki hafta açmamış bile, bana da hiçbir şey söylemedi."

Pavel, acı acı, "Bakanla konuştumdu," diye iç geçirdi. "Adam bana, şöyle bir aklını başına toplasın diye yalnızca iki ay gözaltında bulunduracağız, demişti. Böyle sonuçlanacağı kimin aklına gelirdi."

Ana, hıçkırarak, "Hiçbir şeyle bağışlatamazsın suçunu," dedi.

Pavel, sert sert, "Keselim bu konuyu," dedi. "Ana, biraz kendini topla da yatağına git! Boris'le konuşacaklarım var daha. Haydi git. Bana söz de vermiştin."

Ana, odadan çıkınca iki kardeşin davranışları da değişti. Boris, kadehine yine konyak doldurdu. Pavel, onu uyardı ve öfkeyle, "Yeter içtiğin!" dedi. "Ne rezalet bu halin! Bir sarhoşla konuşmaya gelmedim ben."

Boris, düşmanca süzerek, "Sarhoş muyum ben?" dedi. "Kim demiş benim sarhoş olduğumu? Sana öyle geliyor. Sen zavallının birisin, konyağın iyisinden ne anlarsın?"

"Varlıklı olmanı mı gösterir bu?"

"Daha başka şeyler de var, ama sen nereden bileceksin bunları? Bu alanda bilgili olsaydın, varlıklılık üzerine daha sağlam görüşlerin olurdu."

Boris, kardeşinin omzuna babacan bir tavırla vurdu ve sigarasını yaktı. Sonra, koltuğa otururken, "Demek böyle, gizli, yasadışı eylemlerde bulunan birisin," diye sırıttı. "Belki de şu sözümona 'Vatan Cephesi'nin ileri gelenlerindensin? Nasıl bir çete, bu senin 'Vatan Cepheciler'? Sizin kullandığınız terimler hiçbir zaman pek anlaşılmaz."

"Seni Halk Mahkemesi önüne çıkardığımız gün bunu anlarsın."

"Bunu başaramadan kendinizi darağacında bulacaksınız."

Pavel'in yüzünde sert bir gülümseyiş belirdi. "O zamanlar gerilerde kaldı kardeş! Halk sizlere karşı. Almanya'nın hızla uçuruma gittiğinin farkında değil misin? Kendine güvenli numarasını bırak!"

Boris buz gibi ürperdiğini hissetti. "Böyle bir şey yaptığım yok," dedi, sesini yumuşatarak. "Bu aşırı tek yanlı düşünüş seni nerelere sürükleyecek öğrenmek istiyorum."

"Sabrımı denemek niyetindesin demek. Tehlikeli senin için."

Boris gülümsedi: "Ne gibi? Beni kurşuna mı dizdireceksin?"

"Hayır, bunu yapmam. Ama seni kurtarmaktan cayabilirim. Bu da anamız için çok ağır olur, değil mi?"

"Haklısın. Böyle zamanları da görmek zorundayız demek. Şimdi, beni dinle! Önceki gün Trakya'dan dönüyordum otomobille. Radyatöre su koymak için bir köyde durduk. Birden tüfekler patladı. Makineli tabancalar, makineli tüfekler işliyor, el bombaları patlıyordu. İstasyonun yanında, Alman askerlerinin koruduğu birçok depo vardı. Köyde de bir bölük Bulgar askeri bulunuyordu. Ben ve belediye başkanı, köy okulunun bodrumuna sığındık. Bulgar askerleri şaşkına döndüler ve hiçbir davranışta bulunmadılar."

"Orduda çözülme başladı."

"Evet, öyle... Anlıyorum."

Boris sigara paketini uzattı, Pavel'e. "Belediye başkanına korkudan inme inmiş gibiydi. Sözcükleri birbirine karıştırarak, 'Bay Morev mahvolduk, bizi öldürecekler' dedi. 'Yok yahu' dedim, 'Bunlar halk dostu... Her önüne geleni öldürmezler elbette.' 'Ama bizim gibileri arıyorlar' diye direndi, adamcağız. Almanlar saldırıyı geri püskürtünce bizim askerler de biraz kımıldadılar. Alman komutanı onları savaş divanına vermekle tehdit etti."

Pavel gülümsedi: "Bir partizan topluluğunun içine düşmüşsün, rastlantıyla."

Boris, canı sıkkın bir tavırla, "Bunda şakaya gelir bir yan var mı?" diye sordu.

"Partizanlar sana bir şey yapamazdı. Biz yalnızca Almanlara askerlik bakımından yardım edenleri arıyoruz."

"Gözlerini kan bürümüş partizanlar beynine bir kurşun yapıştırdıktan sonra, sen istersen git de işbirlikçi olmadığını kanıtla. Bana bak, tehlike var mı?"

"Evet, elbette... Ama büyütülecek kadar değil."

"Görüyorsun sen de. Beni boş yere öldüreceklerdi. Olur mu böyle şey? Tanrı bilir, Almanlara karşıyım. Almanya bu savaşı kaybedecek ve Bulgaristan bir cumhuriyet olacak. Dinle beni. Açık konuşalım. Vatan Cephesi konusunda bir anlaşmaya varalım birbirimizle. Söyle, kaç para vermem gerekiyor. Bir başlangıç olarak iki milyon yeter mi? Sizlerin işi daha ciddi bir duruma getirdiğinizi görürsem, daha çoğunu veririm. Sana ve senin durumundakilere; yani ileri gelenlere daha çoğunu da öderim."

Pavel, kahkahalarla güldü.

Boris alınmış bir bakışla, "Neden gülüyorsun?" diye sordu. "Siz buna, dur bakayım, nasıl diyorsunuz! Maddeci felsefe mi ne!"

Hâlâ gülen Pavel, "Hayır," dedi. "Maddeci felsefe bambaşka bir şey. Bize paran gerekli değil."

"Ya ne istiyorsunuz benden? Beni asacak mısınız?"

"Bırak bu saçma düşünceleri bir yana."

"Tasalanacak durumda değilsin de beni alaya alıyorsun."

"Gerçekten de öyle. Polisin eline düşsem kemiklerimi kırarlar! Şimdi dinle beni! Hükümetle ne gibi ilişkilerin var?"

Boris, alınmış gibi davrandı. "Hükümetle mi? Hiçbir ilişkim yok. Namusum üzerine doğru söylüyorum. Bu heriflerle ne olabilir aramda? Onların gözünde İngiliz dostuyum."

"Mali bakımdan demek istiyorum."

Boris, küçümseyen bir gülümseyişle, "Ha, o başka," dedi. "Avucumun içindeler. Komisyon veriyorum, borç veriyorum ve buna benzer daha bir sürü şey... Ticaret bu; ne yaparsın. Onlara da bir şey koklatmalı, yoksa..."

"Anlaşıldı. Şu halde bize bir dostluğun dokunabilir." Boris tedirginleşti birden. "Ne gibi?"

"Parti arkadaşlarımızdan biri zindanda. Ölüme hükümlü."

"Eeey?"

"Ölüm hükmü kaldırılmalı, hiç değilse ertelenmeli."

"Peki, kolay. Adı ne?"

"Blaşe Kokolov"

"Tanırım onu. Büyük grevde bana çok zararı dokunduydu."

"Unut şimdi bunları."

"Elbette, unuttum bile."

"Onu darağacından kurtarmayı başarırsan, bizden yana tasan kalmasın. Bunu unutmayız hiçbir zaman."

"Anlaştık. Yarından tezi yok bir şeyler yapacağım."

"Elden geldiğince çabuk davran. Bir de şu var: Çam-Koru-ya'daki villanı bir görmek isterim."

"Neden?"
"İngiliz dostu bazı çevrelerle yapacağım görüşmeler için pek uygun bir yer sanıyorum da..."
"İngiliz dostu çevreler mi? Bunu hemen söyleseydin de birbirimizden çekinecek bir yanımız olmadığını anlayıverseydim. Villayı emrinize veririm, seve seve. Beni dinle, bu Vatan Cephesi işi çok ilginç. Sizler için düşüncelerimi değiştirmeye başladım bile. Sizler kurnaz tilkilersiniz bence. İngiliz dostu çevreleri arıyorsunuz yine! Onlarsız olmuyor demek!"
"Bize yakınlaşmak isteyenler onlar!"
"Nasıl? Onlar mı?" derken, Boris'in yüzü asıldı yine. Pavel, "Görüşmek istiyorlar," dedi. "Programımızı benimserlerse Vatan Cephesi'ne girebilirim."
Boris, öfkeli öfkeli, "Neden haberim yok bundan?" dedi.
"Senden gizliyorlar belki de! Seni Alman dostu saydıklarından."
"Öyle mi? Ama ben... Sen biliyor musun ki ben... Kardeşim olarak sana şu kadarını söyleyeyim ki... Ama hiç kimseye açmayacaksın bunu. Bak, dinle: Saray komitesinden olduğumu biliyor muydun? İngilizlerle görüşmeler için Ekselans'ın bana güvendiğinden haberin var mı? Biliyor musun ki ben..."
Pavel, bıkkınlıkla bir el hareketi yaparak, "Biliyorum," dedi. "Ama Ekselansınız, saltanatı ve kendini kurtarmak için bu yemi kullanma zamanının henüz gelmediğini sanıyor. Şunu bil ki, sana kimsenin güveni kalmadı... İşçiler de, köylüler de senden nefret ediyor. İngilizler, senin iki yanlı oynadığını biliyor. Almanlar bile hakkında daha parlak düşünmüyorlar... Beni hayal kırıklığına uğrattın kardeş."
Boris, asık bir yüzle, "Neden?" diye sordu. "Rastgele zengin oluvermiş sıradan bir tütün tüccarı gibi davranıyorsun da ondan. Konuşma biçimin bile bayağılaşmış. Batakçiya gibi konuşuyorsun. O da bizimkilere başvurdu. Vatan Cephesi'yle işbirliği için. Sen yalnızca bir işadamısın, politikacı değil. Saraydakiler bundan ötürü planlarında sana yer vermediler. Beynin de gücünü yitirmiş; belki de içkiden. Alman faşistlerinin uşağı, yar-

dımcısı olup çıktın. Hepsi bu kadar. Ama şimdi Almanlar bile seni küçümsüyor. Bundan böyle kimsenin işine yaramayacak bir paçavrasın. Ne halk, ne de müttefikler sana güveniyor ne de Almanlar. Yalnızca ben, kardeşin Pavel senden bir şeyler umuyorum. Bunca suçunu azaltmak için tek çıkar yol, Blaşe'yi kurtarabilmek. Senin için tek kurtuluş yolu; halka dönüp dize gelmek ve bağışlanmanı dilemek. Senin canını kurtarmak için daha başkası gelmez elimden. İyi anladın mı? Ne de iğrenç bir sarhoş olmuşsun!"

Boris susuyordu. Çarpılmış ağzı, sonuna kadar açılmıştı.

Pavel, "Beni dinle!" derken sesi daha da sertleşti. "Bir başka şeyi de bilmem gerekiyor. Beni ele verirsen ne Almanlardan, ne de İngilizlerden bir kazancın olur. Ama böylesine aşağılaşırsan ve bunu yine de yaparsan saatlerin sayılıdır. Anam da sana yaşadığı sürece lanet okuyacaktır. İyi anladın mı, söylediklerimi?"

Boris'in ağzı çarpık ve açıktı hâlâ. Pavel onun böylesine aptallaştığını görünce, 'ne zavallı insanmış,' diye düşündü hüzünle.

Boris, "Dur biraz, kardeşim!" diye kendini toparlamak istedi, ama sesi hâlâ ürkek ve sinirliydi. "Hayır... hayır... Seni ele vermem! Ben... ben seni... ben... neler de düşünüyorsun benim için?.. Olabilir mi böyle şey? Bundan daha budalaca bir şey olmaz... Almanlar da kaybediyorlar..."

Pavel, gülerek, "Savaşı kaybediyorlar, elbette," diye onun sözünü tamamladı. "Bırak onları da, İngilizlere sarıl."

Boris, sözler ağzından dökülerek konuşuyordu hâlâ. "Dur biraz. Bir konyak içmeliyim önce. Çok heyecanlıyım."

"İçmene bak. Hayatın pamuk ipliğine bağlı."

"Ama her şeyi, elimden geleni yapacağım. Sizler beni temizlemeyeceksiniz, değil mi?"

"Kimseye bir şey söylemez ve Blaşe'yi kurtarırsan. Sonra da villayı... Anahtarı anama ver."

"Her şeyi, hepsini yapacağım."

Pavel, kol saatine bir göz atıp kalktı. Gitmesi gerekiyordu. Elinde olmadan, arka cebindeki tabancaya uzandı. Sonra, Boris'e verdi elini. "Dürüst davranırsan, evet."

"Gerçek mi?"

Pavel, kardeşinin bu durumundan bunalmıştı. "Yeter artık yatış biraz!.." dedi. "Ne ödlek olmuşsun sen!.. Senin bu haline baktıkça ben utanıyorum."

Hızla yürüdü kapıya.

Boris, yalnız kalınca, kadeh kadeh konyak içip iyice uyuşturdu beynini; öfke ve donup kalmak karışımı duygularla kendini kaybetmişti. Sonra, bir uyku bastırdı ve sandalyede uyuyakaldı.

Uyandığında saat sabahın dördüydü. Donuyordu ve başı çatlıyordu ağrıdan. Bu umutsuzluk ve bomboşluk anında, kardeşinin yüklediği görevi hemen yerine getirmesi gerektiğini hatırladı. Nikotiana dünyasının tehlikeli biçimde sallanmaya başladığını, belki de çökmek üzere olduğunu, her şeyin ona karşı döndüğünü sezer gibiydi.

Ağır ağır doğruldu yerinden, şapkasını bile almadan yalpalayarak çıktı evden. Anasıyla vedalaşmadı. Dışarısı serin ve sessizdi. Gökyüzünde hâlâ yıldızlar vardı, ama doğuda incecik ışıltılı bir çizgi belirmeye başlamıştı. Yandaki komşunun bahçesinde bir baykuş öttü acı acı. Havuzda kurbağalar kıyameti koparıyorlardı.

Sokakta bekleyen otomobiline gitti. Şoför uyuyordu. Adamı uyandırdı sarsarak. Sonra, arka koltuğa attı kendini. "Son hızla sür!" diye haykırdı.

Otomobilin camını açtı. İrina'nın verdiği güllacın içindeki toz kafeini yuttu, bir de sigara yaktı. Gecenin serinliği ve kafein, onu biraz canlandırmış, düşüncelerine bir açıklık getirmişti. Bir uşaktı ha? Göreceklerdi onun kim olduğunu! Trakya'dan satın aldığı tütünleri oradan bir taşıtabilse! Öne eğilip şoföre homurdandı: "Daha hızlı sür!" diye.

Otomobil uçuyordu sanki.

Nikotiana genel müdürü, hoşnutlukla gülümsedi; iş hayatının en yüksek noktasına ulaştığı zamanlarda olduğu gibi. Ölüm hükümlüsü bir devrimciyi kurtarmak için değildi bu acelesi. Alman sigara tröstlerinin ortakları önünde yaltaklanmak üzere bir an önce Hamburg'a yetişebilmek için acele ediyordu. Nikotiana'nın rakiplerinden komisyon alan rüşvetçi Lichtenfeld'in aşağılık davranışlarına karşı entrikalar çevirecekti.

4

Maria, sönen bir mum gibi yavaş yavaş eriyordu.

Kışı Sofya'da geçirmişti, yazı da Çam-Koruya'da. Dokuz yıldır hizmetinde olan bir hastabakıcı, yanından hiç ayrılmıyordu. Boris, karısına bir başka ev kiralamak istemiş, ama İrina karşı çıkmıştı buna. Maria'yı, kendi malı olan evden atmak, İrina'ya çok aşağılık görünmüştü.

Çam-Koruya'da bir yaz akşamıydı. Hastabakıcı, Maria'nın pek yakında öleceğini anladı. Maria birkaç gündür hiç kımıldamadan yatıyor, bir şey yemiyordu. Yüzünde anlamsız bir gülümseyiş vardı. Bomboş ve anlamsız bakışlarını odanın tavanına dikmiş, ağzında köpükler birikmişti.

Hekimlikle ilgili pek çok kitap okumuş olan hastabakıcı, bu sonu bir süredir bekliyordu. Hastayla baş başa geçirdiği tekdüze ve uzun yıllardan, bu işten aldığı yüksek paraya karşın, bıkmıştı. Bu sürede oldukça para da biriktirmişti, ama gençliğinden hiçbir şey anlamamıştı.

Hastabakıcı, Maria'ya bakan hekime telefon etti. Adam hemen o gün geldi Sofya'dan. Yolun uzunluğunu ve sıcağı umursamamıştı; zengin müşterilerine hep böyle davranırdı.

Mesleğinde çabuk ilerlemiş genç ve iyi bir hekimdi. Çok okumuş, çok görmüş olmaktan gelen bir cana yakınlığı vardı. Yüksek bir alnı, bağa gözlüklerin arkasından biraz soğukça bakan zeki gözleri vardı. Bu gözler arada bir acınmayla da bakardı ama, bilgisini satmasını beceren bir insanın anlatımı böyle anlarda bile yüzünden okunurdu. Pek ilgilenmedi. O da bıkmıştı bu hastasından.

Hastabakıcı, yapmacıklı bir şaşkınlıkla, "Aman tanrım, hastalık son döneminde..." diye mırıldandı. Hastanın yüzünü gözden geçirince, "Sonunun geldiğini söyledim" dedi. "Gerçek mi öleceği?" Ama gözlerinde, ne zaman bu son, ne zaman kurtulacağım, sorusu vardı.

Hastabakıcının bu sessiz sorusunu anlamış olan hekim, "Yarın, en geç öbür gün," karşılığını verdi.

Hastabakıcı, "Ah zavallı hanımım!" diye inledi.

Yaşlı kız, hayatında başlayacak değişiklik için şimdi gerçekten heyecanlanıvermişti. O da öteki kızlar gibi yaşayabilecekti bundan böyle. Gençliği geçmişti ama, çekiciliğini büsbütün yitirmemişti. İki odalı bir ev satın alacak, bir erkek arkadaş edinecekti; sevimli bir küçük memur bulacaktı. Akşamları birlikte sinemaya gidecekler, pazarları Vitoşa dağına gezintiler yapacaklardı. Ama evlenmeye hiç niyeti yoktu. Dokuz yıl süreyle Maria'nın hastalığına bakarken, Boris'i, İrina'yı ve Spiridinov ailesinin hayatını görmüş, inceden inceye düşünmüştü. Vardığı sonuç, evlilik denilen şeyin yalnızca para ilişkilerini düzenleyen bir anlaşma olduğuydu. Biriktirdiği parayla bu bakımdan yarınını güvence altına aldığına göre böyle bir anlaşma yapması hiç de gerekli değildi.

Hekim, "Bay Morev nerede?" diye sordu.

"Berlin'de. Belki de Hamburg'da. Bay Kostov'la birlikte gitti."

"Bayan Spiridinova nerede peki?"

"O da Karlsbad'da."

Hekim, başını önüne eğdi: Canı sıkılmıştı. Telgraf da çekilse, Maria'nın ölümünden önce hiçbiri yetişemezdi. Maria'nın yakınları görmeyecek olduktan sonra da, hastasını ölümün elinden kurtarmak için umutsuzca çırpınan hekim rolü oynamanın hiçbir yararı yoktu. Boş bir salon karşısında sanat ustalığını göstermeye hiç de hevesli olmayan bir oyuncu gibiydi şu anda.

Hastabakıcı, "Matmezel İrina'ya haber verebiliriz," dedi.

"Nerede acaba?"

"Varna'da."

Hekim, yüzünü buruşturdu biraz. İrina da kendisi kadar zekiydi; boşuna çabalamaların gerçek nedenini hemen anlardı. Hastabakıcıya, "Gerekmez, sanırım!" dedi. "Geceyi burada geçireceğim. Bir sıcak banyo isterim yarın sabah."

Hastabakıcı, "Hazırlarım," dedi.

"Teşekkür ederim."

Hekim, Maria'ya boşuna bir kardiyazol iğnesi yaptıktan sonra, gazetesini alıp bahçeye çıktı.

Maria, ertesi akşam öldü; İrina gelmezden biraz önce. Unutulmuş bir mum gibi sönüvermişti. Hastabakıcı kız ağlıyordu. Hastayla geçirdiği bunca zamanın yapayalnızlığı, sessizlikle dolu yıllar ve sabahlara kadar kitap okumaları için kederlenivermişti birden. Bu dokuz yılda Maria da onun hayatının ayrılmaz bir parçası olmuştu. Bunu ancak şimdi anlıyordu.

İrina geldiğinde hekim yeni gitmişti; Maria'nın ölüsü, yıkanmış ve arınmış olarak yatağa uzatılmıştı. Hastabakıcı, çayırdan topladığı kır çiçeklerinden bir demeti başucuna koymuştu. Gece masasında bir mum yanmaktaydı. Maria şimdi buz gibi bir cesetti, onu hem yaratan hem de yitiren dünyanın acılarından kurtulmuştu. Yüzünde anlamsız bir gülümseyiş yoktu şimdi. O alıklık anlatımı kaybolmuştu. Öteki insanlara benzemişti bu yüz de. İrina bunaldığını, ne yapacağını şaşırdığını hissetti; ruh hastası Maria'nın bilinçten yoksunlaştığı anlarda bu duyguya kapılırdı. Maria dudaklarını kıpırdatıyor, "Bundan böyle her şey senin oldu. Boris de, Nikotiana da, babamın bırakıp Boris'in daha da çoğalttığı bütün servet de senin oldu," diye fısıldıyor gibi geldi İrina'ya. "Benimle ilgilendiğine teşekkür ederim. Ama sen Boris'i sevmiyorsun şimdi, onun zenginliğine can atıyorsun bir sokak orospusu, aşağılık bir hırsız karı gibi."

İrina, kaçar gibi çıktı odadan.

Geceleyin hava bozdu. Rüzgâr uluyordu çamlıkta. Kapılar gıcırdıyor ve çatırdıyordu; ölü ayağa kalkmış da evini son olarak dolaşıyor gibiydi. İrina, daha fazla dayanamadı. Bir sigara yaktı. Okumayı denedi. Ama uluyan rüzgâr, korkunç ve tuhaf gürültüler, villaya çöken derin sessizlikten dehşet içindeydi. Yemek odasına gidip büfeden konyak doldurdu bardağına. Alkol sinirlerini biraz yatıştırdı. Yorgun ve bezgin, gülümsedi. Şu haliyle ne de benziyordu Boris'e. Olmayacak bir şeyle karşılaşacakmış gibi korkuyordu. Kendi de, yolunda onun gibi sonuna kadar yürümek istiyordu. O da Boris gibi yalancıktan bir güven duygusuyla kendi kendini aldatıyordu. Çeşitli bankalardaki hesabına küçük küçük artırılmış para gözüyle bakıyor, lüks evi küçük geliyor, spor otomobilini küçümsüyordu. Bir tarihte ormanda küçük kilisenin yanında bir buluşmaya giden sıradan köylü kızı, kendi de farkına varmadan, evli bir erkekle dostluk kurup sonra onun sevgilisi olmuş, daha sonra da kapatmalığa başlamış, hediyeler almıştı; her şeye boş vermişti. Başkalarının ona saygı duyması, ya da duymaması vız geliyordu ona. Şimdi de Boris'le evlenecek, Nikotiana'ya, Nikotiana'nın milyonlarına sahip olacaktı. Paranın her şey olduğu aşağılık bir dünyaya kendini kaptırmış, bencil ve zevkine düşkün biri olmuştu; hekimliğini bile bir gösteriş diye kullanıyor, har vurup harman savurmalarıyla ve kaprisleriyle herkesi şaşkına çeviriyordu. Biliyordu bütün bunları. Başkalarının sırtından geçinen biriydi yalnızca.

Doğuda, yağmur bulutlarının ardından güneş yükseliyordu ağır ağır.

İrina ertesi gün Berlin, Hamburg ve Karlsbad'a telgraflar çekti. Boris ve Bayan Spiridinova gelinceye kadar, bozulmasın diye cesedi Sofya'ya gönderip tahnit ettirdi. Ölenin durumuna uygun bir gömme töreni yapılmalıydı. Ama bu törene katılmak istemeyen İrina, bir on gün kadar Çam-Koruya'da kalacaktı. Hastabakıcıyı cesetle birliket Sofya'ya gönderdi. Villada ihtiyar kâhya kadından başka kimse yoktu. Kadın çok güzel yemekler pişiriyordu ama, sofrada iş görürken Maria'yı hatırlayıp hüngür hüngür ağlıyordu. İrina sinir bozucu bu hale daha fazla dayanamadı ve kadını izinle uzaklaştırıp yemeklerini gazinoda yemeye başladı. Sonra yemeği villaya getirtti. Maria'yı unutmayı ve dinlenme günlerini tam bir modern kadın gibi geçirmeyi denedi, güzelliğini ve sağlığını korumaktan gayrısını düşünmedi.

Havalar düzelmişti. Yağmurdan sonra havayı ozon ve reçine kokuları doldurmuştu. Gündüzleri güneş yakıyor, geceleri yıldızlar parıldıyordu gökyüzünde. İrina sabahları ormanda geziniyor, öğleden sonraları okuyor, ya da uyuyordu. Ancak, dinlenmenin tadını çıkaracağına, can sıkıntısını ve üzüntüsünü artırıyordu. Sofya'ya telefon edip von Geier'i çağırmayı düşünmedi değil, ama vazgeçti. Eski havacı, onun Zenker'le olan serüveninden sonra onurlu bir sessizlikle uzaklaşmıştı. Böyle davranmakla İrina'dan üstün kişiliğini göstermişti.

İrina, bir gün ormanda, genç bir asteğmene rastladı; genç subay, Çarın yazları kaldığı Sitnjakova Sarayını koruyan motorlu birliktendi. Güzel ve sevimliydi. Yalnızlıktan ve can sıkıntısından bunalan İrina, onu görünce umut veren bir bakışla baktı. Genç subay adayı durdu ve konuşmaya başladılar. İrina, gencin babasının, Nikotiana'nın çıkarını savunan eski bir bakan olduğunu hatırlayıverdi. Bu hatırlayıveriş yakışık almayacak bir serüvenden korudu onu. Üzgün ve canı sıkkın döndü villaya. İçinde bir şeyler bir daha düzelemeyecek kadar çürümüştü; kendisine bile saygısı pek kalmamıştı.

Bir gece, geç vakit uzanıp lambayı söndürünce, Maria'nın öldüğü günküne benzer bir korkuya kapıldı. Evde biri varmış gibi geldi. Gece yarısına doğruydu. Uyumaya çalıştı, ama rüzgâr rahat bırakmıyordu. Gökyüzünde koşuşan parça parça yağmur bulutları arasından ay gözüküyordu zaman zaman. Çamlıktan doğru ıslak ıslak mantar kokuları geliyordu.

İrina, yorganı başına çekti. Ama saçma bir korku, bedence ve moralce bir yalnızlık, gözünü kırpmasını engelledi. Birinci katta ayak sesleri duyar gibi olmuştu. Bütün kapıları büyük bir dikkatle kapattığı halde, birilerince açılıyormuş gibi geliyordu. 'Sinirlerim harap ve vicdanım rahat değil,' diye düşündü. Beş yıl önce Maria'nın yurtdışına gönderilmesi ve orada en son yöntemlerle tedavisi için yeterince direnmediği aklına gelmişti. Çam-Koruya'nın nemli ve az güneşli havasında bronşit de olan hastanın sağlık durumu daha da kötüleşmişti. Çoğu zamanlar orada kasıma kadar unuturlardı da neden sonra Sofya'ya getirirlerdi Maria'yı. Herkes gibi İrina da, ona, bir an önce kurtulunması gereken bir yük gözüyle bakardı. İrina, evini elinden almış yabancı kadını kovmak için ölünün buraya döndüğünü sandı bir an. 'Sinirlerim iyice zayıflamış,' diye aklından geçirdi yine. Bir şeyler yapmalıydı, ama bunu göze alamıyordu. 'Hep böyleydim ben,' diye düşündü. Aslında bu Maria'ya karşı her zaman çok dürüst oldum. Hak ettiğinden daha iyi davrandım ona...

Bütün iyi davranmalarına karşın, Maria'nın ölümünü gizli bir sabırsızlıkla beklediğini, yine de hatırladı. Ölünün öfkeli ruhu villayı dolaşıyor gibiydi hâlâ.

Kapıların gıcırtıları, derinden derine ayak sesleri ve sürüp giden çeşitli gürültülerden uykusu kaçmıştı. İrina, uyku ilacı almak için yataktan çıktı. Aşağıda birisi vardı, bundan hiç kuşkusu kalmamıştı. Alt kattaki holle oturma odasını ayıran kapının gıcırdadığını duymuştu. Yüreği küt küt vurmaya başladı. Müthiş bir korkuya kapıldı ve ne yapacağını şaşırdı. Villa, ıssız bir yerdeydi. Dağları tarayan, geceleri yiyecek bir şeyler arayan, ya da Almanlara sabotaj yapmak için köylere sokulan partizanlar, umutsuzluktan gözü dönmüş ve en önemsiz hallerde bile cana kıyan çılgın kişilerdi.

Kulak verdi, ama çam dalları arasında ulurcasına esen rüzgârdan başka bir şey duymadı. Az önce duyduklarının asılsız olduğu aklına geldi. Bunu düşününce biraz yatıştı ve kendi haline gülümsedi. Partizanlardan duyduğu korku, Maria'nın hayaletinden duyduğu korkunun saçmalığını daha da açık ortaya koymuştu. Uyku ilacıyla sinirlerini yatıştırmaktansa, aşağıda kimse var mı diye bir göz atmak çok daha akıllıcaydı. İrina bu haline güldü ve kalın ipekliden sabahlığını giydikten sonra kibrit kutusunu alıp odadan çıktı. Elektrikleri birbiri arkasından yakıyordu.

İkinci katta kuşkulanacak bir şey gözüne çarpmadı. Ama Maria'nın yatak odasına girip de ay ışığı vurmuş boş yatağı görünce ürpermekten kendini alamadı. Ne var ki, içindeki korkusunu yendi. Bir sigara yaktı ve birinci katta hafifçe aydınlatılmış odaya girmek için merdiveni indi. Son basamağa gelince, merdivenle hol arasındaki duvarda bulunan elektrik düğmesini çevirdi. Kristal avizenin göz kamaştırıcı aydınlığı doldurdu her yanı. İrina, gözüne çarpan yeni durumdan dehşet duydu. Yatmaya çıkmadan önce şu holle oturma odası arasındaki büyük kapıyı, büyük bir dikkatle kapamıştı. Çünkü oturma odasının balkonundan içeriye bir yabancının girmesi çok kolaydı. İşte bu ara kapı şimdi açıktı.

Oturma odasının ürkütücü karanlığı görünüyordu kapının aralığından. Demek ki az önce duyduğu gürültüler asılsız falan değildi. Villada biri vardı.

İrina, Maria'ya bakmış olan hastabakıcı ya da Boris, belki de Sofya'dan çıkagelen Kostov olabilir, diye düşünüp biraz yatıştı. Ama Boris ve Kostov, Hamburg'daydılar. İrina, villada yalnız olmadığını bir daha kavradı. Müthiş bir korkuya kapıldı. Büyük grevden sonra yeraltı çalışmalarına geçen bazı işçilerin öç almak için gelmiş olabileceklerini düşündü. Boris'in acımasızca davranışlarının hesabını o mu ödeyecekti? Saçma şeydi böylesi. Partizanlar villalarda oturanların gözünde birer 'Haydut' da olsalar, bunların soygunculuk için değil savaşmak için dağa çıktığını biliyordu. Bunların İrina'yla ne alışverişi olabilirdi? Hiçbir şey elbette. Ama yine ürktü birden. Villaya giren kişi, rastgele bir hırsız da olabilirdi. Bir hırsız, ya da bir katildi belki de! Böyle şaşkın şaşkın burada kakılıp kalmamalıydı. Korunma içgüdüsü, erkekçe soğukkanlılık yanı harekete geçti; babası da böyleydi. Çıkar yolun ne olabileceğini bir an düşündü. Şuracıkta, iki adım ötesinde telefon duruyordu. Yaptığını o yabancı duymasın diye sessizce yürüdü, telefona uzandı ve oturma odasının yarı karanlık kapısına heyecanla bir baktı. Santralin hafifçe tıkladığını duyunca telefonu çevirdi, ama daha ilk numaraları çevirirken, heyecanlandı ve kulaklığı elinden düşürdü.

Yarı açık kapının karanlık ağzında beliriveren hiç tanımadığı ve boylu poslu bir adam, hızla yaklaştı İrina'ya. Adam öylesine hızlı yürüyordu ki, öldürecek beni, diye aklından geçirdi. İrina. Ama önce kulaklığını eline almak istediğini anladı.

Yabancı, sert bir bakıştan sonra çabuk çabuk, "Boris'in eşi misiniz?" diye sordu.

İrina, karşılık vermedi. Korkudan beyni durmuştu.

Yabancının dış görünüşünün ve davranışlarının pek korkunç olmadığını yine de anlayabildi. Ütüsüz de olsa kül rengi iyi bir giysi vardı sırtında. Yüzü biraz solgunca, gözleri koyu renkliydi ve dikkatle arkaya taranmış saçları parlak bir miğferi andırıyordu. İrina, bu yüzü daha önce binlerce kez görmüş olduğunu sandı; oysa bu adamı hiç tanımıyordu.

Adam, "Heyecanlanma!" dedi. "Korkacak bir şey yok."

İrina, ancak bir süre sonra, "Kimsiniz?" diye sorabildi.

Yine tuhaf bir duyguya kapılmış, bu yüzü, bu bakışları ve dudakları tanıdığını sanmıştı; ama kafası daha ötesini çıkaramıyordu.

Yabancı, "Çok meraklısın," dedi. "Ama sen önce şu telefona el sürmeyeceğine söz ver."

"Ne istiyorsunuz benden?"

"Sağduyulu davranmanı! Namusundan yana hiç tasalanma! Ama askerler ya da polisler gelip de sana beni sorarlarsa, hiçbir şey görmemiş olacaksın! Sonra da, bütün namuslu kadınlar gibi, gece yarısı aramaya kalkarlarsa öfkeleneceksin. Anlaşıldı mı? Böyle yapmazsan ateş etmek zorunda kalırım ve ilk kurşunu sana boşaltırım, hiç kuşkun olmasın."

İrina, gözlerini hiç ayırmadan bakıyordu yabancıya. Adam, güzel dişlerini ortaya çıkaran hafiften bir gülümseyişle, ama küçümseyerek konuşuyordu. Yüzü güzel ve etkileyiciydi. Yüksek bir alnı, dümdüz burnu, ince alaycı dudakları vardı. Bu koyu renkli derin ve keskin bakışlı gözler kime benziyordu? Bu yüzle bir başka insan yüzü arasında bir benzerlik kuramıyordu kafası; oysa İrina bu yabancı yüzdeki buz gibi küstahlığı bütün ayrıntılarıyla çok iyi tanıyordu. Yoksa daha erkekçe ve daha güzel olduğundan ötürü mü bu yüzle benzeri arasında bir ilinti kuramıyordu? Bu yüzde, aldatan, rüşvet veren, önüne geleni soyup soğana çeviren ve dünyayı ele geçirmek isteyen öteki yüzün yılanı andıran buz gibiliği yoktu. Bu yüz, namuslu, zeki ve ateşliydi. İrina, az önceki heyecanının Boris'le ilk buluştuğu an duyduğu heyecana çok benzediğini fark etti birden. Bu duygusu çabucak geçti. Az sonra bu geniş omuzlu, endamlı ve biraz kaba davranışlı adamdan hoşlandığını anlayıp gülümsedi.

Yabancı, mavi mavi ışıldayan bir tabanca çıkardı cebinden, "Tabancam olduğunu görüyorsun!" diye uyardı.

"Hareketlerine çok dikkat etmeni öğütlerim!"

İrina gülümsedi. Korkusu geçmişti. Bu yabancının ortaya çıkmasından hoş bir serüven çıkarıp, yararlanabilirdi.

Yabancı, sert sert, "Neden gülüyorsun?" diye sordu.

İrina, "Korktuğum için," diyerek senli benli oluverdi. "Seni ele vermeyeceğim!"

Yabancı da güldü. "Öyle mi? Hoşuna mı gidiyorum yoksa?"

"Evet hoşuma gidiyorsun."

"Korkarım, biraz acele karar veriyorsun."

"Yaradılışım böyledir."

"Ne işin var burada?"

İrina, durumu hiç bozmadan, "Erkek kardeşinin kapatmasıyım ben," karşılığını verdi...

Avizenin bol ışığı altındaki yabancının yüzü bir an tedirginleşti, ama çok sürmedi bu; adam kendini toparladı. Böylesine kesin bir açıklama beklememiş gibi, İrina'yı şaşkınlıkla süzmekle yetindi.

İrina oturma odasının kapısını kapattı, sigara masasının tam karşısına oturdu. Düğmeleri rastgele ilikli kalın ipekli sabahlığın altından, yakası iyice açık pijaması ve göğsü görünüyordu.

Yabancı, "Kardeşimin pahalıca kapatmalarından biri olmalısın!" dedi.

"Evet, en pahalılarından biri. Kızdın mı buna?"

"Hayır. Ama bundan aşırı bir sevinme de duymadım."

"Anlıyorum. Kendi durumuna yakıştırmadın."

Yabancı, elinde olmadan, "Öyle!" deyiverdi. "Göster bakalım kimlik belgeni!"

"Emir mi?"

"Bundan hoşlanmadınsa iyilikle rica edeyim. Adını öğrenmek istiyorum. Yarın gevezelik eder de bu yüzden başım polisle derde girerse diye, adını şimdiden öğreneyim dedim. Küçük bir uyanıklık yalnızca."

Adam gülümsedi, güzel dişlerinin pırıltısıyla.

İrina, "Kimlik belgemi kaybettim," dedi, biraz da alayla. "Ama pasaportum yukarıda."

"Ben de seninle geliyorum."

İrina, can sıkıntısıyla yerinden doğruldu ve merdiveni çıktı. Adam da arkasından yürüdü ağır ağır. Yürürken de halıları, tavanın tahta oymalarını, aynaları, aşırı bir lüksle döşeli, apaydınlık olan her yanı süzüyordu. Bir ara, "Bu villa senin mi?" diye sordu.

"Evet. Burada kaldığım sürece!"

"Ya yasal eş ne diyor bu duruma?"

"Öldü o."

"Öldü mü? Doğru mu? Ne zaman?"

"Beş gün önce."

"Acıklı sonuç!" derken genç adamın sesinde hiçbir acıma yoktu. "Yüksek sosyetede de acıklı olaylar geçiyormuş demek! Neydi hastalığı?"

"Çok uzun süren korkunç bir hastalık."

"Babasının günahlarının sonucu belki de!"

İrina, "Sus!" diye haykırdı. "Ölülere biraz daha saygı gerekir."

Genç adam, "Evet," dedi. "Ne var ki, insan pek bilemiyor, sizlerden kime karşı saygı duymak, kime karşı da... Bu villa küçük bir saraya benziyor. Sana çok yakışıyor."

"Bir kapatmaya demek istiyorsun."

"Bana hâlâ kızgınsın."

"Hayır. Kime karşı saygı duyman, kimleri de umursaman gerektiğini sana anlatayım istedimdi." Ondan yana bakıp güldü.

Genç adam, kadının bakışlarına hiç aldırmadı. "Görürüz bakalım," demekle yetindi.

Merdiveni birlikte çıktılar ve İrina'nın yatak odasına girdiler. Güzel ve geniş odada iki kişilik bir karyola vardı. Pencereler ormana bakıyordu. Küçük bir kapıdan banyoya geçiliyordu. Pavel, çevresine bakınınca yüzünü astı; karyolaya sinmiş ağır parfüm kokusu, yatağın görünüşü, gösterişli mobilyalar, altın yaldız çerçeveli aynalar ve her şeyden taşan bu saçma lüks, hiç hoşuna gitmemişti.

İrina, bir el çantasından aldığı pasaportunu odanın ortasındaki masaya atıverdi boş veren bir yüzle. "İşte pasaport!"

Pavel, pasaportu açtı, İrina'nın fotoğrafına iyice baktı; adını, doğum tarihini, mesleğini dikkatle gözden geçirdi. Yüzünün bir kası hafifçe titredi. İrina'ya baktı ve kısık sesle, "Demek siz doktorsunuz?" dedi.

"Bırak şu siz sözünü. Senli benli konuşuyorduk."

Pavel, şaşkınca, "Peki," dedi. "Umarım, bağışladın beni."

"Neden dolayı?"

"Az önce söylediğim saçmalardan dolayı. Aşağılık bir karıymışsın gibi davrandım sana karşı."

İkisi de sustular. Sonra yine İrina, "Yanılmıyorsun," diyerek söze başlayabildi. "Erkek kardeşinin kapatmasıyım."

Pavel, söylenenleri hiç dinlemiyor, pasaportun sayfalarını çeviriyordu bir bir. Gittikçe somurtan bir yüzle, "Almanya'ya pek sık yolculuk ediyorsun," dedi.

"Evet."

"Gestapo sana pek değer veriyor olmalı."

"Nasıl vardın bu yargıya?"

"Ancak çok güvenilen kişilerin pasaportuna basılan bir damgadan. Adı kötüye çıkmış bu Dietrich karısının imzası da var."

"Pasaport işlerinden iyi anladığını görüyorum. Bu imza yüz bin levaya mal oluyor, ama Almanların bir sürü formalitesinden de kurtarıyor. Hem unutma ki, Alman tütün tröstleriyle çalışan herkesin pasaportunda bu özel damga vardır."

"Rahatın bozulmasın diye mi bu damgayı vurdurduğunu söylemek istiyorsun?"

İrina, şaşkınlıkla, "Ya neden olacak?" diye sordu.

Pavel sustu ve pasaportu masaya bıraktı. Yüzü hâlâ asıktı.

İrina, karşısındakinin kuşkusunun arttığını kavramıştı.

Pavel, "Aşağıya inelim," dedi kısaca.

"Nasıl istersen."

İndiler, ama holde kalmayıp yemek odasına geçtiler. Buranın pencereleri de ormana bakıyordu. Pavel hiçbir şey söylemeden açtı pencereleri. Sonra elektrikleri söndürdü. Holde yanan bir iki ampulün ışığıyla yarı aydınlıktı yemek odası.

Masaya oturup da hiç konuşmadan birer sigara yaktıktan sonra, yine İrina söze başladı: "Yemek yedin mi?"

"Evet. Buzdolabından bir sürü nefis şey alıp tıka basa karnımı doyurdum. Böyle şeyler şimdi hiçbir yerde yok."

"Gördün mü, milyoner kardeşi olmak hiç de kötü değil! Bir şey içmek ister misin?"

"Hayır."

"Ben içeceğim."

İrina yerinden doğrulup büfeye gitti, odanın yarı karanlığında içki aradı. Büfede bir sürü şişe vardı; hangisini alacağını kestiremiyordu. Bilgiç bilgiç, "Ne içersin?" diye sordu. "Yunan konyağı mı, anason rakısı mı, Silvoviç mi, yoksa şarap mı? Hah, buldum, İspanyol şarabından hoşlanacaksın."

"Nereden çıkardın bunu?"

"İç savaşta İspanya'daydın da..."

"Kim söyledi sana bunu?"

"Boris."

"Hakkımda oldukça bilgi edinmişsin"

İrina gülümsedi. "Gerektiğinden de çoğunu."

İki bardakla bir şişe Fransız şarabı getirdi. Sık sık uğrayan açgözlü Lichtenfeld, İspanyol şaraplarını bitirmişti. İrina, Pavel'in açmasını bir süre boşuna bekledikten sonra, şişenin mantarını çıkardı ve bardakları doldurdu; genç adamın hâlâ belli olan kuşkusuna pek kızmıştı. Alaycı, "tanışmamızın şerefine içelim," dedi.

Pavel hiç istifini bozmadı. Şarap dolu bardağa da uzanmadı, "İçmeyeceğim, kafam bu gece iyi işlesin istiyorum," dedi.

İrina, sinirli sinirli, "Neden?" diye sordu. "Bir tehlike mi seziyorsun?"

"Belki de öyle."

"Boşuna heyecanlanma. Tabanca sende."

Gülerken vazgeçti. Pavel'in gösterdiği bu onur kırıcı kuşkudan sonra odasına çekilmekten başka yapacağı kalmamıştı. Pasaportundaki o özel damga ve buna benzer bir iki şeyden ötürü bu duruma düştüğünü kavrayamıyordu.

Hızla kalktı yerinden.

Pavel de tabancasına davranıverdi ve kaba bir tavırla, "Nereye gideceksin?" diye sordu.

"Odama!"

"Burada kalacaksın!"

"Bu da nesi?"

"Emrediyorum sana! Ben bu evde kaldığım sürece gözümün önünden uzaklaşmayacaksın."

İrina inler gibi iç geçirdi. Ama Pavel farkında bile olmadı. Telefona gitti ve dışarıyla bağlantı telini kopardı.

İrina öfkeyle, "Yukarıda bir telefon daha var!" diye uyardı. "Onun da telini koparmak gerekiyor."

Pavel emrini yineledi: "Yerinden kıpırdama!"

İrina öfkeyle haykırdı: "İstersen bir kurşun sık enseme!"

Yukarı merdivene koştu ve bunda da Boris'e benzeyen bir yan var, diye düşündü. Bir yandan da, "Kurşunlar ne zaman üzerime boşalacak," diye söylendi, alaylı alaylı.

Pavel zor kullanmaya istekli görünmüyordu; genç kadının kendini ele vermeyeceğine inanmışa benziyordu.

İrina odasına öfkeli ve üzüntülü döndü; bir şeyi yakalamak ister de başaramazsa hep böyle olurdu. Odanın içine ay ışığı dolmuştu. Bu lüks döşeli oda, onun ölü yüreği için gösterişli bir mezardı.

Hayatta bugüne kadar karşılaştığı her şeyden tiksiniyor, umutsuz bir öfke duyuyordu. Kendini yatağa attı ve yüzünü yastığa gömerken de bileğini ısırdı aşırı bir sinir buhranıyla. Biraz yatışınca sessiz sessiz ağladı.

Bir süre sonra Pavel'in kapıyı vurduğu duyuldu; uzlaşmak isteyen yumuşak bir sesle, "Girebilir miyim?" diye soruyordu.

İrina, "Hayır!" diye kestirip attı. Ama adam uzaklaşmayınca kalktı, gözyaşlarını sildi ve kapıyı açıp sert bir tavırla, "Ne istiyorsun?" diye sordu.

Pavel, "Seninle biraz daha konuşmak istedim de..." dedi ve hiçbir kuşkuya yer vermemek için, "Gel aşağıya!" diye hemen ekledi.

"Hayır, gelmeyeceğim! Birbirimize söyleyeceğimiz hiçbir şey kalmadı."

Koridorun ışığı yanıyordu. Pavel, genç kadının gözlerinin kızarmış olduğunu fark etti. "Daha başka davranamazdım," diye durumu açıkladı. "Hep tetikte olmam gerekiyor. Ele geçirilirsem işkencede öldürürler beni. Boris için de iyi olmaz."

"Boris mi? Kardeşin için mi tasalanıyorsun? Hayır o senin kardeşin falan değil. O yılandır ve günün birinde seni sokacaktır."

Pavel, onu şöyle bir süzdü, "Neden ağladın?"

"Ağlamadım."

"Bileğin de kanamış."

"Hayır, kan falan yok."

Pavel, İrina'yı dirseğinden yakalayıp elini yukarıya çekti yavaşça. Sonra yakınlık duygusuyla dolu bir sesle, "Senin sinirlerin bitmiş," dedi.

"Hayır, sinirlerim sapasağlam."

"Belli... Bu zehirli dünya nasıl da canına okumuş senin!"

İrina geriye çekildi ve kapıyı sonuna kadar açtı. Sonra mendilini sardı eline. Pavel de yuvarlak masanın önüne oturdu. Bu arada İrina gidip bir tablet aldı komodinden.

"Neydi o yuttuğun?"

"Luminal. Uykum kaçtı."

Ormandan esen hüzünlü rüzgâr doluyordu pencereden. Gökyüzünde parlak bir ay vardı. Uzaklardan doğru bir uçak homurtusu duyuluyordu. Dağ sırtlarının ardındaki boğazlardan fırlatılan kırmızı bir roket, iyice yükselip sonra sessizce ve bir samanyolu ışıltısıyla düşüveriyordu. Her yere ve her şeye belli belirsiz, tedirgin bir güvensizlik çökmüştü.

Pavel, "Kardeşimin kapatmalarından hangisiyle şu anda birlikte olduğumu bilmiyorum," dedi. "İyi olanıyla mı, yoksa kötüsüyle mi?"

"Kardeşin böyle şeylere düşkün değildir. Bir tek kapatması var."

Pavel gülümsedi. "Bundan yana güvenli misin?"

İrina ilgisizce, "Evet," karşılığını verdi.

"Vakti yoktur belki de."

"Ya da böyle bir eğilimi... Onun tek bir tutkusu var; yığınla para edinmek ve başkalarının onurunu ayakları altında çiğnemek."

Pavel alnını kırıştırdı ve sustu. Sonra da, "Şu Sara ne iş yapıyor aslında?" diye sordu.

"Boris hesabına Almanlar arasında casusluk yapar, karşılığında da aylık alır."

"Güzel mi?"

"Bir çöl prensesine benzeyen bir güzelliği var."

"Anam yazmıştı bana sizleri... Ama ben adlarınızı ve özelliklerinizi karıştırmıştım."

"Pek önemli bir fark da yok."

"Bu konuyu keselim. Kardeşim için 'yılandır o' demiştin, neden?"

"Bir an için senin güvenliğini düşündüm de."

"Yalnızca bir an için mi?"

"Evet. Daha fazlasına değmez senin için. Kaba adamın birisin, kavrayışın da kıt. İnsanları tanımıyorsun."

Pavel gülümsedi. "Belki kabayımdır. Nedenleri var, ama senin aklın ermez böyle şeylere."

İrina sustu ve heyecanını belli etmemeye çalışarak hüzünle baktı genç adamın koyu renkli güzel gözlerine. Sağlık taşan, çok genç bir görünüşü vardı; oysa kardeşi Boris'ten beş altı yaş daha büyüktü. Yüzünde hiçbir kırışık yoktu, pırıl pırıldı. Tutkulu bir kişiliğin alevi ve güçlü bir erkeğin yakıcılığı vardı her halinde; biraz kaba da olsa, namuslu ve doğru insandı. Boris'ten bir baş boyu kadar da uzundu. Geniş omuzlarını hareket ettirişinde, güçlü kol ve bacaklarında, kediyi andıran tuhaf bir yaylanma vardı. Yüzünün kararlı, güvenli ve kaya gibi sert aydın kişi anlamı olmasa, yüzme ya da tenis şampiyonu bir sporcu sanılabilirdi. Bu sertlik, İrina'nın üniversite arkadaşlarında tanıdığı bazı solcuların o dar görüşlü ve gözünü kırpmadan körü körüne kendini hiçe sayan yüzlerine benzemiyordu. Pavel de solcuydu, ama daha başka, daha güçlü bir çevrenin adamıydı; körü körüne inanış yerine sağduyunun ağır bastığı bir çevreden gelmişti. Bu adama on yıl önce rastlamış olsaydı, İrina için ne Boris, ne Nikotiana, ne de von Geier olacaktı; hayatını yıkan serüvenlerden, tutkulardan, şehvet düşkünlerinden ve keyiflerden uzak kalacaktı.

İrina, "Anan daha neler yazdı sana?" diye sordu; şu anda içini kaplayan bu yepyeni duyguyla büsbütün umutsuzlaşmıştı.

Pavel, büyük bir sakinlikle, "Çok hoşlanıyor senden," dedi. "Ona göre sen Boris'e çok uygun bir eş oldun."

"Beni hiç ilgilendirmiyor bu."

"Stephan üzerine sana bir şeyler yazmadı mı?"

"Evet. Cezaevinde öldüğünü."

"Bu kadarcık mı?"

"Başka ne yapacaktı?"

"Stephan'ın yakalanması ve ölümüyle ilgili çok olay geçti senin bilmediğin!"

İrina, bir an durakladı ve sonra anlatmaya başladı yavaş sesle. Kardeş katilinin öyküsünü anlatmıyor, o katili yaratan ve şimdi kendinin de katılmış olduğu bir dünyaya kızar gibi anlatıyordu. Anlatmasını bitirdiğinde, Pavel pencerenin önünde durmuş ormanın karanlıklarına bakıyordu, gözlerini ayırmadan.

Genç kadın, "Anlattıklarımı dinledin mi?" diye sordu ve Pavel'in omzuna dokundu eliyle, "Ona güvenme! Ne burada, ne de Sofya'daki evinde gizlen. Şu anda bir ayaklanmadan korktuğu için seni gerekli buluyor. Ama en küçük değişmede seni Gestapo'ya teslim eder. Onun en korkunç yanı, yaptıklarının doğru olmadığını asla kavramamasıdır."

Pavel karşılık vermedi. Arjantin'e giderken arkasında bırakmış olduğu o kara gözlü kardeşçiğini düşünmekteydi şu anda. Madrid siperlerinde, Rusya'da eğitim görürken hep onu hatırlardı. İrina başını uzatıp baktığında genç adamın yüzünde sessiz bir acıyı belli etmeme çabası okunuyordu. Dudakları büzülmüş, gözlerin çevresinde sinirli bir titreme dolaşıyordu. Ama gözleri kupkuruydu. Bu adam ağlamıyordu. Tam o anda ormandan doğru hüzünlü bir seslenme, bir alaca baykuşun haykırışını andıran bir ses yükseldi.

Pavel, "Bizimkiler geliyor!" dedi.

İrina, kırgın bir sesle, "Kalacak mısın?" diye sordu.

"Hayır. Onlarla gidiyorum."

İrina, öfkeli bir sesle, "Günün birinde yine uğrar mısın?" dedi.

Genç adam, isteksiz isteksiz, "Belki," dedi. "Savaş bitince."

Genç kadın, onun gözünde şu anda bile hiçbir değeri kalmadığını anladı. Acı ve kırıcı bir gerçekle karşılaşmıştı. Bu adam yalnız savaşı ve inancı için yaşıyordu. İrina pencerenin önünde durdu, villanın yanındaki tenis alanına baktı. Kumlu toprağı kaplamış yabani otlar, gecenin karanlığında bile seçiliyordu. Ormandan ıslak reçine kokusu geliyordu. Alaca baykuşun haykırışını andıran hüzünlü sesleniş, birçok kez daha duyuldu. Bir süre sonra, Pavel'in gölgesi sık ağaçlar arasında kayboldu. İrina kapattı pencereyi. Yorgundu. Luminal, etkisini göstermeye başlamıştı.

5

Pavel, tenis alanını geçti ve çamlık yamacı villanın arka bahçesinden ayıran tuğla duvara ulaştı. Duvarı tırmanıp öte yana atladı. İki dakika sonra ormanın en sık yerine varmıştı. Ay ışığı olduğu halde göz gözü görmüyordu. İnsan sesiyle alaca baykuş haykırışı karışımı o tuhaf sesleniş, üst üste yine duyuldu. Pavel, ıslık çaldı ilk kez.

Karanlıkta boğuk bir ses, "Parola?" diye sordu.

Pavel, "Dokuz!" karşılığını verdi.

"Elli dört."

Ama bu kadarı yetmemiş olmalı ki, sert bir ses, "Tahran nerede?" diye sordu.

"Balıkçılar yarımadasında."

Bir sessizlik oldu; yüzleri görünmeyen kişiler durumu birbirlerine danışıyorlardı belki de!

Sabırsızlanan Pavel, "Bu da ne demek oluyor?" diye sordu.

"Biraz yaklaş!"

On metre ötede, çamlarla eğreltiotları arasında bir ışık, pili bitmek üzere olan bir cep fenerinin sarı aydınlığı belirdi. Pavel ışığa doğru yürüdü. Onu bekleyen parti arkadaşları, kim olduğunu bilmiyorlardı. Bilmemeleri de gerekiyordu. Görevleri, onu bu bölgenin komuta kuruluna götürmekti. Pavel buralar hakkında onlardan bilgi edinecekti. Rodopların güneyinde zaman zaman Eam'cılarla işbirliği yapan bir birliğin başına geçecekti daha sonra. Çetin görevdi ve güvenilir kişi gerekiyordu. Bulgarlar ve Yunanlılar arasında uyuşmak, her iki taraf komünist de olsa, hiç kolay değildi.

Yüzlerce yıl sürmüş çekişmeler, birbirlerinden kuşkulanmalara yol açıyordu. Pavel bütün bu güçlükleri biliyordu ama, şu anda hiçbirini düşünmüyordu.

Cep feneri yine yanıp söndü. Fenerin sahibi, pilin ömrünü uzatmak niyetindeydi. Pavel kendi cep fenerine bastı. Fenerin mavi ışığı uzaktan pek seçilmezdi. Eğreltiotlarına uzanmış birkaç adam gördü. Makineli tabancaların ağızları, felaket saçan gözler gibi korkunç parıldıyordu, umulmadık bir saldırıda hiç değilse üç yandan ateş edebilmek için silahlar yelpaze biçiminde dağılmışlardı.

Karşıdaki cep fenerinin sahibi, "O mu?" diye sordu ve solgun ışık yuvarlağını Pavel'in yüzüne tuttu.

Bir kadın sesi, "Evet," dedi.

Pavel, "Beni nereden tanıyorsun?" diye sordu.

Kadın sesi, hiç karşılık vermedi. Pavel karargâhtaki arkadaşların, bilgili ve ağzı sıkı kişileri karşıcı gönderdiklerini anlayınca sevindi.

Adamlar aralarında bir şeyler konuştular, sonra kalkıp yamacı tırmandılar arka arkaya. Çam iğneleriyle örtülü ve kaygan yolda güç yürünüyordu. Ağır ağır ilerliyordu. Canları sıkkın ve yorgundular. Yarım saat sonra tepeye ulaşınca biraz aydınlığa kavuştular. Karanlık biraz hafiflemişti. Çam dalları arasından süzülen solgun ay ışığında Pavel, arkadaşlarının yüzlerini şöylesine seçebiliyordu. Üç erkektiler. Ufak tefek, çevik bir de kadın vardı. Kilot pantolon giymişti. karmakarışık saçları da olmasa, erkeklerden güç ayırt edilecekti.

Cep fenerli adam, onları bir keçiyoluna yöneltmişti. Yürüyüş biraz kolaylaşmıştı. Çam-Koruya'dan oldukça uzaklaşmışlardı. Çarın yazlık sarayını koruyan nöbetçilerle karşılaşmak tehlikesi kalmamıştı. Keçiyolunun üzerine rastlayan bir parça gökyüzünden bol ışık vuruyordu şimdi. Çevrede çıt duyulmuyordu. Buz gibi soğuk havada reçine ve ozon kokuları vardı.

Pavel, kadının birkaç adım gerisinden yürüyordu. Doğmak üzere olan günün, ağaç tepelerinden sızan loş aydınlığında kadını, giysilerini iyice seçiyordu. Yeşil bir deri ceket ve kilot pantolon giymişti, lastik ayakkabıları, adımlarını hiç duyurmuyordu. Bir ara yana bakınca Pavel yüzünü profilden görebildi. Gizli parti çalışmaları yapanların çoğunda olduğu gibi çökmüş, sert ve tetikte bir yüzdü. Pek gence benzemiyordu. Ve feneri olan adam, birden dönüp, "Radyoyu dinledin mi?" diye sordu.

Adam öyle alçak sesle konuştu ki, Pavel hiçbirini anlamadı söylediklerinin.

Kadın, "Mişkin, Sovyet radyosunun haberlerini dinledin mi diye soruyor," dedi.

Pavel, "Hayır, işim vardı," karşılığını verdi.

Kadın, iğneli bir sesle, "İşinin ne olduğunu gördük," dedi.

"Neyi gördün?"

Kadın karşılık vermedi. Birden yere çömelip pabucunu düzeltmek için geride kaldı. Pavel, 'ters şeyler hepsi de,' diye aklından geçirdi; sonra kovalanan aç hayvanlar gibi dağlarda yaşayan bu insanlardan aşırı bir güler yüz bekleyemeyeceğini düşündü. Aydınlık pencerenin önünde İrina'yla konuşmasını belki de görüp kızmışlardı. Ama bu da onları ilgilendirmezdi.

Ne var ki, benim için kim bilir neler düşünüyorlardı, diye yine de bir utanç duydu. Bu gece olup bitenler onu hem şaşkına çevirmiş, hem de keyfini kaçırmıştı. İrina'nın ortaya çıkıvermesi yüzünden giysilerini bile değiştirememişti. Dağ giysileri bir çıkının içindeydi. Arkadaşlarının sinyalini duyunca, hemen uzanıp çıkınını almıştı. Bir parti görevine giderken böylesine hazırlıksız ve ciddilikten uzak olamazdı hiçbir zaman.

İrina'nın Stephan için anlatmış oldukları inanılmayacak kadar acı şeylerdi. Pasaportundaki Gestapo özel damgasını bağışlatmak için böyle söylemişti belki de. Hiç güvenmediği bu kadın, Boris'e duyduğu eski hıncı alevlendirmesini bilmişti. Kadının Stephan için anlattıklarını Pavel'in kafası almıyordu yine de.

Pavel, Stephan için üzücü düşünceleri kafasından atamadan, bir yarım saat yürüdü. Stephan'ın hayali silindi ve yerini İrina aldı. Böylesine ezici güzelliğe sahip bir kadını bugüne kadar, yabancı ülkelerde bile görmüş değildi. Ruh yapısı bozulmuştu elbette, ama güzelliğinde sağlıklı, sıcak, hoş bir yan vardı. İçine battığı şu kirli dünyaya hiç uymayan bir güzellikti. Az sonra, yine kadının pasaportundaki özel Gestapo damgasını hatırlayıp kızdı. Canı cehennemeydi! Arkadaşları, onu bu kadınla pencerede görmüşlerse hiç hoş değildi.

Mişkin dedikleri adam, bir el işareti yapıp yoldan sapıverdi, yamaca tırmanmaya başladı. Çetin ve yorucu yeni bir tırmanış başladı ve bir saatten çok sürdü. Kadın ikide bir kayıyor, kızıp söyleniyordu. Nikel kaplama küçük bir tabanca sallanıyordu boynundaki zincirde. Ufacık çilli yüzü ne çirkindi ne de güzel. Kül rengi, belki de renksiz gözleri pek sert bakmasaydı, belki biraz şirin görünürdü.

Sonunda tepeye varıp oturdular; soluk soluğa kalmışlar, tırmanmaktan bitkin düşmüşlerdi; mola vermek gerekli olmuştu. Orman, arkalarında kalmıştı. Bulundukları çayırlık, iri iri kaya parçalarıyla iyice korunmuştu. Otlarda gece yağmış çiyin ıslaklığı duruyordu. Mişkin, iyice eskimiş gocuğunu yere serip uzanıverdi. Silahı elinde uyuyakaldı az sonra.

Ellisinde kadardı; güçlü kuvvetli bir erkekti; uzun süredir tıraş olmamış kıpkırmızı bir yüzü vardı. Yanağında taze bir yara izi göze çarpıyordu. Çarıklar ve aba bir pantolon giymişti. İşçiye benzeyen bir erkekte makineli tüfek vardı. Adamın elleri kaba sabaydı, ama yüzü zekiydi. Mola verilir verilmez yün kazağının üzerine omuzlarına bir örtü aldı ve en yakındaki kayada nöbet tuttu. Üniformasını ve asker çizmelerini henüz çıkarmamış olan üçüncü adam, ordudan kaçmış olacaktı, çok gençti. Onun da makineli tabancası vardı. Kadın, az ötelerinde oturmuş ve hiç rahat olmadıkları anlaşılan pabuçlarıyla uğraşmaya başlamıştı.

Bu arada gün ağarmıştı. Pavel, partililerin yüzlerini bir bir dikkatle süzüyordu. Hepsinin yüzünde de inançlı, sorumluluğunu kavramış, aşırılıktan kaçınan bir anlatım vardı. Kadın, aydın birine benziyordu, ama yüz çizgileri hâlâ öfkeliydi; konuşmaya da hiç istekli görünmüyordu. Mişkin, horlamaya başlamıştı. Asker, çizmesinin tekini çıkarmış, topuğundaki bir yarayı gözden geçiriyordu. Pavel elde makineli tabanca, nöbet bekleyen partizana yaklaştı. Yanına oturup bir sigara uzattı. Adam göğsünü gösterdi ve almadı. Ciğerlerinden hasta olmalıydı.

Adam, "Bize haberler getireceğini umuyorduk," dedi.

"Ne gibi?"

"Lukan söyledi, Sovyetler Birliği'nden geldiğini. Bu topluluğun başıyım ben. Seni her tehlikeden gözümüz gibi korumakla görevlendirdi beni."

Pavel güldü. "Böylesine değerli biri değilim ben. Eyy, burada ne var ne yok bakalım?"

"Savaşıyoruz. Ama silahımız yok. Kış çok kötüydü. Beş arkadaşımızı kaybettik; soğuktan, açlıktan."

Pavel, yosunlu bir kayaya baktı. "Her yerde durum çetin. Bir kış daha sürecek."

"Evet, müttefikler çıkartma yapmayı savsaklıyorlar."

"Mesleğin neydi?"

"Tütün işçisi. Ölüme hüküm giydim, ama cezaevinden kaçtım."

"Kaçıp kurtulmasını başarabilmişsin bereket. Hangi birliktensin?"

"Stanko Dimitrov'un birliğindenim."

"Komutanınız kim?"

"Dinko!"

"Politbüro komiseriniz?"

"Şişko!"

"İkisinin de adını duymuşluğum var. Ne biçim kişi bu Dinko?"

Tütün işçisi, biraz durakladıktan sonra, "İyidir," karşılığını verdi.

"Pek böyle düşünmüyor gibisin?"

"Doğru... Biraz öyle... Belki de haksızım!"

"Partili bir arkadaş olarak soruyorum."

"Anladım... Dinko güçlüklerle karşılaşıyor bizim karargâhta. Lukan onu suçluyor, yetkisinin sınırlarını aştı, diye. Onu parti divanına verecekler belki de!"

"Öyle mi?"

"Evet. Kendi başına buyruk olanlar partide hoş görülmüyor. Dinko, politbüro komiseri karşı çıktığı halde, bir istasyona saldırı yaptı."

"Ya sonra?"

"Hiç. İstasyon beton siperlerle korunuyordu. Üç arkadaşımız boşuna can verdi."

"Belki de taktik nedenleri vardı Dinko'nun?"

Soğuktan titreyen tütün işçisi, örtüsüne daha sıkı sarındı. "Hayır, tütün fabrikatörü Morev'in otomobilinin istasyonda olduğunu görmüştü dürbünüyle. Bunu görünce, o adamı hemen temizlemeyi kafasına koymuştu. Neden ama? Bunun herhangi bir önemi var mıydı? Bu konuda söz girmiyordu kulağına. Çocukluk etti..."

Pavel, titredi, ama hiçbir şey söylemedi; yosunlu kayalıklara, gözlerini hiç ayırmadan bakmasını sürdürdü. Sonra sigarasını söndürüp izmariti boş bir kibrit kutusuna yerleştirdi ve cebine koydu. Arkalarında hiçbir iz bırakmamaları gerekiyordu.

Adam, kısık bir sesle, "Hiçbir şey olmadı. Geri püskürtüldük ve fabrikatör, burnunun ucu bile kanamadan kurtuldu," dedi.

"Ne zaman oldu bu?"

"Bir ay kadar önce. Lukan, onu görevinden hemen uzaklaştırdı. O günden beri bunun bir daha sözü edilmedi. Belki senin de görüşünü öğrenmek istiyorlar."

"Dinko yanlış davranmış."

"Politbüro komiseriyle tartıştığı sırada ben de böyle söyledim ona. Komutan arkadaş dedim, bir tütün fabrikatörünü ele geçirmek için adamlarımızı harcamamalıyız. Tütün fabrikatöründen bize ne! Ben sıradan bir insanım, dedim, fazla okumuş yazmışlığım yok ama, böyle düşünüyorum bu konuda. Dinko, disiplini bozuyorsun, diye haykırdı ve beni kurşuna dizdireceğini söyledi. Çok kafasının dikine gidiyor. Ama yürekli adam. Bundan yana hiç kimsenin kuşkusu yok."

Pavel, bir şey söylemedi. Bir süre sonra, "Kim bu kadın?" diye sordu.

"Sağlık işleriyle görevli. İyi propagandacıdır da..."

Pavel gülümsedi. "Pek de suskun."

"Evet biraz dertlidir. Bir kızmayagörsün, sözle canına okur karşısındakinin."

"Adı ne?"

"Varvara. Partililer arasında bu adla çağrılıyor."

"Gerçek adı ne?"

"Bilmiyorum. Yahudidir. Bir Bulgarla evliydi. Kocası bizim birlikteydi. Geçen yıl vurulup öldü."

Pavel'i bir düşünce aldı. Bu insanların hayatı ne de çetindi. Burada küçük bir yanlış, büyük suç sayılıyor, insanoğlunun zayıf yanlarına korkunç bir kusur gözüyle bakılıyordu. Tanrının günü yiğitlik ve erkekçe her şeye katlanmak ise, bunlar için en olağan görevdi.

Pavel, dağları süzüyordu. Güneşin ilk ışıkları tepelere kızıl bir aydınlık serpmişti. Derin sessizlikte çıt çıkmıyordu. Göz alabildiğine güneye uzanan dağ dizileri, uzaklaştıkça silikleşiyor, ufkun maviliğinde kayboluyordu. Bu sık ve koyu yeşil ormanlar, bu sivri sivri kayalar, derin ve ıslak sislerle dolu uçurumlar, partizan birliklerini yakalatmıyor, yanlarına bile yaklaştırtmıyordu. Bir yaban keçisi yolunun birine karabinasıyla yerleşecek tek bir nişancı, iki yüz polisi durdurabilirdi; iki kaya arasına iyi gizlenecek bir makineli tüfekle bütün bir piyade taburunu püskürtebilirdi. Partizan savaşları için bundan uygun toprak bulunamazdı. Düşman motorlu birliklerinin yıldırım hareketleri yapabileceği hiçbir düzlük yoktu buralarda. Bütün bunlara karşın daha başka güçlükler ve tehlikeler vardı. Mesafeler çok uzundu. Islak iklim ve dağ fırtınaları, durmamacasına tırmanışlar, demir gibi bir sağlık durumu gerektiriyordu.

Pavel, yorgunluktan bitkin ve başı önüne düşmüş kadına yakınlık duyarak baktı. Bir kayanın üstüne oturuvermişti. Üniformalı delikanlı ve hasta tütün işçisi de o kadından farksızdı. Yorgun oldukları belliydi. Dağa tırmanırken terden sırılsıklam olduklarından, uyumayı göze alamıyorlardı. Görünüşe bakılırsa buralıya benzeyen Mişkin, ıslak ve buz gibi havaya boş verip derin bir uykuya dalmıştı.

Güneş ağır ağır yükseldi ve yorgunluktan bitkin partizanların mola verdiği kaya aralarını ısıttı. Otlarda küçük çiy tanecikleri parıldıyordu.

Tütün işçisi, "Yola koyulmamız gerekiyor," dedi.

Üniformalı delikanlı, "Bırak da biraz dinleneyim," diye yalvardı ve şişmiş ayaklarını ıslak otlara sürttü.

"Burada biraz daha kalırsam yere kapaklanacağım. Donuyorum." Tütün işçisi, titreye titreye uzaklaştı; bir eliyle sırtına aldığı örtüyü, bir eliyle de makineli tabancayı tutuyordu.

Pavel, kadına yaklaştı. Başını kaldırıp gözlerinde soğuk bir pırıltıyla baktığını görünce, "Nereden tanıyorsun beni?" dedi, gülümseyerek.

Kadın, düşmanca bir alaycılıkla, "Latince öğrenimi yaptığın tarihlerde edebiyat bilginle pek övünürdün," dedi.

"Doğru. O yıllarda Kristal Kahvesi'nde bulunanlardan değil miydin sen?"

"Hayır! Onların arasına katılabilmek için kendimi şair sanmam gerekirdi. Ben bir gün bile böyle bir çılgınlığa kapılmadım."

"Evet. Öyleydi o günlerde."

"Sen o sıra kötü dizeler karalardın."

"Bu da doğru. Ama kötü öyküler yazan kadınlar da vardı o tarihte."

"Onlar alçakgönüllüydü hiç değilse, ama sen kendini ünlü Bulgar şairi Smirneski'den de üstün görüyor ve Mayakovski'yi aşacağım, diye böbürleniyordun."

Pavel, dostça gülümsedi. "Hoş bir yanılma. Ya sen ne yapıyordun o sırada?"

"Terzilik yapıyor ve Halk Üniversitesi'ne gidiyordum."

"Bütün hatırladıkların bu kadar mı?"

"Hayır. Daha başka şeyler de var. Çok yürekliydin. Bir hareket yaptığımızda sen hep öndeydin. Kafan da çabuk ve sağlam işlerdi. Bu özelliklerinle şimdi büyük biri olmuşsundur herhalde! Yoksa bir tek senin için dört kişiyi bütün gece yürütmezlerdi."

"Sana böyle bir görev verdiklerine pek üzgünüm."

"Ben de. O kadınla konuşman bitsin diye beklemek de hoş değildi. Sinyalimizi duymadın mı?"

"Hayır."

"Tuhaf."

"Hiç tuhaf değil. Küçük kardeşimin nasıl öldüğünü anlatmaktaydı kadın o sıra."

Yahudi kadın, alaycı alaycı güldü. "Yanılmışım demek! Sevgilisi mi acaba, diye sormuştum kendi kendime."

"Arkadaşların benim hakkımda böyle düşünmesini hiç istemezdim."

"Heyecanlanma. Benden ve Mişkin'den başkası görmedi. Arkadaşlar ormandaydı, ben de gözcülük yapıyordum."

"Bu işi yapıyorsun demek?"

"Hayır. Ama aralarında en az yararlı olan bendim. Nöbetçilerle karşılaşsaydık, yalnızca beni yakalarlardı."

"Şimdi de alçakgönüllü oluverdin. Hangi birliktensin?"

"Dinko'nun."

"Nedir onun durumu?"

"Kaplan, bir köpek oluverdi. Lukan'ın başarısı."

"Ben de Lukan gibi davranırdım."

Varvara, nöbet bekleyen tütün işçisine baktı. Güneş dağların üzerinde iyice yükselmişti ama, otlarda hâlâ çiy taneleri parlıyordu. Vadileri dolduran mavimsi sisler açılmaya başlamıştı. Ormandan esen reçine ve toprak kokuları artmıştı. Asker ve Mişkin uyuyordu.

Pavel, "Silahın bu mu?" diye sordu.

Varvara, boynundaki zincirde sallanan nikel kaplamalı küçük tabancaya baktı. Salon filmlerindeki cinayetlerde kullanılanlara benziyordu. Kupkuru bir "Evet!"le yetindi.

"Sende bir süs gibi duruyor."

"Şu anda gerçekten öyle. Adamlarımızın dörtte biri hemen hemen silahsızken."

"Yakında silah gelecek."

Varvara karşısındakinin bu sözlerini aşırı budalalık sayıyormuş gibi küçümseyerek güldü. Sonra Pavel'i süzdü.

"Ya daha sonra ne yaptın?"

"Yani ne zaman?"

"Yükseköğrenimini bitirdikten sonra ve daha sonraları?"

"Hiç. Arjantin'den sınır dışı edilince İspanya'da savaştım."

"Rusya'dan mı geliyorsun, şimdi?"

"Evet, ama kimse öğrenmesin bunu."

"Kimse sözünü bile etmez, meraklanma."

Pavel, yerden kalktı.

Hâlâ örtüye sarılı tütün işçisi, kayalıktan doğru yaklaştı ve askeri dürtürek, "Yeter!" diye uyandırdı. Sonra kendi örtüsünü de topladı.

Asker de Mişkin'i uyandırdı. Mişkin uyanırken haykırmış ve silaha sarılmıştı hemen. Onun bu hali herkesi keyiflendirdi. Varvara bile güldü ve gözlerinin keskin parıltısı, şakacı ve oynak bir alaycılığa bıraktı yerini. Yahudiler kovalanmazdan ve şu küçük tabancayı boynuna asmazdan önce de böyle gülerdi herhalde!

Mişkin alnını kırıştırdı kalkarken. Arkadaşlarının kahkahasına biraz canı sıkılmıştı. Az sonra hep birlikte yola koyuldular. Mişkin en önde yürüyordu. Vadiye ulaşınca, hiç kimsenin gözüne çarpmayan bir keçiyoluna yöneltti arkadaşlarını. Yol, dağdaki dere boyundaydı. Gittikçe dikleşen ve kayalık olan keçiyolu, sonunda büsbütün kayboldu ağaçlıklar arasında. Mişkin durdu ve bozuk bir sesle, "Ayakkabılarınızı çıkarın ve derede yürüyün!" emrini verdi.

Hepsinin de yüzü asıldı, ama hiçbiri karşı gelmedi. Pavel, partizanların karargâhının yakınlarda olması gerektiğini düşündü. Oraya bir parmak izi bırakmamalıydı. Köpüre köpüre akan dere yatağında çetin ve yorucu bir yürüyüş başlamıştı. Sular buz gibiydi. Kaygan taşlar arasında alabalıklar kaçışıyordu. Pavel, torbası kolunun altında eğilmiş olarak yürüyordu sularda. Asker, bir alabalık yakalayıp ekmek çıkınına atmıştı. Pavel, donar gibi olan ayaklarının acısından, dudaklarını ısırıyordu. Ayakları uyuşmuştu, nereye bastığını bile duymaz olmuştu. Tütün işçisi, boğuk boğuk inliyordu. Varvara ve genç asker, arkada kalmışlardı.

Mişkin en önde gidiyordu; buz gibi sularda yürümekten hoşlanır gibi bir hali vardı. Bir on beş dakika sonra, yine o boğuk sesiyle, "Çıkın!" diye seslendi.

Dereden birbiri arkasına çıktılar ve güneşte az ısınıp ayakkabılarını giymek için hemen yere oturdular. Pavel dönüp Varvara'ya bakındı. Ufak tefek Yahudi, biçimi anlaşılmayan bir toprak yığınından farksızdı, toprağa çömelmiş inleyerek, mosmor olmuş ayaklarını ovuşturuyordu. Pavel kızdırmamak için yanına yaklaşmadı.

Tütün işçisi, "Karargâh şuracıkta," dedi ve acıdan kıvranan bir yüzle baktı. "Burada mola vermenin anlamı yok."

Mişkin önde, onlar arkada yine yürüdüler. Dereden uzaklaştılar, küçük kayalıklar ve ardıç fidanlarıyla dolu tatlı bir meyildeki çayırı geçtiler. Bir ormanla çimenlik bir yamaç, hepsini de bir anda mutlu etmişti. Bunaltıcı alacakaranlık ve insanı çürüten ıslaklığın yerini güneş ve sıcak almıştı. Bulutsuz gökyüzünde güneş parlıyordu. Kaya aralarında katmerli zakkumlar açmıştı. Uzaklarda karla örtülü bir dağ göze çarpıyordu. Burada her şey sessiz, aydınlık ve iç açıcıydı. Bu yükseklıklere baskı ve cinayet ulaşamazdı.

Pavel'in türkü okumak geldi içinden, ama arkadaşlarının canını sıkabileceğini de akıl etti hemen. Bunun yerine, "Karargâh nerede?" diye sordu.

Tütün işçisi, "Şu dağların ortasında; az sonra göreceğiz," dedi. "Uzaktan göze çarpmaz, her bakımdan güvenlidir."

"Nöbetçilerimiz nerede?"

İşçi şaşırmış gibi durakladı. "Ben de bunu merak ediyordum ya! Dağ deresinin orada ve kayaların arkasında onlarla karşılaşmış olmalıydık."

"Ne diye rastlamadık?"

"Arkadaşlar karargâhın yerini değiştirmişlerdir belki?"

"Dikkatli olmalıyız."

İşçi, "Evet," dedi. "Bir birliğimiz yedi kişi kaybetmişti böyle durumda. Faşistlerin tuzağına düştüler." Sonra yüksek sesle, "Mişkin, farkında mısın," diye haykırdı, "nöbetçiler görünürde yok!"

Mişkin yüklendiği görevin üstesinden gelecek bir insanın güvenliğiyle, "Bilmiyorum," dedi.

Bir süre daha yürüdükten sonra yüksek bir kayalığın önünde durdu ve ötekilere el salladı. Pavel hemen koştu yanına. Dağlar arasına sıkışmış toprak parçası buradan görünmekteydi. Gözden uzak ve amaca pek uygun bir yerdi ama, görünürde kimsecikler yoktu. Dağın geniş sırtı her yandan böyleydi; bomboştu. Şurada burada sık sık ardıç fidanları, bodur kayın ağaçları ve boysuz çamlar vardı. Hâlâ birerli kolda yürüyen küçük topluluk, kayalığa varınca durdu. Hepsi de hayal kırıklığıyla bakındı çevresine; kamp yeri bomboştu. Az önce burada insan olduğunu ele verecek en küçük bir belirti bile göze çarpmıyordu.

Varvara, bitkin bir halde otlara bıraktı kendini.

Bir ses, "Gelen var!" diye seslendi.

Mişkin, "Anton geliyor," dedi. "Bize yolu göstersin diye onu bırakmışlar."

Gocuk ve kilot pantolon giymiş, sakallı bir adam ağır ağır geliyordu onlara doğru. Omzunda bir tüfekle ekmek torbası asılıydı. Adam ekmek peynir yiyordu.

Mişkin, "Günaydın!" diye seslendi. "Söylesene, nerede ötekiler?"

Yeni gelen, sakin sakin, "Mağaralara taşındık," dedi. "Bir topçu ve mayın birliği yola çıkmış. Bugün yarın işler kızışacak."

6

Dinko, sıkıntılı günler geçirdi. Durmadan, yaptığı şeyin bağışlanmazlığını düşünüyordu. Onu ne tutuklamışlar, ne de silahını almışlardı; komutanlık görevinden uzaklaştırmışlardı yalnızca. Geceleri parti arkadaşlarından biraz ötede, geniş çam dallarının altında yatıyordu. Derin bir sessizliğe gömülmüş dağlar ay ışığı altında pırıl pırıl görünüyordu. Dinko, gündüzleri yeni bir makineli tüfek mevziinin sağlamlaştırılması işinde çalışıyordu ötekilerle birlikte. Paydostan sonra yorgunluktan bitkin bir halde yere uzanıyor, ama tedirginlikten bir türlü uyuyamıyordu. Düşman bir dünyaya öfkelenip, ölüme gönderdiği parti arkadaşlarının onu suçladığını görür gibi oluyordu.

Ege kıyılarından gelen büyük ve kara otomobili görüp de nefret ettiği adamı dürbünle seçince müthiş bir öfkeye kapılmıştı. O adamı öldürmek için dayanılmaz bir istek duymuştu. Kişisel öç alma hırsına nasıl da kapılıvermişti; nasıl da kıymıştı en gözde adamlarına. Bu saçmaların saçması kararı nasıl verebilmişti? Bunun açık bir yorumunu yapamıyordu ama, saldırının ayrıntıları bütün bunaltıcılığıyla gözünün önünde canlanıyordu. Karargâh kurdukları yeri hafif beton siperlerle çevirmiş olan Almanlar, otomatik tüfeklerin yaylım ateşiyle karşılamıştı onları. Saldırı başarısızlıkla sonuçlanmıştı. Geri çekildikten sonra dürbünle istasyona bakınca, arkadaşlarının cesetlerini görmüştü peronda. Kendisini bağışlatabilecek tek tutanağı yoktu.

Dinko, böylesine bunaltıcı gecelerden birisinde, o müthiş suçun altında ezildiğini duydu. Ürkütücü sessizlikte bir ses yükseldi: Sana güvenilen göreve layık çıkmadın! Gerçek bir ülkücü olmadığını koydun ortaya.

'Değilim ben öyle' diye kendini savunmak istedi ama beceremedi. 'Beton siperler ve makineli tüfeklerle korunmuş istasyonlara saldırsın diye kimse emir vermedi sana!' diyordu ses; nefret ettiğin adamı öldürmek için istasyona saldırdın sen! Halk düşmanı olduğundan değil gönlünü kaptırdığın bir kadını kıskandığın, hiçbir şeyleri göremez olduğun için öldürmek istedin o adamı!

Ses susmuştu ama, vicdan azabı artmıştı gittikçe. Kendi yüzünden öldürülmüş partili arkadaşları düşündükçe çıldıracak gibi oluyordu. Kendisinin kurtulmuş olması da utanç vericiydi. Belki rastlantıydı bu. Hayır hayır, rastlantı falan değil. Arkada kalmıştı. Başka çarpışmalarda en önde yürür, tehlikeyi paylaşırdı onlarla. Ama o çarpışmada, bütün yüreğiyle nefret ettiği o adamı yakalayıp kendi eliyle öldürmek için çimento torbalarını siper almıştı. Arkadaşları, onda hiç görmedikleri bu olağanüstü davranışa şaşmışlardı bile.

Bunları hatırlayınca dünyada bundan böyle yeri olmadığını düşündü. Bu düşünceyle de rahatladı. Eli tabancasına gitti. Bir tek kurşun, yaptığı yanlışlığın cezasını verecekti. Ama o ses yükseldi yeniden: "Hayatınla dilediğin gibi oynayamazsın! Onda benim de hakkım var!"

Partizanların gizli yardımcıları, topçu birliğine yanlış yol göstermişlerdi. O gün, ne de daha sonraki günler çarpışma olmadı. Bundan yararlanan partizanlar, yeni karargâhlarını mağaralarda rahatça kurabildiler.

Pavel, Lila'yı görebilmek sabırsızlığıyla yanıyordu. Ne var ki, o da şu sıra harekât bölgesindeydi. Son buluşmalarından bu yana on iki yıl geçmişti. O yıllarda yurt özlemi duydu mu, ya da bir benzeyenine rastladı mı Lila'yı düşünür, düşünür, düşünürdü. Sonra hüzne, mutsuzluğa ve özleme kapılırdı. Kavgalarla dolu hayatında bir eksiklik varmış ve şimdiye kadar onu bütün tehlikelerden koruyan rastlantı Lila'yla karşılaşmasını önlemek gibi bir haksızlık yapıyor sanırdı. Lila, anlatılmaz bir güçle onu çekiyordu. Siperlere cephane taşırken ölen kara gözlü, kehribar tenli güzel İspanyol kızları görmüştü. Yeni endüstri tesislerinin kurulmasında neşeyle çalışan mavi gözlü ve sağlıklı Rus kızlarına hayran kalmıştı. Gökkubenin altında her gittiği yerde güzel ve yiğit kadınlara rastlamıştı. Ama bütün bunlar, Lila'nın hayalini bir an bile silememişlerdi. Çünkü Lila'lı anılarında doğduğu kentin sabahlarıyla sessiz akşamları, hoşlandığı alışkanlıklar ve ülkü uğruna girişilen eylemlerle hiçbir ilgisi olmayan, ama bütün Bulgarların hoşlandığı, değer verdiği küçük bir sürü olay yaşamaktaydı. Lila, onun gözünde yurdu demekti. Pavel, yurdunun çekici bir yanını Lila'da simgeleştiriyordu.

Pavel, Sovyetler Birliği'nde okuldan okula geçip eğitim görürken Lila'ya rastlayamamıştı. Arada sırada rastladığı Bulgar mültecileri, ona Lila'nın kazandığı başarıları haber verirlerdi. Lila hep öyle güzel kalmış mıydı? Yeraltı çalışmaları –çünkü o Pavel'den dört yıl önce dönmüştü Bulgaristan'a–, yaşlılık, güçlükler ve sinir gerginlikleri, güzelliğinde izler bırakmış mıydı acaba? Kuruyup ufalmış bir kadınla karşılaşacağını umuyordu. Ama ona beslediği derin sevgi, duyduğu sonsuz düşkünlük karşısında bunun hiç önemi yoktu.

Pavel, birkaç akşamını Lukan'la ve ilk dünya savaşına katılmış bir binbaşıyla konuşarak geçirdi. Partizanların kurmaylığını bu ikisi yapıyorlardı. Durumu Pavel'e iyice anlatmışlar ve onu başkalarına tanıtmışlardı. Birçok olay, Lukan'ın görüşlerinde bir değişme yapmıştı. Bir zamanların dar görüşlü Lukan'ı, eski rakibini açık yürekli bir dostlukla karşılamıştı. İki erkek, ilk günden tam bir anlaşma durumundaydılar.

Baştakilere karşı ayaklanmış birliklere bu ilk komutanlığı olmayan binbaşı, durumun bütün çetinliğine karşın, kendine iyi bakmış bir mal sahibine benziyordu. Ufak tefek biriydi. Alnı yüksekti. Kilot pantolon, altı çivili çizmeler, Çar ordusundan kalmış ama apoletleri sökülmüş –kendi yokken ölüm hükmü yemişti– eski bir subay ceketi giymişti. İki ayaklanmaya katılmış olan bu adam tam zamanında yurtdışına kapağı atabilmişti. Askerlik alanındaki bilgilerini yurtdışında en son strateji yöntemleriyle daha da geliştirmişti. Lukan'la birlikte uyguladığı stratejik kararlar, Çar ordusunda generalliğe yükselmiş eski arkadaşlarını çileden çıkarıyor, onları güç durumlara sokuyordu. Binbaşının bir özelliği de her şeyin yerli yerinde olmasına aşırı düşkünlüğüydü.

Pavel, partizanlara merkezden gönderilen en yeni buyrukları getiriyordu. Blaşe'nin ölüm hükmünün geri bırakılması gibi sevindirici ve Vatan Cephesi'yle ilgili en yeni haberi de getirmişti. Üç erkek, kurmayın yerleştiği bu dağ çayırlığında, ay ışığı altında sabaha kadar çeşitli konuları gözden geçirdiler.

Bir akşam Lukan, Pavel'e, "İngilizlerle olan buluşmalarda çok dikkatli davranmalısın," dedi. "İngilizlerin Yunanlı ajanları, seni kapana kıstırıp temizleyebilirler."

"İngilizlerle buluşmaları bizim adamlarımız düzenlerse git. Bu koşulu öne sürmeyi unutma!"

"Buna pek yanaşacaklarını sanmıyorum. İngilizlerle birlikte Yunanlı partili arkadaşlar da bulunursa tehlike kalmaz bence."

Lukan, başını salladı iki yana. "Böyle olmaz. Yunanlı partizanlardan hangilerinin bizden yana, hangilerinin bize düşman olduğunu bilmiyoruz."

"Bu konuda bilgi edinmeliyiz."

"Morev arkadaş, bu dediğin de çok zor. Bu yolda beş kişi kaybettik."

İkisi de sustu. İri yuvarlak taşlarla dolu yamaçlar ve ormanlar, ayın soluk yeşil ışıkları altında iyice seçiliyordu. Zaman zaman bir rüzgâr esiyordu serin serin.

Pavel, "Binbaşı nerede?" diye sordu.

"Yatmaya gitmiştir belki de. Bizi baş başa bırakmak istedi, geçmişten konuşuruz diye."

Pavel gülümsedi: "Ben çoktan unuttum geçmişi."

Lukan, yavaş sesle, "Ben unutmadım," dedi. "Birçok şeyde haklı olduğunu şimdi anlıyorum. Zavallı Blaşe! Onun partiden attırılmasını ben istemiştim, Lila'dan. Blaşe'yi kurtarabildiğine çok sevindim."

"Şimdi de kaçmasını sağlamak gerekiyor."

"Binbaşı ele aldı bu konuyu. Toplama kampının nöbetçileriyle ilişki kurduk." Lukan durakladı ve gülümsedi. "Morev arkadaş, sana tuhaf bir şey söyleyeyim mi? Seninle ve Blaşe ile pek iyi anlaştıktan sonra Lila ile çok sert tartışmalar geçiyor aramızda sık sık..."

Sustu ikisi de; yine geçmişi düşünüyorlardı, ama çok başka şeyleri.

Pavel, "On iki yıl var Lila'ya rastlamayalı. Kim bilir ne kadar değişmiştir," dedi.

Lukan, bir zamanlar Lila'ya verdiği direktiflerin bütün partilileri nasıl bir baskı altında tutmuş olduğunu düşünmekteydi. Pavel'in sorusunu, "Onu yarın göreceksin!" diye yanıtlamakla yetindi ve hafifçe gülümsedi.

Varvara, gün doğarken bacaklarındaki romatizma ağrılarıyla uyandı, varı yoğu tek bir asker battaniyesine, gecenin ıslaklığıyla büzülünce titremeye başlamıştı soğuktan.

Uyanıp uyanmamak arasında birkaç dakika bocaladıktan sonra, doğuda belirmeye başlayan günün sütbeyaz aydınlığına dikti bakışlarını. Çamların karanlık gölgeleri hafifçe hışıldıyor, gökyüzünde yıldızlar ışıldıyordu henüz.

Gençliğini çoktan yitirmişti. Yaşamının on beş yılı yoksulluk, kovalanma ve hiç insanca davranmamış bir dünyaya kin duyarak geçip gitmişti. Polisler onu ötekilerden daha çok döverlerdi, Yahudi diye. Yoksul bir haham ailesindendi. Kendi çabasıyla öğrenim yaptıktan sonra bütün varlığıyla bağlanmıştı parti çalışmalarına. Hayat, bütün sevinçleri almıştı elinden. Tek mutluluğu olan erkek de bir buçuk yıl önce öldürülmüştü. Bu ilişki sakin bir bağlılığa ve ortak düşünceye dayanırdı, sevgiye değil.

Varvara, günlük görevlerini düşünmeye başladı. Mişkin'in yanındakiler arasında bulunan üniversiteli, köylü sorunları üzerine yanlış düşünceler taşıyordu. Okuryazar olmayanlara verilen dersler yarıda kalmıştı. Kırkına basmış erkeklere okul çocukları gibi bir şeyler öğretmek için ne kâğıt vardı ne kalem. Birliktekilerden bazıları uyuz olmuştu; hastalığın yayılmaması için onları tedavi etmek gerekiyordu. Varvara, bir sağlık kitabındaki formüle uyarak kükürt, domuzyağı ve çamaşır sodasından yaptığı merhemi zorla sürdürtüyordu. Sıtmalı bir hastayı, kinin yokluğundan, sarmısakla tedavi etmeye çalışıyordu. Sarmısağın acı kokusunun kinin yerine geçeceğini sanıyordu. Bazılarının gömlekleri, bakınca, utanç verecek kadar parça parça olmuştu. Hiç değilse alıp yamayabilmesi için zora vurması gerekecekti. Gün doğarken uyanmış olan Varvara daha bir sürü buna benzer şeyler düşündü. Bütün bunlar, şu kaba saba insanların özel durumlarıyla daha yakından, daha canla başla ilgilenmesini gerektiriyordu. Oysa onlar, Varvara'nın savaşçı yanını düşünürken, hiç derine inmeden yargıya varıyor, söylediklerini biraz da kızarak karşılıyorlardı. Varvara onları suçluyor, aralıksız atıp tutuyor, sonunda yargılarını biraz değiştirebiliyordu. Ama çoğu erkekler, Varvara böylesine ileri gidince, canı cehenneme, deyiveriyorlardı. O zaman Varvara birkaç gün kederleniyor, hakaret edenlerden biri yaklaşıp yardım isteyince, ya da akıl danışıncaya kadar hiç konuşmuyordu.

Varvara, ortalık aydınlanınca ayağa kalkıp tarandı ve battaniyesini arka çantasına koydu. Biraz kımıldanınca ısınmış, bacaklarının ağrısı geçmişti; sabah kızıllığının ışıltısı ve reçine kokularıyla canlanıvermişti. Şu kötü dünya, yakında sona erecekti. Alman ordusu yenilgiden yenilgiye uğruyordu. Varvara, hayalden pek hoşlanmazdı, her konuda sağduyulu davranırdı. Ama yine de dener, sabah amansız bir istek duyardı şöyle temiz pak giyinmek için. Böyle giyinip toplantıya gidecek, ateşli bir nutuk söyleyecekti.

Yüzünü yıkamak için dereye giderken Mişkin'i kayalıkta nöbette gördü. Mişkin, bir kedi gibi yere büzülmüş ta vadiye kadar bütün yamaçları büyük bir dikkatle gözden geçirmekteydi; keskin bakışları depoya gidilen tek yola, daracık keçiyoluna dikilmişti. Sessizliğin içinde en küçük bir gürültü bile duyulmuyor, yeşil ve dumanlı ötelerde kaybolan dik keçiyolunda kuşkuyu çekecek hiçbir şey göze çarpmıyordu. Güneş ağır ağır yükseliyordu. Çevrede derin bir sessizlik vardı. Ara sıra tatlı bir meltem esiyordu. Tepedeki ormandan duyulan ıslıklı bir hışıltı koca dağın iniltisi gibiydi.

Mişkin, biricik oğlunu öldürenlerle savaşmak için böyle bir sabah evinden ayrılmıştı. Arkada bıraktığı o dünyanın ince kalıntıları vardı bilinçaltında; ama oğlunun ölümü karşısında gösterdiği soğukkanlı kararlılığı hatırlayınca, hepsini çıkarıyordu kafasından. Oğlunu ihanetle suçlayıp asmışlardı. Mişkin, geçmek bilmeyen keder, öfke ve acılı anlarından sonra oğlunun yolunda yürümeye karar kılmıştı.

Mişkin, Varvara'nın geçtiğini görünce, "Neden uyandın?" diye sordu.

"İşim var." Durmuştu. Elinde olmadan soruverdi: "Geçen akşam yeni gelen arkadaşı önünde beklediğimiz o villa kimin?"

"Bir tütün fabrikatörünün."

Mişkin, Çam-Koruya'da yıllarca süt dağıtmıştı, oradaki villaları ve sahiplerini tanırdı.

"Adı ne?"

"Morev."

Varvara, yüreği ağzına geldi, ama bir rastlantı, diye aklından geçirdi; belki de uzak bir akrabaydı. Biraz sonra, "O kadını tanıyor musun?" diye sordu.

Mişkin, bir tutuklaştı; aileyle ilgili utandırıcı işler söz konusu edilirken hep böyle olurdu. Kekeleyerek, "O kadın..." dedi, "Morev'in sevgilisi... Sen de bilirsin, zenginlerin sevgilileri olduğunu."

"Ne zamandan beri?"

"Yedi sekiz yıldan beri."

"Adı ne?"

Tutukluğu hâlâ geçmemiş olan Mişkin, "Bilmiyorum," dedi. Gerçekten de bilmiyordu. Sonra borçluluk beslediği o kadını savunmak için tuhaf bir duyguya kapıldı ve çabucak toparlanıp, "O kadın hekimdir," dedi.

"Öyle mi?"

"Evet. Bir yılbaşı gecesi oğlumun yavrusu soğuk algınlığından yatıyordu. Yatağında çırpınıyor, ateşler içinde inliyordu. Dışarda kar fırtınası vardı. Birçok hekime başvurduk. Hiçbiri gelmedi. Hepsi de villalarında içiyor, keyfediyordu. Bir de bu kadına yalvardık. Hemen geldi. Kızakla getirmiştik bize."

Varvara, alaycı bir yüzle süzdü onu. "Yufka yürekli demek!"

Mişkin de ona bir baktı, alnını kırıştırarak, "Ben hastaya geldiğini söyledim yalnızca."

"Dansını yarıda bırakarak mı?"

"Tuvaleti vardı sırtında, ama hemen giysi değiştirdi."

Varvara, hiç ses vermedi. Dalıp gitmişti. Her kadının içini dolduran erkeklerce beğenilmiş olma sevincini, bir gün olsun tatmamıştı gençliğinde. Yılbaşı geceleri dışarda kar fırtınası uğuldar, sıcak odalardan sevinçler taşarken, bir kerecik bile tuvaletler giyip dans etmiş değildi. Gençlik anıları, yoksulluklar ve polis dayaklarıydı hep. Bütün bu sıkıntı ve yoksullukların, hayatına yepyeni ve derin anlamlar getirdiğini şu anda birden kavrıyordu. Tutuk tutuk, "Evet," dedi. "İnsanca bir davranış göstermiş."

"Seni neden ilgilendiriyordu bu?"

"Onu şöyle bir hatırladım da!"

Varvara, geçen haftadan kalmış sigara payını Mişkin'e verdi ve derenin şırıltılarla aktığı az aşağılarda bir yere doğru uzaklaştı. Kayalıkların üzerine yükselen güneş, sisi dağıtmaya başlamıştı. Varvara, yüzünü buz gibi dere suyuyla yıkayacaktı, dinçleşmek için. Yokuşu inerken kaydı ve bir çamın gövdesine çarparak elini sıyırdı. Bu dünyada gereksiz, yapayalnız ve hor görülen bir kişi olduğu duygusuna kapılıverdi yine. Hiçbir işe yaramadığını, arkadaşlarına yük olduğunu sanıyordu. Lila'yı düşündü. Öteki birliklerin güçlü ve sağlıklı genç kızlarını düşündü. Onların çoğunda makineli tabanca vardı ve erkeklerle omuz omuza çarpışıyorlardı. Bedence ve ruhça güçlü olan bu genç kızlar, saygı görüyorlardı. Yalnızca ruh yapısı sağlam olan Varvara, hep geri işlerde kullanılıyordu. Geçmişteki başarılarını, polisin işkencelerine dayanabilme gücünü hatırlayan bile yoktu. Romatizmaya, bir türlü geçmeyen bronşite ve kalbindeki rahatsızlığa nerede yakalandığını kimse sormuyordu.

Bu kara kara düşüncelerle canından bezmiş bir halde vardı dere başına. Birlikten birkaç kişi daha gelmiş, yıkanıyorlardı. Genç üniversiteli de aralarındaydı. Fasulye sırığı gibiydi. Uzun bacaklarını pergel gibi açmıştı dere yatağının iki kıyısına. Onun yanında Dinko çömelmişti. Küçük bir aynayı taşa dayamış, tıraş oluyordu.

Kurslarda Varvara'yı oldukça yoran üniversiteli genç, "Varvara!" diye takıldı. "Formel ve diyalektik mantık arasındaki farkı Mişkin'e anlatabildin mi?"

Varvara, ters ters, "Sana ne bundan?" dedi. "Mışkın köylü sorununda senden çok daha sağlam düşünüyor."

Sonra eğildi sulara ve yüzünü yıkamaya başladı. Kirli ve çok çirkinmiş gibi bir duyguya kapılıvermişti. Bu düşünceyledir ki, her sabahkinden daha çok, daha uzun yıkandı. Oysa buz gibi su ve kötü sabunla yüzü leke leke oluyordu. Başını dereden kaldırdığında, üniversiteli de öteki arkadaşları da gitmişlerdi. Yalnız Dinko duruyordu, bacakları suyun iki kıyısında; yıkanmak için Varvara'nın uzaklaşmasını bekliyordu, çünkü derenin yukarısında olduğundan sabunlu suları Varvara'ya akacaktı. Olduğu yerden, "Bitirdin mi?" diye sordu.

Varvara, "Evet," dedi ve soğuktan uyuşmuş zayıf ellerini ovaladı.

Dinko, dereye eğildi; boynunu, kulaklarını, saçlarını rahatça sabunlamaya başladı. Yıkanma bitince bir güzel kurulandı; soğuk suyla pembeleşmiş yanık yüzü güneşte pırıl pırıldı. Sonra, kayanın üstüne bıraktığı makineli tabancayla fişekliği aldı. Çizme, kilot pantolon ve yeşil bir gömlek giymişti. İri bedeninden taşan ezici ve yaban güzellik, dağların yüceliği gibiydi Varvara'nın gözünde. Bu aşırı heyecanlanmasından ürkerek her zaman yaptığı gibi bir sürü öğüt verdi. Boğuk bir sesle, "Biraz da partiden söz açsan!" dedi. "Bu böyle sürüp gitmez. Başka çıkar yolun yok."

Dinko, öfkeyle bir baktıktan sonra hiç yanıt vermeden ağır ağır tırmandı boğazı.

Varvara, "Duyuyor musun?" diye seslendi arkasından. "Partinin her şeyi bilmesi gerekir!"

Sonra, Pavel'in durumunu düşündü kara kara. Lukan'a açsa önemsemez bir el hareketiyle yetinecekti. Erkekler, burjuva kadınlarının ne kadar tehlikeli olduğunu kestiremiyorlardı. Kadın partililer, bu konuda daha başka düşünüyordu. Varvara, kuşkusunu Lila'ya açmaya karar verdi. Villa buluşmasının arkasında daha önemli şeyler olabilirdi.

Mağaranın yukarısındaki kayalığa tırmandı ve Lila'nın döneceği yolu gözlemeye başladı. İyice yükselen güneş yakıyordu. Sivri kayalıklar ve derin uçurumların rengi turunculaşmış, çam ormanlarının yeşili daha koyulaşmıştı. Derin boğazlardan hafif bir sis yükseliyordu. Sol yandaki kayalıklarda bir nöbetçi dolaşıyordu. Binbaşı, tepelerin arasındaki çorak bir çukurda partizanları çevresine toplamış, geçenlerde düşmandan aldıkları makineli bir tüfeğin nasıl kullanılacağını anlatıyordu. Bu eğitim işi aslında Dinko'nun göreviydi ama, son olaydan sonra Binbaşıya verilmişti. Varvara, Dinko'nun durumu düzene girmedi diye can sıkıntısı duyuyordu. Dinko'nun inatla susmasının aslını öğrenmek için çaba göstermişti, ama bir sonuca varamamış, bundan ötürü de arkasını bırakmıştı.

Güneş batmış, ırmağın kaybolduğu koca yuvarlak kayaların arkasından ortaya çıkıveren bir birlik, konak yerine yaklaşıyordu. Aralarında Lila da vardı. Dönüşte partizanların adamlarına rastlamıştı. Yiyecek dolu sırt çantaları taşıyorlardı. Varvara, gelenleri karşılamak için yürüdü. Yanlarına vardığında hava iyice kararmıştı. Silah ve yük altında eğilmiş gövdelere bakıp kim olduklarını seçmeye çalışıyordu.

Lila, açık yakalı bir gömleğin üstüne bir kazak giymiş, kilot pantolon ve subay çizmeleriyle en arkada yürüyordu. Varvara'yı görünce: "Sen misin Varvara?" diye seslendi.

"Evet!"

"Al şu un torbasını, kolum koptu!"

Varvara, isteği yerine getirdi ve yavaş sesle, "Yeni arkadaş geldi," dedi. "Pavel Morev..."

Lila, "Nasıl? Geldi mi?" diye haykırdı.

Sesinde on iki yılın özlemi titriyordu. Bütün yorgunluğunu unutuvermişti. Makineli tabancasının kayışını iyice sıktı ve konak yerine koşmaya davrandı.

"Dur biraz. Neden seviniyorsun?"

"Neden sevinmeyeyim? Çünkü o... Onunla çok eski dostuz. Birlikte çalışırdık... Onu çok eskiden tanırım."

"Onu mu?"

"Evet. Neden sordun?"

"Hiç!"

Lila, kızgın bir sesle, "Hiç ne demek?" dedi. "Onun hakkında bir şeyler söyleyeceksin herhalde bana."

Varvara, şaşkın bir tavırla, "Hayır, söyleyecek hiçbir şey yok," dedi.

Lila, en küçük bir ayrıntıyla bile hemen ilgilenip açıklatmak gerektiğini, bunca yıllık gizli yeraltı çalışmalarında iyice öğrenmişti. Varvara'nın elini sımsıkı yakalayarak, "Bana bak!" dedi. "Hemen söyleyeceksin!"

Varvara, umutsuzlukla inledi: "Yapamayacağım."

"Neyi yapamayacaksın? Partili arkadaşlar mıyız, yoksa değil miyiz?"

"Orası öyle!"

"Öyleyse anlat!"

Varvara, Çam-Koruya'da gördüklerini ve Mişkin'den öğrendiklerini, bir bir anlattı.

Lila, karşısındakinin sözünü hiç kesmeden dinledi.

Sonunda, "Şu halde sence aralarında bir ilişki var, değil mi?" diye sordu.

Varvara, tutuk bir dille, "Hayır, sanmam bunu," dedi. "Ben yalnızca gördüğümü söylüyorum."

Lila, soğukça bir gülüşle, "Ya!" dedi. "Belki bir ilişki vardır aralarında. Ama işi ihanete kadar vardırmamışlardır. İkisini de çok iyi tanırım."

Lila'nın sesi ilgisizleşivermiş, heyecanı geçmişti. Varvara'nın yanı sıra kamp yerine doğru yürüdü. Lila, Pavel'i ertesi gün aradı ve mağaranın önünde buldu. Bütün gece onu düşünmüş, keyfi kaçmıştı, ama şimdi karşılaşıverince hepsini unutmuş, içini dolduran yıllanmış özlem ağır basmıştı.

Lila, dağlarda ardıç ve eğreltiotları arasında yetişmiş buruk kokulu, pırıl pırıl bir yaban çiçeği gibiydi. Tütün depolarında çalıştığı yıllardaki nikotin zehirlenmesinin izleri, solgunluğu ve cılızlığı geçmişti. Bedenin yuvarlaklaşmış çizgilerinden sağlık taşıyordu. Güneş yanığı yüzü, dağ rüzgârlarıyla sertleşmişti ama, tek kırışık yoktu. Gözleri, tunçlaşmış yüzde, kül rengi inciler gibi yumuşacık parlıyordu. Bakışlarında şaşılası bir açıklık, doğruluk ve düşünürlük okunuyordu; burjuva kadınlarını hatırlatan bir çapkınlık da vardı bu gözlerde ama, yapmacıksız haliyle daha da güçlüydüler. Göğsünde silahının kayışı ve fişekliği birbirine çapraz asılıydı.

Lila, Pavel'e biraz öfkeli bakıyordu. Genç adam hiç değişmemişti; on iki yıl önceki gibiydi. Koyu kahverengi gömleğinin altında sert ve gergin kasları belliydi. Bakışları bile değişmemişti. Lila, 'güzel adam,' diye düşündü; geceyi geçirdiği o dişi kedinin bayılacağı kadar güzel.

Pavel, onun sözlerindeki sitemlere kulak asmadan ve damdan düşercesine, "Sonunda yüzünü görebildik," dedi.

"Dün niye gelip görmedin beni?"

"Kırk kilometre yol yürüdüm. Başlama yine benimle tartışmaya, selam vermeden."

"Peki, daha sonra tartışırız. Leningrad'dan yolladığım mektubu almadın mıydı? İznimizi birlikte geçirelim diye yazmıştım."

"Mektubunu aldım. Ama arkadaşlardan yazın ayrılmak istememiştim."

"Neden bana yazmadın?"

Lila, sakin sakin, "Baştan aşağı saçmaydı da..." dedi. "Moğolca, Çince bile öğrendiğini söylemişlerdi, doğru mu?"

"Evet, doğru bir bakıma. Üç yıl Alma-Ata'da bulundum. Ama Çince bilmiyorum. Birisi uydurmuş hayat hikâyemi süslemek için."

"Arjantin'in petrol kuyularından İspanya'ya, oradan da Asya'nın uçsuz bucaksız yerlerine. Dünya yakında küçük gelecek sana."

"Bu ülkelerde bir sürü deneyimim oldu."

"Arkanda bir sürü kırık kalp de bırakmışsındır herhalde!"

"Özel hayatım üzerine parlak düşüncelerin var hâlâ."

"Partili olarak başarılı çalışmalarınla özel serüvenlerini birbirinden ayırmışsındır her zaman."

"Bundan dolayı borçlu olduğumu belirttim sana."

"Böyle davranmasaydım, senden ya nefret ederdim, ya da

körü körüne tutkun olurdum. Oysa, sana karşı gerektiği gibi davranmasını biliyorum."

"Bundan yana güvenli misin?"

"Evet. İrina'yı ne zamandan beri tanıyorsun?"

"İrina da kim?"

"Kim mi? Gizliyorsun demek. Erkek kardeşinin kapatması."

Pavel güldü. "Gizleyecek bir şeyim yok. Onu unuttum bile. Geveze Varvara seni pirelendirmiş. Yoksa... İrina'ya flörtüm gözüyle mi bakıyorsun?"

"Bu kadar aşağılık olamam."

"Saçmalama! Tanıyor musun onu?"

"Evet, elbette."

"Beni ele vereceğini mi sanıyorsun?"

"Pek sanmam, koynuna girdin diye yapmaz bunu."

"Bırak bu saçmaları. Bu kadının acınacak bir durumu var. O gece rastlantıyla karşılaşmamızda anlattığı acı şeyler beni düşündürdü. Düşmesini bağışlatmak, içini boşaltmak istiyor gibiydi."

"Bu acı şeyler de seni duygulandırdı, değil mi? Sevimli yüzü, güzel elleri, sedef gibi teni de hoşuna gitmiştir. Teninden ve ruhundan fışkıran sıcaklık, erkeklerin aklını başından alıyor, değil mi? Yaşa be, partili arkadaş! Böylesine duygulu olman beni de heyecanlandırdı."

Lila, başını eğerek, ellerini yüzüne tutup gülmeye başladı.

Pavel, heyecandan boğulur gibi bir sesle, "Lila!" dedi. "İlk kez karşılaşıyoruz, sırası mı bu şakaların. On iki yıl ben hep bugünü özledim."

Lila, başını kaldırdı ve şaşkınlıkla baktı. "Senin gözünde neyim ben?"

"Uğrunda savaştığım bütün güzel şeylerin simgesi."

"Güzel sözler. Ama bizler, o senin hoşuna giden kadınların incelik ve çekiciliğinden yoksunuzdur. Bizler bilemeyiz duygularımızı karşımızdakinin içini burkutacak biçimde dile getirmesini. Kokotların ve kapatmaların bu ince sanatına aklımız hiç ermez."

Pavel gülümsedi. "Bunlardan yana tasalanma!"

"Ben on iki yıl hep seni düşündüm, başkalarının yüzüne bile bakmadan. Hiç değilse birazcık yakınlık göstermemi hak edecek pek çok erkek vardı. Ama ben böyle davranmadım. Anlıyor musun ne demek istediğimi?"

Pavel gülümseyerek baktı. Mutluluktan uçuyordu. Lila'nın gözleri pırıl pırıldı. Bir an sustuktan sonra, "İrina'dan nefret ediyorum sanma!" dedi. "O kurtardı beni, kolsuz kalmaktan."

"Varvara'ya bilirim yapacağımı."

"O görevini yerine getirdi yalnızca."

İkisi de sustular. Binbaşı mağaradan çıkmıştı.

Unu ıslatıp yaptığı yapışkanla haritanın kopuklarını onarmıştı. Kurusun diye güneşe yayacaktı.

Binbaşı bu işe dalmıştı, ama konuşmaları duyunca, Lila ile Pavel'i gördü. Bu yüzden onlar da aralarındaki tartışmayı kestiler.

Lila, "Binbaşı arkadaş!" dedi, "Her zaman da iş buluyorsunuz kendinize. Yine ne yapıyorsunuz?"

Binbaşı, onları yeni görmüş gibi, "Ooo, siz burada mıydınız?" diye şaşırdı. "Haritamın yırtıklarını yapıştırdım."

"Ne dersiniz konuştuklarımıza?"

"Hiçbir şey duymadım. Ne konuşuyordunuz?"

"Sersemce gevezelikler."

Binbaşı, çapkın bir gülümseyişle; "Gevezeliği sürdürün," dedi. "Böyle sersemce sandığınız konuşmalar, ciddi şeyleri daha iyi anlamamıza yardım eder... Burada kalıyor musunuz?"

Lila, "Evet," dedi. "Gizli çağrıları çoğaltacağız."

"Haritama dikat edin eski kâğıt diye atmaya kalkmayın!"

"Korkma, binbaşım."

"Ben de bir bakayım, çocuklar ne yapıyor?"

Binbaşı, vadiye doğru ağır ağır indi. Sabah eğitiminden yorgun düşmüş partizanlar orada dinlenmekteydi. Binbaşının kuru ve kırışık yüzünde bir gülümseyiş dolaşıyordu hâlâ. Lila ile Pavel'in konuşmalarını mağaranın ağzında durup heyecanla izlemişti. İki gencin mutluluğuna seviniyordu şu anda. Savaştan sonra böyleleri gerekliydi başarı için.

Lila, Binbaşı'nın uzaklaştığını görünce, "Gel de şu çağrıların çoğaltılmasında bana yardım et!" diye seslendi. "Çoğaltma makinesini kullanmayı biliyor musun?"

"Hayır, göster de öğreneyim."

Mağaraya girdiler, İçerisi balyalar, deri çantalar, sırt çantaları ve bir sürü eşyayla doluydu tıka basa. Dipte, bir çadırbezi üstünde, dikkatle yerleştirilmiş bataryalı radyo, zırhlı bir fener ve bir yazı makinesi vardı. Binbaşı'nın hazırladığı plana göre, tehlikeli durumda, ya da buradan uzaklaşmak gerektiğinde, bütün bunlar eşeklere yüklenecekti!

Mağaranın ağzından giren gün ışığı içerisini iyi aydınlatıyordu, kolay çalışılabilirdi.

Lila, birkaç gün önce yazdığı bir müsvedde ile matrisi çıkardı karton dosyadan. "Makineyle yazmasını biliyor musun hiç olmazsa?"

"Evet, bu kadarını beceririm. Çeşitli silahları ve motorlu taşıtları kullanmasını bilir misin sen de?"

"Bunun sözü mü olurmuş! Engelli arazide taşıt kullanma dersi vereyim istersen. Daha başka neler gelir elinden?"

Pavel yaklaştı ve birden kucakladı Lila'yı. Her ikisi de eski günlerini hatırlayıvermişlerdi; yine böyle sevişirlerdi birbirlerini iğneleyerek. Onları birbirine bağlayan sevgi, şimdi daha da derindi.

Lila, Pavel'in kucaklayışını ateşli bir öpücükle karşıladı. Ama hemen onu itti ve sert sert. "Bir daha yapma böyle şey!" dedi.

"Neden?" Lila'nın saçlarına sinmiş o heyecan verici reçine ve çimen kokuları burnundaydı hâlâ.

"Çünkü yapacak başka işlerimiz var. Arkadaşlar görseydi ne derlerdi! Savaştan sonra çok vaktimiz olacak her şey için."

Pavel, "Her şey için vaktimiz mi olacak?" dedi, hüzünle, "Ama ya ölürsek, ölmekten kurtulamazsak?"

Lila, "İşte senin en kötü yanın da bu!" diye homurdandı. Hayatta hiçbir şeyi kaçırmak istemiyorsun. Bir de şu çevremizdekileri düşün. Lukan'ı, Binbaşıyı, Varvara'yı... Görevden ve sorumluluktan gayrısını görmüyor gözleri."

Pavel başını salladı yavaşça. Yüzüne düşünceli ve ciddi bir anlatım gelmişti. Onu büsbütün güzelleştiren bu tavrını Lila öyle severdi ki! Bu duygusunu belli etmemeye çalışarak, "Otur şuraya da yaz bakalım," dedi.

Düşmanın topçu alayı, doğru izi bulmuş, güneydeki partizanların çalışma alanında bir harekete geçmek üzere ilerlemeye başlamıştı. Bölgenin kurmay başkanlığını yapan Binbaşı, planını hemen hazırlamaya başlamıştı.

Mağarada fener ışığında çalışıyorlardı. Binbaşı, Pavel, Lukan ve Lila, genelkurmay haritasına eğilmiş, durumu gözden geçiriyorlardı. Mağaranın havası ağırcaydı. Aşağıdan vuran ışık erkeklerin yüzüne sıkıntılı ve yorgun bir anlatım vermişti.

Lukan, haritada bir yeri gösterdi: "Burada yol falan işaret edilmemiş."

Binbaşı, "Bu eski haritadır," diye açıkladı. "Büyük diye önünüze serdim. Haritada yolu işaret edeceğim."

"Vazgeç, gerekmez."

"Daha iyi kavraman için..."

"Bırak bunu şimdi. Anladım. Bu yönde düşman motorlu birlikleriyle karşılaşabiliriz."

Binbaşı çantasını karıştırıp bir başka harita çıkardı ve sözünü ettiği yolu gösterdi.

Lukan, yorgun bir sesle, "Anlaşıldı," dedi. "İki dağı ayıran ırmağa kadar biz gideceğiz, Şişko da göllerde yanlarımızı koruyacak. Düşman arkamızı bırakmazsa, karşı saldırıya geçeceğiz."

"Bundan başka çıkar yol da yok."

Mağaranın içine derin bir sessizlik çöktü. Pavel düşünceli düşünceli haritaya bakıyordu.

Bunu gören Lukan, "Senin görüşün ne, Pavel arkadaş?" diye sordu. Pavel, "Bu yön pek güvenilir değil," diye görüşünü açıkladı. "Şişko'nun pek adamı yok, yalnız kalacak."

Lila, söze karıştı: "Ama adamları yiğit kişilerdir. Düşman mayınlı mermilerle de saldırıya geçse babam bir adım gerilemez."

Pavel, "Bütün bunlardan ötürü Şişko'yu gözden çıkaramayız," diye sürdürdü açıklamasını. "Bana kalırsa, güneye doğru çekilelim ve Şişko ile bağlantımızı sürdürelim. Böylece düşmanı göller bölgesine çekebiliriz ve uygun bir arazide saldırırız. Düşman topçusu iki dağı ayıran ırmağa kadar arkamızdan gelemez. Bundan hiç kuşkum yok. Savaşmaktan kaçınmak istiyora benziyorsunuz."

Lila, "Silahımız yetersiz," dedi.

"Ben de bundan ötürü saldıralım diyorum. Düşmanı vurursak, gerekli silahları ele geçirebiliriz."

Binbaşı, "Düşmanı vuramazsak, eldeki cephaneyi de yitirmiş oluruz," dedi. "Böylesine gözüpek bir plan uygulamak için soğukkanlı ve gözünü budaktan sakınmaz bir komutan gerekli. Planını duruma göre yapıp hemen oracıkta uygulayabilecek biri. Dinko'dan başka da böyle bir kimsemiz yok."

Lukan, "Onun yerini Şişko alamaz mı?" diye sordu.

"Hayır. Şişko, bir politbüro komiseri, ya da yirmi kişilik bir topluluğa komutan olarak eşsizdir. Ama bir çarpışma planı hazırlamak, ya da makineli bir birliği yönetmek taktiği gelmez elinden."

Lukan, "Ah bu sizin askerlik gerekçeleriniz!" diye söylendi ve alnında biriken terleri sildi.

Binbaşı, kuru bir tavırla, "Bugünkü durumda askerlik gerekçeleri ağır basıyor," dedi.

"Peki. Şu halde sen al komutayı."

"Siz bilirsiniz."

Pavel, sert bir çıkış yaptı: "Bundan büyük yanlış olamaz. Çünkü ben birliğimle güneye gidince askerlik uzmanından büsbütün yoksun kalacaksınız. Bunu göze alamazsınız."

Bir sessizlik oldu. Lambanın fitili çatırdamaya başlamıştı. Lila kapağı kaldırdı ve bir tenekeden gaz boşalttı. Pavel, Dinko olayının ayrıntılarını bilmiyordu. Binbaşı da karışmak istemiyordu parti yöneticilerinin iç işlerine.

Lila, Lukan'ın yüzüne baktı sert sert.

Lukan, "Ne yapmalıyız?" diye sordu.

Lila, "Ne mi?" dedi. "Söyleyeyim Lukan arkadaş, bırak bu dar görüşlülüğü. Dinko'nun, eski görevinin başına hemen geçmesi gerekiyor."

Az öncekinden daha ağır bir sessizlik oldu. Lukan'ın solgun ve çökük yüzünde hiçbir kıpırdanma olmadı. Polisteki işkencelerin izini taşıyan burun, yüzünü daha da inatçı yapıyordu. Bir toplantıda konuşuyormuş gibi, "Arkadaş!" diye başladı. "Geçmişten ötürü beni suçlamalar hâlâ sürdürülüyor. Oysa ben, savaşımızı kişisel öç almalarla soysuzlaşmaktan korumak istiyorum." Bir an sustuktan sonra, "Lila arkadaş!" diye haykırdı öfkeyle. "Bu mu dar görüşlülük dediğiniz?"

Kendilerine hakim olmasını bilenler, pek seyrek kızdıklarında böylesine köpürürler. Lukan'ın haykırışı lambanın ışığını titrekleştirdi bir an için.

Lila karşılık vermedi.

Pavel, sakin bir sesle, "Anlat hepsini," dedi.

Lukan kendisini toplamıştı:

"Dinko'nun, birliğini saçma bir saldırıya sürüklemesi üç arkadaşımızın ölümüne yol açtı. İleride yine bir çılgınlık yapmasın diye görevinden uzaklaştırdım. Arkadaşlar, buna mı dar görüşlülük diyorsunuz?"

Pavel, "Neydi saldırının amacı?" diye sordu.

"Almanlara zarar vermek. Ama bu değil işin aslı. Gerçekte, senin kardeşini yakalayıp kurşuna dizmek istiyordu. Anlıyor musun?"

Pavel, soğukkanlılığını hiç bozmadan, "Ama bu da politik bir neden," dedi. "Erkek kardeşim Almanlarla iş yapıyor ve bundan para kazanıyor. Bu saldırıdan öylesine ödü patladı ki, Blaşe'nin canını kurtarmak için harekete geçecek."

Lukan ve ötekiler şaşkın şaşkın baktılar ona.

Lukan, "Morev arkadaş," dedi. "Bu da haklı göstermez onu. Kardeşinle hesaplaşmak Dinko'ya düşmez. Sırası geldiğinde bunu da düşünecekler var. Ama bir şey daha var, çok başka bir şey daha var..." Lukan'ın sesi yine öfkeliydi. "Dinko, erkek kardeşini öldürmek istiyordu. Ama yalnızca kişisel bir politik nedenden ötürü değil, hiçbirimizin bilmediği başka karanlık ve kişisel nedenleri de olmalı. Dinko, hiçbir bilgi vermemekte direniyor. Ben böyle birine güvenemem."

"Bir daha sordunuz mu kendisine?"

"En azından on kez."

"Bir daha deneyelim."

Binbaşı "Ne zaman?" diye sordu. "Düşman yaklaşıyor."

Pavel, "Bu sabah bir daha soralım," dedi. "Dinko, gerekli açıklamayı yapar ve buna aklımız yatarsa o davranıştaki payı ne olursa olsun eski görevine getiririz; bu olmazsa, ben alırım komutayı."

Birlik, gece yarısından beri savaş durumundaydı. Eşyalar da hazırlanmıştı, eşeklere her an yüklenebilirdi. Partizanlar, biraz daha cephane ve iki gün kıtı kıtına yetecek kadar, ekmek, peynir ve tütün tayınlarını aldılar. Nöbetçiler gözden geçirildi. Düşman, görünürlerde yoktu.

Varvara o gece gözünü yummamıştı hiç. Gece kuşlarının haykırışlarıyla iki de bir ürkmüş ve yürek çarpıntıları artmıştı. 'Yarın savaş başlıyor,' diye düşünüyordu. Vurulup ölmekten daha kötü bir şey gelir mi başıma? Ne çarpışmadan ne de ölümden korkuyordu. Umutsuzluğunun gerçek nedeni, Yahudilerin son on yılda katlanmak zorunda kaldıkları yorucu hayatın yıprattığı sinirleriydi. Lila'nın rahat soluk alışlarına kulak verdi. Hafif, ama rahat bir uykusu vardı. Lila, en hafif rüzgâr sesiyle bile uyanır, hemen uyurdu yine. Varvara, umutsuzlukla dişlerini gıcırdattı. Karanlıklarda bir korkunçluk vardı. Acımasızca öldürülen milyonlarca Yahudinin iniltileri duyuluyor gibiydi ormandan doğru.

Sonra sabah oldu, sakin bir gün başladı. Lila gün doğarken kalktı ve karargâhın bulunduğu mağaraya gitti hemen.

Varvara, güneş doğarken uyuyabildi; geceleri bir türlü uyuyamadığını bilen partizanlar, gündüzleri biraz kestirmesine karışmazlardı. Güneş iyice yükselince uyandı ve dereye gidip yıkandı. Dönerken, kayalıkta nöbet bekleyen yaşlı bir partizan gördü. Güneşten korunmak isteyen adamcağız, kasketinin içine renkli bir mendil koymuştu.

Kupkuru, kara ekmeğini çiğnerken zaman zaman tedirginlikle duraklıyordu.

Varvara, "Ne var ne yok?" diye sordu. "Bir şeyler duyabiliyor musun?"

Nöbetçi, "Bir yerlerde çarpışma var," dedi.

Varvara kulak verdi, ama hiçbir şey duyamadı. Adam, ekmeğini yiyordu ağır ağır.

"Nerden geliyor sesler?"

Adam, ağzına koca bir lokma attı. "Göllerden doğru. Şişko'nun bulunduğu yere saldırı var."

"Göllerde olamaz. Buradan geçmeden oraya gidemez düşman."

"Gidebilirler. Manastır deresinin yanından!"

"Ama bu yol onlar için çok çetin ve yorucu."

Adam, lokmasını yutmuştu. "Silah sesleri oradan geliyor. Bak, duyuyor musun sen de?"

Varvara, soluğunu tuttu. Yüreği daha hızlı çarpmaya başlamıştı. Makineli tüfeklerin belli belirsiz takırtıları duyuluyordu; uzak bir dikiş makinesinin gürültüsü gibi. Korktuğunu belli etmemeye çalıştı. "Kötü!" dedi. "Püskürtür onları Şişko."

Yaşlı partizan bir sigara yaktı. "Mayınlarla saldırmazlarsa... Sonra da arkamızı sararlar ve bizler geceleyin kayalık yamaçlara çekilmek zorunda kalırız."

Varvara, mayından çok korkuyordu. Kayaları siper alarak silah ya da makineli tüfek ateşinden korunabilirdi. Ama mayınlar çok korkunçtu. Tepeden aşağı düşüyorlardı. Hiçbir kurtuluş yolu kalmıyordu. Geceleyin kayalıklarda çekilme yürüyüşü de müthiş yorucu olurdu.

Adam, düşüncelerini okumuş gibi acıyarak baktı.

"Korkma! Lukan ile Binbaşı bir çaresini bulurlar."

Binbaşı da duydu ulumaları.

Lukan'ın çağırttığı Dinko mağaradan içeri girmekteydi.

Binbaşı sakindi; savunma planı hazırdı. Anlaşmazlık da çabuk giderilmişti. İki dakika önce araziyi dürbünle gözden geçirmiş, savaşa hazır ol durumunu düzenlemişti. Düşmanın bütün askerlerini yolsuz kayalıklara çekmek için küçük bir çarpışma verilecekti. Stratejik durumun gelişmesi çok iyi gidiyordu. Bu düşüncelerle biraz yatışan Binbaşı, kırmızı kurşunkalemini dikkatle yontuyor, Dinko'nun anlattıklarını şaşkınlıkla dinliyordu. Ne budalalıktı!.. Güzel bir yeğenle rastgele bir gönül hikâyesi... Binbaşı zeki adamdı. İnsanoğlunun, toplum, iç dünya ve beden yapısı kuralları birleşimi bir yaratık olduğunu iyi bilirdi. Oysa Lukan bu konuda çok dar görüşlüydü.

Binbaşı, kırmızı kurşunkalemini yontarken, vadiden gelen acı acı çoban köpeği ulumalarına kulak veriyordu. Kafasının içinde o hiç yabancısı olmayan görüntü belirivermişti: Asık yüzlü, kan ter içinde askerler, dağlar arasında geçide doğru isteksiz isteksiz ilerliyorlardı. Bir subay, partizanlara yardım etmiş bir adamın kafasına tabancasının kabzasıyla vuruyordu.

Lukan'ın Dinko'yu sorguya çekmesi sürüyordu: "Saldırı emrini yeğenin olan o kadından öç almak için verdin değil mi?"

"Niye söylemedin şimdiye kadar bunu?"

Dinko, karşılık vermedi.

"Çık mağaradan ve dışarıda bekle!"

Dinko ağır ağır çıktı. Dinko'nun düzgün dişli, kartal burunlu yüzüyle o kadının yüzü arasında uzaktan da olsa bir benzerlik gördü. Binbaşı kalemini yontuyordu hâlâ. Çoban köpeklerinin acı acı ulumalarına kulak veriyordu yine. İleri nöbetçilerinin imdat işaretli tüfek sesleri bir türlü duyulmamıştı. Bu tüfekler bir patlasa Dinko konusunda daha çabuk bir sonuca varılacaktı. Lila'nın yüzü çok sinirliydi. Lukan'la yeniden tartışmaya hazırlanan bir hali vardı.

Lukan, sakin bakışlarını onlarda dolaştırdı. "Karar sizlerin!"

Binbaşı, çabuk çabuk, "Tartışmayla kaybedecek vaktimiz kalmadı," dedi. "Hemen oylamaya geçelim."

"Evet oylamaya geçelim."

Binbaşı, Pavel ve Lila, hemen hemen aynı zamanda ellerini kaldırdılar. Üçü de Lukan'a bakıyordu heyecanla. Onun başı önüne eğilmişti. Ama sonra o da elini aldırdı, ötekilerin ne yaptığını görmeden.

Sonucu görünce, sükûneti bozmadan, "Demek oybirliğiyle," dedi. "Ama Dinko'nun cezalandırılmasını sonradan istemek hakkından vazgeçmiş değilim."

Bir ses, "Olur," dedi.

Lukan'ın yüzünde hafif bir gülümseyiş belirdi.

Binbaşı, "Kararımızı bildireyim, Dinko'ya," dedi. "Sen de komutayı yine ona verdiğini adamlarına söyle."

Suları sapsarı ırmak boyunca uzayan dönemeçli yolda zırhlı birlikler ilerliyordu; Ege denizine doğru. Sıcak bir temmuz günüydü. Kamyon motorları yorucu tekdüze sesleriyle takırdıyordu. Tank zincirlerinin kireçli yoldan kaldırdığı kalın toz bulutları, her şeyi sarıyordu. Motorlu taşıtlarda cephane sandıklarının ya da topların yanında askerler oturuyordu; kısa pantolonlar ve toza batmış çelik miğferler giymişlerdi. Dayanılmaz sıcaktan ötürü hepsinin de suratı asıktı. Arada bir açık saçık öyküler anlatıyorlar ve mataralarındaki ılık sudan birkaç yudum içiyorlardı. Savaşa değil, düşmanın bir çıkartma olasılığına karşı kıyı savunmasına katılmak için Ege denizine iniyorlardı.

Denizin en başındaki arabada komutan oturuyordu; sert mavi bakışlı, oldukça genç bir albaydı. Yanı başında yaveri teğmen vardı; kara bıyıklı, küçük elli, çelimsiz bir gençti.

Komutan ağzına dolan, dişlerinin arasına giren tozları tükürdü öfkeyle. Eski bir otomobil iki saattir önlerinde ve hep aynı hızla yol alıyordu. Albay hızı kesince öndeki araba da yavaşlıyordu ve geçmeye kalkınca hızını artırıyordu. Şoför, albayın ağzını burnunu tozla doldurmayı kafasına koymuş olmalıydı.

Sonunda sabrı taşan albayın yüzü mosmor oldu, öfkeyle, "Kim bu sersemler!" diye bağırdı.

Lavanta kokulu mendiliyle yüzünü kurulayan yaver, "Siviller!" karşılığını verdi. "Otomobilde bir de bayan var. Çok kibar bir bayan."

Bu bilgiyi hiç umursamayan albay, kibar bayana bir sürü atıp tuttu. Öfkesi azalıp yüzünün rengi düzelince, "Kim bu bayan?" diye sordu.

"Nikotiana genel müdürünün eşi."

Albay "Tek başına mı yolculuk ediyor?" deyip homurdandı.

Komutanını iyi tanıyan yaver, 'ondan hava alırsın, senin gibi öküzlere yüz verecek kadın değildir o,' diye düşündü. Sonra, onlara karşı daha kibar davranmak gerektiğini belli etmek isteyen bir tavırla, "Kocasıyla birlikte," olduğunu söyledi.

Albay, "Canı cehenneme, ikisinin de!" dedi. "Ne diye burnumuzun dibinden uzaklaşmazlar bu döküntü otomobilleriyle?"

"Korkudan."

"Korkudan mı?" Gözünü budaktan sakınmayan içkici ve inatçı kişiler gibi, komutan da bilmezdi korkunun ne olduğunu. "Neden ve kimden korkuyorlar?"

"Partizanların saldırısından."

Yaver, Nikotiana genel müdürünün otomobili geçen yıl bir köyde mola verdiği sırada, ünlü partizan şeflerinden Dinko'nun saldırısına uğradığını anlattı.

Albay karşılık vermedi. Bir yıldan beri içinde bir sıkıntı vardı. Sislere bürünmüş bir çöküntünün günden güne yaklaştığını görür gibi oluyor, tedirginliği artıyordu. Sonra birden, "Ne oldu o mektup?" diye sordu.

"Hangi mektup?"

"Tümen komutanlığından gelen mektup?.. Kuşku duyulanların adları soruluyordu..."

"Yanıtlamadık daha."

"Bizim aramızda böyle kişilerin olmadığını bildirin. Birliğimizde böyleleri yok! Anlaşıldı mı?"

Teğmen, "Başüstüne albayım!" derken, 'ne tilkisin sen' diye geçirdi içinden. İşin içinden sıyrılmak istiyor. Ama teğmen hoşnuttu zırhlı birlikte olduğuna; partizanlara karşı kullanılmayacaklardı hiçbir zaman.

İrina ile Boris, Kavala'ya gidiyorlardı. Boris bu uzun ve yorucu yolculuk için her zaman kullandığı limousine yerine şu döküntü otomobili seçmişti. Bu çok eski otomobili illere giden veznedar ve muhasebeci gibi sıradan memurlar kullanırdı başka zamanlar. Boris, ölümüne susayanların gözüne çarpmamak için bu otomobile binmişti. Alman zırhlı birliklerini beklemesinin ve onların hep önünden gitmesinin nedenini de gizliden gizliye küçümsüyor, ama belli etmiyor, içinden gülmekle yetiniyordu.

İrina, Boris'in ricası üzerine Trakya gezisine katılmıştı; yalnız giderse bir şeyler başaramayacağını biliyordu. Çam-Koruya'da daha fazla kalmaktan kendisi de sıkılmıştı. Sofya'nın yanıp yıkılmış görüntülerinden de uzaklaşmak istiyordu. Ancak, bu kötü arabayla yolculuk sandığından da rahatsızdı; hele bu cehennem sıcağında. Boris'in isteğini yerine getirdiğine şu anda pek pişmandı. Çam-Koruya'nın koyu gölgeli çamlıklarını, pırıl pırıl yıldızlı serin akşamlarını üzülerek hatırlıyordu şu anda. Ama yola çıkmıştı bir kere. Taşoz adası üzerine gazetelerde çıkan övücü yazıları gözünün önüne getirmeyi deniyordu. Daha sonra, hiçbir şey düşünemez, hiçbir şeyle ilgilenemez oldu; Boris'in leş gibi konyak kokusuna, her yanı dökülen otomobilin sarsıntılarına bundan ötürü katlanabiliyordu. Öfkesini belli etmemek alışkanlığıyla sakin görünebiliyordu. Bu yorucu yolculukta bile güzelliği yerindeydi. Tozdan korunmak için örtündü, açık leylak rengi tülün arkasından yüzü daha güzel, gözleri daha da koyu görünüyordu. Son yıllarda sıkı bir perhiz ve beden eğitimiyle endamını korumuştu. Bedenine iyi bakmaktan başka şey düşünmeyen tam bir kapatma gibi. Ne var ki ağzının kenarında beliren küçük kırışıklıklar, içten içe çöktüğünün belirtisiydi.

İrina, tatlı kahverengi gözlerini kırlarda, kayalıklarda, daracık boğazlarda, koyu yeşil çalılıklarda dolaştırdı; cayır cayır yakan güneşin altında her şey çiğ renklere bürünmüştü. Pirin dağlarının koca El-Tepe'si, gökyüzünün çivit mavisinde yükselmekteydi. Güneş kavuruyordu. Hava kupkuruydu. Arada sırada tatlı bir meltem hissediliyordu. Ege denizinin ilk solukları duyuluyordu.

Boris, alnında biriken terleri mendiliyle silerken, "Bu cehennemsi yolun biteceği yok!" dedi.

İrina, bunu duyunca kendini tutamadı: "Ne diye böylesine ağır yol alıyoruz?"

Boris, sıcakla daha da sinirli olmuştu; zehir gibi bir bakışla, "Ne demek istiyorsun?" diye sordu.

"Korkağın biri olduğunu..."

"Ne yapardın, benim yerimde olsaydın?"

"Hiç değilse korkumu gizlemeye çalışırdım."

Boris, "Gizlemek ha..." dedikten sonra ileri gitti birden: "Bazı başka şeylerin de gizlendiği gibi."

İrina, hiçbir utanç duymadan, "Evet!" dedi.

Boris, kızmak ve atıp tutmak istedi ona; hak etmişti. Ama İrina'nın o geceki buz gibi duygusuzluğunu hatırlayıverdi, sıkıntılı düşlerin ve hayallerin baskısından bunaldığı gece onu nasıl da aramıştı. İrina kızınca hiçbir şey onu Boris'le bir odada yatmaya razı edemiyordu. Boris karabasanlar içindeydi; kızacağına, çeşitli düşüncelere kaptırdı kendini: "Doğru, sinirlerim çok bozuk... Doğru, amaçlarıma varmak için İrina'yı harcadım... Ama göstersene bana Nikotiana kadar büyük bir başka firma daha... Haydi göster, hangi işkolundan olursa olsun, bir başkasını göstersene.

Yok değil mi? Hayat yarışında rekor buna derler? Ben bir şampiyonum... Bir maraton koşucusu gibi düşüp bayılırsam kimsenin bir şey söylemeye hakkı olmaz."

Boris'in sözleri rüzgârdan bölük pörçük ulaşıyordu genç kadına. Alkol ve İrina'nın yakınlığı Boris'i korkunç düşlerden kurtarabilecek en son sığınaklarıydı. Onu yanında uyur görmek bile yatışmasına yetiyordu.

Boris, "Beni korkağın biri sayıyorsun," dedi, boğuk bir sesle. "Gerçekteyse aklı başında bir davranış, çünkü dar geçitlerde kaynaşan partizanlar, bizi sinek gibi ezer ya da kovalarlar. Bu eski arabanın pek rahat olmadığı da doğru. Ama bizim bu arabada olduğumuz kimsenin aklına gelmez."

"Sinirlerin çok bozulmuş."

Boris, bu küçümseyen sözleri bir tür ilgilenme saydı ve İrina'nın elini tuttu. Genç kadın, bu dokunuşa katlanmak için kendini zorladı; pek yadırganmayan iğrenç bir sürüngenin temasına katlanır gibi.

Boris, kadını inandıramadığını anlayınca, "Değişeceğim bundan böyle!" diye söz verdi; ama durumundan hiç de utanmadığı belliydi. "Sinirlerimi sağlamlaştıracağım.. Yalnızca birazcık daha sabır... İsviçre'ye gideceğim seninle..."

İrina, "Korkarım, geç kalmış olacağız." dedi.

Boris, yalancı bir neşeyle, "Geç mi?" dedi. "Neden geç oluyormuş?"

İrina, "Her şey çöküyor," dedi.

"Saçmalama! Sovyetler'in Bulgaristan'a girmesine İngilizler göz yummayacak. Başlangıçta biraz kargaşalık olabilir. Bir iki ay sürecek bir geçiş dönemi. Pek pek bu kadar bir süre. Demokratlarla komünistler arasında bir koalisyon ama hepsi bu kadar."

İrina, karşısındakini küçümseyen bir gülüşle güldü. İçki Boris'in aklını zayıflatmıştı; eski keskin zekâsından belli belirsiz bir şeyler ve hafif bir iyimserlik kalmıştı. İrina şimdi yalnızca kendini düşünüyordu.

"Yine de bir an önce buradan uzaklaşmamız aklı başında bir davranış olur."

"Ama Kondonyanis'le işimi yoluna koymadan bunu yapamayız, sevgilim."

İrina, "Kondonyanis, dolandırıcının teki!" diye köpürdü. "Bunu anlayamamana şaşıyorum. Sonunu hesaplamadan tütünlerini veriyorsun bu herife."

Boris'in başına gelecekler onu hiç ilgilendirmiyordu, ama paraya, o Yunanlıya böylesine güvenip bağladığı yığınla paraya boş veremezdi. Gerçi kâğıt paraydı bunlar, levayla bozdurulmuş Alman Markıydı... Ama yine de paraydı...

Boris, "Hiç de öyle değil, sevgili İrina'cığım," dedi. "Kondonyanis'e güveniyorsam, onun çok iyi bir işadamı olmasından. Aşağılık herifin biri derler benim için de..." Kendinden hoşnut bir tavırla güldü. "Ondaki alacaklarım, yazılı bir anlaşmayla güvene alınmış bulunuyor. Hem de benim hesabıma İsviçre Frankı olarak Basel'e transfer edecek."

İrina, "Ne kadar?" diye sordu.

"Bir milyon iki yüz bin."

İrina, 'iyi bu,' diye düşündü, soğukkanlılıkla.

Boris gerçi bunun karşılığında karaborsanın iki kat çoğu leva ödüyordu, ama hiç değilse bir şeyler alıyordu verdiği tütün için. Çok karışık ve güvensiz olan bu transfer, Boris'in işadamı olarak düştüğünü de ortaya koyuyordu. Ancak, bu bir milyon iki yüz bin Frank, İsviçre'deki hesabını oldukça artıracaktı yine de.

İrina yine bir gevşeklik duydu. Moralce kendisinin de Boris'ten hiç farklı olmadığını anlamıştı. Kanepenin altından konyak şişesine Boris'in nasıl da hırsla uzandığını gördü. Sabahtan beri bu dördüncüydü. Lıkır lıkır içişi sinirine dokunuyordu. İrina, içerse içsin diye aklından geçirdi az sonra. Şimdi ne kadar çok içerse, Kavala'da beni o kadar az rahatsız eder.

İrina yine kırlara baktı ve şoförle yazıcı arasındaki konuşmaya elinde olmadan kulak verdi. Bulgar-Yunan sınırını geçmiş, ve şu anda Ruppe boğazında bulunduklarını böylece anlamıştı.

Irmak genişlemiş, suların akışı ağırlaşmış, derinliği artmıştı. Bulanık sular, yıkılmış ya da şöylesine onarılıverilmiş köprülerin altından akıyordu. İş kamplarını, çadırları, el arabaları ve yeni demiryolu yapımında çalışan yarı çıplak ve tunçlaşmış bedenli erkekleri ağır ağır arkada bırakarak yol alıyorlardı. Gökyüzü gri mavi bir renk almıştı. Ciğerleri sıcak havayı güçlükle solumaktaydı. Çiğ ve kavurucu bir güneş her şeyde, her yerde ağır basıyordu.

İrina, yorgunluktan başını yana eğdi, sonra yüzünün tülünü açtı; bir sigara yakarken, Boris'in tedirginlikle iki de bir arkasına baktığı gözüne çarptı; motorlu birlikler dizisiyle aralarındaki uzaklığı kestirmeye çalışıyordu. Partizanların eline düşmek korkusu, bir hastalık gibi yakasını bırakmıyordu. İrina, onun böylesine zayıf ve küçülüvermiş davranışlarıyla, Maria'nın ölümünden sonra Çam-Koruya'da gördüğü erkek kardeşi arasındaki benzemezliği düşündü. Sigarasının dumanlarını savururken, "Erkek kardeşin ne yapıyor?" diye sordu.

Boris, İrina'nın konuşmaya yanaşmış olmasından duyduğu sevinçle, "Ormanlarda sürtüyor," diye karşılık verdi.

"Ben gördüm onu bir kere."

"Nerede?"

"Çam-Koruya'da... Sen Sofya'daydın... Maria'nın gömülme töreninde."

"Ooo! Kibar davrandı mı?"

"Evet. Dostça görüştük."

Boris güldü. "Yeraltı çalışmasına katılan kişilerle dostça görüşmeler yapıyorsun, demek! Neler konuştunuz?"

"Her şey."

Boris, bir süre sustuktan sonra, "Bugüne kadar neden bunu bana hiç açmadın?" diye sordu.

"Gerekli görmediğimden..."

Genç kadının bu yanıtı onur kırıcıydı ama, Boris bunu fark etmedi; genç kadının ona karşı sıklaştırdığı küçültücü davranışları umursamaz olmuştu.

İrina, çevrede dolaştırdı bakışlarını yine. Kayalıklar arasında, ya da yolda kolay yaklaşılamayan yerlerde, karanlık mağaralar benzeri bunkerler, göz alabildiğine yeşilin arkasına gizlenmişti. Dağlar arasındaki dar geçit bitmek bilmiyordu. Eski zırhlı engeller, tel örgüler, demirler ve betonlar, mayın tarlaları önünden geçiyorlardı. Sonra yine beton siperler, tahta haçlara iliştirilmiş çelik miğferleriyle Alman askerlerinin mezarları, aklını yitirmiş gibi yurttan binlerce mil ötede, yabancı topraklarda, ıssız kum tepecikleri, cayır cayır yakan güneş altında korkunç ve ürperticiydiler.

Boris, "Nereden geldi şimdi aklına Pavel?" diye sordu birden.

"Hiç, öyle. Rastgele düşünüverdim."

"Devrimciliğe saplanmasaydı iyi bir insan olabilirdi."

"İyi insanla neyi anlıyorsun?"

Ne yanıt vereceğini kestiremeyen Boris, aptal aptal sustu. Sabahtan beri bol bol içtiği alkol, kafasını bulandırmıştı.

İrina, "İyi insanla neyi anlıyorsun?" diye sordu yine.

"Yurdunu seven ve namuslu olan bir adam."

"Kendin gibi mi?"

Boris alnını kırıştırdı. "Alay mı ediyorsun?"

"Hayır, şu anda çok ciddiyim."

Boris, "Beni aşağılığın biri saydığını biliyorum!" diye köpürdü. "Ama ben olmasaydım sen ne olabilirdin? Bir hiç; zavallı bir hekim kadın olur, sümüklü köy çocuklarının bitlerini ayıklardın."

Sarhoşluğun son çizgisindeydi; korkaklığını ve alçalışını kavgacılıkla geçiştirmek istiyordu. Az sonra vurdumduymazlaşırdı her zaman. Bunu bilen İrina, sustu.

Boris, birden değişti ve umulmadık bir yumuşayışla, "Birbirimizi destekliyoruz," dedi.

"Kimle kim?"

"Pavel'le ben."

"Onun seni hesaba kattığı yok."

"Neden?"

"Bizlerin dünyası çöktüğünden..."

Boris, sarhoşların aşırı iyimserliğiyle, "Ooo!" diye bağırdı. İrina, ona bir baktı ve içinden, sersem dedi; sonra merakını yenemeyerek, "Durum temelinden değişirse Pavel'e nasıl davranırdın?" diye sordu.

"Korurdum onu."

İrina güldü.

Geçidi arkada bırakmışlar ve küçük bir kente varmışlardı. Alman motorlu araçları durmuştu. Boris şoförü dürttü ve durup beklemelerini emretti.

Kendini tutamayan İrina, yüksek sesle, "Hâlâ mı korkuyorsun?" diye sordu; muhasebeci ile şoför de duymazlıktan gelemediler.

Boris, tedirginliğini gizlemeye çalışarak, "Korku değil söz konusu olan," diye mırıldandı. "Uyanık bulunmak gerekiyor."

"Ovadayız. Hiçbir tehlike yok."

"Elbette yok... Subaylara bir şişe konyak sunayım istedim de..."

"Böyle yapmasan daha iyi edersin."

Otomobilden inmiş olan albay, yanında yaveri, öndeki küçük arabaya doğru yürüyordu. İkisinin de üniforması tozdan beyazlaşmıştı. Albay, şu sivilleri iyice haşladıktan sonra kente gidip bir şişe rakı almak niyetindeydi. Ama otomobile yaklaşınca sözleri ağzında kaldı, söyleyemedi.

Boris, "Alman ordusunun sayın temsilcilerine sunmama izin verin," demiş ve kıyı bölgesinde hiçbir yerde bulunmayan ağzı mühürlü bir şişe konyağı uzatmıştı.

Albay, öfkesini güçlükle yenmeye çalışarak, "Yaa!" dedi. "Alman ordusu temsilcilerinin gözüne bol bol toz kaçırdınız. Şaka söylüyorum, elbette. Şu şişeye bakın! Gerçek Metaksas konyağı... Bir Bulgar da vermiş olsa geri çevrilmez böylesi... Teşekkür ederim!" Albay, şişeyi almasını işaret etti yaverine, sonra, "Ne korkunç sıcak, değil mi?" dedi. "Sayın bayan nasıl katlanıyor bu havaya? Kente kadar şöyle bir gezinti yapalım mı?"

Boris, "Yorguna benziyor, bizim bayan," dedikten sonra, otomobilin camına yaklaşıp, "Sevgilim, baylarla şöyle bir gezintiye ne dersin?" diye sordu.

İrina, öfkeyle homurdandı: "Yolda kalmayalım... Ne olur, devam edelim!"

Boris, albayın güven verici sözlerinden sonra, yola yalnız başlarına devam etmeye razı oldu; Albayın dediğine göre, baskın korkusu kalmamıştı; ovada kalabalık bir Bulgar garnizonu bulunduğundan partizanlar buralara kadar sokulmayı göze alamıyordu. İrina, konuşmalar sırasında kocasıyla eğlenen albayın alaycı ve küstah bakışları önünde derin bir utanç ve alçalış hissetmişti. Genç kadın, Boris'in sorularını yanıtlayan albayın bakışlarını hep üzerinde hissetmişti; bu bakışlar, 'sen parası için bu adamla evlendin birçok dostun vardır elbette,' der gibiydi.

Sonunda yine yola koyuldular ve İrina, Alman subayının sıkıcı varlığından kurtuldu.

Öğlene doğru sıcak iyice arttı. Sivri tepeleri mavimsi sislerde kaybolmuş Belassiça ve Pirin sıradağları arkada kalmıştı. Otomobilin hızından doğan esintiler gerçi serinletmiyordu ama yüzlerinin terini kurutuyordu. Şimdi düzlükte yol almaktaydılar; iri ayçiçekleri ve mısırlar ekili büyük bahçeler, pamuk, tütün ve susam tarlaları arasından geçiyorlardı. İrina ilk kez gördüğü bu göz alıcı güzelliklerle hiç ilgilenmiyordu, kızgınlığı geçmemişti hâlâ. Albayla karşılaşmak onu küçültmüştü. Yabancıların da saygısını sağlayabilmek için bundan böyle daha başka davranmaya karar verdi. Boris'e, "Bana bir konyak ver!" dedi.

Boris'in uzattığı şişeyi aldı ve içmeden önce şişenin ağzını sildi. Şimdiye kadar hiç yapmamıştı böyle. Ondan bedence de tiksinti duyuyordu demek.

"Kavala'da yeterince konyağın var mı?"

"Bir sandık dolusu."

İrina, 'şu halde sensiz giderim Taşoz adasına,' diye aklından geçirdi. O adayı gittikçe daha çok düşünüyordu. Orada bütün bir haftayı geçirecekti. Boris'ten uzakta bir hafta geçirebilmek çok çekiciydi. Bu düşünceyle biraz rahatladı ve dışarılara baktı yeniden.

Toprak çoraklaşıyor, kayalık oluyordu. Şurada burada bataklıklar, beyaz beyaz yaban gülleri ve güneşle boy atmış sazlar görülüyordu. Sonra, gri yeşil kayalıkla alçacık tepelerin önünden geçtiler. Yol, ortasından ırmak akan bir vadiden geçiyordu.

İrina biraz kestirdi.

Denizden esen serin bir rüzgâr, Kavala'ya yaklaştıklarını bildiriyordu. Yol tırmanıyor ve küçük küçük tepelerin arasında kıvrıla kıvrıla ilerliyordu. Yol aldıkları dağlık bölge yağmurla pırıl pırıl yıkanmıştı. Kızıl toprak rengi arasında şurada burada çalılıklar ve çam ağaçları göze çarpıyordu.

Denizle karşılaştılar birden. Suyla gökyüzü karışımı masmavilik, sonsuz ve sakin bir uçurum gibi önlerine serilivermişti. Daha ötelerde Taşoz adasının yine maviliklere bürünmüş çizgileri beliriyordu. Batıda, çok uzaklarda Aynaroz'un belli belirsiz gölgesi, doğuda Sarışaban bataklıkları, Mesta'nın çamurlu düzlükleri ve Keramoti çayırlıklarının koyu yeşili göze çarpıyordu. Bütün bunların orta yerinde, Kavala tepesinin eteklerinde birbirine iyice sokulmuş ak badanalı evler, göz alıcı bir anfiteatr gibi yükseliyordu; lacivert denizden çıkmışçasına. Mendireği, Romalılardan kalma su kemerleri, Venedik yapısı kalesiyle Kavala, karşılarındaydı. Tütünün altın değerinde olduğu Kavala bütün varlıklılığı ve yoksulluklarıyla, koca koca tütün depoları, yokuşları, limanı, rıhtımı, gemileri ve kumsalıyla, yakıcı göklerin altında, ak taştan yontulmuş bir kent gibiydi.

Can sıkıntısından patlayan İrina bile heyecanlandı.

Boris dürbününü İrina'ya uzattı. "Limandaki şu büyük depo benim, onun sağında olan iki depo da Kondonyanis'ten satın alacaklarım."

İrina itti elini. "Bırak da şöyle seyredeyim!"

Otomobil yokuşu iniyordu. Denizcilerin kışlası, Alman komutanlığı yapısı, villalar ve oteller arkada kalmıştı. Asfalt caddenin yerini kaldırım döşeli yol almıştı. Tütün, balık, yemiş ve açıkta akan pis sular karışımı bir koku vardı havada. Sokaklarda renkli ve hareketli bir kalabalık göze çarpıyordu. Kısa pantolonlu ve miğferli Alman devriyeleri dolaşıyordu. Pırıl pırıl beyaz giysili deniz subayları, kendini beğenmiş liman memurları, bir gözleriyle tedirgin kuzeye bakarken, öteki gözleriyle de Yunanlıların hareketlerini izliyorlardı.

Balmumu sarısı yüzlü ve açlıktan kıpkırmızı gözlü bir kız çocuğu, otomobilin önüne atıldı ve elini uzatarak, sönük bir sesle, "Pasomi!" diye ekmek dilendi.

İrina, banyosunu yapıp biraz da uyuduktan sonra verandaya çıktı. Kostov, bir yıllığına kiralamıştı evi. İkindi üzeriydi. Tütün aristokrasisinin gözde kişisi olan Nikotiana başuzmanı Kostov, Kavala'da rahat bir hayat sağlamanın yolunu bulmuştu. Ev işlerine yine Viktor Efimiç bakıyordu. Rıhtımdaki bu evin arka bahçesinde selviler ve zakkumların ortasında fıskiyeli bir havuz, havuzda kırmızı balıklar vardı. Yeni yaptırılan garaja çektiği lacivert boyalı Amerikan otomobili bütün Kavala'da hayranlık uyandırmıştı. Trakya'da çift aylık alan Nikotiana başuzmanı, eli açıklığını ve para dökmesini öyle artırmıştı ki Yunanlılardan bile az çok saygı görür olmuştu.

İrina, batan güneşin kızıllıklarına dalmış, açık renk bir emprime giysiyle şezlonga uzanmış, hafif menekşe rengi sisler arasında yükselen Taşoz adasını seyrediyordu.

Kostov, ikinci kadeh konyağını doldurdu ve bir yudumda içti, sonuna kadar. Hiç değişmemişti; yeni ütülenmiş zarif şantuk kılığı içinde, boylu, endamlı ve saçlarında gümüş teller göze çarpan bir erkekti.

İrina, yine içtiğini görünce öfkeyle, "Korkarım, patronunuza benzeyeceksiniz," demekten kendini alamadı.

"Buna vaktim kalmayacak pek."

Kostov, kamış bir koltuğu çekti, yüzü adadan yana dönük olarak İrina'nın yanına oturdu.

"Alkolik bir hayvan olmak pek mi güç?"

"İşi o dereceye vardıramayacağım. Bunun için hiç değilse bir yıl gerekli. Oysa belki de bir ayda her şey bitmiş olacak!"

"Durum böylesine kötü mü?"

"Alman tröstlerini, tütünlerini Almanya'ya taşımaktaki aceleciliğine bakılırsa, durumda hiçbir umut kalmadı. Von Geier bile tedirginleşti. Preibisch ile Lichtenfeld ise büsbütün çekilmez oldular."

"Burada mı onlar da?"

"Evet. Bu akşam yemekten sonra çağırırım onları. Ama keyifleri yerinde olmasa gerek."

"Neden?"

"Çünkü 'Tanrıların Sonu' başladı. Bu sabah batıda karaya çıktı müttefikler. Haberler gittikçe inanılmaz olmakta. Geçen hafta bizim bir piyade birliğimizi faşist Yunan çetecileri en son erine kadar öldürdü. Söylendiğine göre, önce gözlerini oyup sonra öldürmüşler."

"Korkunç şeyler!"

"Bizim açımızdan böyle. Bulgar katili diye anılan İmparator Basilius'un geleneğini sürdürüyorlar."

"Korkunç şeyler!.. Bizimkilere nerede saldırmışlar?"

"Argyokastron'da, Aristo'nun doğduğu yerde."

"Zavallı bilge!"

"Onun şerefine içelim mi? Konyak ister misiniz?"

"Evet, verin bana bir kadeh."

İrina konyağı içti ve bir ateş bastı. Boğucu ve ıslak bir rüzgâr esiyordu denizden. Genç kadın, "Buranın havası katlanılır gibi değil," dedi.

"Hiç esintisiz havalara rastlamadınız henüz."
"Atebrin yutuyor musunuz?"
"Onun yerine konyak içiyorum. Atebrin gözün ve tenin rengini sarıya boyuyor."
"Ya kalp ağrılarınız başlarsa?"
"Ben de böyle düşündüm. Anlatın bakalım buranın sosyetesini biraz. Sevimli Yunan kızları var mı?"
"Güzel olanları tam zamanında Atina'ya kaçmışlar. Aç, veremli, sıtmalı ve sıradan kadınlardan gayrısı yok burada. Dostumuz Lichtenfeld'in bütün aylığı elinde kalıyor. Bir lokma ekmek ve birkaç kinin tableti karşılığı sevişmenin her çeşidini tadabiliyor."
"Bu akşam çok kötüsünüz."
"Sayın eşinizin kibar davranışları beni böyle yaptı. Biraz daha konyak ister misiniz?"
"Hayır."
"Öyleyse izin verin de ben biraz içeyim. Gerçek Metaksas konyağı; yıllanmış Girit üzümünden. Eşinizde bir depo dolusu var."
"Kıskanıyor musunuz onu?"
"Evet, ama konyakları için değil."
İrina, güldü. "Öyleyse kıskançlık şerefine içelim!"
Birer kadeh daha içtiler ve uzun süre birbirlerinin yüzlerine baktılar. Biraz da kızdılar içlerinden. Kostov, İrina'nın birlikte içme isteğinin içten olmadığının, hoşlandığı için böyle davrandığının farkındaydı. İrina da kendisine nazik davranmış olmak için Kostov'un duygulu göründüğünü biliyordu. Ama bütün bunlara karşın birbirlerinden vazgeçemeyeceklerini de biliyorlardı. Çünkü, Boris ikisinin de sinirine dokunuyordu.
Viktor Efimiç göründü verandada; her zamanki gibi biraz çakırkeyifti, mavimsi bir kırmızılık vardı yüzünde. Efendisinin eski şantuk kılığından bozdurup diktirdiği smokini pek yakışmıştı. Esrarlı bir tavırla. "Güneş batıyor," dedi.
İrina, "Ne demek istiyorsun?" diye sordu.
"Cibinlikleri koymam gerekiyor. Sivrisinekler az sonra sökün ederler."

Kostov, "Sayın bayanı ilk akşamdan umutsuzlaştırma," dedi gülümseyerek.

İrina, yemek odasına dönmeyi doğru buldu. Yemek odası verandadan çift camlı bir kapıyla ayrılmıştı. Viktor Efimiç, en azılı sivrisineklerin bile geçemeyeceği bir tül gerdi pencereye. Yemek odası, eski model ama çok süslü eşya ile döşenmişti. Venedik kristali avizeyi yakmadılar. Tavandan sallanan bir gaz lambasının ışığıyla yetindiler. Lambanın çevresinde sivrisinekler uçuşuyordu. İrina, durumu tasayla gözden geçirdikten sonra odasına gidip bir tüp kininle döndü. İrina'nın iki kinini birden yutuverdiğini alaycı alaycı seyrederken Kostov, sayın eşinin yurtdışındaki paralarını sağlıcakla yemek istiyor olmalı, diye aklından geçirdi hınzırca. Oysa, kendisinin meteliği yoktu. Paralarını parlak ziyafetlerde yemeye bayılırdı. Yaklaşmakta olan felaket günlerinde Nikotiana batınca, on parasız kalacaktı.

İrina, karşısındakinin düşüncelerini anlamış gibi, "Kusura bakmayın," dedi. "Hastalıktan nefret ederim de."

"İsviçre'ye yolculuğunuz ne zaman?"

"İşler yolunda giderse, bir ay sonra."

"Yolunda gitmesi gerekli."

"Ya siz ne yapacaksınız?"

"Burada kalacağım."

İrina, şaşkın şaşkın baktı. "Burada mı?"

"Ya da Sofya'da. Bundan sonra neresi olmuş, hiç önemi yok." İrina, Kostov'un sesinden ürktü. "Neden uzaklaşmayacaksınız buralardan?"

"Yabancı ülkelerde param olmadığı için."

"Boris'ten yüklüce bir para isteyin. Size yardım etmek zorunda."

"Böyle bir şeyi pek yapmaz; hele şu sıra."

"Ondan ayrılacağınızı söyleyin."

"Etkisi olmaz. Bana ihtiyacı kalmayacak yakında. Çünkü Nikotiana'nın kimseye ihtiyacı kalmayacak yakında."

Sesleri gittikçe hafiflemiş, sonunda ikisi de susmuştu. Duvarlardan gündüzün sıcaklığı taşıyordu. Yemek odasının havası boğucu ve yapış yapıştı, dışarıda hava kararmıştı. Pencereye gerilen tülün arkasında sivrisinekler uçuşmaya başlamıştı; sinir bozucu incecik vızıltıları, sonuna kadar gerilmiş keman tellerinden çıkan sesleri andırıyordu.

İrina, yavaşça, "Ama çok korkunç böylesi," dedi.

Kostov çakmağını çaktı sigarasını yakmak için. "Pek öyle değil. Kaçınılmaz bir sonuç, yalnızca."

Sonra, hayat kadehini içip boşaltmış ve bundan böyle hiçbir bekleyeceği kalmamış zevk ehli bir insana özgü bakışla süzdü İrina'yı. Saatine bir göz atıp radyonun önüne geçti ve İngiliz istasyonunu buldu. Her akşam dinliyordu. Spiker, Normandiya çıkartması, hava saldırıları ve yoğun bombalamalarla ilgili haberleri okuyordu. Kostov can sıkıntısıyla kapattıktan sonra bir Sovyet istasyonunu açtı. Kalın bir ses, Dinyester nehrinde kurulan köprübaşını bildiriyordu. Kostov bu haberi de sonuna kadar dinleyemedi.

Radyoyu kapatırken, "Önemli bir şey yok," dedi, dalgın dalgın.

İrina, "Önemli bir şey yok olur mu?" derken kızgınlıkla baktı. Kostov'un böylesine boş vermesini aklı almıyordu.

Kostov, "Pek ağır ilerliyorlar," dedi.

İrina, Kostov zamanı ölçüyor, kendi aklına takılan çöküntüden daha önemli bir şey bekliyormuş sandı. Ama bu da onun bileceği şeydi. Şu anda İrina yalnızca kendini düşünüyordu. Böylesine değerli en son anları ne diye yitiriyorlardı Trakya'da? Son bir iş çevirmek için mi? Buna ihtiyaçları yoktu ki! Sonra birden, "Bu Kondonyanis ne biçim bir adam?" diye sordu.

Kostov gülümsedi; İrina'nın da zamanı ölçtüğünü ve tatlı canından gayrısını düşünmediğini anlamıştı. İlgisiz bir tavırla, "Zengin bir Yunanlı," diye yanıtladı.

"Bana kalırsa dolandırıcının teki."

"Başkalarından daha büyük dolandırıcı değil, ama zeki bir işadamı."

"Ben sizlerin iş anlayışınıza akıl erdiremiyorum."

Kostov, görüşünü açıklayacaktı ki, birden koridorda ayak sesleri duydu. Boris girdi odaya.

On dört yıl zorlu bir yaşayış, yerleşmiş bir uykusuzluk ve içki düşkünlüğü, bir zamanların yakışıklı gencini erken yaşlanmış bir adam yapmıştı. Alıp sattığı milyonlarca kilo tütünün ağırlığını sırtında taşıyormuş gibi, hafifçe eğik bir duruşu vardı. Ayaklarını sürükleyerek yürüyordu. Çökmek üzere olan bir yıkıntıyı andırıyordu. Şiş yüzü, ağır bir karaciğer hastalığını haber veriyordu. Pörsük yüz derisi ve çökük göz altları, hastalığı daha da belli ediyordu. Kan çanağına dönmüş gözleri, tuhaf bir korkuyla ve kararsızlıkla bakınıyorlardı. Aldatılan ve ölüp giden Maria'yı, ölen kardeşini, taşlanan polisleri, işkence gören göstericileri, tütün deposunu ateşe vermek isterken bir kurşunda yere serilen sabotajcıyı, insanlık onurlarını çiğnediği adamları düşünüyordu belki de.

Buraya gelirken giydiği açık renk spor pantolon ve yakasız ipek gömleğiyleydi. Kılık değişmeyi gerekli görmemişti. Banyo yapmaya şimdi gidiyordu. Ama önce bir kadeh konyak içmek istiyordu, kurşun gibi uyuyabilmek için. Dalgın ve ilgisiz bir tavırla selamladıktan sonra, gırtlağını temizleyip bardağı doldurdu ve boğuk bir sesle, "Bu akşam ne yapıyoruz?" diye sordu.

Başuzman, "Kondonyanis'i yemeğe çağırdım," dedi.

"Ya ötekiler?"

"Onlar yemekten sonra gelecekler."

Ötekiler dediği von Geier, Preibsich, Lichtenfeld, satın aldığı küçük parti tütünleri az bir kârla Almanlara satan emekli general, kentin belediye başkanı, polis şefi, Selanik yolculuğu için bir tehlike olup olmadığını bildirecek bazı Alman ve Bulgar subaylarıydı.

Kostov, "Baş başa konuşabilmek için Kondonyanis'i yalnız çağırdım," diye bir açıklama yaptı.

Boris, "Ötekiler bize hemen gerekli değil," diye homurdandı. Konyağını sonuna kadar içtikten sonra, "Mühendis ne oldu?" diye sordu.

"Üç gündür sizi bekliyor."

"Sigara makinelerinden biraz anlıyorlar mı?"

"On beş yıldır bu işlerde çalışıyor."

Boris, Selanik'teki sigara fabrikasını düşünüyordu. Trakya'dan satın aldığı tütünlerin karşılığı olarak Kondonyanis hem bu fabrikayı ona bırakacak, hem de İsviçre'deki hesabına yüklüce bir para transfer edecekti. Kondonyanis, fabrikayı İsviçre uyruklu bir İtalyan'a devretmek istiyordu, ama Boris'in de o adama güveni yoktu. Oysa, tütünleri karşılığında eline başka değerlerin geçebilmesinde tek çıkar yolu da buydu.

Boris bunları düşünürken bir konyak daha içti ve paylanmaktan korkar gibi bir baktı İrina'dan yana. İrina da onu süzdü soğukça. Boris, gittikçe bozulan sağlık durumuna karısının böylesi ilgisiz kalışına pek kızdı. Ama İrina'nın öylesine uzaklarda ve yaklaşılmaz bir hali vardı ki, hiçbir biçimde hor görülemez, küçültülemezdi.

Ekşi bir yüzle, "Mühendis ne istiyor?" diye sordu.

Kostov, "Yirmi bin. Yol ve otel giderleri de ayrı," karşılığını verdi.

Boris, "Çok," dedi ve adımlarını sürükleyerek banyoya yürüdü.

Kondonyanis, kırk yaşında, iriyarı, güçlü bir adamdı; yağız bir yüzü, arkaya taranmış kara saçları vardı. Beyaz ipek ceket ve koyu renkli pantolon giymişti. Elleri bakımlıydı. Ancak Kostov'un kusursuz şıklığıyla yine de boy ölçüşemezdi. Nemli sıcaktan ceketinin biçimi bozulmuştu. Boyunbağı da iyi seçilmemişti. Nikotiana'nın başuzmanı biraz hoşlandı bundan. Yunanlının giyiminde daha başka önemli kusurlar vardı. Ütü yeri düzgün değildi. Dizkapak altına ipekli astar konulmamasından ve nemli havadandı bu. Kondonyanis'in öteki yanları Kostov'u hiç ilgilendirmiyordu.

Yunanlı, İrina'nın önünde yerlere kadar eğildi, elini öperken bakışlarını dikti. Genç kadının güzelliğine şaşırmıştı. İrina, Yunanlının hiç kımıldamadan bakan gözlerinde gizli istekler okudu; kibarca saygılar sunmakla başlayıp karşısındaki kadını yatağında görme isteğinde karar kılan doğulu çapkınlığıydı bu.

İrina, tiksiniverdi bu adamdan. Onun böyle isteklerinden çok bunları baygın baygın açıklayışına kızmıştı. Bu adamın kafası iş ilgilerinden öteye geçemiyordu. Az önce gülünç bir buket göndermişti kartıyla, Kentin tek çiçekçisinden alındığı belli zavallı bir buketti. Böyle bir durumda Kostov ya da von Geier, hiçbir şey göndermemeyi daha uygun bulurlardı. Ama adam, az sonra, kafa göz yararak da olsa, Bulgarca konuşmaya başlayınca, İrina şaşmadı değil. Çocukluğunu Bulgaristan'da geçirmiş olabilir, diye düşündü.

Sıcaklar ve sivrisinekler üzerine sıkıcı bir konuşmadan sonra akşam yemeğine oturdular. Sofrada mayonezli balık, katışıksız buğday ekmeği, hindi kızartması ve tereyağıyla hazırlanmış pasta vardı. Bol bol da İtalyan şarabı içildi. Kostov, çöplükte kavun kabukları arayan Yunan çocuklarını unutuvermişti; sofra böylesine yoksulca hazırlandığı için iki kere özür diledi. Kondonyanis de, yurttaşlarının faşist Andrat çeteleri yüzünden bir lokma mısır ekmeğinden yoksun kaldıklarını aklına bile getirmedi. Toplumun en alt katındaki insanlar birbirini kırarken, tütün kralları karşılıklı çıkarlarını düşünüp canciğer dost oluveriyorlardı. O akşam da, Bulgar ve Yunanlı, birbirlerine övgü yağdırdılar. Milyonerlerin de şu sıra besin sıkıntısı çektiği yeterince söz konusu edildikten sonra, Nikotiana genel müdürü, Kondonyanis'e, Sofya'daki un ve şeker stoklarından sunmak istedi. O da, Boris'in bu dostluğuna Portekiz sardalyeleri ve Metaksas konyağıyla karşılık verdi.

Yemişler ve kahveler gelince, görüşmeler iş konusuna döküldü.

Yunanlı, "Olaylar pek çabuk gelişirse tütünlerinizin işlenmesine zaman kalmayacak," dedi.

Boris terlemişti. "Önemi yok," dedi. "İşlenmemiş tütünlerimin mülkiyet hakkını da size verebilirim."

"Kaç kilo tutacağı önceden kestirilemez ki."

"Sizden yana götürü hesaplarız."

"Tütünler ayrı çeşitler olacağına göre bunu yapamazsınız. Hem, hükümet de bu alışverişten kuşkulanabilir. Tütünlere el koyabilir."

"Bundan yana hiç tasalanmayın."

Boris, Yunanlıya küçümseyerek baktı; bunları ben mi öğreteceğim sana, gibilerden.

Yunanlı, sigarasının dumanlarını savurdu. "Çok güç bu dediğiniz. Ateşkesten sonra hükümetin başında kimlerin olacağı kestirilemez."

"Fransız uyruğu olarak siz bu durumu diplomatik yollardan sağlama alabilirsiniz."

"Fransa'da da durum daha değişik değil. Sol eğilimlerin işbaşına gelme tehlikesi her yerde var."

Boris, sinirli bir sesle, "Şu halde," dedi, "işten vaz mı geçiyorsunuz?"

Kondonyanis'in yüzü hiç değişmedi. "Henüz böyle bir niyetim yok. Ama bu işte büyük kaybı göze aldığımı belirtmek istedim yalnızca. Fiyatı biraz daha indirmeniz gerekiyor."

Boris, üzgün ve yorgun gözlerle baktı. İstenileni yapmaya razıydı ama, İrina başıyla işaret ediyordu, gevşeme diye. Nikotiana'nın parlak günlerinde rakiplerini ezdiği sırada gösterdiği olağanüstü bir canlılıkla, "Tek santim bile aşağı olmaz," diye kestirip attı.

Yunanlı, hoş ve yüksek sesiyle, "Gerçekten çok yazık!" dedi, üzülüyormuş gibi.

Boris, "Vaz mı geçiyorsunuz?" diye sordu.

Terleme sırası Kondonyanis'teydi. "İşi bir daha düşünüp taşınayım."

"Kararınızı yarın akşama kadar bana bildirin lütfen!"

"Bu kadar çabuk mu?"

"İki yoldan birini seçmek zorundayım. Ya kararlaştırdığımız anlaşmayı yapacağız ya da satın aldığım tütünleri Bulgaristan'a götüreceğim. Olaylar çabuk gelişiyor."

Yunanlı, ince bir alayla, "Tütünleri ne yapacaksınız Bulgaristan'da?" diye sordu.

"Bunun tasası size düşmez."

Boris, sert ve kaba konuşmuştu. Kondonyanis titredi hafifçe. "Bay Morev, Ruslar Dinyester'e ulaştılar bile."

"Bu haber sizin için de parlak değil."

"Yarına kadar bir karar vereceğim."

Kondonyanis, von Geier gelir gelmez ayrıldı. Alman, hoşnutsuzluk ve kuşkuyla bakmıştı Yunanlının arkasından. Yunanlı daha ileri gidemeyecekti Boris'i sızdırmakta. Pek kolay avlayacağını umduğu yorgun kurt, dişlerini gösterivermişti.

Kondonyanis, otomobilde bir daha gözden geçirdi tütünlerin gerçek değeriyle saymaca fiyatlarını. Kârın büyüklüğünü düşününce tatlı tatlı bir ürperdi. Bir milyon iki yüz bin İsviçre Frankı ödeyecek ve Selanik'te bir sigara fabrikası verecekti. Ama, bunların karşılığı çok kısa bir sürede ve beş on kat çok olarak dolar, gulden ve kronla geri gelecekti. Yeter ki, Normandiya çıkartması pek çabuk gelişmesin ve Nikotiana yurtdışına hemen satabileceği işlenmiş tütününü teslim edebilsindi. Büyük bir milliyetçi görünen Kondonyanis, yurttaşlarının açlıktan kırılmasına karşın Normandiya çıkartmasının güçlüklerle karşılaşmasını pek istiyordu. Çevireceği bu çok kârlı işten başı dönüvermişti. Bulgar milliyetçisi geçinen Nikotiana genel müdürü ise, Normandiya çıkartmasının elden geldiğince çabuk gelişmesini ve Ege'de ikinci bir cephe açılmasını istiyordu.

7

Isı daha sabah otuz dereceydi ve öğleyin kırk beşe çıkmasından korkuluyordu. Deniz sıcak ve saydam bir sisle kaplıydı. Havanın yapış yapışlığı öylesine dayanılmazdı ki, zayıf Lichtenfeld bile terliyordu.

Lichtenfeld, deponun yazı odasına girdiğinde saat ona geliyordu; on birde buradan çıkıp kumsala gitmek niyetindeydi. Yazılacak işleri akşam yapacaktı. Bir Baron'un küçülmeden çalışabilmesi o saatlerde olabilirdi.

Tütün deposu, rıhtımda, hemen kıyıdaydı. Açık pencereden görünen lacivert koy, günün boğucu sıcaklığında uyukluyor gibiydi. Deniz bir göl kadar durgundu. Bir yelkenli, rüzgârsızlıktan denizin ortasında kalmıştı. Ufka yüklenmiş sislerin üzerinde küçük küçük bulutlar uçuyordu.

Büro, sıradan bir odaydı. Küçük memurların çalışacağı sandalyeler ve birkaç masa vardı. Kocaman bir tavan vantilatörü ağır ağır dönüyordu ama, serinlik verdiği yoktu. Bu odadan iki ayrı odaya geçiliyordu. Bunlardan birinde Lichtenfeld çalışıyordu. Baron odaya girip de Preibisch'i hesap makinesinin başında görünce bir kıskançlık duydu. Preibisch, yalnızca bir haftalığına gelmişti. Lichtenfeld, Ege kıyılarına gönderileli beri o hep Sofya'da kalıyordu. Böylece bir tür başuzman durumuna yükselmişti. Preibisch'in içinden böbürlenmesini önlemek isteyen Lichtenfeld, Sofya'da ya da Kavala'da yaşamanın hiç farkı yokmuş gibi davrandı; ipekli ceketini çıkardı ve Yunan piyasa şarkılarından birini yalan yanlış mırıldanarak girdi çalışma odasına.

Preibisch, üzgün ve düşünceli görünüyordu. Lichtenfeld'in baştan savma selamını görmezlikten geldi ve kafasını kaldırmadı. Baron, Figaro'dan bir arya tutturdu. Sonra, büroya geçti ve Kavala'da hayatın nasıl hoş geçtiğini, topal muhasebeci Adler'e anlattı.

Adler, hüzünlü yüzüyle terbiyeli terbiyeli baktı. "Siz her yerde mutlusunuz," dedi, yumuşak bir sesle. Muhasebeci birçok kez yaralanmış, sonuncusunda bir bacağını kesmişlerdi. Böylece sakat birinin önünde kadınların gönül işlerindeki başarılardan söz açmanın uygun düşmeyeceğini Baron da bilirdi ama, Preibisch'i kızdırma isteği ağır basıyordu.

Lichtenfeld, "Adler," diye başladı, "dün kumsalda bir peri kızıyla tanıştım. Öylesine baş döndürücü kalçaları vardı ki..."

Adler, "Peri kızlarının da kalçaları var mı?" derken gülümsedi.

"Saçmaladık, doğru... Kızcağız bu akşam bana gelecek. Burada kadın bolluğundan soluğu kesiliyor insanın."

Baron, yüksek sesle ve kesik kesik güldü; gönül serüvenleri günlük olaylarmış da sözünü etmeye değmezmiş gibi. Sonra, iyice seyrekleşmiş saçlarını taradı aynanın karşısında. Lichtenfeld, şu anda Preibisch'in kıskançlıktan çatladığına pek güvenliydi. Hantal, şişko Preibisch, bir kapatma bulmak için kıvranıyor, ama bir türlü bulamıyordu.

Baron, donakaldı birden. Öteki odanın kapı ağzında Fraulein Dietrich duruyordu. Lichtenfeld, Trakya'da geçen günlerini zehir eden herkesten nefret ederdi ama, en çok bu Dietrich'ten korkardı. Tröstlerin hizmetinde çalışan bu iğrenç kart kızın, bir Gestapo ajanı olduğunu biliyordu. Kavala'ya ilk geldiğinde durumu kavrayamadığından, Fraeulein üzerine oldukça alaycı konuşmuştu. Onun tröstteki görevini öğrenince, korkudan ödü patlamış, günün birinde öç almasını bekler olmuştu. Bir gün Fraeulein Dietrich onu çağırtmış ve Saray ile ilişkisini kesmesini dostça anlatmıştı; söylediğine göre o kadının Türk elçiliği sekreterlerinden biriyle ilişkisi vardı.

Başka zamanlar on birde ortaya çıkan Fraeulein Dietrich, bugün ne yazık ki erken gelmişti. Barona, soğuk bir edayla, "Lütfen benim odaya gelir misiniz?" dedi.

Lichtenfeld, birkaç saniye sonra onun yazı masasının önündeydi. İyiden iyiye küçülüvermişti. Fraeulein Dietrich, bulanık ve kocaman gözleriyle şöyle bir süzdü onu. Lichtenfeld, bu gözlerin ne korkunç, ne de kötü, ama daha kötüsü, duygudan yoksun olduklarını anlamıştı. Fraeulein Dietrich'le konuşan herkes, bir kobra, ya da salamander önündeymiş gibi bir duyguya kapılırdı.

Baron, "Burada bulunduğunuzu bilmiyordum, özür dilerim," diye kekeledi.

"Neden dolayı?"

"Bay Adler'le konuştuklarım için."

"Neydi konuştuklarınız?"

"Saçma şeyler... Erkek gevezelikleri."

"Ben bir şey duymadım."

Sesi de, bakışları gibi buz gibiydi; buzlar arasından geliyormuşçasına. Bir dosya açtı ve beyaz zarflı bir mektup uzattı. "Königsberg bölgesi askerlik şubesinin askere çağırma mektubu. Preibisch'e de geldi."

Lichtenfeld, hava müthiş sıcak olduğu halde soğuktan ürperdi. "Askere çağırma mektubu mu?"

"Evet. İmza edin lütfen!"

Fraeulein Dietrich, Alman elçiliğinin bu konuyla ilgili mektubunu da uzatmıştı.

Lichtenfeld'in sesi kısılıvermişti. "Bir saniye... Ben... ben burada görevde bulunuyorum."

"Bunun hiçbir önemi kalmadı. Doğu cephesi için daha yaşlıları bile çağırıyorlar."

Baron, "Ama ben... ben hemen imzalayamam," diye kekeledi, umutsuzlukla ve Fraeulein Dietrich'in buz gibi bakışlarında bir ilgi arandı. "Şefle bir görüşeyim önce."

Fraeulein Dietrich şaşkınlıkla baktı. "İmzalamıyor musunuz?"

Baron, "Hayır!" diye dayattı, umutsuz bir kararlılıkla. Rus bozkırları canlanmıştı kafasında. "Hayır imzalamıyorum. Önlemeye çalışacağım."

"Ne gibi?"

"Serbest bırakılmam için. Bensiz yürümez buradaki işler."

"Bu yargıyı sizden başkaları verecek."

Lichtenfeld'in ağzı kurumuştu. Fraeulein Dietrich'in güneşten kararmış upuzun yüzüne şu anda katlanmak çok güçtü; kurbağa gözleri bulanık yeşil su birikintilerini hatırlatıyordu. Baron, bu su birikintileri şu anda birden genişleyecek, büyüyecek ve kendisini yutuverecekmiş sandı.

"Mektubu almamakta direniyorsunuz demek?"

Lichtenfeld, sesin buz gibiliğinden titredi. Askere çağırma mektubunu eninde sonunda almak zorunda kalacağını biliyordu. Ama çılgınca bir duygu, bunu birkaç saat olsun geriye atmasını söylüyordu. Fraeulein Dietrich, mektubunu bir kenara koydu ve işine eğildi. Baron, Preibisch'in odasına gitti ağır ağır. Lichtenfeld, Bay Adler'in küçümseyen bakışlarını fark etmemişti. Preibisch de Lichtenfeld gibi allak bullak olmuştu. Yüzü terden sırılsıklamdı. Tam bir Prusyalı küçük memur aşırı çabasıyla çalışmaktaydı yine de. Baron, onun karşısındaki sandalyeye oturdu ve bir sigara yaktı. Sigara hiç hoşuna gitmemişti.

Heyecanını belli etmemeye çabalayarak, "Askere çağırma mektubu size de geldi demek?" dedi.

Preibisch, evet, anlamında başını salladı. Hesap makinesinin sapını çevirdi ve Barona kuşkuyla baktı.

Lichtenfeld, "İmzaladınız mı?" diye sordu.

Preibisch, "Evet!" dedi. "Başka bir şey yapabilir miydim?"

"Ne zaman geldi mektuplar?"

"Dün öğleden sonra?"

"Şefin bundan haberi var mı?"

"Bilmiyorum."

Baron, Preibisch'in pek doğru söylemediğini anlar gibi oldu. "Bu konuda ne düşünüyorsunuz?"

Preibisch, "Hiçbir şey," dedi. Kendini alınyazısına bırakmış bir anlatım vardı yüzünde. "Gideceğiz."

Baron, "Beni dinleyin, Preibisch!" diye köpürdü birden. "İşinizi yoluna koyduğunuzu sanıyorsunuz, ama Berlin'de bu konuda girişimde bulunmazdan önce sizinle dostça bir konuşayım istedim."

"Hangi konuda?"

"Burada depolanmış büyük ölçüde tütünün Almanya'ya gönderilmesi gerekiyor. Bizleri askere alırlarsa Herr von Geier tek başına bu işleri başaramaz."

"Hamburg'dan uzman gönderirler."

"Doğu tütünlerinden bir şey anlamazlar."

"Ordunun bizi bırakacağını mı sanıyorsunuz?"

Preibisch, buna inanmaz görünmeyi denedi. Baron daha açık konuşması gerektiğini kavradı.

"Preibisch, anlamamazlıktan gelmeyin. Birimizden birini burada alıkoymak için başvuracaklarını biliyorsunuz pekâlâ. İşte bu bir kişi ben olmalıyım."

Preibisch, asık suratla "Neden ille de siz?" diye sordu.

"Ben daha yaşlıyım da ondan."

"Şimdiye kadar hep bunun tersini ileri sürerdiniz."

"Şakaydı. Bundan başka midem aşırı asit yapıyor. Cephe koşullarına ve karavanaya dayanamam... Hastayım ben."

Preibisch, "Hiçbir şeyiniz yok, yalnızca sinirlilikten mideniz öyle... Oysa ben dört çocuk babasıyım."

Lichtenfeld, şimdiye kadar hiç akıl etmediği bu kanıtın ağırlığı altında ezildi... Savaş bültenlerini okumaktan ve izinli gelenlerin anlattıklarından içinde iyice yer etmiş Doğu cephesi korkusu yine yüklenivermişti üstüne.

Kışları dondurucu soğuklar ve yazları çöl rüzgârlarıyla kavrulan uçsuz bucaksız bozkırlar korkusuydu bu. Baronun bilincinde bu korku ağır bastıkça, masmavi denizin parıltısı daha hoş görünüyor, büronun sessizliği, vantilatörlerin vınlayışı, rahatlık veren ikindiler ve gece eğlenceleri büsbütün çekicileşiyordu. Lichtenfeld ne yapacağını şaşırmıştı. Doğru, gözü körolası Preibisch'in çocukları vardı! Saf Cermen ırkının sürekliliği için işe yaramayan yaşlı bir bekârın karşı çıkacak hiçbir kanıtı yoktu.

Ama Baron, yine de umudunu yitirmedi. Son bir çareye başvurdu: "Beni dinleyin, Preibisch... Birbirimizi yıllardır tanırız. Rica ederim, siz vazgeçin bu işten. Geçmişte babamın öğüdüyle sigara fabrikasına alındığınızı unutmayın. Meslekte ilerlemeniz Nielsen kardeşlerin yanında başlamıştı. Hatırlarsınız, elbette!"

Preibisch alnını kırıştırdı. Bir süre sonra, "Şimdiye kadar hep ben hakkımdan vazgeçtim," dedi.

"Son iki yılda da hep siz ilerlediniz?"

"Evet, ama daha çok çalıştım ve daha çok sorumluluk yüklendim."

"Ama sizin ilerleyişiniz de hep benim aleyhime oldu." Preibisch, "Hiç de öyle değil," dedi. "Ben işlerimle gereği gibi ilgilendim, siz ise boş verdiniz. Bunun böyle olduğunu Hamburg'dakiler de biliyor. Eğer çalışkan olsaydınız burada sizin sözünüz daha çok geçerdi."

"Bırakın bunları şimdi rica ederim. Anlaşalım. Sizin vazgeçmeniz gerekiyor. Eninde sonunda ben bir Baron von Lichtenfeld'im."

Preibisch'in kırmızı yüzü iyice asıldı, ama gözlerinin hileci anlatımı da kayboldu.

Baron, yerinden kalkıp pencereye gitti ve hiç kımıldamadan bir süre öylece kaldı. Dünyanın sonu gelmişçesine kötü bir duygu var gibiydi içinde. Sonra birden, umutsuzlukla aklına bir şey gelmiş gibi, Fraeulein Dietrich'e gitti ve bunalmış bir sesle, "Verin şu mektubu, imzalayayım," dedi.

Preibisch yine hesap makinesine eğilmişti, ama çalıştığı yoktu. Baron Lichtenfeld'e karşı belli belirsiz bir korku besliyordu; atalarının ataları, babası ve kendisi, Lichtenfeld'in mülklerinde büyümüşlerdi. Tedirgindi bundan ötürü. Yüz çizgileri gerilmiş ve tere batmıştı.

Von Geier, kumsaldan dönüyordu topallayarak; beyaz bir kılık giymişti ve elinde bir baston vardı. Sıcaklık pek artmadan kente gitmek niyetindeydi. Uykusuz geçmiş bir geceden sonra yüzmek iyi gelmişti. Ama her şeyin çılgınca bir hızla korkunç sona yaklaştığı düşüncesinden yine de kurtulamıyordu. Kostov'larda geçen akşamki konuşmalardan beri bu düşünceden bir türlü sıyrılamıyordu. Nikotiana'nın, Alman sigara tröstleri hesabına işlenilen tütünleri savsaklamak için pek sudan nedenler ileri sürdüğü, von Geier'in gözünden kaçmamıştı. Boris, Alman sigara tröstlerinden çok Yunanlı Kondonyanis için çaba göstermekteydi. Bu iki adamın hileci niyetleri pek belliydi. Von Geier istese, Gestapo'nun yardımıyla bu manevrayı önleyebilirdi. Bunu yapmak istemiyordu. Ne de olsa Yunanlının tutuklanması ve işin bozulması, Hollanda tröstleriyle arayı açabilirdi. Oysa, Hollanda tröstleri yoluyla Almanya'ya olukla döviz akıyordu. Bütün bunları iyi bilen von Geier, Boris'in entrikalarını da sezdikçe pek kızıyordu. Korkulan kargaşalık çabuk patlak verirse, tütünlerin Almanya'ya taşıttırılması başarılamayacaktı ve Boris de, tröstlere ayrılan tütünleri Kondonyanis'e verecekti.

Von Geier, bastonunu kaldırıma öfkeyle vururken, "Pis herif!" diye söylendi. Ama sonra Boris'in yerinde kim olsa böyle yapardı, diye düşündü. Çıkar kuralları bakımından daha başka bir şey yapılamazdı. Nikotiana'nın çıkarlarını Alman tröstlerine bağışlaması istenebilir miydi? Alman gemisi batıyordu ve fareler başlarının çaresine bakacaktı. İrina bile kocaman bir gemi faresinden farksızdı şimdi. Dün akşamki yemekte, geçmişle ilgili hiçbir şey açmamaya pek dikkat etmişti. İlgisiz ve canı sıkkın bir tavır takınmıştı. Yalnızca nezaket gereği birkaç söz konuşuyorlardı. Almana pek dokunmuştu bu.

Von Geier, bu kadını kaçırmış olmaktan duyduğu boşluğun yerini hiçbir şeyle dolduramayacağını biliyordu. Onun kendisine doğru yaklaşmakta olduğunu birden görünce, acınmayla karışık bir iç burkulması duydu; parayla ve güçlü istekle ne diye onu kendine iyice bağlamamıştı?

İrina, bembeyaz ipekliden bir giysi giymiş, çıplak ayaklarına sandallar geçirmişti. Bu sade giynişle herhangi bir küçük büro memurundan farksızdı. Sağlık taşan bedenine pek yakışmıştı bu kılık. Zümrüt taşlı platin saat, bir başka çevrenin kadını olduğunu açıklıyordu yine de. İrina, hep önüne bakarak yürüyor, onu görmüyor, ya da görmemiş gibi davranıyordu. Ama von Geier, ne pahasına olursa olsun onu alıkoymak için önünde durunca, güneş gözlüklü yüzünü kaldırıp, "Oo, siz miydiniz? Bu gözlükten olacak sizi görmedim," dedi. Sonra Almanı bileğinden tuttu ve çabuk çabuk, "Lütfen benimle gelin limana kadar," diye ekledi. "Taşoz'a kaçta motor kalktığını sormak istiyorum."

Von Geier, bir an bile düşünmeden hemen razı oldu. Rastlantıyla karşılaşıvermek ve İrina'nın elinin dokunmasıyla kendinden geçmişti. "Adayı mı görmek istiyorsunuz?"

"Evet."

"Tek başınıza mı?"

"Eşlik edecek kimse çıkmazsa..."

"Ağzına kadar dolu bir motorda yolculuk sizin için pek hoş olmasa gerek! Frischmut'tan bir motor alabilirim sizin için."

"Evet, çok güzel olurdu."

"Bir haber de vereyim size: Frischmut general oldu."

"Oo! Ne hızlı ilerleyiş bu! Selamlarımı lütfen söyleyin kendisine! Sanırım, kıskanıyorsunuz onu?"

"Biliyor musun neden böyle bu? Alınyazılarınız ters gitti. Aslında Frischmut sigara tröstünün yöneticisi olmalıydı, siz de general."

"Ama yine de sizi suçlayacağım."

"Neden ötürü?"

"Bazı özentilerinizden ötürü. Nibelungen gibi ölmek için çıldırıyorsunuz."

"Peki ama, bir insan nasıl ölmeli?"

"Sienkiewitch'in 'Quo Vadis' adlı kitabındaki Romalı Petronius'un ölmesi gibi. Neşeli dostlarla çevrili olarak."

"Bunda da yapmacık var."

"Yapmacıksız ve özentisiz ölüm nasıldır sizce?"

Alman yavaş bir sesle, "Bir asker, yapmacık için zaman bulamaz."

Bir süre konuşmadan yürüdüler. Sonra İrina birden durdu. "Frischmut bir motor verecekse limana gitmenin bir anlamı kalmadı," dedi.

Alman, "Evet, öyle," derken, İrina'nın kapkara saçlarının parıltısına dalıverdi.

Genç kadın, hiç beklenmeyen bir anda, "Bu gezintimde bana arkadaşlık eder misiniz?" diye sordu.

"Sayın eşinizin buna bir diyeceği yoksa..."

İrina güldü ve umursamayan bir tavırla, "Ah, o bizden daha suçlu," dedi.

"Şimdi nerede?"

"Kostov'la bir yere gitti."

"Selanik'e mi gittiler?"

"Hayır, oraya değil."

“Bir iş sırrı mı?”

“Hayır. Ona bunu sormak aklıma gelmedi. Ama Selanik'e gitmesi de gerekiyordu”

“Biliyorum.”

“Nereden biliyorsun?”

“Kostov bir yolculuk izni istedi Frischmut'tan.”

“Siz de buna karşı mı çıktınız?”

“Engel olmak kararındayım.”

İrina, “Beni dinleyin!” derken sesi hem ciddi, hem şakacıydı. “Gestapo yardımıyla Kondonyanis'i bir tuzağa düşürürseniz pek çirkin olur.”

“Ona hiç dokunmayacağız.”

“Söz veriyor musunuz?”

Von Geier, hüzünle gülümsedi. “Evet. Şu pis tütüncülük girdi yine aramıza.”

İrina da güldü. “Ne iğrenç, değil mi? Ama şimdi eskisi kadar iğrenç sayılmaz.”

“Bundan yana pek güvenim yok. Ama işe engel olmayacağımı, kesin olarak söyleyebilirim.”

İrina, Almanın gözlerinin içine baktı. “Bunu konuşmayalım artık. Bu iş ikimiz için de bir önem taşımıyor ve aramızdaki ilişkiyi hiçbir yönden etkilemiyor. Gözü doymaz tröstlerinizin çıkarına uygun düşüyorsa, Yunanlıyı yakalattırabilirsiniz. Ama tütüncülük, şu son günlerimizi zehir etsin istemem.”

Alman, acı bir gülümseyişle, “Size arkadaşlık etmemi neden istiyorsunuz?” diye sordu.

“Yalnız olursam canım sıkılıyor da.”

Kentin alanında durdular. Sıcağa karşın kalabalıktı. Gelip geçenlerin arasından cılız çocuklar, “Sporia”, “kabak çekirdeği,” diye bağırıyor, bir yandan da kocaman çörekler satıyorlardı. “Megali pastiki” diye. Ama bunları alabilecek kadar Paralı Yunanlıların sayısı parmakla sayılacak kadar azdı.

“Limana gitmekten vazgeçtik değil mi?”

“Nereye gidelim öyleyse?”

“Kentte dolaşırız, bir yerlerde dinleniriz.”

"İyi, ama tartışmamızdan çekiniyorum."

"Saçma olur. Hele şu Taşoz yolculuğumuzdan önce."

"Adaya gezintiden vazgeçmediniz demek hâlâ?"

"Elbette. Üstelik her şeylerin iyi düzenlenmesini de rica edeceğim." İrina bunu söyledikten sonra, eski bir kapıyı göstererek, "Nedir burası?" diye sordu.

"Saçma bir Doğu anıtı!"

Kentin doğu yanında, selviler dikili, bakımlı bir bahçenin ortasında, İslam mimari örneği bir yapı yükseliyordu. Görmeye karar verdiler ve Mısır Krallığı kurucusu Mehmed Ali'nin anasının türbesi olduğunu kapıcıdan öğrendiler. İçerde, mermerlerden yapılmış gösterişli bir sanduka vardı. Duvarlar Kuran'dan ayetlerle süslüydü. Bahçedeki upuzun ve incecik selviler, alanı daha bir başka gösteriyordu ama, çevredeki kahveler ve küçük küçük balıkçı dükkânlarıyla hiç de bağdaşmıyordu.

Türbeden ayrılırken Alman, İrina'ya sordu, kapıcının hangi ulustan olduğunu.

"Halis bir Pomak, sizin anlayacağınız Müslüman bir Bulgar, Rodop dağlarından."

"Makedonyalı olduğunu söylüyordu."

"Yunanlılardan olsun, Bulgarlardan olsun kendisine bir kötülük gelmemesi için."

"Bulgarlığını neden saklıyor?"

"Geleceği düşündüğünden."

Von Geier, bir baktı; İrina'nın sesindeki tasasızlığa kızmıştı. Bu ses bile bir çöküntüyü duyuyor gibiydi. Öfkeyle, "Hiç umursamıyorsunuz galiba?" dedi.

"Neyi? Kimi?"

"Yenilgiyi."

"Ah doğru... Gelecek için tasalandığınızı unutmuştum. Siz her zaman aşırı duyguluydunuz, ama şimdi bunu daha da açığa vurdunuz... Siz, derebeylikten kalmış biri, bir ortaçağ insanısınız... Doğulu dolandırıcıların ve tütüncülerin arasına düşmüş olmanız, rastlantıdan."

Alman, asık bir yüzle, "Yurdunuzu düşünmüyor musunuz?" dedi.

"Hayır. Yurdumu düşünmemeye alıştım."

"Alışılagelen kurallara boş vermekten hoşlanır oldunuz."

"İnsanüstü kişilerin erdemi diyorlar böyle davranmaya... Bunu siz söylediniz bana."

"Ne zaman?"

"Alman bombardıman uçakları Varşova ve Amsterdam'ı yakıp yıkarken."

"Siz benim dediklerimi hep yanlış anladınız."

"Hayır, ben sizi her zaman hiç yanlışsız anladım. Şu anda size bir yakınlık duymam da bundan ötürü."

İrina gülümsedi. Ama von Geier, genç kadının bakışlarında yakınlık değil, bir buz gibilik fark etti ve yüreğine bıçak saplanmış gibi oldu. Bu buz gibilik, genç kadının taşlaşmış iç dünyasının bir anlatımıydı belki de. Von Geier, asker bir Almandan bir işadamı ortaya çıkaran gücünün, sonunda kişiliğini büsbütün siliverdiğini anlamıştı. Şu anda bir başka şeyi de anlıyordu: O aslında hiçbir zaman gerçek bir asker olamamış, Almanya'yı yöneten tröstlerin parayla tutulmuş askerliğini yapmıştı. Richthofen Hava Filosu'nda çarpışırken de durumu böyleydi. Çöküntünün yaklaştığını anlıyor, gözlerinin önündeki sisler yırtılıyordu. Bu anda şu kadından başka şey yoktu kafasının içinde. Onun da iç dünyası taşlaşmıştı. Kendisi gibi. Onu hâlâ seviyordu von Geier; kişiliğini yitirdikten sonra varlığında kalabilen en son ve ilkel güçle bu kadının bedenini özlüyordu.

Von Geier ve İrina, önce kentin batısına, kıyıya gittiler; burası modern yapıların bulunduğu semtti. Devlet daireleri, tütün depoları ve büyük kiralık evler vardı burada ve Drama'ya giden yolun iki yanında bahçeler içinde villalar yükseliyordu yalnızca. İrina ve Alman, daracık sokaklardan geçip dik taş merdivenleri tırmanarak, kentin eski mahallelerine vardılar. Güneş altında cayır cayır yanan kayalara yapışmış, bahçesiz kulübeler önünde hüzünlü kadınlar oturmaktaydı. Pencere parmaklıklarına yırtık iç çamaşırları ve çocuk zıbınları sallandırılmıştı, kurusunlar diye. Yüzleri sapsarı, sıtmalı çocuklar, taşlarla oynuyorlar ya da açlıktan ve dizanteriden bitkin, hiç kımıldamadan yerlerde oturuyorlardı.

İrina, "Kentin bu semti için neler düşündünüz?" diye sordu.

"Kaçınmanız gereken bir çöplük derim buraya."

"Ben de öyle düşündüm. Ama korkunç derecede katı yürekli olmadık mı dersiniz?"

"Bunun tersi davranış gülünç ve yararsız olurdu."

"Kostov buraya gelseydi para dağıtırdı."

Sonra yine aşağıya indiler, alanı geçtiler ve kalenin bulunduğu tepeye tırmanmaya başladılar. Yine daracık sokaklardan, pis kokulu evler arasından geçtiler. Sonunda tepeye vardılar ve kalenin eteğindeki koca çınarın gölgesinde biraz dinlendiler. Bütün kent ve Drama'ya giden yolun kıvrıla kıvrıla tırmandığı karşı tepe, buradan görünmekteydi. Koyu mavi suları, gözü rahatlatıyordu. Bir Alman motoru, denizin dümdüzlüğünü yarmış gidiyor, arkasında köpüklerden örtülü bir şerit bırakıyordu.

Aşağıdaki türbenin kapıcısı da görünmüştü. Soluk soluğaydı yokuşu tırmanmaktan. Tam vaktinde geldiğini anlatmak için saatini gösterdi ve kalenin kapısını kocaman bir eski zaman anahtarıyla açtı. Kalenin avlusuna girdiler; yabani otlar, gelincikler ve ebegümeciler arasında türlü böcekler vızıldıyor, kertenkeleler oraya buraya kaçışıyordu.

İrina ve von Geier bir merdiveni tırmanırken her adımda taşlar yuvarlanıyordu ayaklarının altından. Buranın her yanına sinmiş olan ıssızlık, sessizlik ve çöküntü, her şeyin bir sonu olduğunu hatırlatmış, ikisinin de içini karartmıştı.

İrina, "Size göre bir yer burası," dedi.

Alman, hiç yanıt vermedi. Bulanık bakışları koyu mavi sulara dalıp gitmişti; demirdöküm topları ve prangaya vurulmuş kürekçileriyle ortaçağ yelkenlilerini görür gibiydi. İçini dolduruveren sahnelerle, kişilerin heyecanına kapılmış, bir daha geri dönmeyecek eski çağların masal dünyasına uzanmıştı.

Bir süre sonra, "Venedikliler, kenti bu kaleden savunurlardı," dedi.

"Güneş altında cayır cayır yanan bu kent ne işlerine yarıyordu?"

"Ticaret merkeziydi bu liman."

Von Geier, duvardaki bir taşı oynattı bastonuyla. Eski kale, Venedik tüccarlarının bir büro kalıntısıymış gibi iğrenç görünüvermişti gözüne.

Avluda bir Bulgar birliği gördüler. Aralıksız emirler veriliyordu. Askerlerin bir kısmı uçaksavar olarak kullanılacak ağır iki makineliyi yerleştiriyor, ötekiler de yeşil ağaç dallarıyla örtüp gizliyorlardı. Bütün bunlar çok atebrin almaktan yüzü sapsarı olmuş kuru bir teğmen tarafından acele ve çok sinirli yapılıyordu. Beklenmedik bir emir almış olmalıydılar. Kapıcının yüzündeki kulluk gülümseyişi kaybolmuş, tasalı ve ciddi bir anlatım gelmişti yerine.

İrina, "Ne oluyor böyle?" diye sordu.

Von Geier, omuz silkti ve yüz anlatımı hiç değişmedi. "Subaya sorun!"

İrina, iki sivilin varlığının farkında bile olmayacak kadar işine dalmış olan teğmene yaklaştı.

Genç subayın ters bir yüzü vardı. Yedek subay okulunu bitireli iki yıldır aralıksız askerdeydi. İşbaşındakilerden de, ordudan da, hayal kırıklığına uğramıştı. Solcu falan değildi. Ama birlikte okuduklarının çoğunun cephe gerisinde kalıp rahatça işlerini sürdürmelerine ve bol para kazanmalarına pek kızıyordu. Bu gibiler, ayrıcalıklı kişiler olarak hiç askere alınmazken, o savaş divanı korkusuyla her emri yerine getiriyordu. Getirmek zorundaydı. Çöküntüyü, yenilgiyi bundan ötürüdür ki bekliyordu.

İrina, "Bağışlayın sorumu," diye başladı, "bu tedirginliğin bir nedeni var mı?"

Genç adam dönüp baktı; şimdiye kadar olanlar size pek mi yatıştırıcı geliyordu, diyen alaycı bir bakışla, İrina'nın kol saatindeki zümrütlere içerlemişti. İrina, Taşoz adasına gitme isteğini açtı teğmene.

Teğmen, biraz gülümser gibi, "Pek acele davranmayın," dedi. İrina'nın varlığında yıllardır özlediği cephe gerisi havasını biraz olsun bulmuş gibiydi. "Kıyılarda savaşa hazır ol emri verildi."

"Ne anlama geliyor bu emir?"

"Bir çıkartma bekleniyor belki de. Girit'ten bir İngiliz filosu yola çıktı. Düşman gemileri Afrika'ya yönelirse, durum değişir ve siz de adayı gezmeye gidersiniz."

"Çok teşekkür ederim."

Askerler, makineli tüfekleri kundaklarına koyuyorlardı. Pirinç aletli, dişli tekerlekli ve manivelalı bu modern silahlar, hemen yanı başlarında otların arasında duran ilkel Venedik toplarıyla nasıl da çelişiyordu.

İrina, Almanın yanına döndü ve öğrendiklerini anlattı.

Von Geier, "Tam bilgiyi Frischmut'tan edinirim," dedi.

Yine tedirginleşti ve çöküş önsezisi kapladı içini. Ama çabuk toparladı kendini.

İrina'dan ayrılırken, Frischmut'la görüşür görüşmez telefonla hemen haber ulaştıracağına söz verdi.

Alanın gölgeli yanından geçip, Alman tütün tröstlerinin deposuna doğru yürüdü. Alman ordusunun Trakya komutanlığına telefon etmek istiyordu. Bulgaristan'dan besin ürünleriyle gelen kolordu kamyonları tütünleri Kavala'dan Drama'ya taşıyabilirlerdi. Oradaki istasyondan trenle Bulgaristan'a taşımak daha uygundu. Bunu kumsalda düşünmüştü. Tütünleri elden geldiğince çabuk olarak Almanya'ya taşıtmak sorunu böylece çözümlenecekti!"

Von Geier, hâlâ canı sıkkın ve dalgın girdi depoya. Geniş salonlardan esen serinlik ve işlenmiş tütün kokuları çarpmıştı burnuna. Bürodaki vantilatörlerin kanatları değirmenlerin ağır ağır dönüşünü andırıyordu. Memurlar ayağa kalkıp şefi sesizce selamladılar. Von Geier de elini kaldırdı ve resmi alınan selamını ağzının içinde mırıldandı. Fraeulein Dietrich, yüksek sesle bir "Heil Hitler"le karşılık verdi. Von Geier rahat koltuğuna yerleşti ve soru dolu bakışlarla ona baktı.

"Preibisch ve Lichtenfeld'in askere çağrılma mektupları geldi."

"Hemen bir karara varmalıyız." Von Geier memur bayana şaşkınlıkla baktı. "Preibisch'i alıkoyacağız elbette! Elçilik aracılığıyla Milli Savunma'ya hemen bir yanıt yazınız. Başka ne haberler var?"

"Selanik'teki karargâh, bütün kıyı bölgesi için savaşa hazır ol emri verdi."

"Biliyorum bunu."

Ağır ve sıkıcı bir sessizlik oldu. Vantilatörler vınlıyordu yalnızca. Yan odadan Lichtenfeld'in hafifçe öksürdüğü duyuldu.

Fraeulein Dietrich, "Tütünleri ne yapacağız?" diye sordu.

"Başarabileceğimiz sürece taşıtacağız buradan."

Gestapo ajanı kadın, dişilikten nasibi olmayan upuzun ve daracık suratlı kafasını salladı, olur anlamında. Bir süre sonra da, "Nikotiana genel müdürü, Kondonyanis'le bir iş çevirmeye hazırlanıyor," dedi.

"Nereden öğrendiniz bunu?"

"Muhasebecisinden. Bizim adamımızdır."

Von Geier, sert bir tavırla, "Ticaret işlerime karışmamanızı rica etmiştim sizden," dedi.

Fraeulein Dietrich, uzun ve kupkuru kolunu uzatıp kapıyı kapadıktan sonra soğuk bir sesle, "Bu konudaki davranışınız yanlış," dedi.

Von Geier, sakinliğini korumaya çalışarak, "Neden?" diye sordu.

"Nikotiana ile Kondonyanis arasında yapılacak bir alışveriş, bizim tröstlerimizin çıkarlarına önemli zararlar verebilir de."

"Bu konuda bir yargıya varacak kadar yeterli bilgi edinememişsiniz."

"Bu konuda oldukça bilgim var. Nikotiana'nın Yunanlıya vereceği tütünleri biz alabiliriz."

"Nasıl taşıtacağız buradan?"

Fraeulein Dietrich'in soluk gözleri eski hava subayını düşmanca süzdü. "Bir yolunu buluruz. Tütünleri düşmanın eline bırakıvermek için ben hiçbir neden göremiyorum."

Von Geier'in yüzü kıpkırmızı oldu. Bir kadını dövmeyi bugüne kadar hiç düşünmemişti, ama şu anda Fraeulein Dietrich'i tokatlamayı pek isterdi. Öfkesinden köpüreceğine, bir süre sonra başını önüne eğdi, çaresizlikten. "Fraeulein Dietrich, Kondonyanis'in kimin hesabına tütün aldığını biliyor musunuz?"

Gestapo ajanı kadın, küçümseyen bir tavırla, "Kimin hesabına?" diye sordu.

"Hollanda tröstleri hesabına."

"Bundan ne çıkar?"

"İşlerin aslını bilmediğiniz bundan da anlaşılıyor. Hollanda tröstleri, Almanya'nın döviz sağladığı pek az kaynaktan biri," derken sesinin yumuşaklığından kendisi de tiksindi. "Kondonyanis'i yakalattırırsanız, Alman hükümetinin de işlerini güçleştirirsiniz. Berlin bizi hemen uyaracaktır."

"Peki, Sofya'dan talimat isteyeceğim."

Von Geier, masanın başından kalktı, bir sigara yaktı sinirli sinirli. Güneye bakan pencereden giren öğlen güneşi odanın sıcaklığını dayanılmaz derecede artırmıştı. Memurlar işi bırakmak için şefin çıkmasını bekliyor gibiydiler. Von Geier uzmanları çağırttı ve depoyu birlikte dolaştı.

İrina, öğleden sonrayı evin alt katında geçirdi; bu kat daha serindi. Ama küf ve eski mobilya kokuları karışımı tuhaf bir koku vardı. Genç kadın, sarmaşıklı penceresi bahçeye açılan bir odada uyumuştu. Şu anda, öğle uykularından sonra her zaman olduğu gibi, bitkinlik, uyuşukluk ve can sıkıntısı karışımı tuhaf bir duygu vardı içinde. Bütün duyguları uyuşmuştu. Bu halden kurtulmak için Alman sigara tröstüne telefon etti ve von Geier'le görüşmek istedi. Telefona çıkan Lichtenfeld, şefini öğleden beri görmediğini söyledi.

İrina, yemek odasında bir şeyler yer ve bir yandan da Viktor Efimiç'le havanın çok sıcak olduğu ve kentin görülecek yerleri gibi sudan şeyler konuşurken, Kostov'un bir gün önce ötekilerle birlikte davet etmiş olduğu emekli general çıkageldi. Çağrıya gelemediği için özür dilemeye uğramıştı.

İrina, verandaya buyur etti onu ve Efimiç'e de generalin pek sevdiği erik rakısıyla hıyar turşusu getirmesini söyledi. Emekli general, bıyıkları hafifçe ağarmış, ufak tefek ve çok konuşkan bir adamdı. Anlattıkları ne ilginç olurdu, ne can sıkıntısı verirdi. İrina, onun çıkagelmesinden sevinmişe benziyordu.

Verandaya geçip oturmuş olan emekli general, "Baylar nerelerde?" diye sordu.

"Bu sabah yola çıktılar, işler için."

General, içini çekerek, "Size karşı pek iyi bir davranış değil bu yaptıkları," dedi ve küçük hıyarlarla içkiye baktı dalgın dalgın. "Hiç de hoş olmayan bazı durumlar için sizi uyarmaya geldim."

"Hoş olmayan mı? Ne gibi?"

Emekli general, hekimin günde içmesine izin verdiği beş sigaradan birini yakarak, "Durum çok kötüleşeceğe benziyor," dedi.

"Biliyoruz bunu."

"Ama şimdi hiçbir düzelme şansı kalmadı. Ruslar, Dinyester nehrine vardılar; iki haftada girerler Sofya'ya."

İrina, öfkeyle, "Bu kadar mı çabuk?" diye sordu. Sonra von Geier'in Frischmut'tan rica edeceği motoru hatırlayınca, "Kıyılarda savaşa hazır ol emri ne anlama gelir?" diye hemen sordu.

General, "Hiç!" dedi. "Bu emir geri alındı."

"Ne diye verilmişti?"

"Pek öğrenemedim. Almanlar hiç sır kaçırmıyorlar ağızlarından."

"Sevimli olabiliyorlar mı hiç değilse?"

"Olabildikleri kadar. Sevimli ve nazik bir Alman gördünüz mü hiç?"

"Taşoz'a gidebilmem için Herr von Geier bana bir motor bulacak."

General, gözlerini iyice açarak, "Ne?" diye sordu. "Taşoz'a mı?"

"Evet. Sonra da Selanik'e."

"Hiç de akıllıca değil. Tam bir çılgınlık! Umarım, yine bir düşünüp taşınırsınız. Ben ailemi daha geçen ay gönderdim Bulgaristan'a. Durumun ne kadar ciddi olduğunun farkında değilsiniz. Yunanlılar pek heyecanlı, her an boğazlayabilirler bizleri."

"Kondonyanis'e sığınabiliriz?"

İrina güldü bunu söylerken.

Ama şakayı anlamamış olan general, sinirli sinirli konuşmasını sürdürdü: "Bırakın o Yunanlıyı. Kızıl Yunan çeteleri onu da sallandırırlar. Böyle bir savaş görülmedi bugüne kadar. Şu sırada durum olağanüstü karışık. Çok karışık..."

"Ne yapmak niyetindesiniz?"

"Hiç. Kızıma Sofya'da bir apartman satın aldım, oğlum da yükseköğrenim görüyor. Yurtdışına gitmek için param yok. Önemsiz bir kişiyim ben. Bana bir şey yapmazlar. Hem ne gelir bundan böyle elimden? Yunanlılara karşı her zaman çok dürüst davrandım. Vicdanım temiz. Başkaları düşünsün kurtulmanın yolunu."

İrina, iğneleyerek, "Savaştan önce Berlin'de askeri ataşeydiniz ya!" dedi.

General, biraz alınarak, "Ne var bunda?" diye sordu. "Savaştan üç yıl önce verdiğim raporda..." General bu raporunda ileri sürdüğü şeylerin yararı dokunup dokunmayacağını kestiremiyordu pek. Birden, "Sayın eşiniz tütünlerini Kondonyanis'e satmak istiyor!" dedi çekinerek.

"Saçma sözler! Baştan başa uydurma!"

"Yunanlı dün akşam sizde yemekteydi."

"Nereden biliyorsunuz?"

"Lichtenfeld söyledi."

İrina, dalgın dalgın, "Bir nezaket ziyareti," dedi. "Hem siz de çağrılıydınız, ama gelmediniz."

"Ortağımla biraz atıştık."

"Ortağınız kim?"

General, "Aşağılık herifin biri," derken, içini çekti. "Bir zamanlar sizin firmadaydı... Batakçiya."

"Adı yabancı gelmiyor."

"Şu sıra onunla başa çıkılır gibi değil."

"Ne diye atmıyorsunuz ortaklıktan?"

"İyi bir uzman. Oysa ben tütünden hiç anlamam."

General, erik rakısı bardağına uzandı ve ufka daldı. Serin bir meltem esiyordu denizden. Güneş batıya yanlamıştı. Yelkenlerini şişirmiş bir balıkçı kayığı kıyıya yaklaşıyordu ağır ağır.

Boris ve Kostov yemek odasına girmiş, Viktor Efimiç servis yapmaya başlamıştı. İrina, kalktı ve saçlarını şöyle bir düzelttikten sonra onların yanına gitti. Heyecanlı düşlerin etkisinden sıyrılan yüzü her zamanki gibi güler yüzlü ve ilgisizdi yine.

"Her şey yoluna girdi mi?" diye sordu.

Boris, "Henüz değil," dedi. "Ama işler yolunda gidiyor."

İrina kocasının kendine güvenen bir sesle üst perdeden konuşmasından, gece geç vakitlere kadar içmiş olduğunu anladı. Yine de keyfi yerinde değildi. Kondonyanis onlarla birlikte gitmişti, tütünleri gözden geçirmek için. Belki de iş bitirilmişti.

İrina isteksiz isteksiz, "Bütün bunlar ne zaman yoluna girebilecek?" diye sordu.

Boris, nazik davranmaya çalışarak İrina'nın elini okşadı, "Sabırlı ol, sevgilim," diye. Ama bu sevgi davranışını pek isteksiz yapmıştı. "Hesapları iyice gözden geçirmek için birkaç gün gerekiyor. Sonra, Selanik'e gidip fabrikayı görür, anlaşmayı imzalarız."

İrina, Kostov'a döndü. "Benim burada o kadar kalmaya niyetim yok. Evinizin içi soba gibi. Korkarım, tahtakurusu bile var," dedi.

"Sobaya bir diyeceğim yok. Ama tahtakurusu sizin kuruntunuz. Şarap ister misiniz?"

"Hayır, teşekkür ederim."

Kostov, bardağına şarap doldururken içinden söyleniyordu. Şarabın tadını çıkaramayacaktı solunum darlığından. Bir süre sonra, "Sizi oyalayacak bir şeyler bulmalı," dedi ve ceket cebini karıştırdı, nitrogliserin tabletlerini yanıma almış mıyım, diye.

İrina, "Ben buldum bile," dedi. "Yarın Taşoz adasına gidiyorum."

Başuzman: "Kiminle?" diye sordu.

"Herr von Geier'le."

Fırtınayı haber veren bir sessizlik oldu. Bunu sezen Kostov, iyi geceler diledi ve yemek odasından uzaklaşmakta acele etti.

Boris, ters ters, "Von Geier'in orada ne işi var seninle?" diye sordu.

General içini çekti. "Alman sigara tröstlerinin bizden alacağından elli bin kilo fazla satın almak gibi bir budalalık etti. Ateşkesten sonra tütünün çok aranacağını ve biraz para kazanabileceğimizi düşünmüştüm. Böyle kötü bir duruma düşeceğimizi nereden bilebilirdim."

"Tütünlerin fazlasını da von Geier hemen satın alır."

"Ne yapayım kâğıt parasını onun?"

İrina, gülümseyişini güç tuttu.

Karısının zoruyla bu devler savaşına katılmış olan zavallı adam, şimdi durumu nasıl düzelteceğini bilemiyordu.

İrina, "Ne yapmak niyetindesiniz tütünlerinizi?" diye sordu.

General, "Ben de bunun için geldim," dedi. "Sayın eşinizle görüşecektim. Kondonyanis'le gerçekten temiz bir iş yapıyorsa benim küçük partiyi de unutmamasını rica edecektim. Olabilir mi dersiniz?" Sesi heyecanlanıvermişti. "Dürüst bir Bulgar'a yardım etmek söz konusu."

Generalin göğsünde sallanan bir sürü madalyaya akşam kızıllığı vurmuştu. Trakya'da devlet dairelerinde daha bir etkiliolmak amacıyla böyle dolaşırdı. Yine de pek kötü insan değildi. Alman sigara tröstleriyle ilişkilerini yurduna ihanet derecesine vardırmamıştı. Ne var ki, Batakçıya tilkisinin ettiği pazarlıklarda, karşısındakinin güvenini sağlamak için bu madalyalardan yararlanırdı.

General ayrıldığında, hafifçe sisli gökyüzünde solgun yıldızlar görünmüştü. İrina şöylesine bir söz vermişti. General gittikten hemen sonra von Geier telefon etti. Frischmut'un motoru verdiğini ve adaya gideceklerini bildiriyordu. Ertesi sabah limanda buluşmak üzere sözleştiler.

İrina, kinin yuttuktan sonra, bir süre polisiye roman okudu ve soyunmadan uyudu. Boris ve Kostov'un gelişinde uyanıp da yarın Taşoz'a yapacağı yolculuğu söyleyecekti. Düşünde gençliğinin şen ve tasasız günlerini gördü. Ama bir otomobil kornasıyla uyanıverdi. Kostov olmalıydı kornayı çalan. Viktor Efimiç garajın kapısını açsın diye hep böyle yapardı. İrina, uzandığı divandan kalkmadı. Yarıda kalan düşünü sürdürmek istiyordu. Ama boşuna. Ayaklarını bastığı şu çöken dünyadan tiksiniyordu.

"Yine başlıyorsun. Adaya, tek başıma gidemem ya! Birinin bana arkadaşlık etmesi gerek."

İrina güldü, küstahça ve utanmadan. Boris'e yalan söylemeye hiç niyeti yoktu. Bir rezaletten kaçınıyordu yalnızca.

Boris, bütün kabalığıyla, "İzin vermiyorum!" diye bağırdı.

"Vazgeçtiğimi söylemek hem pek budalaca, hem de ayıp olur. Frischmut'tan bir motor istemesini ben rica ettim von Geier'den."

Boris yerinden fırladı ve öfkeyle haykırdı: "İzin vermiyorum! Memurlarıma alay konusu olmak istemiyorum. Bütün Sofya'nın dilindesin. Almanın üç yıl kapatmalığını yapman yetmiyor mu?"

İrina, buz gibi ve ezici bir yanıt yapıştırdı: "Evet, ama senin isteğinle..."

Boris'in çökük yüzü, kırbaç yemiş gibi acıyla buruştu. İrina acımasızca gülüyordu. Oysa, şu anda karşı bir duygu vardı içinde; yıllarca önce dağdaki kilisede ilk öpüldüğü an ona bağlayıveren duygunun benzeri. Yıllarca hep bu duyguyla yaşamış ve Boris'in üstüne bir başkasını sevememişti. Ne var ki, bu temiz duygu korkunç bir tutku uğruna ayaklar altına alınmış ve Nikotiana için ilk kez feda edilmişti. Bundan ötürüdür ki, Boris'e acıyamıyor, acılı yüzünü ve yalvaran bakışlarını soğukkanlılıkla süzüyordu.

Boris, heyecan ve üzüntüden bitkin bir halde sandalyeye çöktü ve kendi kendine konuşuyormuş gibi, hırıltılı bir sesle, "Bırakmayacağım seni!" dedi. "Ne olursa olsun bırakmayacağım. Sokakta, limanda rezalet çıkaracağım."

İrina, bu sözlerle müthiş kızdı. "Dene bir bakalım da görelim!" dedi. "Bunu yaparsan Kondonyanis'i elden kaçırmış olursun."

Boris, yıldırımla vurulmuş gibi oldu "Ne dedin?" Sonra öfkesinden köpürerek adeta böğürdü: "Gözdağı mı veriyorsun?"

İrina her zamanki soğukkanlılığıyla, "Uyarıyorum yalnızca," dedi.

"Gestapo'dan yana mı? Beni tutuklarlar diye mi?"

"Hayır, seni değil, Kondonyanis'i."

Boris, İrina'nın bu yanıtı karşısında biraz şaşaladı. Alkolle bulanmış kafası ağır ağır işlemeye başlamıştı.

"İşi bozacaksın şu halde!.."

"Rezalet çıkarırsan kendin bozacaksın işi!.. Anladın mı? Von Geier'in ilgisini tam şu sıra Kondonyanis'ten uzak tutmak gerek."

Boris'in bulanık gözleri her şeyi görüverdi; "Ha! Eskisi gibi iş çevireceğini ileri sürerek beni yatıştırmak istiyorsun demek?" Bakışlarında bu yeni durumdan duyulan şaşkınlık vardı. Hasta karısından kurtulmuş, anasını ve akrabalarını hemen hemen unutmuş, erkek kardeşinin öldürülmesine göz yummuş, kapatmasını satmış, yüzlerce kişiyi sızdırmış, hor görmüş, binlerce insanı yoksulluğa itmişti. Ülke işlerine yön veren, dediği dedik kişilerdendi. Herkes ona boyun eğiyor, ama kimse sevmiyordu onu. Boris'i yükselten toplum düzeninin çürümüş temelleri sallanmaya başlamıştı. Genel bir çöküntü yaklaşmaktaydı. Boris'i korku, güvensiz bir yarın, aylaklık, sinir bozukluğu bekliyordu. Bunun sonu ise delilik ve ölümdü.

Boris, sevgiye böylesine özlem duymamıştı bugüne kadar. Onu bu yapayalnızlıktan kurtarabilecek tek varlık, İrina'ydı. Nikotiana ve bugüne kadar elde ettiği ne varsa, İrina'nın şu anda değerini karşılamaktan uzaktı. Boris bütün hayatında ancak şu anda bir gerçeği kavrıyordu. Ne var ki, iç dünyası taşlaşmıştı, gerçeği kavramasının hiçbir yararı yoktu. Üstelik, böylesine geç uyanmış aşk duygusu da bencilliktendi.

Sonra çılgın gibi haykırdı: "Öyle mi? Pis yılan seni! Sevgilinle keyif sürmek için adaya gideceksin demek! Buna izin vermeyeceğim! Duyuyor musun? Şuradan şuraya kımıldayamazsın! Kondonyanis'in de, kârlı işin de Allah belasını versin! Alman sigara tröstlerinin ve Gestapo'nun da canı cehenneme! Hiçbir şeyden korkmuyorum!" Yüksek sesle: "Hiç, hiç korkmuyorum!" diye bağırdı üst üste.

Boris miydi bunları söyleyen? İrina, önce bir sarhoşun öfkeyle atıp tutması sandı, ama yıllardır özlemle beklediği anın en sonunda gelmiş olduğunu anlamakta gecikmedi. Bencillik sonucu da olsa insanca bir duygusunu ortaya vurabiliyordu. Karşısındakini rahatsız eden hayvanca bir kıskançlık da olsa, bir sevgi belirtisiydi bu. İrina'yı ilk kez ticaretinden, Alman sigara tröstlerinden ve von Geier'den üstün tutuyordu. İrina, hafif bir heyecanla, onurlanma ve hınzırca bir sevinç duyuyordu; ama mutluluk değil. Kazandığı bu zaferin hiçbir anlamı kalmamıştı. On iki yıl süreyle türlü aşağılıklar ve yorucu bir hayat Boris'i yitirmiş, İrina'nın yüreğini de doymak bilmez bir açgözlülük, zevk düşkünlükleri ve yalan dolanla çökertmişti. Tütün her ikisini de zehirlemişti. Şu anda aşk nesineydi İrina'nın? Ona, Boris'in yurtdışındaki İsviçre Frankları, Dolarları ve Hollanda Guldenleri gerekliydi yalnızca. Ama bunlar bile yeterince çekici olamıyordu. Ne de olsa kıskançlıktan kuduran, sinirleri bozuk bir adamla yabancı ülkelerde yaşamak hiç de hoş değildi. İrina onu bir paçavra gibi fırlatıp atabilirdi. Son yıllarda oldukça mücevher, Dolar, İsviçre Frankı ve Hollanda Guldeni edinmişti. Boris gerekli değildi bundan böyle. Hem de hemen ayrılabilirdi ondan.

Yavaş sesle, "Bağırma öyle!" dedi. "Hemen yarın Sofya'ya dönüyorum."

"Orada da orospuluğunu sürdürmek için mi?"

"Hayır, senden boşanmak için."

Boris, boğuk boğuk, "Ne dedin?" diye haykırdı. "Boşanmak mı?"

Bulanık bakışlı gözleri sonuna kadar açıldı ve sarhoş kahkahalarıyla bütün bedeni sarsıldı. "Pis kaltak seni, çıkar peşindesin yine! Tazminat ve nafaka da istersin, değil mi?"

İrina, küçümseyen bir bakışla, "Sersem!" dedi. "Senden para isteyen yok."

"Razı gelir miyim sanıyorsun?"

"Neye?"

"Boşanmaya."

"Vız gelir. Buradan uzaklaşacağım. Sana daha fazla katlanamayacağım. Çekilmez huyların, içki düşkünlüğün ve rezaletlerin burama geldi. Mahkemenin kararı ne olursa olsun ben bir dam altında yaşamayacağım seninle."

İrina, hiçbir şey olmamış gibi rahat ve sakin, bir baktı. Kestane rengi gözlerinde, Boris'i böylesine ezik ve bezgin görmenin hınzırca sevinci parıldıyordu yalnızca. Çıldırtıcı güzelliğinin ve güçlülüğünün en yüksek tepesindeydi şu anda. Gür ve sık saçları lacivert ve siyahtı. Yüzü fildişi rengindeydi. Hareketlerinde bir kedi kıvraklığı vardı. Benliğinden kendine güven taşıyordu.

İrina, "Rezalet falan olmayacak," dedi. "Yarın Sofya'ya gidiyorum."

"Rezalet çıkarmayacağım. Taşoz'a gidebilirsin."

Boris bardağına konyak doldurup sonuna kadar içtiktensonra şişeyi aldı ve odasına gitti. İrina arkasından koştu ve şişeyi çekip aldı elinden.

Boris, şaşkın, "Neden?" diye sordu ve aptal aptal güldü.

"Daha fazla içersen sağlığın için tehlikeli olacak."

"Sana ne benim sağlığımdan?"

"Ne mi? Birbirimize bazı şeyler borçluyuz yine de."

"Peki."

"Birbirimize karşı nasıl davranmamız gerektiğini kavradın, şu halde. İyi."

Boris makineleşmiş ve bomboş bir sesle, "Evet," dedi, "kavradım."

"İyi geceler!"

İrina odasına dönmeden Kostov'un kapısını tıklattı.

Başuzman, sırtında ipekli pijaması, kapıda göründü. Uykulu uykulu, "Dırıltı bitti mi?" diye sordu.

"Evet. Yarın benimle adaya gelir misiniz? Sizin de gelmeniz iyi olacak."

"Hâlâ mı bir dadı gerekli yanınızda. Yazık ki dinlenmek niyetindeydim yarın."

"Şu halde ricamdan vazgeçerim. İyi geceler."

İrina, ağır ağır uzaklaştı odasına doğru.

Başuzman, öfkeyle arkasından seslendi: "Geliyorum. Sizin bugüne kadar hangi isteğinizi geri çevirdim!"

Genç kadın odasına girince, sıcağın etkisiyle müthiş bir yorgunluk duydu. Boris'le çatışması hiçbir etki yapmamıştı. Yatağa girince bir sigara daha yaktı ve adaya yapacağı yolculuğu düşündü. Von Geier'in yeni bir yanını mı buldum, diye de uzun uzun düşündü. Yanıt hayırdı. Almandan daha yıllar önce bıkmıştı. Von Geier, onun gözünde bir ortaçağ hayaleti, hiç değişmeyen hayal düşkününün biriydi.

Pencereden içeriye sıcak ve ıslak bir hava doluyor, tülün arkasında sivrisinekler vızıldıyordu.

İrina sigarasını söndürdü ve mumu üfledi. Güney gecelerinin hüzünlü türküsü duyuluyordu. Bir yerlerden doğru hafiften gürültüler geliyordu.

Gecenin sessizliğini yırtan bir tabanca patladı. Altları çivili çizmelerin kaldırımda acele acele koşuşmaları ve bir motor homurtusu duyuldu. Sonra yine sessizlik kapladı her yanı.

8

Motor, dalgakıranı geçmiş, Kavala tepeleri ve Sarı Şaban düzlüğü gittikçe uzaklaşmaya başlamıştı.

Von Geier, yaklaşan çöküntü ve içini dolduran ölüm ezintisiyle üzgündü; ama hayatın şu en son günlerini masmavi bir gök ve İrina'nın göz alıcı yakınında geçirmekten gizli bir sevinç duyuyordu. Ölüm ve hayatın, hiçbir gücün yıkamayacağı ölümsüz varlığın değişik biçimleri olduğuna inanırdı. Alman ruhu ölümsüzdü. Bu düşünce, ölümün çirkin görüntüsünden kurtarmış, rahatlatmıştı von Geier'i.

Adanın tepeleri, vadileri, pırıl pırıl kumluktu, çam ve zeytin ormanlarının tatlı yeşili gittiçe yaklaşıyordu.

İrina bir sigara yaktı, "Adada iyi bir otel var mı?" diye sordu.

Başuzman, "Hayır," dedi. "Hepsi de tahtakuruludur. Ama ben sizi dostum Bayan Kristallo'ya götüreceğim."

"O da kim?"

"Olymp'ten kovulmuş bir Afrodit. Önyargıları olmayan bir kadın, sevişenlerin koruyucusu."

"Muhabbet tellalı desenize, kısaca!"

"Yoo, hayır! Siz Yunanlıların bu konuda ne kibar davrandıklarını bilmezsiniz. Evi hiçbir bakımdan genelev değildir."

"Tahtakurulu bir oteli daha uygun buluyorum."

Kostov sustu. Suratını asmıştı. Yüreği yine sıkışıyor ve sol kolu ağrıyordu. Buna benzer acılar ve rahatsızlıklar, Baba Pierre'i çok erken götürmüştü mezara. Kostov başını kaldırdı az sonra. Krizi atlatmıştı, ama alnı ter içindeydi. İrina'ya baktı yorgun yorgun.

İrina, "Bağışlayın," dedi. "Güneşin ve sıcağın size dokunduğunu unutmuştum."

Başuzman, bu krizlerin pek önemi kalmadı, gibisinden bir el işareti yaparak gülümsedi...

Von Geier, dümen başındaki gemicilerin yanına oturmuş, onlarla konuşuyordu. İrina'yla Kostov'un Bulgarca konuşmalarını duymayan ya da duymak istemeyen bir hali vardı.

İrina, denize eğildi güverteden. Sular zümrüt yeşiliydi. Denizin dibi pırıl pırıl kumluktu. Motor, çamlar ve incir ağaçlarıyla örtülü kayalık bir kıyıdan geçiyordu. Bir dili dönünce koya girdiler. Motor sesini duyan Yunanlı ve Bulgar birkaç memur, rıhtımda toplanmıştı. Ada halkından gelenler de, şapkalarını saygıyla ellerine almışlardı. Daha önce birçok kez adaya gelmiş olan Kostov'un elinin açıklığı hepsini umutlandırmıştı.

Kostov, "Nerede kalmak istiyorsunuz?" diye sordu.

İrina, "Kristallo'da değil herhalde!" diye sert bir karşılık verdi.

Başuzman "Nasıl isterseniz," dedi. "Sonradan kendi ayağınızla gideceksiniz."

Bir hamal, von Geier ve İrina'nın küçük valizlerini yakındaki bir otele taşıdı. Kostov öğle yemeği ısmarlamak için rıhtımdaki lokantaya gitti.

Nikotiana başuzmanı, rıhtım kahve ve gazinolarının arkasındaki küçük alandan geçmiş, kentin ortalık yerine varmıştı. Zeytin, nar ve incir ağaçlarıyla çevrili küçük ve eski evler pek haraptı. Sıcaktan aşırı bunalmış Kostov, yorgun yorgun yürüyor ve keçisini çekerek önünden giden kızıl saçlı bir kıza bakıyordu kimi zaman. Kızın acelesi olmalıydı ki, hayvanın ipini ikide bir çekiyordu sabırsızlıkla. Ama keçi sık sık duruyordu. Sonunda Kostov kıza yaklaştı. Kızın gök mavisi iri gözleriyle baktığını görmeseydi yürüyüp geçecekti. Açım, diye haykırıyordu bu hüzünlü bakışlar. Parça parça ve boyundan uzun giysinin yırtıklarından görünen bedeni pek sıskaydı. Sapsarı yüzü, veremli ve sıtmalı olduğunu açığa vuruyordu. Kostov böyle çocukların yüzlercesini Kavala'da her gün görüp geçiyordu. Bu kızın da önünden geçivereceкti, olağanüstü bir duyguyla takılıp kalmasaydı. Yoksulluktan ve hastalıktan bucak bucak kaçmasına karşın bu kızın önünde duruvermişti. Tuhaf bir duygu vardı içinde. Acı gerçeği değil de, keçi yavrusu gezdiren bir küçük kızın bulunduğu bir kır tablosu görüyormuş gibiydi. Kavala'da vicdan tedirginliği veren insan yoksulluğunun çirkin görüntüsü burada, adanın yaban güzelliğiyle örtülmüştü. Küçük kızın yüz çizgilerinde, binlerce yılın güzelliği okunuyordu. Saçları kızıl kahverengiydi ve gözlerinde tuhaf bir mavilik vardı.

Yabancı adamı gören kız çocuğu, kaçmaya davrandı.

Kostov Yunanca, "Dikkat et, hayvanı boğacaksın!" deyince durdu ve ürkek ürkek baktı.

Kostov, gülümseyerek, "Nereye gidiyorsun?" diye sordu.

Çocuk, kuşkuyla baktı ve korkusundan hiçbir şey söylemedi.

Başuzman, kızın saçlarını okşayarak, "Nerede oturuyorsun?" diye sordu.

"Herakli'nin yanında."

"Herakli nerede oturuyor?"

"Şurada!"

Sokağın sonunda bir yeri gösteriyordu.

"Beni de götürür müsün Herakli'nin yanına?"

Yabancının bu dileği kızın korkusunu artırdı. Keçiyi sürükledi, yüksek sesle ve ilgilenmez görünerek, "Herakli şimdi orada değil," dedi. "İşte, evi de kilitli..."

Kostov, çocuğun arkasından yürüyordu.

"Adın ne senin?"

"Aliki."

"Ne güzel adın var! Okula gidiyor musun?"

"Hayır."

"Ekmeğin var mı?"

Küçük kız gözlerinde kuşkulu ve hüzünlü bir merak belirtisiyle, "Ekmeğimiz yok," dedi çabuk çabuk.

"Kötü öyleyse! Ama keçiden süt sağarsınız."

Küçük kız, yaşlı adamın budalalığına şaşmış gibi güldü. "Daha yavru o. Yavru keçiler süt vermez. Yunanlı mısın?"

"Hayır!.."

"Ya nerelisin?"

"Bulgaristanlı."

Çocuğun bakışlarında düşmanca bir parıltı belirdi. Sonra, "Ekmeğin var, öyleyse!" dedi.

"Evet."

"Azıcık bana verir misin ekmeğinden?

Kostov suratına bir tükürük yemiş gibi ürperdi. "Elbette."
"Yalan söylemiyorsun, değil mi?"
"Hayır."
"Ne zaman vereceksin ekmeği?"
"Öğle üzeri gel, Aristidis'in lokantasına."
"Aristidis kovar beni."
"Söylerim ona, yapmaz."
Aliki, aklına bir başka engel gelmiş yetişkin biri gibi, yüzünü buruşturdu.
"İnanmıyor musun bana?"
"Öğleleri sıtmam tutuyor."
"Ya! Sıtman mı var? İlaç almıyor musun?"
Aliki, suçüstü yakalanmış gibi baktı.
Kostov, çocuğun yanlış anladığını fark etti. "Hastaysan sana haplar veren olmuyor mu?" diye sordu.
"Herakli rakı veriyor ama, ben kusuyorum."
Kostov, dehşet içinde kaldı. Böylesine yoksul bir çocuk karaborsadan kinin alabilir miydi? Ekmeği bile yoktu yavrucağızın. Bunun gibi daha yüzlerce Yunanlı çocuk vardı. Onlara Kavala sokaklarında her gün rastlardı. Lüks Amerikan arabasıyla geçip giderdi önlerinden. Ama kızıl kahverengi saçlı ve olağanüstü mavi gözlü şu kızcağızın, açlık ve hastalıktan bitkin bu küçük yaratığın önünde yüreği sızlayıvermişti.
Sokak bomboştu. Çıt çıkmıyordu. Uzaklarda bir kaval çalıyordu. Binlerce yılın Yunan ezgileri, koyun hiç kırışıksız ve masmavi sularında yankılar bırakıyordu. Kıyıda biberiye fidanları, nar ve incir ağaçları vardı.
Kostov'un heyecanı artıyordu. Önceleri duyduğu can sıkıntısı geçmişti. Küçük kızın çökük yanaklarını görünce bir ürpermişti; ama tuhaftır, bu ürküş iyi gelmiş ve her şeye karşı duyduğu ilgisizliği gideriverınişti. Yüreği iyilik duygularıyla doluvermişti. Böylesine güzel duygular, başkalarının yardımına koşuvermek isteği duymamıştı bugüne kadar.
Aliki bir başka sokağa sapıvermişti.
Kostov, "Dur biraz!" diye seslendi. "Yemeğe gel benimle!"

"Nereye?"
"Kristallo'ya."
"Kristallo da kovar beni."
"Neden?"
Kız karşılık vermedi. Yırtık pırtık pis giysisi aklına gelmişti; iyi giyimli bayanlar ondan kaçınıyorlardı bitlidir belki diye.

Başuzman, "Kovamaz seni," dedi.

Sonra Aliki'nin elinden tuttu ve birlikte yürüdü. Kız, keçiyi de arkasından sürüklüyordu ipinden çekerek.

Küçük kız, bir süre sonra, "Bana bir kötülük etmeyeceksin değil mi?" diye sordu.

"Kötülük mü?"

"Dayak atmayacaksın ya?"

Kostov üzüntülü bir sesle, "Hayır, hayır," dedi ve çocuğun sıska elini okşadı.

Kristallo iriyarı, ellisinde kadar gösteren bir kadındı; yüzü bol pudralı ve dudakları kırmızı boyalıydı. Eski Yunan yüzlerini andıran yüz çizgileri olmalıydı bir zamanlar, ama Atina'daki genelevler onun güzelliğini öylesine sömürmüşlerdi ki, hüzün verici bir yıkıntı kalmıştı geride. Eskiçağdan kalma bir tapınağın kırık dökük mermer sütunları gibi. Boylu poslu endamı, süslü saç tuvaleti ve altın küpeleriyle eski Bizans ressamlarının tablolarını andırıyordu. Erkeklerle geçirdiği çeşitli deneyler yüzünden düşünür olmuştu bir bakıma. Savaş patlak verdiğinde adadaydı. İhtiyar bir zeytinyağı tüccarıyla yaşıyordu ve adam bir gece kalp durmasından ölüvermişti. Adadaki Alman komutanın inatçılığı yüzünden Atina'ya dönememişti.

Kristallo, Kostov'u görünce pek sevindi, ama Aliki'yi fark edince surat astı. Yaşlı Bulgar, serin ve temiz odayı, başını dinlemeyi ve arada bir rakı içmeyi seven kibar ve hoş bir müşteriydi. Bundan ötürüdür ki, Aliki'yi göstererek, "Bu uyuzu nereden buldunuz?" diye sordu.

Başuzman, keçi yavrusunu bahçedeki zeytin ağacına bağlarken, "Sokaktan!" diye karşılık verdi.

"Neden getirdiniz buraya?"
"Karnını doyurmak için?"
"Sonra?"
"Sonrasını düşünürüz."

Kostov, keçiyi bağladıktan sonra, zeytin ağacının altındaki masaya oturdu yorgun argın. Gözleri çukura kaçmış, yüzü iyice pörsümüştü.

Kristallo onu süzüyordu. Hayat deneyimlerinin iyice bilediği zekâsıyla durumun nedenini kavramıştı. Başını salladı ve düşünceli düşünceli, "Anlıyorum," dedi. "Ona acıdınız."

"Ya ne gelmişti aklınıza?"
"Önemli değil."
"Çocuğu tanıyor musunuz?"
"Evet açlıktan dileniyor."
"Korkunç şey!"
"Olağanüstü değil."
"Anası babası neredeler?"
"Yok! Anası bir balıkçıyla kaçtı, babası da İtalyan savaşında öldü."
"Kimin yanında oturuyor?"
"Amcasının..."
"Herakli'nin mi?"
"Evet, Herakli'nin."
"Nasıl adamdır?"
"Sarhoşun, tembelin biri!"
"Onunla konuşmam gerekir."
"Başınıza iş açarsınız. Kavgacının biridir, Bulgarları hiç sevmez."

Kristallo, saçlarını düzeltti ve bir sandalye çekip oturdu. Som altından kol saati, varlıklı oluşunun bir belirtisiydi ve para hatırına erkeklere güler yüz göstermekten uzak olduğunu da belirtiyordu.

"Ne yapmak istiyorsunuz?"
"Henüz bir kararım yok ama, belki de yanıma alırım bu çocuğu."

Kostov'un bakışlarında heyecanlı ve tedirgin bir parıltı vardı. Bugüne kadar sürdüğü anlamsız hayatın bomboşluğundan gelir gibi sesi boğuk çıkıyordu.

Kristallo, hiçbir şey söylemedi. Şaşmamıştı. Hafif bir esinti zeytin ağaçlarının yapraklarını hışırdatıyordu. Uzaklarda bir yerde çalınan kavalın ezgileri yine duyuldu; eski çağların hüzünlü bir oyun havası gibi. Kristallo, 'yaşlı bir bay ve küçük bir kız çocuğu,' diye aklından geçirdi. Bu işler çocuğun evlat edinilmesiyle sonuçlanırdı bazen. Şu karga kız, bakarsınız on yıl sonra şık bir küçük hanım oluverirdi. Ama bu işte yine de bir tuhaflık var gibiydi. Kostov, bu kararında acele etmişe benziyordu. Kristallo bir Aliki'ye, bir Kostov'a bakıyor, işin sonu nereye varacak diye anlamaya çalışıyordu.

Başuzman "Ne dersiniz bu düşünceme?" diye sordu.

"Pek çabuk verilmiş bir karar bence. Şimdilik yardım edin ve evlat edinmeyi daha sonra düşünün."

"Ama çocuğu yanımda götürmek istiyorum."

"Öyleyse Herakli sizi iyice sızdıracak."

"Kaç para isterse veririm."

"Pek acele etmeyin. Zararlı olur, Herakli'nin önünde aşırı görünmeyin Aliki için. Kızı oda hizmetçisi olarak yetiştirmek istediğinizi söyleyin ona."

"Bana bir dostluk yapar mısınız?"

"Ne gibi?"

"Herakli'ye benimle gelin."

"Bundan budalaca şey olmaz. Kızı benim size salık verdiğim anlamını çıkarır ve pek yüksek bir para ister."

Kostov düşününce hak verdi Yunanlıya. Sonra birden, kıza bir giysi uydurabilir misin?" diye sordu.

Kristallo, alnını kırıştırdı öfkeyle, sonra bir düşündü, "Durun bakayım," dedi. "Benimkiler arasından bir şeyler bozup ona uydurmaya çalışacağım. Kavala'ya giderseniz Klonaris'e bir bakın, karaborsa fiyatına satıyordu geçenlerde."

Kristallo iskemleden kalkıverdi ve Aliki'nin elinden tutup,

"Gel bakalım, küçük!" dedi. "Önce bir yıkayalım seni. Doğdun doğalı ne sabun, ne de tarak yüzü görmemişe benziyorsun."

Gülerek arka bahçeye geçti çocukla. Aliki olayı, Kristallo'yu pek heyecanlandırmıştı. Kız arkası sıra gelmişti.

Kostov, incir ağacının gölgesine oturmuş, rakısını içiyordu. Kristallo da içerde kızı yıkıyordu. Günün en sıcak saatleriydi ama, bahçenin yeşillikleri ve ağaçları yine de serinlik veriyordu. Uzaklardan doğru hep o kaval duyuluyor ve burnuna biberiye kokuları geliyordu.

Başuzman ağır ağır rakısını içiyor ve Aliki'yle ilgili hayaller kuruyordu. Hayal kurdukça da yaşama isteği güçleniyor, yarını düşünüyordu. Kendini bir baba yerine koyuyordu. Aliki'yi kibar kızların gittiği yatılı bir okulda yetiştirecekti. Sonra birlikte pastaneye gidecekler ve otomobil dışarıda onları bekleyecekti. Küçük kızı tuvaletlerle baloda gözünün önüne getiriyordu; çevresinde bir sürü hayran döneniyordu. İyice yaşlanmış ama hayatından hoşnut olan Kostov'u da saygıyla selamlıyorlardı. Lacivert gözlü ve kızıl siyah saçlı bu eski çağlar Yunan güzeline açık sarı ipekliden bir tuvalet ne de yakışırdı.

İçki kadehini ağzına götürürken yeniden ürktü. Gene hep kendisini düşünüyordu. Her zaman ağır basan bencilliğiyle önce kendini, sonra Aliki'yi düşünüyordu. Yapmak istediğinin derin anlamını kavrayamamışa benziyordu.

Kristallo az sonra Aliki'yi getirdi; yıkayıp temizlemiş, saçlarını taranmış, ne de güzelleşmişti. İlerde nasıl da güzel olacağı hemen belli olmuştu.

Kostov yine geleceği düşündü. Yirmisinde kim bilir ne güzel kız olacaktı! Ama şu kurumuş bedenin, çökmüş yanakların, şişmiş dişetlerinin hayata kavuşması, canlanması için ne kadar zaman gerekecekti kim bilir!

Kristallo, öğlen yemeğini getirmişti. Omlet, tavada balık ve taze buğday ekmeği vardı. Aliki şaşıp kalmıştı, gözlerini hiç ayırmadan yemeklerine bakıyordu. Öylesine açtı ki, yemeklerden biraz alıp koşarak uzaklaşmak istedi. Yine de kaldı, beceriksiz ve ürkek, yemeye başladı. Tertemiz sofra örtüsünü kirletirim diye ödü patlıyordu. Kristallo, çatal-bıçağın nasıl tutulacağını gösterdi. Çocuk yavaş yavaş çevresine alıştı ve konuşmaya başladı.

Kostov, bir ara, "Benimle gelir misin?" diye sordu.

"Nereye?"

"Benim ülkeme."

Kristallo, "Orada bol ekmek var," diye söze karıştı. "Bu bay sana ayakkabılar ve güzel giysiler de alacak. Temiz çocuklara benzeyeceksin. Yazları Atina'dan buraya gelenlere. Üstelik daha da güzel olacaksın onlardan."

Aliki, bir de, "Bana bebekler de alacak mı?" diye sordu.

"Bebekler, oyuncaklar; istediğin kadar."

Aliki gözlerini kırpıştırdı. Kendini bildi bileli akşamları hep bebekleri hayal ederek uyuyakalırdı. Bu yüzden açlığını bile unuttuğu olurdu. Düşlerinde ekmek yerine bebekler görürdü. İnanmamış gibi, "Doğru mu?" diye sordu.

Kristallo, "Böyle iyi bir bay seni neden aldatsın?" dedi. Aliki, bir an düşünüp taşındıktan sonra, hayatın zorladığı bir arsızlıkla, "Peki!" dedi. "Bebek alırsan gelirim seninle."

Kristallo, "Ama yalnızca bebeklerin hatırına değil," diye söylendi.

"Ya neden?"

"Bu amca çok iyi insan, seni kendi kızı yapacak."

Kristallo, durmadan bir şeyler dikerken, Aliki sessizleşiverdi. Sıtma nöbeti başlamıştı. Zangır zangır titriyordu. Sıcak aranan bir köpek yavrusu gibi güneşli bir yere oturdu; yüzü gerilmiş, elleri kenetlenmişti.

Kristallo, "Her gün mü nöbet geliyor?" diye sordu

Aliki konuşamayacak kadar halsizdi. Mavi gözleri dehşetle çevresinde dolaşıyor, bedeni titriyor, dişlerini birbirine çarpıyordu. Kafası demir bir çemberle sıkıştırılıyormuş gibiydi. Kristallo'yu ve yaşlı bayı kızdıracak bir harekette bulunma korkusuyla kendini kaybetmemeye çalışıyordu. Yoksa bebek almazlardı ona.

Kostov, kızı kucakladığı gibi odaya götürdü. Ama odanın serinliğinde kızın titremesi daha da arttı. Başuzman, yatağın kenarına oturdu ve çocuğu yorganlarla iyice örttü.

Sıtma nöbeti şiddetleniyordu. Aliki'nin mavi gözleri bulanıklaşmış, yüzü kızarmıştı. Sıska bedeninden kuru bir sıcaklık taşıyordu. Az sonra yatakta çırpınmaya başladı, birbirini tutmaz sözler söyledi ve görünmez bir el tarafından tokatlanıyormuş gibi zaman zaman haykırdı acı acı.

Kristallo, tasayla, "Tropikal malarya," dedi.

"Nasıl anladınız?"

"Sıtma bu kadar sarsmaz."

Kostov, ceketini telaşla giydi ve heyecanlı bir sesle, "Bir hekim çağırayım," dedi.

Kostov ancak merdivenleri inerken İrina ve von Geier'i hatırladı; Aristides'in lokantasında birlikte öğle yemeği yiyeceklerdi.

Büyük bir çınar ağacının altındaki masada yemekte buldu onları. Çok olmuştu yemeğe başlayalı ve geciktiğinden ötürü hiç de kızmış görünmüyorlardı. Masada, Aristides'in hazırladığı nefis Yunan yemekleri, sardalyeler ve kuzu kızartması vardı. İrina ve von Geier, ikinci şişe şaraba başlamışlardı; keyifleri yerindeydi. Onları Taşoz'a getiren motorun iki tayfası da yandaki bir başka masada, sessizce yemek yiyorlardı. Sert şarabın etkisiyle İrina'nın gözleri pırıl pırıldı. Yüzü hafifçe kırmızılaşmış olan von Geier, pek temiz olmasa da serin otel odasına çekileceği anı düşünüyordu.

İrina ve von Geier, Kostov'u gülerek karşıladılar ve Kristallo'ya dokundurarak biraz takıldılar.

Başuzman, hiçbirini umursamadı ve İrina'ya, "Bir Yunanlı küçüğü muayene etmenizi rica ediyorum," dedi.

İrina alnını kırıştırdı ve isteksizce, "Kim bu çocuk?" diye sordu.

"Hasta ve aç bir kız çocuğu."

"Şimdi gidemem. Hava çok sıcak."

Kostov, İrina'nın sarhoş olduğunu anladı. Şu anda bir otel odasından başka şey düşündüğü yoktu bu kadının.

Kostov, dileğini yineledi.

İrina, küçümseyen bir bakışla süzdü onu. "Yine bu insan sevginiz! Böylesine aşırı duygululuğunuzun nedenini anlayamıyorum."

Hekimlik sorumluluğu bir zamanlar pek yerindeydi ve bütün hastalara hemen koşardı; ama şimdi bir tembellik, bir uyuşukluk içindeydi her yanı. Hasta bir çocuk için bile kılı kıpırdamıyordu:

"Başka hekim yok mu?"

"Vardır elbette. Bir arayayım."

Kostov yerinden doğruldu can sıkıntısıyla. Aliki'ye öylesine dalmıştı ki, İrina'ya kızamadı. Von Geier bir selam verdi ve hükümet hekimlerini bulmak umuduyla uzaklaştı.

İrina, doğru davranmadığını anlamıştı. Kostov, adını korumak için onlarla buraya gelmeye katlanmıştı. Arkasından seslendi: "Beni bekleyin!" diye.

İrina, gittikçe çocuklaşan bu adamın isteğini yerine getirmeliyim, o bizim yüzümüzden buralara geldi, demek istercesine von Geier'e baktı. Von Geier piposunun kalın dumanları arasından, başını salladı. Almanın yüzü pek semiz görünmüştü İrina'ya.

Başuzman dönmüş, bekliyordu.

Alman, alaycı, "Çocuğu evlat edinmek mi istiyorsunuz?" diye sordu.

Kostov büyük bir ciddilikle, "Evet!" dedi. "Sağ kalırsa!"

Von Geier, gülümsedi. Kostov'un şaka ettiğini sanmıştı.

Kostov, yolda giderken çocuğu anlattı İrina'ya. İrina'nın onu dinlediği yoktu. Adada doğru dürüst yıkanacak bir yer olmadığına kızıyordu. Akşamları kumsala gidip denize girmek vardı ama, çok tuzlu deniz suyu tenini bozardı. Banyosuzluktan ötürü şu ilkel ada insanlarına pek kızıyordu.

Kostov dinlemiyordu söylenenleri; İrina'nın kafasında banyodan başka düşünce olmadığını fark edeli beri.

İrina, "Gülünç duruma girdiğinizin farkında değil misiniz?" diye sordu.

"Ne gibi?"

"Şu kız çocuğu yüzünden. Kim bilir neler düşünürler sizin için."

İrina'nın budalaca şeyler aklına getirmiş olduğunu anladı, kızmadı ve hüzünlü bir sesle, "Aliki daha pek küçük," dedi. "Ben çocukları her zaman severdim. Siz bunu anlamazsınız. Benim şu andaki duygularımı hiçbir zaman kavrayamayacaksınız." Başını önüne eğmiş, boğuk ve derinden gelen bir sesle konuşuyordu; kendi kendisiyle konuşuyor gibiydi. Şık iskarpinleriyle hiç düşünmeden tozlarda yürüyor, ceketinin ve pantolonunun kirlenmesine boş veriyordu. Gömleği terden gövdesine yapışmıştı, saçları darmadağınıktı. Çukura kaçmış gözlerinde kendinden geçmiş bir anlatım vardı. Kostov muydu bu adam? Şu çöküvermiş adam, daha üç saat öncesine kadar örnek olacak şıklıktaydı ve en küçük bir lekeden, bir tozdan ödü patlardı. Onun böylesine değişivermesi, İrina'ya bir ruh hastalığı gibi geldi. Bu moral bir değişimden çok, yaşlılıktan ötürü bunama başlangıcıydı. Ama sonra, bunun yalnızca hekimlik kanısı olduğunu ve Kostov'un durumunu açıklamadığını düşündü.

Odaya girdiklerinde Aliki biraz açılmıştı. Gözleri ağlamaktan kıpkırmızıydı, kendi de pek bitikti. Kristallo, elinde bir bardak suyla, yanında oturuyordu. Çocuğu tatlı sözlerle yatıştırmayı deniyordu, ama alışık olmadığı pek belliydi. Hastanın durumuna çok üzülen Kristallo, karaborsadan bulduğu toz kininden vermişti. Ama sigara kağıdına olsun sarmayı akıl etmediğinden, çocuk cılız bir sesle, "Çok acı, zehir gibi..." diye durmadan söyleniyordu.

Kinin acılığı çocuğa öyle kötü gelmişti ki, Herakli'nin zorla içirdiği rakıyı bile aratmıştı. Yatıştırmaya çalışan Kristallo'nun elini ısırdı bu yüzden.

Olup bitenleri can sıkıntısıyla süzen İrina, "Dostunuz bayan büyük bir yanlış yaptı bence," dedi. "Çocuk pek bitkin. Kinin, hastalığı karahummaya çevirmiş olabilir."

"Bu ne demek?"

"Malarya'nın getirdiği daha tehlikeli bir hastalık."

Başuzman, şaşkın şaşkın baktı. Şakakları zonkluyordu. Dalgın dalgın, "Şimdi ne yapacağız?" diye sordu.

İrina, ilgisizlikle, "Yapacak hiçbir şey yok," dedi.

"Hiç mi? Onu bu halde mi bırakacağız?"

"Kalbini güçlendirmeli. Ama burada en sıradan ilaçlar bile bulunmuyor."

"Von Geier'den rica ederim, çocuğu motorla Kavala'ya götürsünler diye."

"Orası sizin bileceğiniz iş. Şu var ki, Almanların dostluğunu kötüye kullanmayalım."

İrina, bir sigara yaktı ve Aliki'nin tere batmış yüzünü gözden geçirdi. Çocuk gerçekten güzeldi. Ama başuzmanın tasasını hatırlayınca yine de pek hoşlanmadı. Kostov'un aşırı tasası, damar sertliğinden hasta yaşlı bir bekârın duygululuğuydu onca. Kızın güzel yüzünü bir daha süzdükten sonra "Nerede bunun anası babası?" diye sordu.

Kostov, "Yok!" demekle yetindi.

"Bir vasisi olmalı. Varsa, çocuğun durumunun kötüye gittiği haber verilsin."

Kostov, Herakli'yi hatırlamıştı birden. "Var, böyle biri. Bu akşam ona gideceğim. Gelir misiniz birlikte?" dedi ve üzüntüyle ekledi: "Herif sarhoşun biri. Aliki'yi Kavala'ya götürmek istiyorum. Yalnız gidersem kim bilir neler düşünür. Bende böyle şeylere dayanacak hal kalmadı. Anlıyorsunuz, değil mi?"

İrina, "Bir düşüneyim," dedi ve çocuğun yatağına oturup elini tuttu. Sonra, başuzmana dönüp, "Çocuğu olmamış, iyi yürekli karı koca rolü oynamamızı istiyorsunuz değil mi?" diye gülümsedi.

"Bir on beş dakikacık yalnızca. Bir çocuğunuz olmasını belki siz de istersiniz günün birinde."

İrina alnını kırıştırdı. Bu soru onun bakımından çoktan çözümlenmişti. Sürdüğü başıboş hayat sonucu çocuk edinmesi elde değildi artık. Bir taş kadar kısırdı. Bu aklına geldikçe bunalır ve yaşı ilerleyince çekeceği yapayalnızlığın karanlığını düşünürdü. Kostov'un az önce söyledikleri, içindeki gizli çocuk özlemini bir anlık dile getirmişti. Aliki'nin zayıf ve nemli elini birkaç saniye tuttu. On yıl önce çocuk kliniğinde hasta yavruların karyolaları arasında dolaşırken duyduğu duygulara benzer bir şeyler kıpırdamıştı yüreğinde.

Kostov, "Kininden mi böyle oldu?" diye sordu. "Hayır... çok hasta zaten. Tropikal Malarya'sı varsa kinin etkisi yarın ortaya çıkar."

"Ne yapılabilir önlemek için?"

"Bilmiyorum. Kız çok güçten düşmüş. Bu gibi vakalarda kinin alyuvarlarda çöküntüye yol açar."

Başuzman, umutsuz bir sesle, "Hiç mi bir şey yapılamaz?" diye sordu.

"Kalbin çalışması desteklenebilir ancak... Askeri bir hekimbulup şırınga ve kardiyazol istemeli."

"Hemen gidip arayayım."

"Ben de geliyorum."

Von Geier'i Aristides'in gazinosunda, çınarın altında oturur buldular, suratı asık, canı sıkkındı. İrina, Kristallo'nun temiz evine taşınmaya Almanı çabucak razı etti. Kristallo'nun yer tahtaları gıcır gıcır ovulmuş, duvarları açık mavi badanalıydı; eskiden kalma bir Türk hamamı da vardı. Pencerelere kalın tüller konulmuştu. İrina, Kristallo'yu şimdi pek sevimsiz bulmuyordu. Bilgisiz, ama güler yüzlü bir kadındı ve geçmişi İrina'yı hiç ilgilendirmezdi. Onun evine ille taşınmak istemesinin bir başka nedeni de, küçük Aliki için elinden geleni yapmak istemesiydi.

Kostov ve İrina, von Geier'i Kristallo'ya götürdüler. Alman, evden hoşlandı ve hemen odasına çıkıp yatağa uzandı.

Kostov ve İrina, çocuğun ateşinin yükseldiğini görünce askeri bir hekim aramaya çıktılar. İrina, odadan çıkarken çocuğun alnını tuttu. Aliki, gözlerini yavaş yavaş araladı ve yabancı kadına uzun süre baktıktan sonra, kinin tozları kalmış patlak dudaklarını diliyle ıslattı. İrina da mendilini çıkardı ve kininleri dikkatle sildi; sonra attı mendili. Aliki'de bulaşıcı bir hastalık olabileceği gelivermişti aklına. Oysa, başlangıçta böyle bir şey düşünmemişti bile.

Toz ve sıcaktan bunalarak uzun süre dolaştıktan sonra askeri hekimin kaldığı yeri buldular. Kostov, bunca dolaşmaya karşın İrina'nın hiç kızmadığını görünce pek şaştı. Hasta çocuk, ona hekimlik görevini hatırlatmışa benziyordu.

Hekim, açık mavi gözlü, boylu boslu, kumral, sevimli bir gençti. Kostov'un kapıyı vurmasıyla öğlen uykusundan uyanmış olmalıydı. Çünkü tek katlı evin kapısını açtığında suratı pek asıktı. Bir mayo giymiş, ayaklarına terlik geçirmişti. Öğleyin dinlenirken rahatsız edildiği için kızmış bir hali vardı. Ama belli etmedi; hemen içeri çekilip yazlık subay ceketiyle döndü. İrina bu genci tanır gibi olmuştu. Birden hatırladı. Karşısındaki hekim, yıllarca öncenin Bimbi'siydi. Hemen hiç değişmemişti. Hâlâ çocuksu yüzü eskisi kadar tasasızdı, yarı aralık gözleri yine güzeldi.

İrina, sinirli sinirli gülerek, "Sana burada rastlayacağım hiç aklıma gelmezdi," dedi.

Bimbi, "Az kalsın seni bir tarihte Sofya'da görmeye gelecektim," dedi.

"Neden yapmadın bunu?"

"Benim giremeyeceğim çevrelerde yaşadığını söylemişlerdi."

İrina, üzülerek, "Saçma!" dedi. "Gelmeliydin." Sonra genç adamın güçlü bedenini, hemen hemen kılsız tenini süzdü. Krem ilanlarındaki erkeklere benziyordu. Her şeyden bıkmış olan İrina'nın böyle erkekler hoşuna gidiyordu şimdi. Oysa, genç kızlığında böylelerin bomboşluğundan tiksinirdi. Kaçırdığımız fırsatı şimdi elde edebiliriz, diyen bakışlarla Bimbi'yi dikkatle gözden geçiriyordu. Von Geier'le adaya geldiğini bir ara hatırladı ama, şu genç adam buradayken Alman hiç de ilginç değildi.

Genç kadın, senli benli konuşarak, "Gelmeliydin beni görmeye!" dedi yine.

İrina'nın yüksek sosyetedeki başarılarını dinleye dinleye ürkekleşmiş olan Bimbi, "Oralarda bir dilenci sanırlardı beni," diye kekeledi. "Çünkü senden bir tavsiye isteyecektim."

"Ne gibi?"

"Sofya'da kalabilirdim, belki,"

"Yazık, sanıyorum bir şeyler yapabilirdim. Sen eskiden böyle çekingen değildin. Hani hatırlar mısın?.."

Genç doktor utanmış gibi gülümsedi; İrina'ya karşı eskiden nasıl da kaba davranmış olduğunu hatırlatmak istemiyordu. İrina'dan tam altı yıl sonra güçlükle bitirebilmişti öğrenimini. Sonradan bir altın kaçakçılığına adı karışmış ve hapisten zor kurtulmuştu. İnceler bir tavırla, "Buraya gezmeye geldiniz sanıyorum," dedi.

"Evet."

"Uzun süre kalacak mısınız?"

"Birkaç gün kadar..."

Bimbi biraz toplamıştı kendini; daha olduğu gibi görünmeye çalışarak, "Beni hatırlamış olduğunuza teşekkür ederim," dedi. "Özür dilerim ama, Taşoz'da görev aldığını bilmiyordum." Sonra gülümsedi. Bimbi'nin böylesine bön kalmış olmasına şaşmamıştı. "Sana yine rastladığıma pek sevindim," dedi. "Ama bırakalım bu sözleri şimdi. Ben şırıngayla kardiyazol ampulü istemeye geldim buraya. Verebilir misin?"

"Elbette, şimdi. İstediğin kadar," derken biraz rahatlamış, senli benli konuşmaya başlamıştı. "Kimin için istiyorsun?"

"Hasta bir kız çocuğu için..."

İrina, Aliki olayını kısaca anlattı. Bimbi, hasta hayvandan çok çiftçiye acıyan bir veterinerin acımasıyla dinliyordu. Dar hayal gücü çocuğun hastalığından daha ötesini gözünün önünde canlandırmaya yetmiyordu. Bir zamanların romantik İrina'sının, bütün yakınlaşma isteklerini sert bir tavırla geri çeviren bu çekingen kızın, şu anda onu şiddetle istediğini de anlamamıştı. Çünkü hayatta böylesine yükselmiş bir kadının parıltısı, genç hekimin aklını başından almıştı.

Bimbi, karşı evde bulunan tabur revirine götürdü İrina'yı. Aliki yüzünden aklı başından gitmiş olan Kostov, sokakta bekliyordu. Bimbi başçavuşu uyandırdı, gazocağını hemen yakmasını emretti. Şırıngayı kendi eliyle kaynattı ve aç, yoksul Aliki için değil de bir albay içinmiş gibi, iğnenin en incesini seçti.

9

Herr von Geier, Kristallo'nun hazırladığı temiz ve serin odada iyi uyumuştu. Döşeme tahtaları bir güzel ovulmuştu. Duvarda Führer'in resmi asılıydı ve yatağın üzerinde, bir kilise ulusunun tasviri önünde mum yanıyordu. Odada, hoş ve rahatlatıcı bir hava vardı.

Alman, bahçeden gelen yavaş sesli bir konuşmayla uyanmıştı. İki kadının olağan konuşmasıydı. Von Geier biraz Yunanca bildiğinden, Aglaia, Kaliopi ve Herakli adlı birilerinin söz konusu edildiğini anlamıştı. Eski Yunan adlarını böyle bir çevrede duymak biraz gülünç de gelse, von Geier'i az çok ilgilendirmişti. Büyük bir dikkatle tıraş olup bahçeye çıktı; Kostov'la İrina'ya orada rastlayacağını umuyordu. Ama Kristallo'dan başka kimseyi bulamadı; zeytin ağacının altına oturmuş, Aliki için giysi dikiyordu. Alman, Kristallo'yu incelikle, ama soğukça selamladı kendi diliyle. Yunanlıları sevmezdi. Üç yıl kaldığı Atina'da otel garsonlarının ve tütün krallarının uşakça kul köle olmaları, onda tuhaf bir tiksinti uyandırmıştı bu insanlara karşı. Kristallo da Almanlardan hoşlanmazdı. Kendini beğenmiş, sessiz ama çabucak kızıveren Bulgarları üstün tutardı. Kristallo yeni müşterisinin soğuk ve az konuşkan biri olduğunu, Kostov'a hiç benzemediğini hemen anlamıştı. Von Geier'in de Aliki'yle bir ilişkisi olduğunu düşünerek çocuğun sağlık durumu üzerine bilgi vermek istedi:

"Çocuk biraz daha iyi. Sayın bayan ilaç buldu, iğne yaptı."

Kadının Pire ağzı Yunancasını pek anlamayan von Geier, "Hangi çocuk?" diye sordu.

"Kavala'ya götüreceğiniz Aliki."

Von Geier, başını salladı ve hiç karşılık vermedi. O, İrina ve Kostov'un nereye gitmiş olduğuyla ilgileniyordu.

Kristallo, hiç umulmadık bir soruyla yine sözü açtı: "Bayanın çocukları var mı?"

Alman, ters ters, "Bilmiyorum!" dedi.

"Çocuğu olmasa gerek."

Kristallo, dikiş makinesinin kolunu hızla çevirdikten sonra birden durdu, "Siz evli misiniz?" diye şaşırtıcı bir soru yöneltti yine.

Von Geier, buz gibi bir bakıp, "Sizin meraklarınızı gidermek zorunda değilim," dedi.

Kristallo, "Çok özür dilerim, rahatsız ettiğim için," diyerek hemen işine koyuldu, hiçbir şey olmamış gibi. "Çocuğu hanginizin evlat edineceğini öğrenmek istemiştim de..."

"Ben değilim her halde. Nereye gittiler?"

Kristallo, büyük bir ilgisizlikle, "Hiç bilmiyorum," dedi. Almana bir baktı, asık yüzünü görünce keyiflendi ve, 'iyi de yapıyorlar sana,' diye aklından geçirdi; bu güzel kadın için buraya geldin, ama onlar seni atlattılar.

"Benim için bir haber bırakmadılar mı?"

"Hayır."

Sonra bir süre daldı Almanın öfkeli bakışlarına ve İrina'yla Kostov'un nereye gittiğini söylemekten vazgeçti. Von Geier, bir an suratını asıp düşündükten sonra, bu da ne oluyor, diye düşündü. Kristallo, onun kararsız anından yararlanıp, en güçlü vuruşunu yaptı: "Asker hekimle gitti bayan."

Sonra, Aliki giysiyi aldı ve sevinçle gözden geçirdi.

Alman acele acele, "Kiminle dediniz?" diye sordu.

Kristallo, kızdırmaktan hoşlanan bir tavırla, "Aliki'ye ilaç getiren o iyi yürekli ve sevimli genç hekimle," dedi.

"Sayın bayanın eski bir tanışına benziyor."

Von Geier, "Teşekkür ederim," dedi ve bu konuyla Aliki'den daha çok ilgilenmiyormuş gibi üst perdeden bir baş salladı.

Sonra, zeytin ağacının önünden geçti, nar ve incir ağaçlarının hafifçe gölgelediği bahçeden yürüyüp sokağa çıktı. Yine bir iç çöküntüsü, hüzün ve yalnızlık duygusuna kaptırmıştı kendini. İrina'nın bir başkasını bulmasından kuşkulanıyordu. Ama böyle düşünse bile yine de kızmıyordu. İrina bütün tembelliğine ve umursamaz yaşamasına karşın, geçmişten, klinikte çalıştığı günlerinden sağlıklı bir yan saklayabilmişti yine de; kendi kendisini gözden geçirebiliyor, alaya alabiliyor ve batmakta olan birisi durumundayken bile yüksek bir kişi bilgeliğini gösterebiliyordu. Bu yetenek çok değerliydi von Geier için. Bir Alman, bir Slav gibi kendi kendisiyle eğlenemezdi hiçbir zaman.

Yola çıkınca bir sigara yaktı ve kıyıya inmeye başladı. Deniz, ayna gibi dümdüzdü. Sıcaklık biraz düşmüş, güneş batıya yönelmişti. Denize girip yüzmek geldi içinden. Sonra kıyıda oturup yemek vaktini bekledi. Daha sonra da, İrina'yı görecekti yine.

Von Geier, bulunduğu yerden topallayarak ve ağır ağır uzaklaştı, zeytinlikler arasından kumsala inen yola yöneldi. Yol, küçük koyu at nalı biçimi çeviren çakıllı bir kumsala iniyordu. Denizin şurasından burasından çıkmış sivri kayaları sular yalıyordu. Yakıcı güneş altında her şey pırıl pırıldı ve göz kamaştırıyordu.

Eski hava subayı von Geier, Aristo'nun yaşadığı dönemde de buraların yine böyle olduğunu hayal etti. Sonsuz mavi deniz karşısında kafasını dolduran bütün sıkıcı düşünceler yavaş yavaş kayboldu. Eski çağlarda yaşayan bir Yunanlı kadar şen ve canlıydı. Bu adadan hiç ayrılmasam diye bir isteğe kapılıverdi. Ama iki Alman tayfanın Kavala'ya döndüğü motor gözüne ilişince, bunun yaklaşan kötü sonu kafasından atmak için bir istek, bir ruh hali olduğunu anlayıverdi. Alman ruhunun ölümsüzlüğü ve üstünlüğü inancını dişleyen bir kuşkudan kurtulmak için duyulan bir hayal, bir özlemdi yalnızca.

Yaklaşmakta olan çöküntüden kaçınmak, ölüme boyun eğmekten sıyrılmak, çalışkan ve dürüst Alman ulusunu yirmi yıl süreyle bütün Avrupa'nın celladı yapan o çetecilerin elinden yakasını kurtarmak istiyordu. Aydın bir Alman olarak, o çeteye hizmet etmiş olmanın utancından kurtulmak, Gestapo'ya, Boris'e, Kondonyanis'e ve yaşama sevincini elinden zorla alıp o çetenin uslu bir uşağı durumuna getiren her şeye sırt çevirmek istiyordu. Ancak bunun olmazlığını da az sonra anlayıp büyük bir umutsuzluğa kapıldı; Doğu Prusya'da ormanları, şatoları ve geniş toprakları olan ataları yüzünden çok gerilere uzanan geçmişe sıkı sıkıya bağlıydı.

Von Geier, kumsala vardı. Motor ufukta gözden kaybolmuştu. Çamların reçine kokusuna biberiyelerin, yosunların ve denizin kokuları karışıyordu. Alman, soyundu ve giysilerini çalılığa sakladı. Sonra yüzdü ve iyice açıldı. Arada bir sırtüstü yüzerek dinleniyordu. Bir saat sonra denizden çıktığında güneş batıya yanlamıştı iyice. O denizdeyken kumsalda boyalı dudaklı iki kız ve kareli gömlekle dağ ayakkabıları giymiş bir genç ortaya çıkmıştı. Topal adamın böyle uzun süre denizde kalmasına üçü de pek şaşmışa benziyordu.

Von Geier, az sonra dönüş yolunu tuttu; zeytin ağaçları arasından geçen yoldan dönüyordu. Yıkıntıların bulunduğu tepeye varınca durup bir sigara yaktı.

Von Geier bir mermere oturup batı yönüne baktı bir süre. Ada, akşamın bu saatinde açık zümrüt yeşili, menekşe mavisi ve turuncu karışımı bir renk cümbüşüydü. Güneş, Orfano koyunun arkasında batmıştı ve sarı aydınlığı, uzak dağların gölgesinde yavaş yavaş kayboluyordu.

Eski hava subayı Alman, hüzne ve yapayalnızlık duygusuna, yaklaşan çöküntünün bunaltısına kapılmıştı yine.

İrina, Bimbi ve Kostov, Herakli'yi eski kentin yıkıntıları arasında bir kulübede buldular. Pis bir bahçesi, alçak bir duvarın yanında bir incir ağacı, sarmısak tarlası, çamur sıvalı ve içi leş gibi kokan bir kulübesi vardı. Kulübenin tavanı samanla örtülüydü ve biri pencere, biri de kapı olarak kullanılan iki delikten aydınlık alıyordu.

İncir ağacının altındaki sırayı, Herakli'nin büyükbabası, tepedeki eski çağ yapısının mermerlerinden yapmıştı. Taşın üstündeki yazıların ve süslerin eski Yunan yüceliğiyle bir bağlantısı olduğunu sezen sarhoş, bu sırayı elden çıkarmıyordu. Bunu almak isteyen müze müdürünü bile ölümle korkutmuştu.

Üç yabancı bahçeye girdiğinde, işte bu sıraya oturmuş, yiyecek bir şeyler getirir umuduyla, Aliki'yi bekliyordu. Kristallo'ya zengin müşteriler geldiği söylentileri onun kulağına kadar ulaşmıştı. Bundan ötürüdür ki, kendisine de uğrayacaklarını umuyor, nasıl davranması gerektiğini düşünüp duruyordu.

Herakli bedence pek çökmüş değilse de, saçları hafifçe kırlaşmış ters herifin biriydi. Gözünün biri kapanmıştı; tek gözü, bir sarhoşun öfkeli küstahlığıyla bakıyordu. Yüzünün bir yanı inmeli olduğundan ağzı çarpılmıştı. Gençliğinde Ada seçimlerinde azbuçuk bir rol oynardı. Venizelosçular onun meyhanelerdeki konuşma gücünden yararlanırlardı. O büyük Yunan devlet adamının ölümünden sonra Herakli kendini içkiye vermişti. Venizelosçulardan destek gördüğü sıralarda çalışmadan, gününü gün etmeye alışmıştı. Şimdi bütün dünyadan nefret ediyor, işgal askerlerinden zavallı Aliki'ye kadar herkese atıp tutuyordu. Yabancıları görünce, 'kimseden korkmadığımı şunlara bir göstereyim,' diye düşündü.

Kostov, "Bay Herakli siz misiniz?" diye sordu.

Herakli, Taşoz adasının yüksek kişilerinden birine uygun ağırbaşlılıkla, "Evet, benim," dedi.

Yabancıyı mermerden sıraya buyur edip kendi de bir taşa oturdu. Sağa sola koşmaktan pek yorgun düşmüş olan Kostov'dan başkası, mermere serilen pis paçavralara oturmayı göze alamazdı. Herakli, şık ve güzel kadını küçümseyerek bir süzdükten sonra askeri hekimin deri tabanca kılıfına baktı.

Kostov, "Sizinle konuşacaklarımız var," diye başladı. "Ama önce hemen belirteyim ki, size karşı kötü bir niyetimiz yok."

Herakli, başuzmanın sözünü ağzına tıkadı: "Olsa da bana hiçbir şey yapamazsınız."

Kostov, kısaca, "Neden?" diye sordu.

"Pek pek, bir aya kalmaz buradan savuşacaksınız da ondan..."

Kostov, sakin bir tavırla, "Şimdilik adada bizlerin sözü geçiyor," dedi. "Sana da ya dilini tutmak, ya da Kavala İskeçe demiryolu yapımında çalışmak düşüyor. Hiç değilse karnın doyar."

Herakli, çürük dişlerini göstererek güldü, alaycı alaycı, "Hayır, istemem, sizlere çalışacağıma açlıktan ölürüm daha iyi," dedi. "Oraya gönderebilirsiniz; tabancalarınızla herkese gözdağı veriyorsunuz çünkü. Voloslu Perikles, geçende sandalına bakarken liman komutanı kâğıtlarını sordu. Perik, çıkarıp gösterdi.

Ama komutan alıp yırttı kâğıtları köpek seni diyerek, sonra da belgen yok deyip zavallının sandalına el koydu. Periklicik on altın verdi komutanına. Ama beriki on altın daha istedi. Perikli on altını da verdi. Bu kez de komutan, 'Bana rüşvet mi veriyorsun pis herif' diye haykırdı. Sonra da tayfalara emredip zavallıcığı dövdürdü ve aldığı altınları onlarla paylaştı. Kayığı da elden giden Perikli dayaktan öldü. Sizler böylesiniz işte! Hepinizin tabancası var. Tabancanız olunca da bizleri solucan gibi ezmeye kalkıyorsunuz."

İrina, hiçbir şey anlamamıştı. Bimbi tek tük anlamıştı. Ama Kostov, söylenilenlerin hepsini kavramıştı.

"Kendi gözlerinle mi gördün?"

"Evet."

Kostov, soğukkanlılıkla, "Sen yalan söylüyorsun," dedi. "Sana kimsenin neden önem vermediğini şimdi anlıyorum. Anlattıkların burada değil, Porto Lagos'ta geçti ve Perikli'yi Bulgarlar değil, Almanlar öldürdü, partizanlara silah taşıdığı için. Oysa sen, bir halk yiğidini, canını kurtarmak için rüşvet sunan korkağın biri yaptın."

Herakli, bir ürktü, ama açık tek gözü, yine de küstahça baktı.

Kostov, "Anlattığın olayı neden buraya aktardın?" diye sordu.

Yunanlının inmeli yüzünde beliren gülümseyiş, sırıtış oluverdi. "Olayın nerde geçmiş olduğu önemli değil. Benim yanıma tabancayla geldiğinize göre..."

Kostov, "Sen dürüst bir Yunanlı gibi görünmek istediğinden bunları uyduruyorsun," diye sözünü kesti. "Liman komutanının rüşvet alması hikâyesini bundan ötürü uydurdun."

Herakli, yüzsüz yüzsüz sırıttı. "Beni ürkütüp de işinizi kolaylaştırmak istiyorsunuz; buraya neden geldiğinizi biliyorum. Ama dilediğinizi elde edemeyeceksiniz."

"Neymiş o?"

"Aliki'yi vermeyeceğim."

"Kim dedi onun için buraya geldiğimizi?"

Yunanlı, küstahça, "Kimsenin söylemesi gerekmez," dedi. "Belli şey. Başka neden dolayı geleceksiniz bana. Kurtlar kuzu peşindedir, moruklar piliçten hoşlanır. Ama küçüğü kolay kolay yedirmeyeceğim size."

Herakli'nin gözleri, açlıktan kıvranan bir sırtlanın gözleri gibi kötü kötü parlıyordu.

Kostov susuyordu. Bu sözleri yanıtlamayı onuruna yedirememişti. Bu susuşunun Yunanlıyı tedirginleştirdiğini de fark etmişti.

Bimbi, "Ne söylüyor bu adam?" diye sordu.

İrina, "Kostov'un insan sevgisi kimseyi inandırmıyor olmalı," dedi.

"Benden para sızdırmak istiyor, ama bende büyük para ne gezer."

İrina, "Dilediğiniz kadar para verebilirim size," dedi.

"Gerekmez. Bu solucan herifi yola getireceğim."

Herakli, yüzsüz yüzsüz yine sırıttı. "Beni unutmamanız gerekir. Vasisi benim."

"Bunun için geldim ben de..."

"Şu halde oturun da erkekçe konuşalım."

"Seninle hiçbir şey konuşamam. Ne gözün iyi bir şey görüyor, ne de ağzından güzel bir söz çıkıyor. Küçüğü senin vicdanına bırakıyorum."

Kostov'un yüzünde, otuz yıldır tütün alışverişi yapmanın verdiği bir boş verirlik vardı. Bunu sezen Herakli, umutsuzluğa kapıldı. Limanda iş bulamıyordu. Üç gündür ağzına tek lokma girmemişti. İçkiye susamıştı. İçkiden gayrısını düşündüğü yoktu. Bu yüzden canına kıymayı bile düşünüyordu. Aliki'yi bir satabilseydi. Ama bu fırsatı kaçırmak üzereydi. Umutsuzlukla, "Bayım, şöyle oturun da konuşalım," diye inledi.

Kostov, "Hayır!" dedi. "Ben yola çıkıyorum. Çocuğu Kristallo'dan alırsınız."

"Bayım, oturun ne olur!"

Herakli yalvarıyor, Kostov'un ayaklarına kapanıyordu. Ama başuzman, hiç oralı olmuyordu. İşadamı alışkanlığı, şantajcının zayıf sinirlerini alt etmişti.

Herakli, yine başlamıştı ağlayıp sızlamaya: "Sayın bayım küçük kızla ilgilenirse üstümden bir yük kalkacak. Beni birkaç yılcık ayakta tutacak bir para karşılığı her şeye razıyım."

Kostov, "Yarın hükümet konağına gelin de razı olduğunuzu yazıyla bildirin!" dedi.

Von Geier, güneş battıktan çok sonra kente döndü, canı sıkkın, kolu kanadı kırıktı. Kıyıdaki küçük gazinoda ne İrina'yı ne de Kostov'u buldu. Kavala'dan gün aşırı Taşoz'a motorla gelip aynı gün dönen Bulgar turistlerinden gürültücü bir topluluk vardı.

Aristides, bayanla öteki bayın henüz dönmediğini söyledi ve akşam yemeği isteyip istemediğini Almana sordu. Biraz beklemeyi uygun bulan von Geier, Yunan rakısı ısmarladı ve kadehini ağır ağır yudumlamaya başladı. Tam bu sırada bir Alman astsubayı yanına yaklaştı. Bağa gözlüklü ve ciddi yüzlü biriydi. Atebrinden ve yakıcı güneşten suratı tuhaf sarı bir renk almıştı.

Astsubay, "Özür dilerim," diye başladı, "Yedek Binbaşı Baron von Geier siz misiniz?"

Eski hava subayı, "Evet!" demekle yetindi.

Astsubay, "Kimlik belgenizi rica edebilir miyim?" dedi büyük bir incelikle.

Von Geier, Frischmut'un imzasını taşıyan ve Ege kıyılarında özgürce dolaşmasını sağlayan belgeyi çıkarıp gösterdi. Astsubay ilgiyle gözden geçirdikten sonra özene bezene katladı ve geri verdi.

Astsubay, "Adada bulunan Alman uçaksavar üssünde irtibat subayıyım," diye açıkladı. "Bugün tümen komutanlığından aldığımız bir emirle şu son gergin durum yüzünden bir an önce Kavala'ya dönmenizin uygun olacağını size bildirmekle görevlendirildim."

"Kim verdi bu emri?"

"Tümen komutanı General Frischmut'un yaveri Binbaşı Frank. Motor yarın gelecek."

"Teşekkür ederim. Bir kadeh rakı içer misiniz?"

Astsubayın ince dudaklarında üzüntülü bir gülümseyiş belirdi. Hemen geri dönmesi gerektiğinden kabul edemeyecekti: Üssü boşaltma emri gelmişti az önce.

"Adada kızıl çeteciler de ortaya çıktı."

Von Geier, "Ama burada Bulgar piyade taburu da var." dedi.

"Onlara hiç güven olmaz."

"Neden?"

"Bulgarlarla aramız açılmışa benziyor. Dün Halkidiya'da bir Alman bataryası baskına uğradı. Yakında bulunan Bulgar birlikleri yardıma yanaşmadılar. Sofya'da yeni bir hükümet kuruldu. Biliyor muydunuz?"

"Hayır."

"Bulgar radyosu haber verdi."

"Yeni bakanlar kimler?"

"Söyleyemeyeceğim. Bulgar adlarını aklımda tutamıyorum."

Sustular. Motor uğultuları duyuluyordu. Uzaklarda kim bilir nerelerde yüzlerce uçak gecenin sessizliğini parçalıyor ve öldürücü yüklerini kuzeye taşıyorlardı.

Astsubay, "Durum kötüye benziyor," diye ekledi.

Von Geier de, "Evet," diye doğruladı. "Hem de çok kötü."

İki erkek birbirlerini sessizce süzdüler; çılgınca serüveni sonunda kavramış bir halleri vardı. İkisi birden kültür ürünlerimiz, işçilerimizin eşsiz başarıları, gençliğimizin yemişleri yok edildi, yenileceğiz, diye akıllarından geçirdiler. Kentler yerle bir edildikten ve Avrupa'nın her yerinde milyonlarca insan öldürüldükten sonra, neydi onları bekleyen? Bunu hiçbiri söylemeyi göze alamıyordu.

Astsubay, "İyi geceler sayın binbaşım," dedi.

Eski hava subayı da, "İyi geceler," dedi, bunalmış bir sesle,

Astsubay, dönüşte baskına uğrarsa hemen el atmak için tabancasını biraz öne kaydırdı, eski bir alışkanlıkla. Sonra karanlıkta kayboldu.

Von Geier, yine yalnız kalmıştı. Kafasının içi karmakarışıktı. Adadan ayrılmasını ne diye isterlerdi? Durum gerçekten de böylesine kötü müydü? Oysa, von Geier'in, en son kiloya kadar bütün tütünleri Almanya'ya göndermek için zaman kazanması gerekiyordu. Alman sigara tröstlerine karşı bu görevini yerine getirmeliydi. Her Alman subayının bölüğüne karşı davrandığı, işbaşındaki çete uğruna dövüştüğü gibi. Evet, düpedüz çeteciydiler hepsi de. Von Geier, bu düşüncelerinden ötürü ürküp bunaldı birden; kurtulmaya çabaladı.

Hayır, çete falan yoktu. Yüksek mevkideki kişilerden oluşmuş bir çevrede Alman ulusunun bilincinde yer etmiş görev duygusu. Niebelungen Efsanesi, ölümsüzlük türküsü söyleyen pırıl pırıl yıldızlar vardı yalnızca. Tröstler, Almanya'nın beyni ve yüreğiydi. Yenilgiden, sayısız insan kayıplarından, kentlerin yanıp yıkılmasından sonra Almanlar yeni yeni kentler, fabrikalar, ordular kuracaklar ve dünyayı buyrukları altına almak için çok daha büyük bir savaşa gireceklerdi. Çünkü Alman ulusunun alınyazısı ya batmak, ya da dünyayı buyruğu altına almaktı. Üç kuşak boyunca bütün filozoflar bu gizemli alınyazısını çözmeye çalışmış ve Richard Wagner bunu müzikle dile getirmişti.

Von Geier, 'Almanya batıyor,' diye düşündü. Almanya ya batacaktı ya da bambaşka olacaktı. Ama bu bambaşkanın nasıl bir şey olabileceğini von Geier gözünün önüne getiremiyordu. Batış, yıkılış ve ölümden, korkunç bir ölümden daha başkasını göremiyordu. Almanya'nın batışı, hayal dünyasında yaşayan Baron von Geier'in ruhunun da batışı, Kuzey şövalyeleri soyundan ve avcı uçak filosundan eski bir hava subayının da sonuydu; oysa tam yirmi yıl sigara tröstlerinin buyruğunda doğulu kapkaççı işadamlarıyla alışverişlerde yılmamış, dayanmasını bilmişti. Ama şu anda bütün umutlarını yitirmiş, her konuda hayal kırıklığına uğramış bir insandı.

Von Geier, sıcak ülke çiçeklerinin mis kokularıyla dolu lacivert gecede yine bir yaşam isteği duymaktaydı; Führer'e bağlı tröstçülerin ödediği paralarla daha uzun süre yaşayabilirdi. Rakı kadehini sonuna kadar içti ve Aristides'e akşam yemeğini ısmarladı. Dalgaların şıpırtısı ve kıyıya bağlı kayıkların gıcırtısı duyuluyordu. Koyun suları balıkçı kayıklarının ışıklarıyla pırıl pırıldı. Uzaklardan doğru yine bir kaval sesi duyuldu; hüzünlü ezgileriyle eski çağların trajedyalarını düşündürerek.

Alman, hesabı ödedi ve Kristallo'nun evine doğru yürüdü karanlıkta. Arada bir elektrik fenerini açıp kapıyordu. Sarımsı beyaz ışıklı kocaman yarasaların kanatları görünüp kayboluyordu.

Karanlıkta yürüdü, kimseye bir şey sormadan. Bir süre sonra kendini Kristallo'nun evinin önünde buldu. Kostov ve Kristallo, bahçedeki incirin altında, bir gaz lambasının donuk sarı ışığında oturuyorlardı. Yunanca bir şeyler konuşuyorlardı ateşli ateşli. İrina yoktu.

Von Geier, kızdı. Onu bekletmişler, yemeği tek başına yemek zorunda bırakmışlardı. Alman sigara tröstü, Kostov için de, İrina için de, şu Yunanlı karı için de, bundan böyle ortadan silinmişe benziyordu. Yunanlı karı ne de düşmanca bakıyordu.

Çitin kapısını usulca açtı, incir ve nar ağaçları arasında bir süre olduğu yerde kaldı; yapraklar hışırdıyordu. Samanyolu, süt rengi bir kemer gibiydi gökte. Von Geier karanlıktan sıyrıldı ve Kostov'la Kristallo'nun oturduğu masaya doğru yürüdü. Aliki'yi konuşuyorlardı. Onu yanlarında görmekten hoşlanmadıkları yüzlerinden belliydi. Kostov, yapmacık sözlerle özür diledi ve kurnaz bakışlarının bütün alaycılığıyla Almanı süzdü. Kristallo da Kostov'u destekledi. Sonra bir susuş oldu, von Geier'in İrina'yı sormasını bekler gibi. Von Geier sorunca da, Kristallo,

"Sayın bayan yıkıntıları gezmeye gitti o genç hekimle," dedi acele acele.

Alman umursamazmış gibi, "Ne zaman?" diye sordu kısaca.

Başuzman, "Çocuğun vasisinden ayrıldıktan sonra," diye söze karıştı. "Ben de gidecektim ama, çok yorgundum. Oranın manzarası pek güzel, diyorlar."

"Nerede bu yıkıntılar."

"Kıyıya giden zeytinliğin üst yanında."

"Oradaydım, ama kimseyi görmedim."

"Belki müzeye gitmişlerdir."

"Bu sattte mi?" İrina'nın hareketini anlayışla karşıladığını belli etmek ister gibi gülümsedi. "Belki yemeğe gitmişlerdir birlikte."

Kostov, "Evet", dedi. "Ordu gazinosuna belki."

Von Geier, "Küçük kızın sağlık durumu nasıl?" diye sordu.

"Biraz daha iyi. Görmek ister misiniz?"

Alman, evet anlamında başını salladı ve Kostov'un arkasına takılıp Aliki'nin odasına gitti. Çocuk uyuyordu, ama yastıklara gömülüydü. Derin ve tekdüze soluk alıyordu, ama yüzü sapsarıydı. Mumların sarımtırak ışığı yüzünün rengini büsbütün ölü gösteriyordu.

Kostov, ne düşündüğünü anlamak ister gibi Almanın yüzüne baktı.

Alman, ilgisizlikle, "Eski çağ resimlerini andıran bir güzellik," dedi. "Ne yapmayı istiyorsunuz bu çocuğu?"

"Evlat edinmek istiyorum."

"Kolay... Ya sonra?"

"Bakımıyla ilgileneceğim ve iyi yetişmesini sağlayacağım. Sonra da uygun bir koca bulacağım. Benim durumumda bir insanın hayatı biraz anlam kazanır böylece."

"Bütün bunlar şu sıra oldukça güç."

"Neden?"

Alman alaycı bir baktı.

Başuzman, "Sanırım işlerimiz düzelir yine," diye açıklamaya çalıştı. "Sofya'da yeni bir hükümet kuruldu."

"Biliyorum."

"Yeni kabineyi Demokratlar ve Köylü Partisi kurdu. Ayrı bir barış yolunda bir adım belki de. Böylece Kızıl Ordu'nun Bulgaristan'a girmesi de önlenir."

Alman, 'son başladı,' diye aklından geçirdi ve karşılık vermedi.

Aşağıya birlikte indiler.

Kristallo masayı hazırlıyordu. "Akşam yemeğini hazırlayayım mı?" diye sordu. "Mayonezli balık ve ada şarabı var."

Alman, "Yemek yedim," dedi kısaca. Sigarasını içtikten sonra yerinden doğruldu ve birden karar vermiş gibi, "Kumsalda ay ışığını seyredeceğim," dedi.

"Neden?"

"Burada gece vakti dolaşılmaz. Biraz tehlikeli sanırım. Silah var mı üzerinizde?"

"Evet. Neden sordunuz?"

"Bu sabah bir Bulgar askerinin ölüsünü buldular kıyıda. Bıçaklayıp denize atmışlar."

"Bunu bana yapamazlar."

Von Geier, küçük elektrik fenerini yaktı ve çınarlarla zakkumlar arasında, kıyıya giden yolda uzaklaştı. Ay yükselmişti. Ama gümüş bir ışıltı, tapınak yıkıntılarının biçimlerini ortaya çıkarmıştı.

Kostov ile Kristallo baş başa kaldılar. Bütün gün ağzına bir lokma koymamış olan başuzman, büyük bir iştahla yemeye başladı.

Kristallo, von Geier'in uzaklaştığını görünce, "Dostlarınız hiç hoşuma gitmiyor," dedi.

Başuzman, koyu reçine kokulu Taşoz şarabını içtikten sonra, "Çok kuruntulusunuz," dedi.

"Hiç de değil. İkisinin de olağan sayılmayacak bir yanı var." Kostov'un baktığını görünce ekledi: "Alman dostunuz tuhaf bir adam. Kadına gelince, bütün gününü aylak geçiriyor. Süslenmeden ve aşktan bıkmış bir kadın gördünüz mü hiç? Böyle bir kadın aşkı duyamaz, sık sık değiştirir erkekleri."

"Arkadaşım böyle bir kadındır."

Kostov, başını kaldırdı ve abajurun çevresinde uçuşan sivrisineklere daldı.

"İkisinin de böyle tuhaf halleri var. Sizin de var."

"Ne gibi?"

"Şu Aliki hikâyesi..."

Von Geier, Kristallo'nun evinden yüz adım ötede rastladı İrina'ya. Yıkıntıların bulunduğu tepenin arkasından henüz yükselmemiş ayın gümüş ışınları sokağı tatlı bir alacakaranlıkla dolduruyordu. Eski hava subayı, İrina'dan ayrılıp limana doğru uzaklaşan bir adam gördü sokağın alacakaranlığında. Von Geier, onu görünce birbirlerinden ayrılıp kendilerini ele vermemeye çalışmalarından tiksindi. Bu arada yaklaşmış olan İrina'ya, "Yapayalnız ne yapıyorsun burada?" diye sordu.

"Evi bulamadım. Yarım saattir sokak sokak dolaşıyorum. Görmeye gittiğim hekim arkadaş, revirde işi olduğundan benimle gelmedi. Çocuk için bir ilaç arıyordum."

"Bir şeyler bulabildiniz mi?"

"Yazık ki hiçbir şey bulunmuyor burada."

Alman, elektrik fenerini yakıp genç kadının yüzüne tuttu. Saçları darmadağınıktı, dudaklarının boyası bozulmuştu. Yanındaki erkek, karanlık sokaklarda onu küçük bir şırfıntı gibi kucaklayıp öpmüştü herhalde! Pek keyifli olduğuna göre de bundan hoşlanmıştı İrina.

İrina, von Geier'in her şeyi anlamış olduğunu sezdi ve öfkeyle, "Yeterince süzdünüz mü beni?" diye sordu.

"Evet bu kadar süzmek yeter. Saçlarınıza, dudaklarınıza bir çekidüzen verseniz iyi olurdu."

Bu sözler öfkesiz, alaysız, ama bir bakıma acıyarak söylenmişti. Von Geier, kendi iç dünyasının da çöktüğünü ve hayatının sona ermekte olduğunu seziyordu.

İrina, öfkeyle geçip gitti önünden.

Von Geier, iç dünyasının büsbütün ölmüş olduğunu şu anda daha iyi anlıyordu. İrina'yla ilişki kurarak yeniden elde etmeye çabaladığı yaşama gücünü de yitirmişti artık.

Ertesi sabah motor adaya yanaştı. Yine o iki tayfa getirmişti. Von Geier, Kristallo ile Aliki'nin de motora alınmasına izin verdi. Keramoti'ye uğrayıp Bulgar bir memur da aldılar; o da tropikal sıtmadan kendini kaybetmişti. Kavala'ya varınca, hasta Bulgar'ı işe yaramaz bir eşya gibi liman memuruna verdiler. İrina, Kristallo, Aliki ve Kostov, başuzmanın kiraladığı eve yürüyerek gittiler. Von Geier, Alman sigara tröstlerinin deposuna doğru hızla uzaklaştı.

Büroda kimseyi bulamayınca keyfi kaçtı ve Fraeulein Dietrich'in masasına oturdu. Başı ağrıyordu. Sıcaktan iyice gevşemişti. Öfkesinden de köpürüyordu. Motorla gelirlerken, uykusuz bütün bir gece aklına gelen ne varsa hepsini İrina'ya söylemiş, içini boşaltmıştı. İrina, Taşoz adasında hiçbir olay geçmemiş gibi sakin bir gülümseyişle ve susuşla yanıtlamıştı onun sözlerini. Karaya ayak basınca da, inanılmaz bir utanmazlıkla, "Sizi Çam-Koruya'da bekleyeceğim," demişti.

Kendisi, yani Baron von Geier, her şeyin sonunun geldiğini, şu anda apaçık görmekteydi.

Bir sigara yaktı ve memurların gelmesini bekledi. Uzun süre sonra, saat onu geçe, zili çalıp hademeyi çağırdı. Temiz giyimli ve saygılı bir Bulgar olan hademe hemen geldi.

Von Geier, yarım yamalak Bulgarcasıyla, "Nerede memurlar?" diye sordu.

Hademe, "Herr Adler'den başka kimse yok," karşılığını verdi. "Tütünlerin yükseltilmesine bakıyor."

"Söyleyin ona hemen gelsin!"

Az sonra, tahta bacaklı birinin yürürken çıkardığı düzensiz adımlar duyuldu ve Adler büroya girdi. Bastonuna dayanıyordu ve ter içindeydi. Sırtında iç gömleği vardı.

Eski hava subayı, öfkeyle, "Nerede ötekiler?" diye sordu.

Adler, biraz durakladı, öksürür gibi yaptı, önemli ve gizli bir şeyi açıklayacak gibi yaklaştı şefin masasına. Askerce bir tavırla, "Herr Preibisch, kıtasına gitti," dedi.

Von Geier, yorgun beynini zorlayarak, "Ne kıtası?" diye sordu; hiçbir şey anlamamıştı.

"Herr Preibisch ve Baron Lichtenfeld askere çağrılmışlardı."

"Evet, biliyorum. Herr Preibisch'in askere çağrılmasının geri bırakılması için yazmadınız mı?"

Muhasebeci, yutkundu, öksürdü, "Baron Lichtenfeld için böyle bir mektup yazmam gerekti," dedi.

Von Geier'in gözlerinde bir öfke parıltısı belirdi. "Nasıl olur?"

Muhasebeci, biraz kendini toplamıştı, daha açık konuştu: "Baron Lichtenfeld'in sevkinin durdurulması için mektup yazmamı Fraeulein Dietrich emretti."

Bir sessizlik oldu. Sonra, von Geier asık yüzle sordu: "Dietrich'le Lichtenfeld neredeler?"

Adler, yine öksürdü, yutkundu. Utanmış ve şaşkın bir hali vardı. "Sanırım henüz bilmiyorsunuz..." diye kekeledi. "Fraeulein Dietrich'le Baron Lichtenfeld nişanlandılar... Hamburg'da merkezden telgrafla izin rica ettiler... Dün akşam yola çıktılar."

Adler, yine bir öksürdü, Fraeulein Dietrich'le, Lichtenfeld değil de kendisi nişanlanmış gibi. Sonra yine bir sessizlik oldu. Adler, ürkek ürkek, şefin yüzünü gözden geçiriyordu. Von Geier'in yüzünü hiçbir gün böylesine duygusuz, dalgın ve korkutucu görmemişti. Bakışları bomboştu. Alt çenesi aşağıya sarkmıştı, ağzı yarı açıktı. Dudaklarının arasından yazı masasına düşen yaprak cigarası, sümende bir delik açmıştı. Sakin sakin, "Ya!" dedi ve başını kaldırdı. "Siz ne dersiniz bütün bunlara?"

Ne mi düşünürdü bu konuda? Hayır, o hiçbir şey düşünmezdi. Daha doğrusu, düşündüğünü söylemeyi göze alamazdı. On yıl süreyle Nazi rejimi ve Fraeulein Dietrich'le aynı yerde çalışmak, susmayı öğretmişti Adler'e. Baron, bir eşekarısı kadar kötü ve öç alıcıydı. Fraeulein Dietrich'in korkunç gücünü de bilmeyen yoktu.

Von Geier, yine sabırsızlıkla, "Anlatın hepsini!" dedi. Adler, yine öksürdü ve omuzlarını kaldırdı; Dietrich'le Lichtenfeld'i suçlamak ya da haklı bulmak bana düşmez gibilerden.

Von Geier, birden öfkeyle yerinden fırlayıp Adler'in yakasına yapıştı ve "Konuşsana be adam!" diye gürledi. "Sen de, ben de susarsak kim konuşacak? İkimiz de Almanya için kanımızı döktük, nişanlar aldık. Konuşsana Adler! Neden susuyorsun? Neden ve kimden korkuyorsun? Hiç değilse benim önümde konuşmak yürekliliğini göster, söyle kafandan geçenleri: 'Bu Lichtenfeld, aşağılığın, paçavra herifin biridir, atalarının adını kirletti' de! 'Dietrich ise, Hamburg liman meyhanelerinde herkesle yatmış orospunun tekidir' de! Kimsecikler ağzını açmayı göze alamadığı için bütün bu serseriler, hırsızlar, katiller Almanya'yı uçuruma sürükledi!"

Muhasebeci, dehşetle bakıyordu şefine. Adler, Rus topçusunun bombardımanı altında ve karlı steplerde ölüm tehlikesiyle burun burunayken bile şu andaki gibi korkmuş değildi. Pek çok kez ölümle karşı karşıya gelmişti. Ama her şeyden çok Gestapo'dan ve Fraeulein Dietrich'ten korkardı. Adler, von Geier'in güçlü kolları arasında korkudan büzülüvermişti. İş gömleği açılmış ve beyaz ceketinin yakasına iliştirilmiş madalya bantları ortaya çıkmıştı.

Von Geier, yeniden gürledi: "Alman halkı uçuruma yuvarlanmak üzere, Adler! Bizler de hâlâ susuyoruz! Neden susuyoruz? Bizler de ağzımızı açmazsak kimler gerçeği söyleyecek baştaki sersemlere?"

Adler'in alnında boncuk boncuk terler birikmişti. Şu anda şefinin ağzından duyduklarını çoktandır kendi de düşünmekteydi ama, bunları kimseye açmayı göze alamamıştı. Donuk bakışları, von Geier'in sözlerini doğruluyordu. Ama bu gözlerde yürekli bir askerin ve emir kulu bir insanın donuk bakışları vardı. Bunu bir anda sezen von Geier, muhasebeciyi bırakıverdi. Binlerce Prusya subayı, filozoflar ve eğitimciler, Alman erkeklerinin yürekli bir asker ve ağzı var dili yok kişiler olması gerektiğini, yüzyıllar boyu öğretegelmişlerdi.

Birinci Dünya Savaşı Richthofen Hava Filosu'ndan Binbaşı von Geier, "Bağışlayın, Adler!" dedi. "Sinirlerim çok zayıf düştü... Sizi kırdım."

Muhasebeci, "Hayır, binbaşım," diye kekeledi. "Hiç de kırgın değilim."

Von Geier'in sesi yatışmıştı: "Geçin masanızın başına! Bazı telgraflar yazdıracağım size!"

Kostov eve döndükten sonra günün kalan saatlerinde Aliki'yle ilgilendi hep. Çocuğun sağlık durumu kötülediğinden, kentin en iyi hekimlerini getirtmişti. Onlar da, İrina'nın teşhisini koymuşlardı. Bunu duyan Kristallo ağladı. Önce yavaş sesle ağlıyordu. Ama kendini suçlu buldu birden ve Pire genelevleri orospuları gibi haykıra haykıra ağlamaya başladı. İrina, öteki hekimlerle iki saate yakın hastalık üzerine konuşmuştu. Aliki'nin sağlık durumuyla ilgilenmek, sinirlerini yeni krizlerden koruyordu. Yakın bir kente, tütünleri gözden geçirmek için sabah sabah gitmiş olan Boris'i bile unutuvermişti.

Boris, tangur tungur otomobiliyle akşam üzeri döndü. Evin en serin yeri olan kendi çalışma odasına hastayı yatırdıklarını görünce öfkeyle söylendi. Ama kimse aldırmadı. Sağılacak bir inek olmaktan başka önemi kalmamıştı çevresi için. Her öğleden sonra olduğu gibi yine içmişti. Sinirliliğinden ya kavga çıkaracak yer arıyordu ya da hemen arkasından dünyayı tozpembe gören bir insan gibi aşırı keyifleniyordu. Sonunda, "Ben ve Nikotiana, işimize yaramaz bundan böyle, diye düşünüyorsunuz demek?" dedi.

Başuzman, asık bir yüzle, "Evet," karşılığını verdi. "Yakında birbirimiz için hiçbir önemimiz kalmayacak."

Boris, Başuzmanın bu sözlerine kızmıştı, ama ürkmüştü; demek ondan ayrılacaktı.

"Şu sıra bunu söylemeniz pek budalaca. Savaştan sonra Nikotiana için yeni ve büyük olanaklar ortaya çıkacak."

Boris esrarlı bir biçimde güldü; bunun anlamı, Kondonyanis'le görüşmelerin uygun geçmekte olduğuydu.

Kostov, "Alman ordularının durmadan gerileyişini mi büyük olanaklar sayıyorsunuz?" diye sordu alaycı alaycı.

"Elbette bunu değil. Ama İngilizler gelecek. Ruslar hiçbir zaman Bulgaristan'a giremeyecek. Onlar Tuna'nın ötesinde kalacak."

Boris, yine sırıttı. Daha önce kimsenin bilmediği bir sırrı öğrenmiş gibiydi. Bedence bütün bütün çöktüğü halde, çalışma gücünü koruyabiliyordu daha. Firmanın muhasebesini, hesaplarını bir bir kendi gözden geçiriyordu.

Akşam yemeğinde keyifliydi; Aliki'den söz açtı: "Şu uyuz kedicik size yaşlılığınızda iyi bakacaktır. Onu iyi yetiştirebilir ve yoksullukta edindiği kötü alışkanlıklardan kurtarabilirseniz, elbette. Vasisine kaç para verdiniz?"

Başuzman, "Hemen hemen hiç," derken, Herakli'yi, beş milyon Drahmi ve altı şişe rakı karşılığı buna razı ettiğini düşünüp biraz üzüldü. Çünkü Drahmi her gün değerden düştüğünden Aliki'yi yalnızca altı şişe içkiye satın almıştı.

İrina, birden, "Para insanları yüceltir mi?" diye sordu. Boris, "Elbette!" diye atıldı. "Bir dilenci şu sıska uyuzu evlat edinmeyi düşünür müydü hiç? Bunu düşünse bile elinden gelir miydi bunu yapmak?" Sustu ve ciddi bir yüzle düşüncelere daldı. Aralıksız hesaplardan ve içkiden yorgun bakan gözlerine bomboş bir ciddilik gelmişti. Sonra, "Çocuğu evlat ediniyorsunuz şu halde?" diye sordu. "Fena düşünce değil. Kötü huyları yoktur inşallah." Bir an sustuktan sonra, İrina'ya baktı ve çekinerek, "Hiç düşünmedin mi böyle bir şey yapmayı?" dedi. "Sağlıklı ve namuslu bir aileden bir oğlan çocuğu alamaz mısın?"

İrina, "Hayır!" demekle yetindi.

"Neden?"

İrina öfkesinden kıpkırmızı oldu ve zehir gibi bir sesle, "Saçmalama!" dedi.

Boris, eşinin öfkelenmesini ve sinirlenmesini anlayışla karşılayan bir koca gibi davrandı. Sonra, "Kızma bana," dedi. "Bu konuda ne düşündüğünü öğrenmek istedim yalnızca. Bizler uygar kişileriz. Çocuk yapmadan ölmek uygar kişilere özgüdür. 'Çocuklar...' Nasıldı o söz? 'Çocuklar, ailenin başarısı ve insanoğlunun hayal kırıklığıdır,' değil mi? Kim söylemişti?"

İrina, boğuk bir sesle, "Sus!" diye inledi.

Bir sesizlik oldu. İrina ve Kostov susuyorlardı. Boris'in gevezeliklerinden bunalmışlardı.

Başuzman tasalı tasalı, "Neyle gideceğiz?" diye sordu.

Otomobil yolculuğundan korkacağını umuyordu. Çünkü yol, partizanların dolaştığı bölgelerden geçiyordu.

Boris, "Kondonyanis'in otomobiliyle," dedi. "Rahat bir Buick arabası var."

İrina, hırçın bir tavırla, "Andart çetecilerinden korkmuyor musun?" diye sordu.

"Hayır sevgilim, hiç! Andartlar biz işadamlarına dokunmuyorlar. Kondonyanis'in de ilişkileri var onlarla. Bizimle gelebilirsin."

Boris, İrina'ya baktı ve anlamlı bir gülüşle güldü. "Bu Yunanlı da benim yöntemlerimle çalışıyor. Daha doğrusu, beni taklit ediyor. Şunu da söyleyeyim ki, zeki bir adamın üstesinden gelemeyeceği hiçbir durum yoktur... Yine söylüyorum: Beyaz Andart çetelerinden bize hiçbir kötülük gelmez..."

"Kızıl çetelerin seni törenle karşılayacağını mı umuyorsun?"

"Elbette beklemiyorum. Ama onları Almanlar hemen hemen temizlemişler. Kondonyanis söyledi."

"Kondonyanis'e pek güvenme!"

İrina, Boris'in budalalıklarına ve aşırı inceliklerine kızmıştı; onu korkutup şaşkına çevirmek isteğine kapıldı ve "Durum çok ciddi," diye başladı. "Taşoz'da rastladığım bir hekim arkadaş, askerler arasında kargaşalıklar başgösterdiğini söyledi. Partizanlara karşı çarpışmak istemiyorlarmış, subaylar da onları cezalandırmayı göze alamıyormuş."

Boris bir şey demedi. Yüzü pörsüdü ve asıldı. Buna benzer şeyleri başka kaynaklardan da duymuştu. Yine de, "Senin meslektaşının apoletlerini sökmeli ve savaş divanına vermeli!" dedi ve bir konyak içtikten sonra, "Vatan'ın gidişi ellerine bırakılan subaylarımız can kaygısında!" diye köpürdü.

İrina onu daha da kızdırmak için büyük bir soğukkanlılıkla, "Buna hakları yok mu?" dedi.

Nikotiana genel müdürü, "Hayır!" diye bağırdı. "Ne diye para veriliyor onlara?" Bu sözlerinin geçersizliğini anlamış gibi hem ürperdi, hem de: "Neden para veriliyor onlara?" dedi yeniden. "Böylece korkaklar layık oldukları davranışla karşılaşacaklar yakında."

"Kimden gelecek bu?"

Boris bir sigara yaktı ve alnını kırıştırdı, ciddi bir davranışla, "Yasalardan!" Sonra geçenlerde bir generalin duyduğu bir söylentiden söz açtı:

"Bozulmamış halk gücü temsilcileri, İngilizler ve Amerikalılarla ayrı bir barış antlaşması için yurtdışına gittiler..."

Bir an sustu ve kendini beğenmiş bir davranışla, başını kaldırdı; bu haliyle babasına pek benziyordu. Kostov, acımakla can sıkıntısı karışımı bir duyguyla süzdü onu.

İrina, esnemesini güç tuttu. Sonra: "Ne zaman gidiyorsunuz Selanik'e?" diye sordu.

"Yarın sabah. Gelmek ister misiniz?"

"Hayır, Çam-Koruya'ya döneceğim."

10

Kondonyanis'in sigara fabrikası, Selanik'in dışında, Polygeros'a giden yolun kenarındaydı. Otlar bürümüş bir bahçenin ortasında kocaman ve boş bir yapıydı. Birçok pencereye cam yerine tahta çakılmıştı. Bahçede sıcaktan bozulmuş birkaç zeytin ağacı, taş yalağı kupkuru bir çeşme ve çöp yığınları vardı. İtalyan savaşından bu yana fabrika işlemiyordu. Hiç de hoş olmayan bu görünüşten pek canı sıkılan Boris, Kondonyanis'in otomobilinden inerken, "Daha modern bir yapı sanmıştım!" dedi.

Yunanlı, "Önemli olan yapı değil, makineler!" karşılığını verdi.

Durdu ve bekçiyi çağırıp bir şeyler söyledi. Bekçi de cebinden bir anahtar çıkarıp büyük kapıyı açmak üzere önden koştu. Gelenler, bu arada yürüyüp arka avluya girmişlerdi. Boris ve Kostov önde yürüyorlardı. Arkalarından da sigara makineleri uzmanı bir mühendis, Kondonyanis, bir Yunanlı noter ve Maloni yürüyordu. Maloni İsviçre uyruğuna geçtiğinden, fabrika ona devredilecekti. İriyarı, gösterişli, yanık yüzlü, kara sakallı bir adamdı ve yapmacık halleriyle Mareşal Balbo'yu hatırlatıyordu. Pek güvenilmediği halde, şu ya da bu devletten para kaçırmayla ilgili anlaşmalarda yine de başvurulan bir aracıydı.

Boris, avluyu dolaşıp yüzölçümünü bir hesapladı. Maloni ve Kondonyanis peşi sıra yürüyorlardı, asık suratla. Mühendis sinirli sinirli saatine bakıyordu ikide bir. Kostov da birbiri arkasından sigara yakıyor, yarısını içmeden atıyordu. Boris'in bu konuda varılan anlaşmaları kabule yanaşmayan davranışına hepsi de kızmıştı.

Boris, sinirli sinirli, "Buranın sekiz yüz metrekare olduğunu söylemiştiniz," dedi. "Bana göre altı yüzden yukarı değil."

Yunanlı, soğuk bir tavırla, "İyi ölçerseniz, sekiz yüz olduğunu görürsünüz," dedi.

Kondonyanis tedirgindi; bir Alman arabası hep arkalarından gelmiş, sigara fabrikasının biraz ötesinde durmuştu. Otomobilden inen iki sivil, motoru gözden geçirir gibi bir şeyler yapıyordu. Kondonyanis bu adamları daha önce gördüğünü sanıyordu, ama nerede olduğunu kestiremiyordu. Bu donuk yüzler, belleğinde kalmıştı. Adamlardan biri, tavşan gibi kırmızı gözlüydü, teni ve saçları beyaza yakındı; ötekinin de, burnuyla üst dudağı arasında olağanüstü bir açıklık göze çarpıyordu.

Boris, kılı kırk yararcasına, "Arsanın sınırı şose mi?" diye sordu.

Yunanlı, şaşkın ve dalgın, "Hayır," karşılığını verdi.

Az ilerde duran iki Almanı, Selanik'te, Alman başkomutanlığında görmüş olduğunu hatırladı. Bütün Trakya'da geçerli bir gezi belgesi almak için gitmişti oraya. Almanların güvenini kazanmış olan Maloni, bu belgeyi on bin İsviçre Frankına alabilmişti. Kondonyanis, bir Alman albayına da bu kadar daha ödemek zorunda kalmıştı. Bunları hatırlayan Yunanlı, biraz yaklaştı; doğrucu ve rüşvet almayan kişilerden çekinilirdi.

Boris, öfkeyle, "Girişle şose arasındaki yer, fabrika arkası dışında kalıyor demek?" diye sordu.

Yunanlı, "Öyle!" diye doğruladı. "Geçiş yeridir orası. Başkasının arsasıdır. Plan gereğince bizim arsanın bir başka şoseye çıkış yolu vardır."

"Kostov, not alın bunları."

Pürüzleri bulmak ve bütün bunları fabrika değerinden bir kalemde indirmek niyetindeydi.

Nikotiana genel müdürünün bu niyetini sezmiş olan Kostov, küçümseyerek gülümsedi. Şu sırada pazarlık peşinde koşmak kadar saçma şey olmazdı. Fabrikanın Boris'in eline geçmesi, Maloni'nin iyi niyetine kalmıştı. Oysa, Sovyetler Birliği dün akşam Bulgaristan'a savaş durumuna geçtiğini açıklamıştı. Nikotiana'nın dünya tütün pazarındaki yeri sona ermişti. Ama genel müdür, bunun hâlâ farkına varmamışa benziyordu. Otlar bürümüş bir arsanın iki yüz metrekaresi için çekişip duruyordu. Başuzman, çöküntünün başladığını seziyordu. Cebinden bloknotunu çıkardı ve Boris'in isteklerini bir bir yazdı yine de; sonra, Boris'in ruh çöküntüsünü ve yaklaşan felaketi unutmak ister gibi Yunanlı noterle konuşmaya başladı.

Noter, "Kentin anacaddesinde bir sürü oyuncakçı dükkânı vardır," dedi. "Ama giysi satan bir yer bulabileceğinizi sanmıyorum. İstediğiniz giysileri korkarım bulamayacaksınız."

Kostov, heyecanla, "On yaşında bir kız çocuğu için arıyorum," dedi. "Bir gemici giysisi, ya da buna benzer bir şey. Donuk sarı ipekli kumaş bulsak diktiririm de..."

"İpekli kumaşlar bulunuyor şimdilik. Ama çok yüksek para istiyorlar."

"Hiç önemi yok. Güzel şeyler arıyorum. Dantelalar, çiçek süsleri olan küçük bir şapka."

Noter gülümsedi. "Karımla görüşeyim."

"Teşekkür ederim."

"Çocuk ayakkabıları da ister misiniz?"

"Evet. Ayakkabı ve çorap da."

Noter yine gülümsedi. Karanlık bakışlı zeki gözlerinde düşmanlık okunuyordu. Kostov'la konuşurken kendi kızını hatırlamıştı. Bu hatırlayışla bakışlarına bir dostluk ışıltısı geldi ve güler yüzlü bir davranışla, "İsteklerinizi bulmaya çalışacağım," dedi.

Bahçeyi ve avluyu gözden geçirdikten sonra fabrikaya girdiler. İçerisi karanlık ve her şey toz içindeydi. Biraz aydınlık gelsin diye pencerelerin tahtalarını söktüler. Bu arada ana transformatörün yerinde olmadığı görüldü.

Mühendis, "Çalıştırılmadan, makineler için bir şey söyleyemem," dedi.

Boris, "Elbette," diye onu doğruladı. "Bir transformatör bulmalı."

Mühendis Kondonyanis'e baktı.

Yunanlı, omuz silkti, canı sıkkın.

Mühendis, "Bıçak, doldurma ve ambalajlama makinelerinin işleme durumunu anlamam için de malzeme gerekli. Birkaç balya tütün ve kutu kartonu da ister."

Yunanlı, üzgün görünerek, "Nereden bulayım bunları," dedi.

Boris, "Adamlarınızın bu hazırlığı yapmış olması gerekirdi!" diye parladı. "Kontrol etmeden fabrikanızı nasıl alabiliriz, bu makinelere nasıl değer biçebiliriz? Bu durumda hiçbir şey imzalayamam."

Alnında biriken buz gibi ter damlacıklarını sildi ve elektrik kablosunun yanındaki tahta bir sıraya çöktü, bitkince. Dün akşamdan beri hastaydı; bunu hissediyordu. Ürperiyordu ikide bir. Aşırı ölçüde kafein aldığı halde, baş ağrıları geçmiyordu. Bu rahatsızlıklarını yorgunluk ve sıcaktan sanıyordu, ama aşırı halsizliği ve buz gibi terlemeler, daha başka nedenleri akla getiriyordu. Bugüne kadar böylesine kötüleşmemişti. Savaş durumunun böylesine ters gittiği ve Kondonyanis'in şu külüstür fabrikayla dolandırmaya çalıştığı bir sırada sağlığının bozulmasına pek kızıyordu. Bu öfkeyle, "İmzalamıyorum," dedi yine.

Yunanlı, hiç istifini bozmadan, "Siz bilirsiniz!" dedi. "Ama makinelerin işler durumda olduğunu da söylemek isterim."

"Mühendisim bunu kontrol edecek durumda değil."

"Demirbaş kayıtlarına göre devir alırsınız. Makineler için de anlaşmaya bir madde eklersiniz."

"Şu hurdanın sahibi olmamı istiyorsunuz demek?"

Boris güldü, güldü. Baş ağrılarına dayanamıyordu. Önce her yanını ateş kapladı, sonra bir üşüme geldi.

Yunanlı alnını kırıştırdı. "Bu fabrikanın bir hurda yığını olduğu görüşünüze katılmıyorum."

"Biz buraya durumu gözden geçirmeye ve..."

"Boşuna formaliteler... Geçen her dakika sizin zararınıza..."

"Bundan ötürü beni mi dolandırmak istiyorsunuz?"

Yunanlı, Boris'i hınzırca bir süzdü. Nikotiana genel müdürünün malaryaya tutulduğunu anlamıştı. Bu hastalığın onu sonunda pazarlıkla alt etmesine yarayacağını sanıyordu. Ama yine de kuşkuluydu. Boris Morev'in nasıl inatçı biri olduğunu yakından bilirdi.

Kostov, Boris'e yakınlık duydu. Şu anda herkes ona düşmanca bakıyordu. Boris Morev, sırtlanın parçalamaya hazırlandığı bir vahşi hayvan gibiydi. Başuzman, "İşleyip işlemediklerini gözden geçirmeden bu makineleri satın almamızı nasıl istersiniz?" dedi öfkeyle.

Boris bir silkinişte kalktı ve: "Ne bir şey alacağız, ne de satacağız!" diye kestirip attı. "Daha fazla görüşme de gereksiz."

Kondonyanis'in hileci bakışları bulanıklaştı. "Makineler yüzünden mi, yalnızca?"

Boris, "Evet!" demekle yetindi.

Yunanlı, öfkeyle şaşkınlık karışımı bir sesle, "Bırakın bu küçük hesapları!" dedi. "İkimizin de işini bozmayın bir hiç yüzünden. Bugünkü koşullar sizin yararınıza; üstelik daha kârlısınız."

Boris, üstten bir baktı. "İzin verin de bunu ben kestireyim. Politik durum da o kadar kötü değil. İngilizler ve Amerikalılar Balkanlar'da solcu cumhuriyetlere göz yummayacaklar. Ayrıca, Bulgar hükümeti, benim Trakya'daki tütünlerimin değerine garanti vermiş bulunuyor. Sizin tarafınızdan göz göre göre dolandırılmazsam, bir kaybım olmaz."

Bir sessizlik oldu. Kondonyanis bir durakladı, "Peki, nedir niyetiniz?" dedi.

"Tütünlerimin gerçek değerini istiyorum."

"Fabrika bunu bol bol karşılar."

"Makinelerin işe yarayıp yaramadığını bilmiyorum henüz."

Kondonyanis, pencereden dışarıya bir göz attı. Alman arabası hâlâ duruyordu şosede. Heriflerden biri arabanın içinde oturmuş gazete okuyor, öteki de motorla ilgilenir gözüküyordu. Gazete okuyanı ara sıra fabrikaya bir göz atıyordu. Bütün bunlar Gestapo'yu akla getiriyordu. Yunanlı, zamanın kendisi için çok değerli olduğunu anladı birden. İtalyan'a dönerek, "Maloni," diye başladı, "sizin aranız iyidir Almanlarla. Bir transformatörle bir iki balya tütün isteyebilir misiniz?"

Maloni, ekşi bir yüzle, "Güldürmeyin beni," dedi. "Almanlar ne zamandan beri yardımsever oldular?"

Yunanlı, pencereye yaklaştı, otomobile bakmak için. İki Alman, zamanı bol insanlar gibi sigara içiyorlardı. Karşıdan bir motosiklet geliyordu. Heriflerden kuş gibi kırmızı gözlüsü, bir işaret verince, motosiklet yan yola saptı; fabrikanın arka kapısı da o yoldan gözaltına alınabilirdi. Tedirginliği artan Kondonyanis, herifleri Boris'e göstererek, "Gestapo aramızda," dedi, çok hafif bir sesle.

"Bir an önce karara varmalısınız."

"Almanlardan korkum yok."

"Peki, söyleyin ne yapmamızı istiyorsunuz?"

"Fabrikayı bu durumuyla devralmayacağıma göre İsviçre Frankı ödenmesinde direniyorum."

Yunanlının suratı, öfkeden morardı. "Olmaz. Asla olamaz."

Boris'in baş ağrıları artmıştı. Sırtı ürperiyor, bir yandan da terliyordu. Ayakta güçlükle duruyordu. Yine de soğukkanlılıkla, "Kavala'ya sizin otomobille dönebilir miyiz?" diye sorabildi.

"Elbette... Ama daha çok İsviçre Franki isteğinizi, bütün iyi niyetime rağmen yerine getiremeyeceğim."

Boris, ilgisiz bakışlarla süzdü Yunanlıyı. Sonra bir sessizlik oldu. Kostov'dan gayrısı, oynanmakta olan acıklı oyunun farkında değildi. Hasta ve çökmüş genel müdür, dünyasının yıkılmakta olduğunu gördüğü halde, son gücünü toplayıp Yunanlıya ağır bir vuruş yapmıştı; gücünün en yüksek günlerinde böyle yapabilirdi ancak. Biraz daha dayanabilirse, tütünlerinin karşılığını İsviçre Frankıyla alabilecekti. Bütün öteki firmaların büyük kayıplara uğradığı şu sırada Nikotiana, Ege bölgesi tütünlerinden de kasasını dolduracaktı. Ama her şey şu en son saniyelere, Nikotiana'yı on iki yıl yöneten adamın soğukkanlı kararına bağlıydı. İtalyan ve Yunanlı, sinirleri sonuna kadar gerilmiş bir halde, onun bu kararını bekliyorlardı. Boris Morev, kararını vermişti, başını olmaz anlamında salladı ve kapıya yürüdü. Ötekiler de arkasından ve hiç konuşmadan yürüdüler.

Boris ve ötekiler bahçeyi geçerlerken, Kondonyanis arkalarından koştu, "Bay Morev, kabul!" dedi. "Yemekten sonra notere gelin de anlaşmayı imzalayalım."

Boris Morev son bir güçle kendini otomobile attı; acımasızca yakan güneşe ve sıcak deniz havasına dayanacak hali kalmamıştı.

Kaldırımda duran Yunanlı, Kostov'a, "Hemen otele götürüp bir doktor çağırmak iyi olacak," dedi. "Ben evimi vermek isterdim ama, Almanların kuşkusunu çekmekten korkarım."

Başuzman, "Siz gelmiyor musunuz?" diye sordu.

Kondonyanis, Gestapo ajanlarına bir göz attı. "Ben ve Maloni yaya gideceğiz. Şu heriflerin kimi izlediğini anlamak istiyorum."

"Anlaşmayı ne zaman imzalayacaksınız?"

"Avukatım hemen hazırlayacak. Patronunuzun sağlık durumu kötülerse bana hemen bildirmenizi rica ederim. Hemen otele gelirim. Dakikalarım her an için daha değerli olmakta."

Kostov, Boris'in yanına oturdu. Hemen Kavala'ya dönmek isteyen mühendis, bir otomobil bulmak umuduyla Bulgar komutanlığına gitti. Nikotiana genel müdürüyle başuzmanın bindiği otomobil, Bulgar askeri gazinosuna doğru hızla uzaklaştı. Kondonyanis, Maloni ve noter yaya yürüdüler.

Motosiklet, iki Bulgarı götüren otomobilin arkasına takıldı. Sivil Gestapo ajanlarının otomobili ise hâlâ duruyordu.

Kondonyanis, onları atlatmak için, kentin yukarılarına yönelmeyi ileri sürdü; o daracık sokaklara otomobil giremezdi. Ama bir süre sonra, umutsuzlukla, "Otomobil arkamızdan geliyor," dedi. "Kesenin ağzını açmalı yine," derken, küçümseyerek güldü. "Bu Almanlar işi azıttılar. Gizli Alman polisi, soyguncu çetesi oluverdi. Güney Amerika'ya kaçabilmek için döviz ele geçirme kaygısındalar."

Maloni, "Şaşıyor musunuz buna?" diye sordu. "Bu gibileri ya İsviçre'ye, ya da Güney Amerika'ya sığınabilirler. Ama sizi belki bir başka nedenden ötürü yakalamak istiyorlar."

Kondonyanis, sinirli sinirli, "Neden dolayı?" diye sordu.

"Amacınız, Bulgarlar çekildikten sonra tütünlerin sizin olmasını sağlamak. Almanlar, Nikotiana'nın tütünlerine el koyamazlar. Ama bu tütünleri siz devralırsanız el koyarlar ve yenilgiden sonra savaş tazminatında birkaç kat daha pahalıya hesaplaşırlar. Bulgaristan'la Almanya'nın arasında savaş başlaması saat işi."

Kondonyanis hiçbir karşılık vermedi.

Boğucu sıcakta hiç konuşmadan yürüdüler.

Yunanlı, bir süre sonra, umutsuz ve şaşkın, "Nasıl olur yani?" diye sordu.

"Helkidike'de bulunan Bulgar tümeni dağlardan geçerek çekiliyor."

"Ne anlama gelir, bu?" "Bulgarlar Selanik üzerinden çekilmek istemiyorlar. Yakınlarda pek çok Alman birliği var. Silahsızlandırılmaktan korkuyorlar."

"Çok karışık işler!"

İtalyan, "Gestapo'nun sersem ajanları, umarım ki von Geier'in sersemce öğütlerini dinlemezler," dedi. "Dün anacaddede Lichtenfeld'e rastladım..."

"Baron da Gestapo'dan."

"Biliyorum. Dietrich de yanındaydı."

"Dietrich mi? O da kim?"

"Hiçbir askerin yatmayacağı pasaklının biri. Alman sigara tröstünde çalışıyor ama, Gestapo'dan sanıyorum. İşte bu Dietrich, yeni adıyla Barones Lichtenfeld, sizi görüp görmediğimi sordu."

"Siz ne dediniz?"

"Görmediğimi söyledim elbette."

Kondonyanis, soğuk bir tavırla, "Ne var bunda?" dedi. "Gestapo bozmak mı istiyor Nikotiana'nın işini demek istiyorsunuz?"

"Ya öyle, ya da para sızdırmak istiyorlar."

"Nikotiana ile bu konudaki görüşlerimizi nasıl öğrendiler?"

Kondonyanis, alnının terini kuruladı ve sustu. Sır ortağı yaptığı şu İtalyan'dan kuşkulanıvermişti. Herifin oldukça karışık bir geçmişi vardı. Bir keresinde pokerde kâğıtlarını tırnaklarken yakalamıştı. Gestapo, Bulgarlardan öğrenmiş olamazdı. Çünkü bu işte Boris Morev'in çıkarları daha büyüktü. Onun bu işi pek gizli tutması gerekirdi. Kondonyanis, Gestapo ajanlarının tam da anlaşmanın imzalanacağı gün ortaya çıkmalarına pek şaşıyordu. Yunanlı, Maloni'nin alçakça bir oyun oynadığını kavramıştı ama, geç kalmıştı. Bir ara notere, "Beni yakalarlarsa Atina'daki erkek kardeşime telgraf çekin!" diye fısıldayabildi.

Kentin yukarı kesimine giden dar yokuşlara yaklaşıyorlardı. Alman otomobili hızlanıp onları geçti ve on adım kadar ötelerinde durdu. Kuş gibi kırmızı gözlüsü atladı arabadan. Ceketinin yakasını kaldırıp bir işaret yaptıktan sonra otomobilin kapısını açtı, "Binin!" diye emretti.

Kondonyanis, "Hangi hakla?" diye karşı gelecek oldu.

Herif, "Haydi!" diye bağırdı. Kollarından tuttuğu gibi otomobile attı Kondonyanis'i.

Yunanlı, Maloni'ye baktı ve dişlerinin arasından, "Aşağılık herif, pis köpek!" dedi Yunanca.

Boris ve Kostov, Bulgar orduevinde kalıyorlardı. Ulus yararına gizli bir görevle dolaştıklarından askeri makamlarca yardım edilmesini sağlayan birer belge vardı ikisinde de. Bundan yararlanan Kostov, hemen İrina'ya telefon edip kocasının birden hastalandığını söyledi.

İrina, ilgisiz bir sesle, "Malarya olmalı," dedi telefonda. "Gelmem gerekli mi?"

Kostov, "Hayır, şimdilik değil," dedi. "Bir hekim arıyorum. Sağlık durumu daha kötülerse size telefon ederim yine. Ancak, yolculuğun hiç de hoş geçmeyeceğini gözden ırak tutmayın."

"Hiç önemi yok. Gelmek benim görevim."

Kostov, genç kadının sesinde bir alaycılık sezer gibi olmuştu. Ama umursamadı, "Aliki nasıl?" diye sordu.

"Durumda bir değişiklik yok. Daha başka ilaçlar da bulduk."

"Size çok teşekkür ederim. Ya genel durum nasıl?"

"Oldukça karışık, özellikle ordu çevrelerinde."

Konuşma birden kesilince, Kostov kulaklığı yerine koydu. Mahfel komutanlığı yapan yedek teğmenin odasından konuşmuştu.

O sırada ekmek peynirini yiyen teğmen, "Bayanı buraya getirmemenizi salık veririm," dedi.

"Neden?"

"Çünkü yolculuk tehlikeli. Yunan partizanları dün Poroy istasyonuna bir baskın yapıp treni kurşun yağmuruna tuttular. Treni korumakla görevli bir subayla iki er öldürüldü.

"Bayan otomobille gelebilir."

"Bu da tehlikeli. Dağlardan geçerken Alman ve Bulgar birlikleri arasında çarpışmalar olabilir. Burada durum çok gergin."

Teğmen kırmızı yanaklı bir gençti; tedirginleştirici olayları hiç umursamaz görünen bir iştahla yiyordu peynir ekmeğini.

Kostov, "Son olaylar üzerine hiç bilgim yok," dedi.

Teğmen, "Selanik'e ne diye geldiğinizi aklım almıyor," diye sürdürdü konuşmasını. "Geri çekilme emri yakında gelmezse, iki olanak var bizlere: Ya Almanlara tutsak olacağız, ya da Yunanlıların elinde parça parça edileceğiz. Bizim buradaki komutanlardan daha sersemi yoktur."

Kostov, teğmenin üstlerini böyle pervasızca eleştirmesine şaşmıştı. "Neden?" diye sordu.

"Dün Nea Playa'da gözlerimle gördüm, askerlerin birkaç ton şekeri denize döktükten sonra yedi yüz kadar top mermisini benzinleyip tutuşturduklarını. Küçük olay değil mi? Bir merminin değeri elli bin leva. Komutanlarımız ve bakanlarımız kafasız değil de aklı başında kişiler olsaydı bütün bunlar vaktinde taşınırdı."

Kostov çekingenlikle, "Olaylar hızla artıyor da," dedi.

"Hızla mı? Almanların bizim birliklerin arkasında mevzi aldıkları iki aydır göze çarpıyordu. Şimdi de bizim genelkurmay yakınıyor, topçuyu keçi yollarından geçirip nasıl geri alsak diye! Bir şey yemek ister misiniz?"

"Hayır, teşekkür ederim. Nerede bir hekim bulabilirim?"

Teğmen, bir dilim peynir kesti. "Komutanlığın gezici hastanesinde bir hekim var, ama pek terstir."

"Otomobille götürürüm."

"Sizin mi araba?"

"Hayır, bir Yunanlının."

Teğmen ağzındakini çiğnerken bir durup düşündü. Kırmızı yanaklı yüzünde budalaca bir şaşkınlık ve hoşnutsuzluk belirmişti. Bir süre sonra, "Siz tütüncüler birbirinizi iyi tutuyorsunuz," dedi. "Biz burada Yunanlılarla savaşırken siz aranızda anlaşıyor, milyonlar kazanıyorsunuz. Oysa daha dün bir asteğmen ölüm hükmü giydi, partizanlar tüfeğini alırken direnmedi diye!"

Kostov, teğmenin yüzüne ters ters baktı, ama bir şey demedi. 'Ne korkunç durum,' diye aklından geçirdi, bu adam komünist falan değil, ama onlar gibi düşünüyor.

Başuzman, hekimi bir yarım saat sonra tümen karargâhında buldu. Hekim, birlikte gelme önerisine yanaşmadı. Sivillerle ilgilenecek vakti olmadığını söyledi. Yanık yüzlü, sinirli ve biraz dalgın bir gençti. Bulgaristan'a geri çekiliş hazırlıkları yapıyordu gezici hastanede. Komutanlık önünde uzun bir dizi halinde ve hepsi yüklü kamyonlar duruyordu; Yunanlıların, ya da Almanların eline geçmemeliydi bunlar.

Selanik'teki birlikleri yüzüstü bırakıp çekiliveren Helkidike tümeni, tedirginliği arttırmıştı.

Kostov, doktorun bu davranışına çok kızmıştı. Ordu makamlarının yardım sağlayan belgesini gösterdi.

Hekim, şöyle bir göz attıktan sonra, "Böyle kâğıtlar bana vız gelir!" dedi öfkeyle.

Kostov, "İnsanlık görevinize de mi boş veriyorsunuz?" diye sordu, acı acı.

Hekim, "O dediğinizi İncil yazar!" diye köpürdü. "Bir partizanın yarasını sardığım için biri jurnal edince bir yıl hapis giydikten sonra o da vız geliyor artık bana."

Kostov yine sustu ve çöküntünün buz gibi soluğunu bütün benliğinde duydu; sonra, "Gelecek misiniz?" diye sordu yine.

Hekim, öfkeli öfkeli, "Evet, geliyorum," dedi. "İnsanlık görevimi sömürmeyi iyi becerdiniz."

Sağlık erlerine bazı emirler verdikten sonra otomobile atladı. Ama hastanın yattığı yere varmaları yarım saat gecikti, alarm verildiğinden. Canavar düdükleri uluyor, müthiş bir korkuya kapılmış Yunanlılar limandan uzaklaşmak için koşuyordu; bacaklarında koşacak güç kalmamış ihtiyarlar, evlerinin balkon altlarına sığınıyorlardı çaresizlikten. Bütün bunlar Kostov'un iç dünyasını yıkıverdi; Londra radyosunun birkaç gündür söyleyip durduğu şeyleri hatırlamıştı; hava saldırılarında Pire ve Selanik halkının liman bölgesinden uzaklaşması bildiriliyordu.

Bindikleri otomobil hızla kentten uzaklaşmıştı. Yarım saat sonra düdükler yine öttü; hava saldırısı tehlikesi geçmişti. Kondonyanis'in otomobili orduevinin önünde durdu, hekimle Kostov indiler.

Gecikmenin verdiği can sıkıntısıyla girdiler içeriye. Koskoca yapı bomboş gibiydi. Boş odalardan ter, deri ve naftalin kokulu bir esinti geliyordu. Kostov'un ve hekimin ayak sesleri koridorlarda ürkütücü yankılar bırakıyordu. Orduevinin yöneticisi ve nöbetçiler alarm sırasında sığınaklara koşmuş olmalıydılar.

Boris, havası ağır kokan bir odada, asker battaniyesine sarılı, hareketsiz yatıyordu. Kostov'un bıraktığı gibiydi. Yüzü ölü gibi solgundu ve saçları terden yapış yapıştı.

Hekim, hastanın kalbini dinlemek için, Kostov'un da yardımıyla gömleğini açtı. Sonra, kuru bir sesle, "Komaya girmiş," dedi ve bir şırınga çıkardı cebinden.

Kostov, hiçbir şey anlamamış gibi, "Ne demek istediniz?" diye sordu.

"Ateşli hastalıklarda hastanın kendini kaybetmesi. Tropikal malarya sanırım. Kavala'dan mı geliyorsunuz?"

"Evet."

"Kinin yuttu mu?"

"Hayır. Ama çok içer."

"Aşırı mı?"

"Evet."

Doktor güldü. "Hastalık durumunu çıkmaza sokar böylesi. Bir kardiyazol iğnesi yapayım."

"Ne yapmalıyız daha başka?"

"En doğrusu hemen Kavala'ya dönmeniz ya da hastayı bir Alman hekiminin tedavisine bırakmanız. Milyonerler için herkes her yerde yardımcıdır."

Hekim, Boris'in koluna iğne yapmıştı bu arada; şırıngayı bırakıp bir sigara yaktı. "Kalbi, onarım isteyen eski bir tulumbadan farksız."

Kostov, "Kavala'ya götüreceğim hastayı," dedi. "Karısı da hekimdir."

Genç hekim, hiç umulmayan bir karşılık verdi: "Biliyorum."

"Tanıyor musunuz?

"Adını işitmişliğim var. Öğrenim yıllarındaki arkadaşlarına Sofya'da iş bulduğu söylenir hekimler arasında."

Kostov, İrina'yı savunmak ister gibi, "İyi bir özellik," dedi.

Hekim, "Öyle," dedi. "Hiçbir işe yaramayan on kadar züppe onun yüzünden meslek edindi."

İkinci bir iğne daha yaptı. Boris kendine geldi yavaş yavaş. Göğsü inip çıkıyor, yüzünün mavimsi rengi kayboluyordu. Alarmdan sonra sokak yine kalabalıklaşmış, gürültü odaya kadar sokulmuştu. Hasta, gözlerini açtı, kan çanağına dönmüş bir çift göz hüzünlü ve öfkeli, baktı. Hırıltıyla soluk alıyor, birbirini tutmaz sözler çıkıyordu ağzından.

Boris, "Makineler..?" diye sayıkladı. "Dolandırmak istiyorlar beni... Malımın bütün karşılığını İsviçre Frankı isterim..."

Hekim, düşünceli düşünceli gülümsedi. "Ölümden önce son alışveriş."

Hastanın bakışları gittikçe artan bir korkuyla hekimin yüzünde dolaştı ve birden, "Stefan'sın sen!" diye haykırdı. "Stefan, yaklaşma yanıma!"

Birden doğruldu yatağında ve baş ucundaki küçük masada duran sigara tablasını kaptığı gibi fırlattı hayalet sandığı hekime. Teneke tabla hekimin göğsüne çarpıp yere düştü. Boris, kısık bir sesle, "Benim hiçbir suçum yok! Hayır, ben suçlu değilim!" diye haykırdı.

Boris'in gözüne görünen hayalet kaybolmuştu. Şimdi bir benzin kokusu geliyordu burnuna. Doğduğu küçük kenti ve Nikotiana depolarını görüyordu. Ay ışığı vurmuş kaldırımda, yoksul giysili bir adam yatıyordu; ölmüştü. Boynunda bir kurşun yarası vardı ve iki adım ötesinde benzin dolu bir konserve kutusu duruyordu. Benzin kokusu oradan geliyordu; anlamıştı! Tütünlerimi yakacaktın, ha? Sabotajcı herif! Bütün bekçilere ikişer bin leva ve birer şişe konyak verilsin.

Hasta, kötü kötü güldü ve on yıl öncelerin Boris'i kadar güvenli konuşmaya başladı kendi kendine: "Bay merkez memuru, kaldırın şu cesedi hemen! Araştırmalar, soruşturmalarla başımı ağrıtmayın! Yoksa sizi bakana şikâyet ederim..."

Kostov, yerinden fırlayıp omuzlarından tuttu. "Susun!" dedi. "Susun diyorum size!"

Hekim, "Bırakın, konuşsun!" dedi. "Söylediklerinin hiçbirini aklımda tutacak değilim."

"Saçmalıyor. Söylediklerinin hiçbiri gerçek değil!"

"Öyle, biliyorum."

Hekim, Boris'e göstermeden çakmağına benzin doldurdu. Kostov, şaşkın, çöktü bir iskemleye. Hasta yine sayıklamaya başlamıştı. Torosyan'ın Fransız rejisine tütün satmak için çevirdiği dolapları anlatıyordu. Sonunda halsiz düştü ve uykuya daldı.

Hekim, "Ne yapacaksınız bu hastayı?" diye sordu.

"Sizin verdiğiniz öğüde uyarak Kavala'ya götüreceğim."

"Selanik'le Poroy arasında tren işliyor mu, bilemiyorum. Otomobiliniz var mı?"

"Evet, Yunanlı bir işadamı söz verdi."

"En geç yarın sabah buradan gitmelisiniz."

"Olamaz. Biraz kendine gelmesi ve bir anlaşma imzalaması gerekiyor."

Hekim, "Yine mi iş düşünüyorsunuz?" dedi. "Durumun farkında değil misiniz?"

Kostov, "Sovyetler Birliği, Bulgaristan'a savaş açtı, biliyorum," dedi.

"Evet savaş! Pek şaşmadınız buna sanırım! Ama daha önemli olan, birkaç saate kadar Almanlarla bizim aramızda çarpışmaların başlayacağı. Biliyor musunuz bunu? Onlarla kalma kararını verirseniz daha iyi olur sizin için."

"Kimlerle?"

"Almanlarla!"

Kostov, öfkeden titreyen bir yüzle, "Hiç niyetim yok!" dedi. "Kavala'ya oradan da Bulgaristan'a gideceğim."

"İyi. Akşam üstü küçük bir kamyonla birkaç asker bulup sizi buradan göndermeye çalışacağım. Daha çoğunu yapamam sizin için."

Hekim başka bir şey söylemeden çıktı odadan.

Öğleden sonra Boris'in sağlık durumu daha da kötüledi. Ateş düşmüyordu. Yüzü yine mavi sarı bir renk almıştı. Müthiş sıcaktan boğulacak gibi olan Kostov, patronunun öleceğini anlamıştı. Yatağın yanına oturmuş, hastanın alnına sirkeyle ıslatılmış bezler koyuyordu. Boris, ya dalıp gidiyor ya da sayıklıyordu. Bomboş otelde Kostov'a Nikotiana'nın on iki yıllık hikâyesini anlatmak ister gibiydi. Başuzman, firmanın hizmetinde gördüğü alçaltıcı işleri hatırladıkça utanıyordu. Von Geier'in Sofya'ya ilk gelişinde nasıl aşağıdan aldığını, Almanın niyetlerini öğrenmek için Lichtenfeld'in kadın isteklerini yerine getirdiğini hatırlıyordu.

Sonunda dayanamadı, oradan çıktı. Arkadaki bir balkona geçip denizi seyretmeye başladı. Gökyüzü bulutsuzdu, güneş yakıyordu. Kıyı gezisinin sonunda 'Beyaz Kule' yükseliyordu. Mendirekte batık bir geminin enkazı göze çarpıyordu.

Kostov odaya döndüğünde, Boris korkunç hayallerden kurtulmak ister gibi, çırpınıyordu. Sık sık inliyordu. Sesler geliyordu kulağına. 'Boris Morev,' diyorlardı, 'işin bitik. Burada ya da Kavala'da ölecesin! Çöken dünyanla sen de batacaksın! Kapana yakalanmış bir hayvan gibi gebereceksin! İnsanlık yanını yitirmiş, bir para makinesi olmuştun. Hayatın boyunca sevgi nedir bilmedin. Varlığının sağladığı keyiflerin bile tadına varamadın.'

Boris, bir silkindi, "Kostov!" diyebildi.

Başuzman, korkuyla kaldırdı başını. Hasta biraz kendine gelmiş, bulanık ve kan çanağı gözlerle süzüyordu onu.

Kostov, "Nasıl biraz daha iyi misiniz?" diye sordu.

"Biraz daha iyiyim. Kondonyanis geldi mi?"

"Hayır, daha gelmedi."

"Anlaşmayı ne yapıp edip imzalamalıyım. Yunanlı sırtlanı nasıl yola getirdiğimi gördün değil mi? Hepsini İsviçre Frankıyla ödeyecek!" Hasta, hırıltıyla kahkaha arası bir sesle: "Durumum kötülerse hekime söyleyin, bir iğne daha yapsın," dedi. "Nerede o herif?"

"Gitti."

"Çağırın hemen. Bir yere ayrılmasın buradan."

"Yapamam bu dediğinizi. Sivil hekim değil." Hasta şaşkınlıkla, "Ne önemi var?" dedi. "Nikotiana genel müdürü olduğumu ona iyice anlatın. Çeklerdeki imzaya da gözünüzü dört açın!"

"Merak etmeyin!"

"Titriyorum. Örtün beni iyice!"

Kostov, öteki karyoladan aldığı ikinci bir battaniyeyi de örttü.

"Bir battaniye daha. Ne dedi o herif?"

"Kim?"

"Hekim."

"Tropikal sıtma."

"Hekimlerin hepsi de aynı hamurdandırlar. Kim olduğumu söyleyin ona. Kondonyanis gelinceye kadar burada kalırsa yüklüce bir para vereceğinizi söyleyin. Biraz daha sıkı örtün beni!"

Kostov, odadaki bütün battaniyeleri örttü, ama hastanın titremesi daha da arttı. Biraz sonra ter bastırdı. Kostov'un yardımıyla çamaşır değiştirdi. Bir süre sonra nöbet hafifledi ve Boris uykuya daldı.

Başuzman, Kondonyanis'i bekliyordu. Yunanlı görünmedi. Onun yerine az sonra hekim çıkageldi. Kızıl sakallı ve apoletlerinde haç işareti bulunan bir adam vardı yanında. Kostov, adamın ordu papazlarından biri olduğunu anlamıştı.

Hekim, "Size bir yardımcı getirdim," dedi. "Bizde işsizlikten patlıyor. Burada bir işe yarar. İncil'de hasta kişilere yardımcı olun yazar, değil mi sayın papaz?"

Papaz, asık suratla, "Nasıl emrederseniz!" dedi.

"Emir vermek yüzbaşının ve kutsal kitabın yetkisinde!"

Hekim, cebinden yeni ampuller çıkardı. "Askerler arasında kargaşalık ve korkuya yol açtınız diye yüzbaşı atıp tuttu size." Sonra, Kostov'a döndü: "Hasta nasıl?"

Başuzman, Boris'in son durumunu anlattı. Doktor başını salladı. "Kan tahlilinde tropikal malarya çıktı. Hastanın durumu ağır. Otomobil buldunuz mu?"

"Hayır, gidip şu Yunanlıyı arayayım."

"İyi. Bizim papaz da hastayı bekler."

Papaz, hiçbir şey söylemedi. Küçük valizini duvara dayadı, yatağa oturdu ve gözlerini çizmelerine dikti can sıkıntısıyla. Hekim, Boris'i uyandırıp plasmakinin iğnesi yaptı.

Nikotiana genel müdürü, sevimli görünmek çabasıyla, "Kostov" dedi. "Baba Pierre, hekimlerine çok eli açık davrandı değil mi? Hatırlayacaksınız siz de. Ben de böyle yapacağım. Adınız ne, doktor?"

Hekim, hafifçe güldü.

Hasta, ceket cebinden bir çek defteri aldı ve birtakım sayılar çiziktirdi. "Alın lütfen. Yalnızca bir avans."

Hekim, yine güldü ve çeki bir yana itti. "Sonra düşünürüz bunu. Önce sizin sağlığınızı düzeltelim."

Boris, "Alın rica ederim," diye diretti. "Utanılacak bir şey yok."

Çeki hekimin eline tutuşturmayı denedi, ama beceremedi. kâğıt, parmaklarının arasından kaydı, yere düştü. Hekim bakmadı bile. Boris, bitkin ve yorgun susuverdi. Odadaki eşyalar dönüyor, konuşmalar çok uzaklardan geliyordu. Boris, gözlerini kapadı ve uykuya daldı.

Kostov, oradan ayrılınca, kentin merkezine doğru yürüdü. Anacadde insan doluydu; sesler ve kahkahalar yükseliyordu. Eski bildik alanlardan geçerken geçmişi hatırladı.

Selanik'te doğmuştu ve bu kent ilk çocukluk anılarına yerleşmişti. Koyun, peynir ve yün ticareti yapan babası, pazarları çocukları kiliseye götürür, sonra ellerine para verirdi yağlı çörek alsınlar diye. Ne güzeldi o günler! Bu kentte yetişmiş, topluma nasıl davranılacağını, toplumda üstün duruma gelmeyi ve varlıklı olmanın yararlılığını bu kentte öğrenmişti. Fransız lisesinde okuduğu günlerin Selanik'i gözünün önündeydi şu anda.

Osmanlı Bankası'nı havaya uçurmak isteyen devrimciler, anacaddenin altına bir tünel kazmışlardı. Sonraları Türk ve Bulgar demokratlarının sokaklarda birbirleriyle kucaklaştığı Selanik günlerini de hatırlıyordu. Kanlı Sultan'ı yıkmanın, derebeylik düzenine dayanan bir topluma doğruluk ve haktan yana oluş ilkelerini getireceğini sanmışlardı.

Kostov, 'Ne bönlük ve sersemlikti o özgürlük sözleri' diye düşündü. O sırada Sosyal Demokrattı. Kırmızı boyunbağı takar, Yunanca, Türkçe, Bulgarca nutuklar atardı. Saçları darmadağınık, İskoç kumaşından ceketi bumburuşuk bir halde göstericilere katılırdı. Fesli ve saatleri altın kordonlu tütün tüccarları, saygıdeğer büyükler, kahvelerden onu seyrederlerdi babacan gülümseyişlerle. Sonra, daha başka günlerin ve anıların Selanik'ini hatırladı. Bir Yunan kızına tutulmuş, evlenmeye kalkmıştı. O sırada kadınlara karşı davranışı ne bönceydi. Kız güzel ve aydındı. Ama birisi, kızın babasının yoksul olduğunu, giysi ve süslerinin parasını bütün kentin tanıdığı sefih bir herifin ödediğini söyleyivermişti. Daha sonra Bulgar konsolosluğunda bir işe girmiş ve Baba Pierre'le orada tanışmıştı. Çok geçmeden Atina'da lüks bir gece lokalinde birlikte içmişlerdi. Nokotiana'nın öyküsü böyle başlamıştı. Tütün kokuları, şampanya köpükleri ve sarhoş kadınlar arasında çılgınca bir gecenin sabahında düşünülmüştü Nikotiana'yı kurmak. Olağan insanlar böyle durumda hiçbir şey düşünemezdi. Ama Baba Pierre'in kafası ancak böyle anlarda çalışırdı.

Kostov, o günlerin Selanik'ini şu anda hoş bir özlemle hatırlıyordu. Kent, tanınmayacak kadar değişmişti, ama geçmişin izleri gene de duruyordu. Denizin üzeri yine sıcak bir buharla kaplıydı; kıyı boyunca yine geniş bulvar uzanıyordu. Gökyüzünde yine bakıra çalan bir kızıllık vardı akşamları ve 'Beyaz Kule'nin koskoca gövdesi yükseliyordu geçmişte olduğu gibi. Dışla ilgili değişmeler de yok değildi. Atlı tramvayın yerini elektrikli tramvay, faytonların yerini taksiler almıştı.

Bulvarda dev oteller yükselmişti. Kent, kalabalıklaşmış, varlıklılarla yoksullar arasında derin bir uçurum ortaya çıkmıştı. Otellerin önü dikenli tellerle çevrilmişti ve Alman nöbetçiler bekliyordu. Mayolu bir sokak orospusunu bisikletinin arkasına oturtmuş bir Alman astsubayı, kumsaldan dönüyordu. Eski çağların yatağanlı yabancı efendilerinin yerini, dikenli teller arasında görevli daha başkaları almıştı ve bunlar, öldürülen her askere karşılık dört sivili kurşuna diziyorlardı.

Bir bakıma, hiçbir şey değişmemişti. 1903'te iki ayda bin güçlükle tünel kazıp kendilerini de havaya uçuranların yiğitliği neye yaramıştı? Özgürlük günlerinde kendini özgürlüğe adayan Kostov'un ateşli nutukları ne olmuştu? Kimi yaşlılardan başka, hatırlayan bile yoktu o günleri. Boris ve İrina, Özgürlük ile Gülhane Hattı Hümayunu'nu birbirine karıştırıyorlardı.

Kostov, gücünü ne diye böylesine yitirmiş; kabiliyetini, konuşkanlığını, becerikliliğini niye Nikotiana'nın buyruğuna vermişti? Baba Pierre öleli çok olmuştu ve hatırlayan yoktu. Boris yatağa düşmüş, nöbetler içinde kıvranıyordu. Vatan Cephesi, patrondan hesap soracaktı günün birinde.

Adlar ve adlar! Sessiz ve hüzünlü gölgeler gibi geçip gidiyorlardı Kostov'un üzerinden. Nikotiana şu anda nasıl da korkunç bir hayalet gibi görünüyordu gözüne. İnsanın içini karartan uzak bir anı gibiydi.

Acı veren anıların altında ezilmiş gibiydi. Biri dokunuverdi omuzuna. Kostov başını kaldırıp baktı ve Maloni'yle karşılaştı. İtalyan'ın çenesindeki kara sakal şimdi daha da sinirine dokunmuştu.

"Ne haber? Kondonyanis neden gelmiyor?"

İtalyan, yapmacıklı bir öfkeyle, "Tutukladılar," dedi.

Kostov, şaşkın şaşkın baktı. "Ne zaman?" İş bozuldu diye canı sıkılmıştı.

"Siz yanımızdan ayrılır ayrılmaz. Almanlar size bir şey yapmadılar mı?"

"Hayır."

"Bunu Kondonyanis'e söyleyin, bırakılır bırakılmaz. Anlaşmanızı benim ele verdiğimi kuruyor. Bana demediğini bırakmadı. Böyle bir şey yapsaydım sizi de yakalarlardı; hele Almanlarla Bulgarlar arasında savaş çıkmak üzere olduğu şu sırada."

Başuzman, bir şey demedi. Torosyan'lardaki poker partisinde Maloni'nin kâğıtlara tırnakla işaret koyduğunu hatırlamıştı. Öfkeli bir sesle, "Ne yapacağız şimdi?" diye sordu.

"En iyisi birkaç gün beklemek. Onu salıverirler nasıl olsa."

Kostov, kinle baktı. "Daha fazla burada kalamayız. Patron hasta. Almanlar Tuna'nın ötesine çekildiler."

"Bundan yana tasalanmayın. Almanlar yeni buldukları silahla müthiş bir saldırıya hazırlanıyorlar doğuda. Buradaki Alman genelkurmay albaylarından biriyle konuştum geçenlerde."

Kostov, bana ne, gibilerden bir el hareketi yaptı. Hiçbir şeye inanmaz olmuştu ve Selanik'e boşuna yolculuk yaptıkları için kızıyordu. Sonra, birkaç gün beklemenin bir işe yarayabileceğini düşündü. Kondonyanis, Atina'da oturan banker kardeşinin yardımıyla nasıl olsa salıverilecekti. Şu Maloni dolandırıcısıyla bile bir anlaşma imzalamak, Trakya'daki tütünleri hiç değilse hukuk açısından güvenliğe alacaktı. Evet, biraz daha beklemek iyi olacaktı. Nikotiana'nın dağlar gibi tütün stoku yüzüstü bırakılabilir miydi? Boris de, İrina da hiç ilgilendirmiyordu Kostov'u ama Nikotiana'nın yarını için tasalanıyordu. Bu tuhaf bir duyguydu. Otuz yıldır onu pençesinden tutan, kişiliğini ezen, öte yandan da hayatın bütün zevklerini sunmuş olan bir firmaya karşı duyulan bağlılıktı bu. Hayır, yalnızca bir bağlılık duygusu da değildi. Nikotiana'nın kuruluşundan bu yana, ilk olarak iyi bir iş için ona yardımcı olacaktı; Aliki'nin yarınını güvene alabilecek, yoksul ve sağlıksız bir çocuğu bilinmezlerden kurtarıp kültürlü ve yararlı bir insan durumuna yükseltebilecekti. Kostov'un düşünceleri kız çocuğuna dönüvermişti. Şu anda yaptığı her hareketin moral desteği o küçük kızdı. Nikotiana'nın tütünlerini Kondonyanis'e satabilirse bunun yüzde beşini alacaktı döviz olarak. Aliki'yi İsviçre'de kibar ve rahat bir pansiyonda hayal ediyordu şimdiden.

Birden, "Almanlarla ilişkileriniz var, değil mi?" diye sordu.

İtalyan, "Evet," dedi. "Bir şey mi gerekli size?"

"Kavala'ya telefon etmek istiyorum, ama Bulgar hatları söküldüğünden konuşamıyorum."

Maloni, yapmacıklı bir yardımseverlikle, "Bir deneyelim," dedi. "Patronunuzun hastalığını haber vermek istediğiniz biri mi var Selanik'te?"

"Evet. Karısına haber vermek istiyorum."

Maloni, kıyıda bulunan Alman makamlarından birine götürdü Kostov'u. Kavala ile Alman hatlarından konuşmak herkesin işi değildi ama, İtalyan bunu özel bir belgesini göstermekle başarmıştı. Almanların yanında özel bir durumu olduğunu ortaya koyan bu belgeyi Kostov'dan gizlemeyi de gerekli saymamıştı. Başuzman, sivri kara sakallı İtalyan'dan yine tiksindi. Herifin Gestapo ajanı olduğu belliydi.

Maloni, Kostov'un Kavala'daki eviyle bağlantı sağlayınca, "Buyrun!" deyip telefonu uzattı. "Almanca konuşun ve hastadan gayrı söz açmayın!"

Başuzman, İrina'nın sesini karşısında bulmak umuduyla aldı telefonu. Ama Viktor Efimiç'ti konuşan. Rus uşak, sayın bayanın evde olmadığını, ama kocasının hastalığından çok tedirginleştiğini, ertesi gün Selanik'e gitmeyi düşündüğünü söyledi. Aliki'nin sağlığı biraz düzelmişti ve genel durum oldukça sakindi. Birçok memur eşyalarını toplayıp Bulgar kamyonlarıyla Sofya'ya gönderiyordu. Viktor Efimiç bunları söyledikten sonra, gönderdiği çamaşırların yetip yetmediğini sordu. Almanlardan biri öfkeyle sövüp konuşmayı kesmezden önce Kostov, Selanik'te birkaç gün daha kalacaklarını söyleyebildi.

Yine sokağa çıktıklarında güneş batmıştı. Batıda menekşemsi hafif bir sis yükseliyor, martılar uçuşuyordu denizin üzerinde. Mendirekte o batık gemi bir felaket habercisine benziyordu.

İtalyan, "Nereye gidiyorsunuz?" diye sordu.

"Çarşıya. Bazı şeyler satın almak istiyorum. Bebek bulunur mu?"

"Bilemeyeceğim. Böyle şeylerle hiç ilgilenmem."

Maloni, bir sigara yaktı ve küçümseyen bir tavırla gülümsedi. "Şu sıra ne yapacaksınız bebeği?"

"Hasta bir çocuğu sevindirmek istiyorum."

İtalyan, Kostov'un dediğini dinlemedi bile; bambaşka bir şey vardı kafasının içinde: "Kondonyanis'i kurtarmak için bir yerlere başvuracak mısınız?"

"Atina'daki adamları yaparlar bunu."

Maloni, "Onların hiçbir şey yapacağı yok," dedi ve sinirlendi birden. "Beni dinleyin! Burada bir şeyler yapılmalı! Kondonyanis'in adamlarına bir dilekçe verdirin, ya da şu sıra Atina'da bulunan Dietrich paçavrasıyla ilişki kurmalarını sağlayın! Anlıyorsunuz, değil mi?"

İşi aptallığa vuruyor görünen Kostov, "Pek anlayamadım," dedi.

"Kondonyanis'in kurtarılması girişimi burada yapılmalı. Buradakilere para yedirilmeli!.."

"Para yedirmek mi? Ya Gestapo'yla işimiz ne olacak?"

"Ne önemi var. Şimdi hepsi kendi canına düştü, hepsi döviz peşinde."

Kostov acı acı güldü. Savaşın başlangıç aylarında von Geier, üstün insanın düşün yapısı ve Alman varlığının büyük görevi gibi şeyler koymuştu Kostov'un kafasına. Şimdi ise o üstün insanlar, adi hırsızlar gibi titriyorlar, aracılarıyla para koparmaya kalkışıyorlardı. Maloni de gülmüştü; ama oldukça soğuk ve kaba bir biçimde. Sonra, "Durum böyle," dedi, hınzırca. "Benim için ne düşünürseniz düşünün, Kondonyanis'le yapacağınız bu işte sizden daha çok çıkarım var."

Kostov, Maloni'den ayrılınca notere gitti; İtalyan'ın önerisini onunla görüşmek istiyordu; hem de Aliki'ye bir şeyler bulup bulmadığını soracaktı. Noter yoktu, kibar halli ve iyi giyimli karısı vardı evde. Kocası haber vermişti. Kendisini bekliyordu. İçeriye buyurmasını rica etti. Kostov, biraz durakladıktan sonra, İtalyan'la konuşmasını anlattı. Kadın, korkmuştu. "Çok korkunç," dedi. "Gestapo'nun nasıl davranacağını bilemezsiniz. Belki de bir tuzaktır, kocamı da tutuklamak için. En doğrusu onlarla hiçbir yakınlık kurmamak."

Başuzman, Kondonyanis'in adamlarının Almanlarla ilişki kuracağını söyleyince kadın yatıştı. Noterin karısı ancak bundan sonradır ki, Aliki için satın aldıklarını gösterdi. Kostov, hesabını altın parayla ödedi. Sonra, gece sokağa çıkma yasağının yaklaştığını düşünerek kalktı ve yarın geleceğini söyleyip ayrıldı.

Dönerken yolda tek bir Bulgar askerine rastlamadı. Başka zamanlar hoşlandığı Yunanca, şu anda pek yabancı geliyordu kulağına. Almanların yüzleri ve miğferleri, buz gibi görünüşleriyle gözdağı verir gibiydi. Dükkânlar aceleyle kapanmaktaydı.

Gece oluyordu.

Orduevinin kapısında nöbetçi yoktu. Merdivenin önündeki küçük holde, papaz, teğmen ve göğsü nişanlarla süslü bir subay adayı oturuyordu. Her üçünün de pek bitkin bir hali vardı. Masanın üstünde duran kirli ve eski bir defterin –orduevinin yöneticisi, konukların adını yazardı bu deftere– yanında bir şişe rakı duruyordu. Kostov yorgunluktan bitkin, holdeki divana çöküverdi. Sokağa çıkma yasağı başlamadan orduevine dönebilmek kaygısıyla öyle hızlı yürümüştü ki, kalbi sıkışıyordu. Bir hap attı ağzına ve güç duyulan bir sesle, "Hasta nasıl?" diye sordu.

Papaz, "Uyuyor," dedi. "Bir süre önce bağırdı ve müthiş sayıkladı. Vicdanı temiz olmasa gerek!"

Başuzman, bir ultraseptil tüpü gösterip, "Sizin vicdanınız temiz mi?" dedikten sonra orduevi yöneticisine döndü: "Yeni haberler var mı?" diye sordu.

Teğmen, sert bir davranışla, "İstediğiniz kadar!" dedi. "Bulgaristan'da Rus orduları ilerliyor ve Almanlar Üsküp'e çekiliyor. Bu sabah Vatan Cephesi hükümeti kuruldu."

"Nereden öğrendiniz bunları?"

"Radyodan"

Başuzman, "Bu iyi oldu," diye kendini yatıştırdı. "Köylü partisiyle Radikaller de vardır hükümette elbette!"

Yönetici, alaycı alaycı, "Radikallerinize güvenin bakalım," dedi. "Size göre hava hoş. Partizanları kovalayın diye sizi zorlayan olmadı. Başınızı dinç bıraktılar milyonlar kazanasınız diye. Ama biz zavallılara düştü partizanlara ateş etmek." Ve subay adayına dönerek, "Göğsündeki şu nişanları atsana be pis boğaz!" dedi.

Genç adam, asık bir suratla, "Bu dediğini hiçbir gün yapmayacağım," karşılığını verdi.

İriyarı, solgun yüzlü ve günün modasına uygun kırpılmış bıyıkları olan bir gençti. Ceket cebinde bir dolmakalem göze çarpıyordu. Bu dolmakalemi sarayın önünde nöbet beklediği sırada, kral armağan etmişti ona.

Papaz, yağlı bir sesle, "Eline kılıç alan kişinin sonu kılıçla ölmektir!" dedi.

Teğmen, "Sus be papaz!" dedi. "Sana kimsenin bir kötülük etmeyeceğini anlar anlamaz yine eskisi gibi oldun."

"Ben halktan bir insanım ve çocuklarımı düşünürüm."

Teğmen, Kostov'a, "İçki içer misiniz?" diye sordu.

Başuzman, "Hayır teşekkür ederim," dedi. "Kavala'ya telefon etmek istiyorum."

Teğmen, şişenin dibinde kalmış azıcık içkiyi bardağına doldurdu. "Umudu kesin bundan. Bizim hatlar söküldü."

"Biliyorum. Bir Alman merkezi üzerinden Kavala'yı bulamaz mıydık?"

"Almanlar bize yüz vermiyorlar. İlişkilerimiz çok gergin."

Subay adayı, "Ama kitaplıktan telefon edebilirsiniz," dedi, donuk bir sesle:

"Ne kitaplığı?"

Papaz, öfkeyle, "Genelev!" dedi. "Buradaki Alman ordu genelevine böyle diyorlar. Ama siz sivilsiniz, oraya bırakmazlar sizi sanırım."

Teğmen, Kostov'a, "Bunun önemi yok," dedi. "Oraya sivil de girebilir. Kavala Alman tümen komutanlığından alınmış bir serbest giriş belgeniz olmalı sanırım."

"Evet, var."

"Şu halde işler yolunda. Böyle bir belge kitaplık için de geçerlidir. Akşam yemeğinden sonra hemen gideriz oraya."

"Oradan telefon edebileceğinizi sanıyor musunuz gerçekten?"

Subay adayı, "Elbette," diye söze karıştı. "Bize yardım edecek bir Alman bulmak kolay. Orada tanıdıklarım vardır."

Orduevi yöneticisi olan teğmen, peynir ekmek hazırladı ve konuklarını da buyur etti yemeğe. Bunu yaparken Kostov'un da kitaplıkta bol keseden içki parası vereceğini umuyordu. Papaz ve subay adayı, tıka basa karınlarını doyurdular, ama Kostov birkaç lokmayla yetindi. Kafasının içi allak bullaktı ve İrina'yı düşünüyordu en çok. Selanik yolculuğunun tehlikesini İrina'ya gecikmeden bildirmeliydi; yoksa yarın sabah yola çıkardı. Başuzman, kadının alınyazısına hâlâ yakınlık duyabilmesine şaşıyordu. İrina, Baba Pierre, Boris ve melankolik Maria gibi Nikotiana'nın bir parçasıydı gözünde.

Başuzman, ötekileri yemekte bırakıp hastanın yattığı odaya gitti ve yüzünü gözden geçirdi. Boris hiç kıpırdamadan, sapsarı ve yarı baygın yatmaktaydı. Terli saçları, kirli yastık örtüsünü ıslatmıştı. Kostov hastanın alnına dokundu. Ateş gibiydi, hem de ıslak ıslaktı. Başuzman, "yaşıyor," dedi rahat bir soluk alarak. Boris yaşadığına göre, Nikotiana da yaşamaktaydı henüz. Teğmenin sesini duydu; onu çağırıyordu.

Karanlık sokaklardan geçip limana gittiler. Kapkara gökyüzünde tek tük yıldızlar ışıldıyordu. Boğucu bir sıcak vardı. Arada bir kamyonun mavi ışıkları görünüp kayboluyordu. Sonunda, giriş yerinde mavi bir ampul yanan üç katlı bir yapının önünde durdular. Mavi ışık, kapıda asılı, 'Transit subaylar için Alman oteli' tabelasını aydınlatıyordu. Teğmen kapıyı açtı, girdiler. Küçük bir holün sonundaki geniş merdivenden ikinci kata çıkılıyordu. Masanın arkasındaki kadife koltukta, dazlak kafalı ve gözlüklü bir başçavuş oturuyordu. Alman, Kostov'un belgesini dikkatle gözden geçirdi, teğmen ve subay adayına yalnızca bir baktı, dalgın dalgın. Buraya sık geldikleri belliydi.

İkinci kata çıktılar.

Subay adayı, şapkasını gardropçu kadına uzatırken, "Yüzbaşı Weber burada mı?" diye sordu, Yunanca.

Kadın, başını salladı ve dans salonunu gösterdi.

Subay adayı Kostov'a, "İyi haber," dedi. "Bize yardım edebilecek dostlarımdan biri buradaymış!"

"Teşekkür ederim."

Dans salonu, sıradan bir barı andırıyordu. Duvar önündeki masaların hemen hepsi de doluydu. Salonun ortası dans yeriydi. Açık tuvaletli ve aşırı boyanmış kadınlar oturuyordu masalarda. Teğmen, bazılarını başıyla selamladı. Onlar da, gülüştüler ve açık saçık Bulgarca sözlerle karşılık verdiler.

Teğmen, sırıtarak baktı Kostov'a, "Suç bu kadınlarda değil," diye açıkladı. "Bu sözleri, dostça selamlamak sanıyorlar."

Boş bir masaya oturdular. Yunanlı garson, içki listesini getirdi. Başuzman, şampanya ısmarladı. Subay adayı, Almanların arasına karışmış, fasulye sırığı gibi uzun ve kuru bir subayla konuşmaya başlamıştı. Kostov, konuşmanın gerektiğinden de uzun sürdüğünü sandı. Alman, genç Bulgar'a konyak ısmarlamıştı, ayakta ve pek dostça içtiler. Öteki Almanlar alkışladı onları.

Başuzman, teğmene, "Genç Bulgar subayının görevi ne?" diye sordu.

"Alman tümen komutanlığında irtibat subayı."

"Almanla böylesine dostça kadeh tokuşturması neden?"

"Bulgaristan'a dönmemek kararını kutluyor sanırım!"

"Yani, ordudan kaçıyor!"

Teğmen, alnını kırıştırdı, "Daha başka türlü davranamaz. Partizanlardan öç alma hareketlerine katılmıştı."

Kostov ürperdi. Vicdanı az çok temiz olduğu halde, geçmişte olup bitenler ve büyük tütün grevleri solgun anılar gibi canlanıvermişti kafasının içinde. Bu bara eğlenmeye gelmiş tek kişi yoktu; hepsi de tasalarını alkolde unutmak için buraya koşmuşlardı.

Kostov ve teğmen, hiç konuşmadan garsonun doldurduğu şampanya kadehlerini tokuşturdular. Birer yudum aldıktan sonra sigaralarını yaktılar. Barı süzdüler can sıkıntısıyla. Genç kadınlardan biri zaman zaman masadan kalkıyor ve üçüncü kata çıkıyordu, yatak odaları o kattaydı ve kadın bedenleri tarifede gösterilen fiyatlarla orada kiralanıyordu.

Barın içi sigara dumanları, ucuz esans ve kadınların ter kokularıyla doluydu ve tiksinti veriyordu. Belgrad radyosu, fenerin altında Alman askerini bekleyen bir sokak kadının şarkısını çalıyordu. Gecenin bu saatinde milyonlarca Alman, evlerini düşünürdü.

Kostov, Selanik'teki Alman ordu genelevi barından Kavala'ya telefon ettiğinde, Belgrad radyosu Lili Marlen şarkısını çalıyordu.

Von Geier ile İrina, akşam yemeğinden sonra koltuklara oturmuş, sigara içiyorlardı. Selanik'i telefonla aradığında, Nikotiana ve Alman sigara tröstünü yıkacak kasırgadan kaçınmak isteyen bir halleri vardı.

İrina, telefonu yerine bırakırken yüzü kararlıydı; tıpkı on yıl önce uzlaşma ve alçalma nedir bilmediği zamanlarda olduğu gibi. Böylesine bir benlik onu gerçekleştiriyor ve daha güzelleştiriyordu. Von Geier bu kadının neden kendisini çektiğini anlayıvermişti; böylesine hayatın hiçbir zaman elinden alamayacağı bir yanı vardı. İrina, Boris denen adamdan nefret ediyordu. Ama bu kadını bedenini para için satan bütün kadınlardan ayıran, hem de yücelten yanı onlar gibi davranmamasıydı. Şu anda başkalarına saçma görünen bir karar vermekle, onurunu kurtarıyordu.

Von Geier, general Frischmut'tan onun adına aldığı geçiş belgesini uzattı. "Yol, partizanların kaynadığı bir bölgeden geçiyor."

"Biliyorum."

"Yolculuğu neyle yapacaksınız?"

"Kostov'un otomobiliyle."

"Şoförünüz var mı?"

"Kendim kullanacağım."

İrina'nın sesi değişivermişti; başkalarının sırtından yaşayan hafif kadın sesi değildi bu. Von Geier, onu gerçekten sevdiğini daha iyi anladı; bu kadında büyük yaşama gücü vardı, kendini hiçbir zaman büsbütün satmıyordu ve onurunu korumasını biliyordu.

Gece yarısıydı. Balkona açılan kapıya gerili cibinliğin arkasında sivrisinekler vızıldıyordu. Lüks lambasının ışığı gittikçe sönükleşiyordu. İrina'nın yüzünde hafif bir gülümseyiş belirdi. 'Yatalım' diyen utangaç bir gülümseyişti bu. Von Geier ürktü. Hayatın kıyasıya tadını çıkaran düşkün kadın yine karşısındaydı. 'O da benim gibi canlı bir ölü,' diye düşündü ve İrina'nın Taşoz'da sokak ortasındaki serüvenini acı acı hatırladı. Beş yıl önce İrina'yı böyle bir durumda satın almıştı kendisi de. Tütün zehiriyle iyice bozulmamış uzaklarda bir kadın hayalini korumak ister gibi gözlerini yumdu. Sonra, "Gitmem gerekiyor," dedi güçlükle.

"Neden?"

İrina kızgın bir bakışla süzüyordu.

"Frischmut'la görüşeceklerim var."

"Gecenin bu saatinde mi?"

Eski Alman hava subayı, "Bir gezi belgesi almam gerekiyor," diye yalan söyledi. "Selanik'te benim de işim var. Bundan yararlanıp sizinle geleyim isterdim."

Von Geier, kurşun gibi ağırlaşmış gözlerini İrina'nın üzerinde hüzünle dolaştırdı. Bütün çevresinin, benimsediği dünyanın ve Almanya'nın çökmekte olduğunu ve yalnızca İrina'sının kaldığını söylemek istedi. Ama adadaki rezaleti hatırlayınca, onuruna boyun eğdi ve sustu. Ayrılırken, buz gibi dudaklarını İrina'nın eline dokundurdu alışkanlıkla.

11

Güneyin bu dağlık bölgesinde hava kuruydu, güneş çıkar çıkmaz sıcak olurdu, ama Varvara, romatizma ağrılarıyla yine erken uyandı. Saate baktı. Beş buçuktu. Arkadaşlar uyanmadan kendine bir çekidüzen vermek için en uygun zamandı. Gerindi ve inledi. Sonra battaniyeyi üzerinden atıp hemen ayağa kalktı. Çevresine bakmadı bile, çünkü üç yıldır buralarda yaşamaktaydı. İki tepe arasında, düzlükte erkek arkadaşları uyuyordu. Giysilerinin ve çadır bezlerinin yanında tüfeklerin mavimsi uçları parıldıyordu. Partizanlar uykuda bile her an savaşa hazır durumdaydılar.

Biraz ötede, eğreltiotlarının sıklaştığı yerde Dinko yatıyordu. Dürbünün ve harita çantasının kayışla bağlı olduğu geniş göğsü, tekdüze inip kalkıyordu; dağda değil de evinde karyolada yatar gibiydi. Sabah kızıllığının ilk soluk ışıklarının vurduğu yüzü olağanüstü güzeldi.

Varvara, hafif bir şaşkınlık duygusuyla başını önüne eğdi. Erkeklerden birkaçı uyanmış da onun Dinko'ya özlemle bakışını görmüşler gibi bir tuhaf oluvermişti. Şu anda içini kaplayan duygular hüzünlü olduğu kadar gülünçtü de.

Hava serindi, ama Pirin dağlarındaki gibi nemli değildi. Denizin yakında oluşu, Varvara'nın içini ısıtıyor, canlandırıyor, barış dolu özgür bir hayat düşündürüyordu ona.

Varvara, spor bir gömlek ve pantolon giydi, süslenmesi de bundan öteye geçmedi. Buralarda su falan bulunmadığından, yıkanmak söz konusu olamazdı. Varvara yine de hiç çirkin görünmüyordu, ama kendisi yüzüne bile bakılmayacak bir cadı karı gibi göründüğünü sanıyor ve bu duygudan kurtulamıyordu. Son çarpışmada tarağını da kaybetmişti üstelik.

Bütün bunları bir an düşündükten sonra, makineli tabancasını aldı, nöbetçiye doğru yürüdü. Çiy yağmış ıslak otlarda yürüdüğünden ayak sesleri duyulmuyordu. Gözcülük eden bir nöbetçiye yaklaştı. Çamlığın en sıklaştığı noktada yere çömelmiş nöbetçi ufak tefekti ve sakallıydı. Bir şeyler yaptığından Varvara'nın geldiğinin farkına bile varmamıştı.

Varvara, "Ne yapıyorsun orada?" diye bağırınca pek korktu ve çalıların arasına bir şey gizledi.

Sonra, inanılmaz bir hızla, bir kedi çevikliğiyle makineli tabancasına uzandı. Geleni görünce, "Canın cehenneme!" dedi. "Ödümü patlattın!"

"Nöbetteyken başka bir şey yapılmaz, bilmiyor musun?"

Lijate, kadınların her dediğine kulak asmayan deneyimli bir erkek gibi gülümsedi. Sonra, "Ne yapmışız?" diye sordu.

"Öteberi mi yamıyorsun?"

"Ceketime yama yapıyorum. Neden yapmayacak mışım bunu? Çıplak mı dolaşacağız dağlarda? Çocuklara rezil olmaya niyetim yok."

Makedonyalı partizan, polis üniforması parçalarıyla yamanmış ceket kalıntısını gösteriyordu. Şişko'dan sonra en yaşlı partizan kendisi olduğu için ötekilerden 'Çocuklar' diye söz açardı. Varvara'ya yan yan baktı. "Biraz tütün verebilir misin bana?" dedi.

"Sana zırnık vermem."

Varvara, Lijate'nin davranışına pek kızmıştı. Öteki nöbetçiye gitti o öfkeyle. Bu adamları disipline alıştıramamıştı hâlâ. 'Sabrım da tükeniyor bazen,' diye düşündü. Bu ölüm kalım savaşından çok yorgun düşmüştü. Böyle yaşamaktan bitkindi, çökmüştü. Kavgacı da olmuştu. Her şeyini politika uğrunda yitirmişti. Partizanlık olağanüstü çabalar ve insanüstü güç istiyordu. Bütün bunları yapıyor, sonra da aklı karşı çıkıyordu yaptıklarına, 'İç dünyandaki bölünme, sinirliliğin, beceriksizliklerin hep bundan ötürü. Lijate'ye karşı haksız yere aşırı istekler ileri sürmen de bundan. Faşistlere hiç değilse senin kadar kin duyan Mişkin ve öteki kendi halinde insanlara karşı daha anlayışlı davranmalısın Varvara.' diye düşündü. Biraz daha sabırlı olmalıydı. Güçlüklerin çoğu arkada kalmıştı. Biraz daha sabır! Son günlere gelinmişti. Yirmi yıldır kendini politikaya adamıştı.

Genç kızlık günlerini hatırladı. Çocukluğunda bebeklere ve kurdelelere bayılan şımarık kızın biriydi. Onu bir eczacıyla evlendirmek isteyen babası, gerekli drahoma için hep para biriktirmişti. O tarihte içinde yaşadığı çevrenin gülünç tarifesine göre, eczacı bir erkeğin değeri yirmi bin levaydı. Babası bu parayı bir türlü toplayamamış, kızına eczacı koca bulamamıştı. Bu olay genç kızı benliğinden sarsmış, her şeyi parayla ölçen dünyaya karşı öfkelendirmişti. Sonra baba ölmüş, aile sokak ortasında kalıvermişti. Alıcı erkekler için Varvara'nın hiçbir değeri yoktu artık. Sanki onlardan biriyle evlenmekle mutlu olabilecek miydi? Elbette, hayır! Hiçbir kaybı olmamıştı gerçekte. Şu anda sürdürdüğü çetin yaşama koşulları, katlandığı sıkıntılar, korkular ve umutlar arasında bocalamalar, savaşım uğrunda geçen hayatın güzel yanlarıydı.

Varvara, durdu birden. Yamaç yeşil bir ovaya iniyordu diklemesine ve daha ötede deniz vardı. Suların üzeri ışıltılı bir buğuyla örtülüyordu. Ova çok yakın görünüyordu ama, öyle uzaklardaydı ki, yüzyıllık zeytin ağaçları birer noktacık gibiydi, demiryoluyla şoseyi birbirinden ayırt etmek güçtü. Güneş yükseldikçe, kırların ayrıntıları daha iyi seçilmeye başlamıştı.

Varvara, az ilerisinde duran nöbetçiyi görmüştü; aralarına birkaç gün önce karışan yedek subay öğrenciydi. Makineli iki tabanca ve Yunanistan'daki Bulgar birliklerinin yerleri üzerine bilgiler getirmişti. İriyarı, kumral bir delikanlıydı, Varvara'ya pek güven vermemişti nedense. Çivili ayakkabıları, kısa pantolonu ve omuzları apoletli –Bulgar ordusunda yazlık giysi böyleydi– bir gömleği vardı. Biraz arkaya doğru attığı kasket, olduğundan daha da genç gösteriyordu. Delikanlı ovayı gözlüyordu dürbünle. Varvara'yı görünce dürbünü bırakıp hemen selam verdi.

"Neydi adınız? Hep unutuyorum."

"Dankin."

"Ne adı bu?"

"Aile adımız. Babamın adı da böyleydi."

"Nerelisiniz?"

"Komutanın köyündenim. Bilmiyor muydunuz?"

"Hayır. Geldiğinizde burada değildim. Ne diye ancak şimdi bize katıldınız?"

"Böyle gerekti. Arkadaşlarımın arasında gizli çalışıyordum."

"Bir şeyler başarabildiniz mi?"

"Evet."

Oğlanın mavi ve küçük gözlerinde apaçık bir bakış vardı. Daha çocuk sayılırdı. Varvara saygı duydu birden ve sen diye konuşmaya başladı:

"Dürbünle ne gözlüyorsun?"

"Şosede Alman ve Bulgar birlikleri ayrı yönlere geçip gidiyorlar."

Varvara güldü, dürbünü alıp ovaya baktı. "Bak hele, hangilerinin Alman, hangilerinin Bulgar olduğunu ayırt edebiliyor musun gerçekten?"

"Motorlu birlikler iyi seçiliyor. Bulgarlar Serez'e doğru yol alıyorlar, Almanlar da ters yöne."

Varvara, dürbünle baktı. "İyi bu. Evet motorlu birlikler ve toplar seçiliyor." Sonra dürbünü bıraktı. "Bugün ne var yapılacak?"

"Sanırım istasyona baskın yapacağız. Komutanla komiser anlaşırsa."

"Hangi istasyona?"

Delikanlı, Poroy'a doğru güneyi gösterdi. Uzakta, ovayı kaplayan gümüş parıltılı hafif sislerin arasında, bir koru karaltısı yanında küçük küçük yapılar göze çarpıyordu.

Varvara, "Evet istasyon!" derken boğazı kuruyuverdi. "Orada Almanların en büyük depoları var. Peki, komutanla Şişko anlaşabilecek mi?"

"Sanırım. Bölüğün yürüyüş yolunu dün haritada gösterdiler. Şişkoyu nasıl bulursunuz?"

"İçimizde en üstün ve güçlü kişi o. Yirmi yıldır partilidir. Büyük tütün grevinde öncülerden biriydi."

Dankin, "Yoksa sen de komutandan hoşlanmayanlardan mısın?" diye sordu.

Varvara, biraz kızarak, "Hayır, ben onlardan değilim," dedi. "Ama komutanın da zayıf yanları var, herkes gibi."

"Ne gibi?"

"Dik kafalıdır ve her konuda tek başına yargıya varmak ister."

Dankin, hiç karşılık vermedi.

Varvara, "Sen ne düşünüyorsun onun için?" diye sordu.

"Uzun süredir tanıyorum ve hayranım. Ona çok şey borçluyum."

İkisi de sustular. Sonra Dankin, "Bütün bunların şimdi önemi yok," dedi.

"Ne demek istiyorsun?"

"Komutanla Şişko arasındaki görüş ayrılığının. Savaş çok yakında bitecek ve işbaşına bizler geleceğiz."

"Pek öyle değil."

Varvara, mavi gökyüzünde ve sıcak havada şimdiye kadar düşünmeyi bile göze alamadığı neşeli ve heyecanlı bir şeyler bulunduğunu seziyordu. Sofya'da geçirdiği yıllar, baharda Kral Boris Parkı'nda dolaştığı günleri hatırlatan bir şeyler! Çukur yerlerden, ıslak toprakların genzi gıcıklayan ıslak ıslak kokuları geliyor, güney esintileri yapraksız dalları sarsıyordu. Varvara, zaferi düşünüyor, banyo, sabun ve temiz giysiler hayal ediyordu. Saçlarını bile yaptırmıştı. Bir ara sinirli sinirli güldü.

Dankin şaşkınlıkla, "Neye gülüyorsun?" diye sordu.

"Kendime. Zaferden sonra ne yapacaksın?"

"Benden ne istenilirse onu."

"Ben önce bir yıkanacağım ve bir güzel giyineceğim. Böyle cadı karısı gibi görünmekten bıktım. Hayatı sevmek demek, iyi giyinip temiz olarak başkalarının da içini açmayı bilmektir."

Dankin, sitemle, "Yoksa başkalarının senden hoşlanmadığını mı sanıyorsun?" dedi. "Herkes seni övüyor."

"Ama ben kendimden tiksiniyorum. Hem zafer bu kadar yakın mı bakalım?"

"Buna tam inancım var. Bugün son çarpışma olacak Almanlara karşı."

Varvara titredi. Çarpışma sözünü duyunca yine boğazı kurumuştu. Barut kokuları tıkamıştı genzini. Makineli tüfekler ulumaya, mermiler vınlamaya başlamıştı. Ölüm korkusu ve düşman eline düşerse yapılacak işkencelerin korkusu kaplayıvermişti içini. Delikanlıya, "Hiç çarpışmaya katıldın mı?" diye sordu.

"Hayır."
"Korkmuyor musun hiç?"
"Hayır."

Varvara gülümsedi: "Yeniler hep böyledir. Savaşın korkunçluğunu bilmezler, bilemezler. Barut kokuları ve dumanlar kaplar her yanı. Önceleri her şeyden korkulur. Sinirler dayanamaz. Haykırmak, teslim olmak istersin. Ama bundan korun. Ölümden de beterdir. Çünkü tutsaklık, cehennem işkencelerinden de korkunçtur."

Dankin, hafifçe gülümsedi. "Bana kalırsa hiçbir şeyden korktuğun yok."

Delikanlı, "Kışlada gizli çalışmalarım daha tehlikeliydi," dedi.

Partizanlar, bütün günü dağın yamacındaki çam ormanında dinlenmekle geçirdiler; oraya inen yamaçtan gelebilirdi düşman. Partizanlar, düşmanın moral gücünün iyice sarsılmış olduğunu biliyorlardı. Bulgar tümenleri birkaç gündür hiçbir savaşa katılmıyorlar, Alman tümenleri de Selanik ve Üsküp'e doğru çekiliyorlardı. Savaş son ve kesin döneme girmekteydi. Ama partizanlar arasında sinirli ve sıkıntılı bir hava vardı yine de. İstasyona yapacakları saldırı, daha öncekinin hüzünlü olaylarını düşündürüyordu. Baskın emrine uyuyorlardı ama, hazırlıkları isteksiz yapıyorlardı. Savaşın bitmesine pek az kala dövüşmek ve ölmek ağır geliyordu onlara; içlerindeki ev ve aile özlemini gidermeden hem de.

Partizanlardan kimi tıraş oluyor, kimi de daha düzgün kılıklarını giyiyorlardı. Bazıları birkaç hafta önce kesilen bir öküzün derisinden yaptıkları yeni çarıkları ayağına geçiriyordu. Komutan, kararlı ve umursamaz görünüyordu. Şişko, bu bölgede çarpışan solcu Yunan çetelerinden gelecek habercileri bekliyordu. Varvara, bir oraya bir buraya gidiyordu tedirginlikle. Mişkin, bir ağacın gölgesine çekilmiş, küçük küçük sopalar yontuyordu. Çok sinirli olduğu zamanlar hep böyle yapardı. Bazıları da aralarında fısıldaşıyorlardı. Bu gibiler, baskın emrinin, komutanlıktan mı geldiğinden, yoksa kendi komutanlarının aklına mı estiğinden kuşkudaydılar. Ama gerçeği öğrenince sustular. Aralarında keyfi yerinde olan tek kişi Lijate'ydi. Ekmek peynir tayınının hepsini bir oturuşta yemişti; sigara tüttüren Mişkin'e kıskançlıkla baktı ve Varvara'yı düşmanca süzdükten sonra, ölümü aklına bile getirmeden derin bir uykuya daldı.

Hava çok sıcaktı. Dağın sessizliği, karga bağırtıları ve çamların çok yavaş hışırtılarıyla pek seyrek bozuluyordu. Sıcak ve sessizlik, uyuşukluk veriyordu.

Varvara, çam iğneleriyle dolu yumuşak toprağa uzandı, dalların arasından görünen mavi gökyüzüne dalgın dalgın baktı. Sık ağaçlar arasında, on adım kadar ötesinde oturmuş olan arkadaşların konuşmaları duyuluyordu. Bir tanesi, hava kuvvetlerinden kaçıp kendilerine katılmıştı; teknik işlere bakıyordu. İşte bu partizan, öteki arkadaşlarına toplum, ekonomi ve sosyal sorunlar üzerine açıklamalar yapıyordu; sesi ve konuşması pek de inandırıcı değildi.

Varvara, bir süre sonra birinin, adını çağırdığını duydu. Ses yakından geliyordu. İstemeyerek kalktı. Boğaza inince Şişko ve iki yabancıyla karşılaştı. Yabancılardan biri pırıl pırıl tıraşlıydı, kumral bıyıkları vardı. Öteki esmerdi, kara saçlıydı. Yabancıların giysileri hemen hemen birbirinin tıpkısıydı; uzun pantolonlar ve yeşilimsi kumaştan İngiliz asker ceketleri giymişlerdi. Kara saçlısı yumruğunu havaya kaldırmış, kumral bıyıklısı da isteksiz ve biraz üstten bakan bir asker selamı vermişti. Varvara hemen kavradı; Şişko'nun beklediği solcu Yunanlılar bunlardı. Belki de haberler ve istasyon baskınına katılmak için öneriler getiriyorlardı. Tam bu anda Dinko yanaştı yanlarına. Yabancıların ellerini sıktı ve otursunlar diye, yıkılmış bir karaçamın gövdesinde yer gösterdi. İkisi de, oturmak istemedi.

Varvara, Şişko'ya baktı heyecanla. Büyük tütün grevi yöneticisinin kırış kırış olmuş kır bıyıklı yüzü çok sakindi. Bu yaşlı, şişman adamın zor görevleri nasıl yerine getirebildiği inanılır şey değildi. Güçlükle soluk alıyordu. Sıcak ve göğüs ağrısı rahat bırakmıyordu.

Şişko, onu görünce, "Seni çevirmenlik yapman için çağırmıştık," dedi. "İşbirliği yapacağımız bu arkadaş İngiliz ordusundan Yüzbaşı Gins, Yunanlı partizanlar da eğitimci olarak çalışıyorlar."

Varvara, İngilizin yüzüne baktı. Soluk gözleri, kıpırtısız ve donuktu. Varvara, İngilizle biraz Fransızca, biraz da Almanca konuştu. Görüşmenin Almanca yapılması kararlaştırıldı. İngiliz, bir bloknot çıkardı cebinden.

Yüzbaşı Gins, ağır ağır ve tekdüze bir sesle konuşmaya başladı. Durumu kısaca anlattı. Varvara, dediklerini çevirirken öfkesini güç tutuyordu. Partizanlar, radyodan duyduklarından fazlasını öğrenmemişlerdi. İngiliz, ortak düşmanın sırtı yere getirilinceye kadar her çeşit görüş ayrılığının bir yana bırakılmasını ileri sürüyordu. Varvara, bu sözleri çevirirken, 'iyi başlamadım diye,' aklından geçirdi. 'Karşındakileri sersem sanıyorsun.' İngiliz, onun bu düşüncesini sezmiş gibi, alnını kırıştırdı. Sonra, "Konuşmak isteyen var mı?" diye sordu.

Şişko, "Ben konuşacağım," dedi. "Ne biz, ne de Eam'cılar, Almanlardan olduğu kadar, İngilizlerden de destek bulan Yunan milliyetçileriyle anlaşamayız."

Yüzbaşı Gins, gülümsedi. Bulgar komutanın Yunanlı milliyetçileri su katılmamış faşist sanmasına bir şey demiyordu. Çünkü İngiliz ordusu Ortadoğu komutanlığının ona yüklediği görev, ortak düşmana karşı teknik öğütler vermekti yalnızca. Sonra, İngiliz casusluk örgütünün elde ettiği bir bilgiyi ve buna karşı hazırlanan çok umut verici bir planı "baylar"ın öğrenmek isteyip istemediğini sordu. İngiliz yüzbaşının kendini beğenmiş nazikliğini hepsi sezmişti. Yüzbaşı da onları süzüyordu. Giysileri pek partal da olsa iyi silahlanmış iki partizanın ense kökünde dikilmesinden tedirgin olmuştu.

Varvara, bir Alman Yahudisi lehçesiyle, "Bundan ötürü size pek borçlu kaldık," dedi.

Yüzbaşı Gins bir harita çıkardı. Şişko, adamlarına uzaklaşmalarını işaret etti. Dinko, Şişko, Varvara, manga komutanı, Yüzbaşı Gins ve Yunanlıdan başka kimse kalmadı. İngilizin ense kökünde bekleyen iki partizan da uzaklaştı, ama ancak birkaç adım.

İngiliz, yarım saate yakın konuştu. Varvara söylenilenleri çevirirken boğazının yine kuruduğunu hissetti. Dinko'nun hazırlamakta olduğu istasyon baskını daha da büyük çapta uygulanacaktı. İngiliz, hiç heyecanlanmadan konuşuyordu. Bir sigara yakarken, "Alman istihkâmcılarınca korunuyor," dedi. "Gerçi çok iyi silahlılar ama, moralleri zayıf. Doğu cephesi gezginci hastanelerinden getirildiler buraya. Bir radyo istasyonları var. Selanik'ten yardım isteyebilirler radyoyla. Dediğim gibi, istasyondan iki kilometre ötede demiryolu köprüsünü havaya uçurmamız gerekiyor."

Şişko, "İstasyonu koruyan Almanların sayısı ne kadar?" diye sordu.

İngiliz, "Otuz kişi kadar," dedi. Şişko'nun kuşkulandığını ve bunu gizlemek için ağırdan aldığını sanmıştı. İçinden, 'Cin gibi herif,' diye geçirdi. 'Sözlerime inanmadığını anlatmak istiyor. Güvenini kazanmak için biraz daha bilgi vereyim. Bir limon gibi posamı çıkaracak bu gidişle.'

Şişko, "Bu çok önemli," dedi. "Yunanlı partizanların nerede mevzi alacağı da bilinmeli."

"Almanlar Serez'i büsbütün boşaltmadıklarından onlar sizin sol kanadınızı koruyacak."

"Şu halde bizlere köprü ve şose düşüyor. Öyle mi?"

İngiliz, sigarasından çekti ve evet anlamına başını sallarken, "Siz her bakımdan ötekilerden daha güçlüsünüz," diye uyduruverdi.

Bir sessizlik oldu. Şişko haritaya baktı. İlkokuldan yukarısını okuyamamıştı. Bu da haritayı anlamasına, karmakarışık topoğrafik işaret ve çizgilerinden anlam çıkarmasına yetmiyordu. Utancından yüzü kıpkırmızı oldu. Alnında boncuk boncuk terler toplandı. Adamlarının ve Dinko'nun önünde küçük düşmemek için susmayı daha uygun buldu. Ama hemen vazgeçti bundan. Adamlarını tehlikeye düşürebilirdi. Komiserlik onurunu bir yana bıraktı ve "Hey, yeni gelen!" diye seslendi Dankin'e.

"Gel buraya! Sen subay adayısın değil mi? Açıkla şu çizgileri bana bir bir."

Haritayı gösteriyordu.

Dinko, ters ters, "Beni okur yazardan saymıyor musun?" diye sordu.

"Bilmem be arkadaşım! Çok tartışıyoruz da..."

"Ama benim asıl görevim bu. Sana yardım etmek zorundayım."

"Bağışla be arkadaşım. Ben sıradan bir insanım, aydın kişilerle boy ölçüşemem."

Dinko'ya çok dokundu bu sözler. Halk arasından yetişmiş bu adam en değerli şeyini, gözünün birini vermişti inancı uğrunda.

Dankin koşup geldi. "Buyrun, sayın büyüğüm!"

"Dankin sensin değil mi? Dikkat et de bir şeyler öğren. Komutan arkadaş harita üzerinde gösterecek planın nasıl uygulanacağını."

Dinko, İngiliz genelkurmay haritasına eğildi. Bir on saniye kadar büyük bir dikkatle gözden geçirdi. Dankin, büyük bir saygıyla arkasında durmuş, omzu üzerinden bakıyordu haritaya.

Dinko, yumuşak ve arkadaşça bir sesle, "İstasyon işte burası," diye başladı, Şişko'ya anlatır gibi. "İstasyonun hemen yakınındaki şose, demiryolundan ayrılıp tepeye yöneliyor, bizim mevzileneceğimiz şu tepeye..."

Şişko, "İstasyondan ne kadar ötede?" diye sordu.

"Bir kilometreden biraz daha ötede."

Şişko, alnını kırıştırdı tasayla. "Fazla. Şosede bulunacaklar, gerektiğinde yeterince çabuk geri çekilemezler. Çember içine düşmeleri olmayacak şey değil." İyice düşünüp taşındı. "İstasyonu ve benzin depolarını koruyan nöbetçilerle çarpışma uzun sürebilir. Gün ışımadan bunu başaramaz ve benzin deposunu havaya uçuramazsak, adamlarımızı boşuna kurban etmiş oluruz."

Dinko'nun gözlerinde donuk bir parıltı dolaştı. "Böyle bir durumda savaşın sürdürülmesi ve şoseyi savunanların gözden çıkarılması gerekir."

Şişko, güçlükle duyulan bir sesle, "Şu sıra hiç de kolay değil o senin dediğin," karşılığını verdi. "Savaşın son günleri yaklaşırken hiç kimse kolay kolay ölmek istemez."

Dinko susuyordu.

İngiliz, "Baylar ne konuşuyorlar?" diye sordu.

Varvara, "İleri sürdüğünüz planı gözden geçiriyorlar," dedi.

Yüzbaşı Gins, sönmüş sigarasını yakarken, sinirli bir hareket yaptığını fark etti. Onun bu davranışı Dinko'nun gözünden de kaçmamıştı. Bulgarların alçak sesle konuşmaları, kötü bir önseziye yol açmıştı. İngiliz, kendi kendinden utanarak, 'korkunun sırası değil,' diye düşündü. Soğukkanlılığını kazanmak için Londra'daki eğitimi sırasında verilen öğütleri hatırladı.

Şişko, "İleri sürdüklerinizi kabul ediyoruz," dedi birden.

Varvara bu sözleri çevirdi ve Yüzbaşı Gins, rahat bir soluk aldı. Lawrence'vari bir yüreklilik örneği gösterdiğini sanmıştı. Birkaç ay sonra Londra'nın gelenekçi kulüplerinden birinde, Yakındoğu İçin Özel Görevler Okulu arkadaşlarına, Balkanlar'da başından geçen bu çok tehlikeli serüveni anlatacaktı. Gözünü budaktan sakınmadan Bulgar partizanlarının arasına sokulmuştu; onların elebaşlarıyla konuşmuş, solcu partizanları, Almanların büyük bir benzin deposuna baskın yapmaya razı etmiş, geri çekilişlerinde de hepsini Yunanlı milliyetçilerin tuzağına düşürtüvermişti.

Yüzbaşı Gins, kafasının içinde kurduğu bu başarılar serüvenine öylesine dalmıştı ki, dişlerine kadar silahlı iki partizana Şişko'nun işaret verdiğinin farkına bile varmadı.

Bundan sonraki olaylar öylesine beklenmedik bir hızla gelişti ki, ilkel Doğu Avrupalılar karşısında bir İngilizin takınması gereken soğukkanlı tavrı Yüzbaşı Gins başaramadı. Asık suratlı iki partizan tarafından kıskıvrak yakalanınca öyle şaşaladı ki, balmumu sarısı yüzü kırış kırış oldu. Partizanlardan biri kollarını arkasına çevirmiş, öteki de tabancasını almıştı. Müthiş korkuya kapılıp ne yaptığını bilemeyen Yunanlı, yamaçtan aşağı koşmaya başlamıştı. İngiliz, makineli tabancanın kuru takırtısına karışan bir insan çığlığı duydu. Sonra derin bir sessizlik ve çamların hışıltısı.

Yüzbaşı Gins, anasının yüzünü görür gibi oldu bir an. İngiliz ana, oğlunun Balkanlar'da vurulup öldüğünü bildiren mektubunu okuyordu. Yıllardır tek başınaydı yaşlı anacığı. Yüzbaşı Gins, anasını ne de severdi. Şu anda, ne barışın son yıllarında Brighton'da seviştiği kızı, ne de Kahire'de dost tuttuğu kadını düşünüyordu. Anasını düşünürken kendini toplamış ve bir İngilize yaraşır soğukkanlı davranışına kavuşmuştu yine.

Öfkeyle ve üst perdeden, "Bu da ne demek?" diye sordu ve bakışlarını Dinko'ya çevirdi. "Bu adama ne hakla ateş ettiniz?"

Dinko'nun tabancasında barut dumanı vardı daha. İngilizin ne sorduğunu kimse anlamamıştı. Varvara öylesine şaşkındı ki, sözleri çeviremedi.

Dinko, hiç istifini bozmadı ve ceketinin kolunda kalmış boş bir kurşun kovanını alıverdi. Sonra, Varvara'ya dönüp, "Şu serseme bizlerin koyun olmadığını anlat!" dedi.

Yahudi kadın titriyor ve bir türlü konuşamıyordu. İki partizanın sürüklediği ölüm halindeki Yunanlıya dikmişti bakışlarını.

Partizanlardan biri, "Soluk alıyor," dedi. "Sorguya çekecek misiniz?"

Şişko, "Hayır," dedi. "Gerekmez."

Partizanlar, can çekişen Yunanlıyı çalıların arasına uzattılar. Hırıltılı sesler çıkarıyor ve ağzından köpüklü bir kan boşanıyordu. Sırtında bir sürü koyu benek, gittikçe büyüyor ve birleşiyordu. Gövdesi titriyordu. Sonra son kez titredi. Yunanlı ölmüştü.

Yüzbaşı Gins çamların hışırtısını duyuyordu yine. 'Her şey bitti,' diye düşündü. 'Başaramadık görevi. İhtiyar Şişko, budala gibi görünüp beni oyuna getirdi; tuzağına düştüm. Haritadan anlıyor öteki de. Aydın kişiye benziyor. Hiç değilse soğukkanlı, davranışları çevik ve silah kullanmakta çok usta. Yunanlının yerinde olsa hiç de şaşkına dönmezdi.'

Yüzbaşı Gins, ağaçların hüzünlü hışıltılarına kulak verdi ve, 'böyle insanlar hoşuma gider,' diye düşündü. 'Nerede olursa olsunlar. Haritadan anlamayan şu tek gözlü tıknefes yağtulumu bile. Sana gelince Yüzbaşı Mike Gins, sen hiçbir şey beceremedin! Bu işler için yaratılmamıştın, becerikli değildin, ama kendinde böyle üstün yürekli bir yan var sandın. Sinirlerin dayanıklı çıkmadı ve karılar gibi korktun. Bundan böyle nasıl davranacaksın bakalım.'

Yüzbaşı yine anasını düşündü ve tuhaf bir rahatlık duydu. Kusursuz davranmak ve çelik gibi kararlı görünmek istiyordu. İç dünyasına sözünü geçirmek, çocukluğundan kalma bir alışkanlıktı. Hindistan'da ölmüş bir rahibin dul karısı olan anası onu böyle yetiştirmişti. Varvara'ya çevirdi bakışlarını ve: "Sözlerimi Bulgarcaya aktarır mısınız?" diye sordu.

"Evet."

Varvara'nın sesi heyecandan titriyordu hâlâ. Elini uzattı Şişko'ya ve boğuk bir sesle, "Bir yudum su ver bana!" dedi.

Şişko, matarasını uzattı. "Ölenin kim olduğunu sor şuna!"

İngiliz biraz alaycı, "Bir Yunanlı," dedi.

"Neden kaçmaya kalkıştı?"

"Bir faşist ya da bozguncuydu belki de."

"Nerede tanıştınız?"

"Bir Yunan müfrezesinde."

"Kimden yanaydı müfreze?"

Yüzbaşı Gins, "Komünistlerden," diye bir yalan attı yine.

Ömrü boyunca pek çok polis sorgusu başından geçen Şişko, soruşturma tekniğini çok iyi bilirdi. Alnına biriken terleri eliyle silerek, "Neredeydi bu müfreze?" diye sordu.

"Bunu açıklamayacağım. Britanya başkomutanlığının bir sırrını ele veremem."

"Bize gelirken kim olduğumuz, kimlerden yana olduğumuzu biliyordunuz. Bu durumda sır saklamak diye bir şey olmamalı."

Varvara, Şişko'nun sözlerini çevirdi. Ama İngiliz, olmaz anlamına başını iki yana salladı.

Şişko, "Konuşmaktan kaçınmanız hiç de yararınıza olmaz, durumunuzu daha da kötüleştirir," dedi. "Size düşman gibi davranırız."

İngiliz, hafifçe heyecanlandı. Son şansını denemek için bu anı beklemişti; karşısındakileri şaşırtmayı deneyecekti: "Sözünü ettiğim Yunan müfrezesi Kruşa dağında."

"Komutanlarını tanıyor musunuz?"

"Evet."

"Ne zamandan beri?"

Yüzbaşı Gins bir an durakladı. 'Bu herif bir sorgu yargıcı kadar zorlu,' diye düşündü tedirginlikle. Sonra, "Bir haftadan beri," dedi.

"Komutan hakkında bize bir şeyler söyler misiniz?"

"Evet. Adı, Safiris. Madeni eşya endüstrisinde işçiydi ve İspanya iç savaşına gönüllü olarak katıldı. Fransızca ve İspanyolcayı çok iyi konuşur."

Şişko'nun tek gözünde bir ışıltı yanıp söndü:

"Çok doğru. Ne var ki, Safiris'i iki ay önce Yunanlı faşistler bir baskında öldürdüler."

Yüzbaşı Gins gülümsedi. Kendini beğenmiş güzel bir kadının aynada görüntüsünü seyretmesi gibi, soğukkanlılığından ve güveninden keyifleniyordu şu anda. Şişko, devrilmiş koca karaçamın gövdesine oturmuştu. Yorgundu, ter içindeydi.

Onun yerini Dinko aldı. İngiliz bir baş boyu daha uzundu. Hiç istifini bozmadan, "Birkaç dakika sonra kurşuna dizileceksiniz," dedi ve yüzbaşının gözlerinin içine baktı.

"Belki bir şeyler söyler de canınızı kurtarabilirsiniz!"

Varvara, titrek bir sesle çevirdi bu sözleri.

Yüzbaşı Gins'in yüzünün sağ yarısında sinirli kıpırdanmalar göze çarpıyordu. Çamların hışıltısını duyuyordu yine; yaşlı bir kadının iç çekişleri gibi usul ve duraklayarak çıkıyordu hışıltılar. Doğduğu kentin mezarlığındaki çamlar da böyle hışıldardı; denizden eser rüzgâr dalları okşayınca. Birden, "Size yardım için gönderiliyoruz ve bizi kurşuna dizmeye kalkışıyorsunuz!" dedi, bütün gücünü toplayarak.

Varvara, kendiliğinden, "Yardıma hiç gelmeseydiniz daha iyi olurdu," deyiverdi.

"Faşistler teğmen Thomson'u öldürdü, siz de beni öldüreceksiniz."

"Teğmen Thomson'la sizin aranızda çok fark var..."

"İkimiz de İngiliz subayıyız."

Dinko, "Ne söyleniyor bu sersem herif?" diye sordu.

"Saçmasapan şeyler!"

Dinko, boş ver gibilerinden bir el işareti yaptı. Sorguyu sürdürmenin anlamı yoktu. İngilizin silahını almış olan iki partizana bir işaret etti. Adamlardan biri yüzbaşıyı dirseklerinden yakaladığı gibi sürükledi. İngiliz, çamların uğultusunu duydu yine.

Şişko, "Durun!" diye emretti birden. "Saldırı başlayıncaya kadar öldürmeyelim."

Dinko, "Hiçbir şeye yaramaz böyle davranmak!" diye karşılık verdi.

"Hayır, ona bir şans tanıyalım da düşünsün ve bize bir tuzak hazırlamışsa söylesin. Anlat bunu ona, Varvara!"

İngilizi götüren adam durdu ve soru dolu bakışlarla onları süzdü.

Varvara, heyecanını belli etmemeye çalışarak,"Söyleyeceğiniz bir şey var mı?" diye sordu.

Yüzbaşı Gins, kupkuru bir "Hayır!"la yetindi.

Varvara, titrek bir sesle, "İyi düşünün!" dedi. "Baskın yapacağız, çünkü bizim kurmayın emri. Ama sonra bir tuzağa düşürülürsek sizi temizlerler. Özgürlükleri uğruna çarpışanlara tuzak kurmanın hiç de övünülecek bir şey olmadığını belki anlamışsınızdır. Onur ve yüreklilik için daha başka değerlendirme ölçüleri vardır."

Rüzgâr esiyor, çamlar uğulduyordu. Yüzbaşı Gins'in düşünceleri yine anasının yanındaydı. Böylesine soğukkanlı olabildiği için hayrandı kendine; Varvara'ya bir baktı ve kısaca, "Söyleyecek başka bir sözüm yok!" dedi.

Vadilerin ve ovaların üzerine mor gölgeler uzandı; çamların yeşili koyulaştı, dişli tarakları andıran tepeler turuncuya boyandı. Sonra güneş battı, tepeler kayboldu ve solgun bir alacakaranlık kapadı her şeyi.

İyice karanlık bastırıp da yıldızlar çıkınca partizanlar yola koyuldular. Bir gün önce dağdan bakınca küçük ve kara bir leke gibi görünen ağaçlıklı yere gitmek üzere ovaya iniyorlardı; oradan saldırıya geçeceklerdi. Tek sıra olmuşlardı. Beklenmedik bir baskından korunabilirlerdi böylelikle. Yıldızların solgun ışığı altında yaptıkları yürüyüş yorucuydu. Arada bir sendeliyorlardı. Kızgın iniltiler ve alçak sesle küfürler duyuluyordu. Manga komutanıyla komutanın bulunduğu öndekilerden doğru bir ıslık duyuldu. Islık, daha başka yönlerden de geldi. Mola işaretiydi. Yorgunluktan bitkin yüzlerce erkek, sıcak kuru otlarla örtülü taşlık yere bırakıverdiler kendilerini.

Elleri arkasına bağlı Yüzbaşı Gins, yere oturdu. Lijate'ydi nöbetçisi, Lijate'nin Yunanca anladığını bilen İngiliz, bir konuşma başlangıcı aranıyordu ısrarla. Ama berikinin pek karşılık verdiği yoktu. Yüzbaşı Gins'in suçunun büyük olduğunu, öldürüleceğini biliyordu.

Yüzbaşı Gins, yere oturunca aşırı umutlara kapıldı. Karanlık, Lijate'nin kemiklerinin sayılışı, partizanlarla aralarındaki uzaklık, bir şeyler denemeye isteklendiriyordu onu. Ellerini çözdürebilse ve şu maymun herifin silahını alabilseydi. Soldaki boğazın göz gözü görmez karanlığına bir sıçrar ve kurtuluverirdi.

Yüzbaşı Gins, alçak sesle, "Ellerimi çözer misin, bir sigara içeyim?" diye sordu.

Lijate, dilini şaklattı; doğuda bunun anlamının kesin bir hayır olduğunu İngiliz biliyordu.

Makedonyalı partizan, "Yürüyüş sırasında sigara içmek yasak!" dedi

"Hiç değilse düğüm yerlerini biraz oynat. İp acıttı bileklerimi."

Doğruydu İngilizin dediği. Lijate, ellerini çok sıkı bağlamıştı. Ama ne diye ona karşılık verecekti. Az sonra kurşuna dizilecek birinin elleri acımış ya da acımamış ne önemi vardı?

İngiliz, "Kaçarım diye korkuyorsun, herhalde?" dedi.

Lijate, "Orası öyle!" dedi. "Seni kaçırırsam beni de temizlerler."

Lijate, bu sözlerden sonra daha çok konuşmanın hiçbir anlamı kalmayacağını umuyordu. Ama yüzbaşı, "Sen de benimle kaçmaz mısın?" diye başladı yine.

"Ne dedin?"

İngiliz, titrek bir sesle, "Benimle kaçarsan beş bin İngiliz Lirası alırsın," dedi.

Bir sessizlik oldu; belli belirsiz gürültüler, uğultular duyuluyordu ovadan.

Yüzbaşı Gins, "Beş bin İngiliz Lirasının ne olduğunu biliyor musun?" diye sordu.

Lijate bunu bilmezdi ama, ailesindeki bütün erkeklerin korkunç işkencelerde öldürüldüğünü bilirdi. Öfkeyle, "Kıs çeneni, köpek!" diye homurdandı, "Kaçmak istediğine göre sen faşistin birisin gerçekten."

Sonra bir ıslık çaldı ve karanlıktan biri çıkageldi.

"Ne o, Lijate?"

"Başımın derde girmemesi için bu herifi geberteceğim."

"Sana bir şey mi vermek istedi?"

Makedonyalı, "Evet, para..." derken, burnundan soluyordu.

Öteki partizan, birkaç saniye kalakaldıktan sonra, "Acele etme, bir sorayım!" dedi.

Geldiği gibi bir anda kayboldu karanlıkta. Döndüğünde elinde bir kâğıt vardı. İkinci sınıftan yukarısını okumamış olan Lijate, el fenerinin ışığında bir baktı kâğıda. Şişko'nun kargacık burgacık elyazısıyla "Ölüm" sözcüğünü sökmüştü.

İngiliz durumu kavramıştı. Evinde, kolejde ve Yakındoğu İçin Özel Görevliler Okulunda öğrettikleri gibi soğukkanlı davranmak için bütün gücünü kullandı. Ama Lijate'nin makineliyi üzerine çevirdiğini görünce vahşi bir çığlık koparmaktan kendini alamadı.

Lijate küfrü bastı ve makineliyi boşalttığı gibi susturdu İngilizi. Bir daha konuşmamak üzere.

Partizanlar istasyona yaklaştıklarında gece sessizdi ve gökyüzü yıldızlıydı. Seyrek ağaçlıklı ormanda, dağdan ovaya geçiş yeri olan teras biçimi bir düzlükte mevzilendiler. Şakakları zonkluyor, aralarında fısıltıyla konuşuyorlardı. Makinelilerini, kurşunlarını ve el bombalarını arada bir dikkatle yokluyorlardı.

Kafası iyi çalışan, ama yüreksiz olan Varvara, ormanın kenarında durmuş bakışlarını yere dikmişti. İstasyonun ışıkları ve ovanın büyük bir parçası görünüyordu buradan. Görüntünün yüceliği ve yıldızların parıltısı sonsuzluk duygusu uyandırmıştı içinde. İstasyonun göz kırpan ışıkları, yaşamak özlemi aşılıyordu, dayanılmaz bir acıyla.

İstasyona varmadan en son düzlükte oraları iyi bilen on kadar partizan yardımcısının gölgeleri hayaletlere benziyordu. Dinko'dan son emirleri almaktaydılar. Sonra ormana, çetenin yanına döndüler. Alanda en son iki kişi kalmıştı. Biri boylu, öteki tıknazdı. Varvara son iki gölgenin el sıkıştığını gördü.

Varvara, benzin depolarını savunacak makineli yuvalarını ve dikenli telleri gizleyen karanlığa baktı bir süre. İstasyonun ışıkları görünüyordu ve manevra yapan bir lokomotifin düdük sesi duyuluyordu. Almanlar, Trakya'daki benzin stoklarını taşımak için acele ediyor olmalıydılar. Motopomplar durmadan işliyor, akaryakıt vagonlarını birbiri arkasına hızla dolduruyorlardı. Burada öyle çok akaryakıt vardı ki. Bütün saldırılara sonuna kadar karşı durmak zorundaydı Almanlar. Çünkü tankların ve motorlu araçların kan damarıydı benzin.

Varvara bunları düşününce, ürkek yüreği büsbütün sıkıştı. Ama beyni, hareketin büyük önemini ve ayrıntılarını kavrıyordu. Partizanların bir kısmı demiryolu köprüsünü havaya uçururken, bir kısmı da Selanik şosesini kesecekti. Bu arada ötekiler istasyona ve benzin deposuna saldıracaktı. Ancak, daha önce köprüdeki ve istasyondaki ileri Alman karakollarını temizlemek gerekiyordu. Makinelilerle benzin deposuna öldürücü vuruş ancak bundan sonra yapılabilirdi. Ormanda saldırı işareti bekleyen partizanlar, her dört kişiden birinin vurulup öleceğini biliyorlardı.

Uzun bir ıslık duyuldu. Harekete geçiş işaretiydi. Uzaklardaki birliklerin komutanları da ıslıkla karşılık verdiler. Varvara'nın kalbi sıkıştı, boğazı kurudu ve aklı durur gibi oldu.

Mişkin, on beş partizanına, "Haydi!" diye emir verdi. On beşin arasında Varvara ve Lijate de vardı. Tepenin eteğinde, Selanik şosesinin kenarında mevzi alacaklardı. Başlangıçta en az tehlikeli yerdi orası. Ama çarpışma kötü gelişirse durumları çok tehlikeye girecekti.

Mişkin, bezgin ve keyifsiz, "Arkamdan gelin!" dedi; eli tabancasının kabzasındaydı.

Ay geç çıkmıştı, solgun ışıkları kırlara, yamaçlara, zeytinliklere vurmuştu. Varvara uzun bir partizan dizisindekilerin arasında Dinko'yu tanımıştı. Sırtında hafif bir makineli tüfek, elinde otomatik tabanca vardı. Onu görünce, "Ne haber, Varvara?" diye sordu yavaş sesle. Çünkü Almanlarla her an karşılaşabilirdi.

Varvara, Dinko'yu görünce bir tuhaflaştı. Kırkında bir kadın değil, aşka susamış bir genç kız gibiydi. "Senin yanında çarpışmak istiyorum," dedi.

Tıraşı uzamış güneş yanığı yüzüne yalvarır gibi baktı Dinko'nun. Tepeden tırnağa silahları, iriyarı bedeni ve güçlü kollarıyla, dağda patlak veren bir kasırga kadar korkunç ve parlaktı. Bütün bir birliğin savaş gücünü ve direncini simgeleştiren bir görünüşü vardı. Ciddi ve hüzünlü bakışları, vahşi hayvan gözleri gibi parlıyordu karanlıkta.

Varvara, ölümle yüz yüze geldiği şu anda türlü şeyler düşünürken, bu güçlü insanın da kendisi gibi yapayalnız olduğunu ve iç dünyasını dolduran çatışmalarla sarsıldığını kavradı. Varvara bunu hissedince, ona olan sevgisi daha da arttı.

Dinko alnını kırıştırdı ve Varvara'nın umduğu karşılığı verdi: "Mişkin'in yanı daha uygun sana. Onun adamları yalnızca şoseyi koruyacaklar, çarpışmalara hiç katılmayacaklar."

Varvara'nın korktuğunu sanmış, onu yatıştırmak için böyle konuşmuştu.

Varvara, "Ben çarpışmalara katılmak istiyorum," dedi. "Senin yakınında bulunmak istiyorum!"

Yan yana yürüyorlar, güçlükle anlaşılacak kadar alçak sesle konuşuyorlardı. Dinko, az sonra arenaya ayak basacak tepeden tırnağa silahlı bir gladyatörü andırıyordu. Varvara çevikti, tüy gibiydi. Solgun ve az buruşuk yüzü heyecandan pembeleşmişti.

Dinko, dalgın dalgın, "Yürekli olmaya kararlısın demek?" diye gülümsedi. "Almanlara Poroy yönünden yardım gelirse Mişkin'in birliğinde de kahramanlığını gösterebilirsin."

Sesinde yine hafif bir alaycılık vardı. Onu sık sık kırardı bu halleriyle. Ama Varvara'nın gözü hiçbir şey görmüyordu; Dinko'ya duyduğu sevgi, kendi onurundan ağır basıyordu.

"Ben senin yanında kalmak istiyorum, hepsi bu kadar... Dövüşeceğim ve iyi ateş edeceğim."

Dinko'nun sesi hâlâ alaycıydı: "Öyle mi? Başka zaman iyice büzülür ve havaya ateş ederdin."

"Ne olur böyle konuşma. Bu kez daha başka olacağım, göreceksin. Senin kadar yürekli ve sakin olacağım."

Dinko, "Gerçekten mi?" derken yine güldü.

"Evet, elbette!" Varvara titriyordu. İç dünyasının derinliklerinden gelirmiş gibi boğuk bir sesle, "Çünkü seni seviyorum," dedi.

Dinko duymamıştı bu sözlerini. Gözlerini ovaya dikmişti. Tepe sessizdi. İki yüz metre arkada büyük, geniş bir zeytin ağacı vardı. Oradan da ateş edilebilirdi. Dinko ağacı süzdükten sonra oraya yürüdü; Varvara'yı unutuvermişti bir dakika kadar. Sonra yatıştı. Düşman gözcüsü yoktu orada da. Rahatlayınca, "Ne dedin az önce?" diye sordu.

Varvara titrek bir sesle içini döküverdi: "Umutsuzca bir şey olduğunu... böyle bir şeyin olmayacağını biliyorum... Geçkin ve çirkin bir kadınım... Sen gençsin. Ama benliğimi dolduran bu duygular beni yüreklendiriyor, yüceltiyor... Anlıyor musun? Ortak inanç uğruna her şeyimi seve seve ortaya koyabiliyorum, hayattan hiçbir tat duymuyorum diye üzülmeden."

Dinko şaşkın şaşkın dinliyordu. Sonra, 'çılgın karının biri,' diye aklından geçirdi ve umulmadık bir kabalıkla, "Ne istiyorsun benden?" diye sordu.

Varvara, "Ne olur böyle konuşma!" diye yalvardı. "Hiçbir şey istediğim yok. Yalnızca senin yanı başında dövüşmek... Müthiş bir çarpışma olacak!"

Dinko, kadının kısık bir sesle fısıldadığı bu sözlere kızmıştı. "Saçmalama ve Mişkin'in yanına dön hemen!" diye bağırdı.

Varvara, acı acı, "Yapamayacağım bunu," dedi. "Benimle böyle konuşamazsın... Benden böylesine nefret etmeye hakkın yok. Senden hiçbir şey istemiyorum."

Dinko, birden İrina'yı düşündü ve sevginin nasıl da acı vereceğini kavradı. Ovayı gözlemeye başladı ve Varvara'yı dinlemez oldu. Bütün bu konuşmalar, az sonra çarpışacak olan arkadaşlarına karşı sorumluluğunu bir an olsun azaltmamıştı. Ay ışığı vurmuş düzlükler hâlâ sessizdi. Kuşku uyandıran gölgeliklerden hiçbir atış sesi gelmiyordu.

Partizanlar istasyona yaklaşıyordu. Mişkin'in mangası, tepenin güney yamacı boyunca uzanan şoseye doğru koşup gözden kayboldu. Almanlar hiçbir şeyin farkında olmamıştı. Dinko, rahat bir soluk aldı, ufak tefek ve geçkin kadıncağızı düşündü yine. Yanı başındaydı hâlâ. Acılı bir sesle, "Katlanılamayacak kadar mı iğrencim?" diye yakınıyordu.

Dinko, gerçekten aklını kaçırmış bu kadın, diye geçirdi içinden. Sonra, çarpışmalar başlamak üzereyken onu kırmanın doğru olmayacağını düşündü ve "Nereden çıkarıyorsun bunları?" dedi. "Sana saygım var, benim için büyük değer taşıyorsun. Ama ne olur git, Mişkin'in yanına! Dön onun yanına!"

Varvara, ürkek ve hüzünlü baktı. Sonra, tek bir söz söylemeden, ay ışığı vurmuş tepenin arkasında kaybolan arkadaşlarına yetişmek için hızla uzaklaştı. İple bağlayıp sırtına astığı battaniye, iki yana sallanıyordu koşarken. Dinko, arkasından bakarken onu ilk gördüğü günü hatırladı; bir cep saati gibi boynuna astığı nikel saplı tabancayla kampa çıkageldiğinde ne gülünç görünmüştü gözüne. Açlığa, soğuğa, yorgunluklara, en çetin sınavlara katlanmıştı ve bu gece birçokları gibi o da vurulup ölebilirdi. Bunu aklına getirince ona acıdı ve, 'zavallı kadın,' diye mırıldandı. Ama hemen sonra daha başka düşüncelere daldı.

Uzaklarda bir yerde bir tüfek patladı. Demiryolu köprüsünü uçuracak partizanlar, düşman nöbetçilerinden biriyle karşılaşmış olmalıydı. Hemen arkasından birkaç atış daha oldu ve kırmızı bir işaret ışığı yükseldi karanlıkta. Köprüdeki nöbetçiler alarm veriyorlardı. Otomatik silahların uzaklardan duyulan çatırtıları, şiddetli bir yangında çıkan gürültülü sesleri andırıyordu. Partizanların sağ kanadı düşmanla karşılaşmıştı.

Dinko ilerde duran adamına geri verdi hafif makineliyi; sonra, "Koşar adım, marş marş!" diye haykırdı. "Çok gerekli olmadıkça yere yatmak yok!"

Partizanlar ölüme doğru koştular.

Tepenin yüksekliği otuz metre kadardı; ovanın ortasında bir ada gibiydi. Asfalt şose, tepenin eteklerinden hafif bir kıvrımla geçerek demiryolundan uzaklaşıp güneye sapıyor, sonra bir başka tepeye kıvrıla kıvrıla tırmanıyordu. Ovayı güneybatı yönünden sınırlayan o tepenin yamaçları çıplaktı ve birinci tepeden iki kilometre kadar uzaktı.

Şose, ay ışığı altında iyi seçiliyordu. Mişkin yaklaşacak düşmanı hemen görebilirdi. Sağda istasyon ve benzin deposu, solda ova vardı. Bulgar birlikleri orada mevzilenmişti. Birlik komutanları, partizanlarla çarpışmayı da, Almanlara yardımı da düşünmüyordu. Tepenin solunda, şosenin arkasında bataklık vardı ve artlarını koruyordu.

Tepeyle istasyon arası üç yüz metre kadardı. Ama ara apaçıktı, siper alınacak hiçbir şey yoktu. Ve makineliyle kolayca taranabilirdi. Mişkin ve adamlarının mevzisi uygundu. Kolay savunulabilirdi. Saldırıya katılmayacaklarından şimdilik herhangi bir tehlike yoktu onlar için ama Mişkin'in canı sıkkındı yine de, geriye çekilmek için tek yol olan dağın uzaklığı ve adamlarının sol kanadını koruyan bataklığı düşmanın çevirebileceği düşüncesi tasalandırıyordu onu.

Mişkin, Birinci Dünya Savaşı'nda topçu başçavuşuydu. Savaş sırasında piyadelikte de oldukça bilgi edinmişti. Tepenin makineli kullanmaya en uygun yerini seçmiş ve her yandan çembere alınırlarsa diye değişik yerlerde küçük siperler hazırlatmıştı adamlarına.

Bütün bu hazırlıklar bittiğinde, istasyon çevresindeki çarpışmalar da kızışmıştı. Mitralyöz takırtıları, silah seslerini bastırıyordu. Mitralyözler, bir soluk almak ister gibi, arada bir susuyor, sonra yeniden ve daha şiddetli başlıyorlardı. Zaman zaman el bombalarının patlama gümbürtüleriyle titriyordu hava. Sonra birkaç saniye sessizlik oluyordu. Çarpışma alanından yükselen dumanlar gittikçe sıklaşıyor, vagonlar ve istasyon görünmez oluyordu. Ay ışığı altında süt rengi dumanlar daha az korkunç görünüyordu.

Tepedeki partizanlar, düzlükte çarpışan arkadaşlarının dumanlar arasında arada bir ortaya çıkıp birkaç adım koştuktan sonra yere yatarak yine gözden kayboluşunu, soluklarını tutarak izliyorlardı.

Ilık bir geceydi. Cepheden saldırı çetindi. Partizanların, düşmanın zayıf bir kanadını aradıkları belliydi. Çarpışmanın bütün ağırlığı benzin dolu vagonların bulunduğu peronlardaydı ve Dinko gözünü oradan ayıramıyordu. Şişko'nun adamlarından bir kısmı depoya sokulurken, ötekiler de Alman öncü mangasının sığınağını yaylım ateşi altında tutuyordu. Alman nöbetçileri yine de zamanında alarm verebilmiş ve öncüler, istasyon yakınında daha uygun mevzilere yerleşerek depoyu ve benzin vagonlarını korumaya başlamışlardı.

Mişkin ve adamları, istasyonda olup bitenleri görünce, çarpışmanın uzun ve çetin süreceğini anladılar. Aşağıdakiler cehennemle karşı karşıyaydılar. Mişkin'in birliği henüz bunun dışındaydı. Ama Almanlar yardım alınca tepeye saldırıya geçerlerdi. Bundan ötürüdür ki, şoseden çok istasyonu ve arkadaşlarının durumunu izliyorlardı. Yol, hâlâ bomboştu ve hiçbir hareket göze çarpmıyordu. Mişkin, adamlarının çarpışma gücünü ayakta tutmak ister gibi, "Lijate," dedi. "Ne dersin duruma?"

"Bir çocuk oyunu kadar kolay."

Çetin bir savaşın kan dökmeyle ölçülemeyeceğini Makedonya ayaklanmalarında öğrenmişti.

Mişkin, "Aşağıda olsaydı böyle konuşmazdı!" dedi.

"Yok yahu! Onların durumu bizden iyi."

Otlara uzanmış, sigarasının kıvılcımını gizlemeye çabalıyordu. Lijate'nin sözleri, ötekilerin bunalımını da dile getirmişti. Aşağıdakiler güç duruma düşerlerse kendilerinden daha uygun olanakları vardı. Sol ve sağ kanatları ve arkaları serbestti.

Mişkin, sert sert, "Nereden buldun sigarayı?" diye sordu.

Lijate, suçlu suçlu, "Şey..." dedi. "Herif verdiydi de..."

"Hangi herif?"

"İngiliz."

Makedonyalı, Yüzbaşı Gins'i öldürdüğü tepeyi gösteriyordu rastgele. İngilizin cebinde bulduklarından yalnızca sigaraları kendine alıkoymuştu.

"Ne zaman verdi sana? Gebertildikten sonra mı?"

"Şey yani..."

Yerinden doğruldu ve Chesterfield sigarasını sundu arkadaşına, isteksiz isteksiz. Küçük paketin boşalıvermesine canı sıkılmıştı.

Aşağıdaki çarpışmalar olanca hızıyla sürüyordu. Bir saati aşkın bir zaman geçtiği halde partizanlar durumu kendilerinden yana çevirememişlerdi. Saldırının başlangıcında lokomotifin makinisti, benzin dolu tankı yük vagonları arasına çekip koruyabilmişti. Öncü Alman askerleri de, gizlendikleri yerden çıkmışlar ve küçük vagonları, odun kütüklerini, fıçıları ve ellerine ne geçerse her şeyi rayların arasına yuvarlayarak barikat kurmuşlardı. Vagonların arasına sokulmak olanaksızdı. Bu gibi tehlikeli yerleri Almanlar aralıksız ateş altında bulunduruyorlardı. Çarpışma başlar başlamaz vagon araları kimsenin ayak basamadığı yer oluvermişti bir bakıma. Çünkü Şişko'nun adamları da, istasyon yapısında ve öteki barakalarda kalmıştı. Alman öncüleri de, hep oralarda ateş ediyorlardı.

Uzakta kalan sağ kanadın gürültü ve ateşleri, en çetin çarpışmanın orada yapıldığını anlatıyordu; demiryolu köprüsünü havaya uçuracak partizanlar, zorlu bir dirençle karşılaşmışlar ve görevlerini yerine getirememişlerdi henüz.

Mişkin saatine bir göz attı. Gece yarısını geçmişti. Ama hiçbir sonuç alınmamıştı. Arkadaşlarının yaktığı vagonlardan birinde cephane bulunur da patlayıverirse benzin tankları da tutuşmuş olur kendiliğinden diye, biraz yatıştı. Böyle olunca benzin vagonları kocaman bir fitil gibi çatır çatır tutuşup havaya uçacaklar ve çarpışma da bitiverecekti. Ne var ki, vagonlar, çatırtılarla çok ağır yanıyordu.

Rüzgâr, kalın dumanları dağıtmıştı. Partizanların bulunduğu tepeden yeşilimsi ay ışığı vurmuş ova ve kara kara lekelere benzeyen ölüler seçilebiliyordu. Terası andıran düzlüğün arkasındaki çukurca bir yerde, partizanların yaralıları vardı.

Mişkin kayıpların bunaltısından sıyrılmak ister gibi, tepenin batı yamacına gitti; savaşı oradan izleyecekti. Bu anda Varvara yaklaştı. Perişan bir hali vardı.

Mişkin, "Ne var ne yok?" derken, bu kadın da bize yük oldu, diye aklından geçirdi.

"Komutana gideceğim, dönerim hemen."

"Ne istiyorsun ondan?"

"Burada boşuna beklediğimi söyleyeceğim."

Mişkin, kızgınlığından, "Ne baş belasıymışsın sen be!" diye bağırdı. "Canın cehenneme! Komutan ne yapacağını bilir. Burada da ben komut veririm! Tek adım atamazsın!"

Varvara, sert bir karşılık verecekti; ama tam bu anda Dankin, "Dikkat!" diye haykırdı. "Şosede bir otomobil göründü."

Karşı dağın dönemeçli yolunda bir otomobil ilerliyordu. Gittikçe yaklaşıyordu. Özel bir arabaydı. Hiçbir kötülüğü dokunmazdı. Farlarının limon sarısı ışığından anlamıştı Mişkin. Şoför, farları söndürmeyi gerekli bulmamıştı, şimdi geçtikleri bölgede çetin çarpışmalar olduğunun farkında değildi.

Mişkin, otomobilin özel olduğunu anlayınca, komutanı rahatsız etmeyi doğru bulmadı ve arabada Alman üniformalı kimse görmezlerse yalnızca uyarı atışıyla durdurmalarını emretti.

Otomobil birden durdu ve farlarını söndürdü. Çarpışmayı görmüş olacaklardı ki, yolculuğu sürdürüp sürdürmemekte bir karara varamıyorlardı. Otomobil düzlüğe inmişti ama tepeden beş yüz metre uzaktaydı daha. Bir iki dakika sonra yine yola koyuldu, ama ilgiyi çekmemek için, farlarını yakmamıştı. Otomobildekileri ne olursa olsun yolculuğu sürdürmeye zorlayan önemli bir neden bulunmalıydı! Şoför, iyice hızlanmıştı. Otomobil, ay ışığı vurmuş asfalt yolda upuzun bir gölge gibi kayıp gidiyordu. Mişkin, lüks otomobilin tavan kısmının yolculara serinlik gelsin diye açılmış bulunduğunu fark etti.

Dankin, çukurundan sıçrayıp yolun ortasında durmuştu, makineli tabancası ateşe hazırdı. Mişkin, kısa pantolonlu gölgesinden tanımıştı onu. Herhangi bir tehlike olmasa da Dankin'in bu davranışı pek çılgıncaydı.

Mişkin, kısık sesle, "Ulan eşek, sipere at kendini!" diye haykırdı.

Otomobil bu arada durmuştu. Aynı anda öteki partizanlar da yol kenarındaki çukurlardan sıçradılar. Yolcular hiç direnmedi. Otomobilin arka kapısından bir erkek indi, önden de ikinci bir erkek. Otomobil tepenin elli metre kadar ötesinde durmuştu.

Dankin, arkadaşlarına dönüp "Sivil hepsi!" diye haykırdı. Mişkin, "Üstlerinde silah aradıktan sonra buraya getir!" emrini verdi.

Otomobilin içinde iki kişi daha vardı. Bir süre sonra bunlardan biri indi; bir kadındı. Partizanlar şaştılar. Öteki hâlâ otomobildeydi ve hiç kımıldamıyordu.

Dankin, yüksek sesle, "Otomobillerinde bir de ölü var," diye haber verdi yüksek sesle.

Bu olay partizanları bile ilgilendirmişti. Mişkin tepeden indi. Varvara ve bir iki partizan arkasından yürüdüler. Otomobilin yanına varınca, yolcularda silah aradılar. Tıknaz ve topal erkekte bir tabanca vardı, o da kendiliğinden çıkarıp verdi. Arabanın arka kısmında bir battaniyeye sarılı olarak yarı oturur, yarı yanlamış duran kişiden ağır bir ölü kokusu geliyordu. Bütün bunlar partizanlara tuhaf olduğu kadar da korkunç görünmüştü. Şimdiye kadar başlarından geçen korkulardan bambaşkaydı bu gördükleri.

Otomobilden inen erkeklerin yüzünde çekingenlik ve derin bir tasa göze çarpıyordu. Kadının başına bir yas tülü örtülüydü. Mişkin, erkekleri Çam-Koruya'da sık sık gördüğünü ve bir tanesinin çok önemli bir rehine olabileceğini anladı. Bu adamın değeri beş Alman generalinden de yüksekti. Yüzünü henüz seçemediği kadının bedeni ve davranışları, o kar fırtınalı yılbaşı gecesi hasta torununa gelen doktor bayanı hatırlatıyordu. Mişkin, onu gittikçe daha iyi hatırlamaktaydı. Yanındakiler de o tarihte birlikte bulunduğu kimselerdendi. Şu tıknaz adam, kış sabahları bedenine karla masaj yapardı. Saçları kırlaşmış ve uzun boylu olanı, ziyafetleri için su gibi para dökerdi. Her ikisi de düşmanları olan bir dünyadandı. Ama otomobildeki ölü ve yaslı kadın, partizanları biraz saygılı olmaya zorlamıştı.

Mişkin, "Kimsiniz?" diye sordu.

Saçlarına ak düşmüş olan erkek, "Bir tütün firmasının memurları," karşılığını verdi.

"Ya bu kadın?"

Mişkin, aşırı incelikle 'Bayan' diyecekti az kalsın.

"Otomobildeki ölünün dul karısı."

Bir sessizlik oldu. Partizanlar, can düşmanlarıyla karşı karşıya bulunduklarını anlamışlardı. Ancak, yaslı bir kadınla bir ölü de vardı karşılarında.

Acımış olan bir partizan, "Bırakalım gitsinler," dedi.

Mişkin, alaycı bir sesle, "Nereden esti aklına?" dedi. "Ne zamandan beri Hıristiyanca duygular taşıyorsun?"

Mişkin, tıknaz adamın buradan diri kurtulmaması gerektiğini kavramıştı.

Ak saçlı adam, "Bizi ne yapacaksınız?" diye sordu.

Mişkin, "Bir düşünelim!" dedi. Ve von Geier'in ceketindeki gamalı haça bir baktı. "Alman mı o?" Kostov, "Evet Alman," dedi. "Küçük bir memur."

"Ya kolundaki Nazi işareti ne?"

Kostov, renk vermemeye çalışarak, "Takmak zorundalar bu işaretleri!" dedi. "Siz de biliyorsunuz ki..."

Partizanlardan biri, alçak sesle güldü.

Yine bir sessizlik oldu ve Mişkin, "Kimlik kâğıtlarınızı ve iş belgelerinizi gösterin!" emrini verdi.

Başuzman, tedirgin tedirgin gözlerini kırpıştırdı. Von Geier'in yüzü bir maske kadar hareketsizdi. İkisi de cüzdanlarını çıkarıp uzattılar. İrina da çıkardı kimlik belgesini.

Mişkin, "Kâğıtları gözden geçir ve yazılı olanları söyle!" diye emretti Dankin'e; sonra da Varvara'ya, "Sen de otomobilin içini ara!" dedi.

Varvara otomobile girer girmez ölünün kokusundan yüzünü buruşturdu. Deriden iki küçük bavul, büyük bir paket ve yolcuların yağmurlukları vardı otomobilde. Bavulda önemli bir şey yoktu. Pakette kocaman bir oyuncak bebek, küçük bir entari ve çocuk ayakkabıları vardı. Varvara, gizli bir belge falan vardır diye, otomobilin her yerini bir bir gözden geçirdi. Dankin de, ölünün ve ötekilerin ceplerindeki bütün kâğıtları aldı. Sonra Mişkin'in emriyle arabayı şosede bırakıp, doğrudan doğruya bir tehlike bulunmayan tepenin batı yamacına gittiler. Tam bu sırada müthiş bir patlayışla hava titredi sanki. Partizanlar köprüyü havaya uçurmuştu.

Yollarından alıkonulan üç kişi, tepeye tırmanırken aralarında Almanca konuşmaya başladılar.

İrina, "Korktuğum kadar kötü değillermiş hiç de," dedi. "Ölüye ve yaslı kişiye saygı bile gösteriyorlar."

Von Geier, hor gören bir yüzle, "Aşağılık haydutlar!" diye mırıldandı.

Bu sözleri duymuş olan Varvara, Almanca, "Haydut sizin gibilerine derler, bayım!" diye söze karıştı.

İrina ve Kostov'un ödleri patlamıştı. Ama von Geier, hiç istifini bozmadan, "Yahudi misiniz?" diye sordu. "Şivenizden anladım."

Kısa bir sessizlik oldu. İrina bir ara, "Çıldırdınız mı siz?" diye fısıldayabildi. "Onları hor görmez ve insanca davranırsak bize bir şey yapmazlar."

Von Geier, "Size bir şey yapmazlar elbette!" dedi.

Bir sigara yaktı. Hayatının son birkaç dakikasını yaşamakta olduğunu biliyordu. Bundan hiç de sarsılmış değildi. Darağacı altında en son dakikalarını yaşayan bir haydut gibi öfkeli bir uyuşukluk duyuyordu yalnızca. Alman insanın üstünlüğü saçması, böyle bir anda bile aklını başından almıştı. Hiçbir duyguyla heyecanlanmıyordu. Tek isteği, düşmana duyduğu buz gibi kini göstermekti.

Dankin, çayıra oturmuş, el lambasının ışığında kâğıtları gözden geçiriyordu. Onun ayağa kalktığını gören İrina korktu.

Mişkin, "Neler buldun?" diye sordu.

Dankin'in gözlerine buz gibi ve düşmanca bir bakış gelmişti. "Bu Alman..." diye başladı. "Alman sigara tröstlerinin kuzeydoğu yöneticisi. Ölü, Nikotiana genel müdürü, üçüncü erkek de o firmanın başuzmanı."

Bir ses yükseldi: "Hepsi de elebaşları, desene!"

Partizanlar gülüştüler, ama hemen sustular.

Yaslı kadına bu gülüşlerin ağır geleceğini düşünmüşlerdi.

Mişkin, ne yapacağını kestiremeden yakalanmasına üzülüyormuş gibi İrina'ya baktı. O fırtınalı gece hasta torununa bakmaya gelen doktor kadının da bunların arasında bulunması çok dokunmuştu.

Dankin, onun kafasından geçenleri anlamış gibi, "Almanı alıkoyup ötekileri bırakalım," dedi birden.

Mişkin, rahatlamıştı. "Evet! Ötekiler gidebilir," dedi ve Kostov'la İrina'ya döndü. "Siz yolunuza gidebilirsiniz!"

Genç kadın kararlı bir tavırla, "Bu adamı burada bırakıp bir yere gitmeyiz!" dedi.

Tepenin arkasından doğru duyulan mitralyöz ateşi, bir an hepsinin ilgisini çekti. Mitralyöz çılgınca işliyordu. Patlamaların gürültüsü, mitralyöz takırtılarını da bastırıyor, tepenin arkasında havayı bile altüst ediyordu. Mişkin ve adamları, arkadaşlarının el bombası kullanarak kıyasıya bir saldırıya geçtiklerini ve Almanların da onları kurşun yağmuruyla karşıladığını anlamışlardı. Sonra yine bir sessizlik oldu, aşırı çabayla her iki taraf da gücünü yitirivermiş gibi, arada bir tabanca sesleri duyuluyordu yalnızca.

Varvara'nın yüreği sıkışıyordu. Çünkü Dinko'nun yönettiği saldırıların düşmanı yok etmekle sonuçlandığını, ama pek çok kayıp verdiğini bilirdi. Dinko'nun saldırıda en önde gittiğini Mişkin de biliyor ve heyecandan kulak kesilmiş, sonucu bekliyordu. Savaş alanında tek tük makineli tüfek atışları duyuluyordu. Ya Alman mitralyöz yuvaları tahrip edilmişti ya da partizanlar büyük kayıplar vermişlerdi. Mişkin, heyecanla beklediğini bir türlü duyamıyordu; benzin vagonlarından hiçbiri havaya uçmamıştı.

Arada bir duyulan çatırtılar ve patlamalardan, Dinko'nun adamlarının bir cephane vagonunda yangın çıkardığı anlaşılıyordu.

Mişkin, bu üç tutsağı ne yapsam diye düşünüyordu.

Varvara'nın yüzü asıktı. Şunları küçültmek için ne söylemeli diye düşünüyordu. Ama el bombalarıyla yapılan saldırı az sonra onu da ilgilendirdi. Makineli tabancasını çektiği gibi istasyonu doğru koşmaya başladı.

Mişkin, "Burada kal diyorum sana!" diye bağırdı arkasından. "Kimden emir aldın?"

Varvara, dönüp baktı arkasına ve kısık bir sesle, "Aşağıda neler oluyor öğrenmek istiyorum!" diye haykırıp tabancasını iki yana sallaya sallaya, saçlarını uçura uçura yine koştu.

Mişkin, "Deli karı!" diye homurdandı, ama kızmamıştı; çünkü haber getirebilirdi. Sonra İrina'ya baktı ve az önce söylediklerini hatırladı. Umulmadık ve yürekli sözlerdi kadının ağzından çıkanlar. İrina tam bu sırada yüzünün tülünü sıyırdı. Mişkin, o geceki davranışını unutamadığı kadının yüzünü şimdi daha iyi görüyordu. Az bulunur bir güzelliği, kırışıksız ve mat bir teni vardı. Alnı yuvarlak, gözleri koyu renkliydi. Adı gerekli olmayan, yaşını belli etmeyen ve yüzü hiç unutulmayacak kadınlardandı. Ancak, böylesine güzel olabilmek için, aylaklık, hiçbir işe el sürmemek ve başkalarının sırtından yaşamak gerekirdi. Oysa, Mişkin o çevrelerin karşısında savaşıyordu şu anda. Bu gibi kadınlardan hoşlanmaz, bedenlerinden bile biraz tiksinirdi. Ama şu anda karşısında duran kadın, çok değişikti. Halktan gelen kusursuz ve sağlıklı bir güzelliği vardı. Tarlada çalışan, inekleri sağan, kaba ketenbezleri dokuyan ana ve büyükanadan gelen bir güzellikti bu kadının güzelliği.

Olgun bir şeftali, rüzgârın okşadığı yüklü bir başak gibiydi bu kadın. Mişkin, ona karşı içinde beliren duygularda geniş kalçalarının, diri baldırlarının ve her yanından sağlık taşan bedeninin büyük etkisini bilmezlikten gelemezdi. Ama o karlı gecedeki davranışı da, şu anda Almandan yana yürekli sözleri de, ona karşı olan duygularında, daha az ağır basıyordu. Mişkin, bu kadının böylesine özelliklerinden ötürü kabalaşmayacağını anlamıştı. Bundan ötürü de şaşkındı, nasıl davranacağını kestiremiyordu. On beş partizanın yönetimini ona vermişlerdi. Böylesine bir görev, taş yüreklilik, kesin karar verebilmek isterdi her şeyden önce. Oysa, şu anda Mişkin bocalıyordu; hem de güç bir çarpışmanın içinde değil, bir kadın karşısında. Sonunda, gevşek davranmaya karar verdi.

Asık bir yüzle, "Doktor hanım," dedi, –adını bilmiyordu– "Uzaklaşın buradan... Rica ederim hemen uzaklaşın."

İrina, "Beni tanıyor musunuz?" diye şaşkınlıkla baktı. "Evet, tanıyorum sizi. Bir yılbaşı gecesi oğlumun hasta çocuğuna bakmaya gelmiştiniz. Kulübede oturan birine karşı böyle davranacağınızı hiç ummamıştım."

İrina, kaşlarını kaldırdı; yüzlerce ziyafet ve eğlence gecesinin sisleri arasından hatırlamaya çalışıyordu. Sonunda, hafifçe gülümseyerek, "Evet, hatırladım," dedi. "Bunun borçluluğunu yol arkadaşımı alıkoymakla mı ödüyorsunuz şimdi?"

"Böyle davranmak zorundayım, görevimi yerine getirmemezlik edemem. Bu Almanı bütün partizanlar arıyor."

"Ne yapacaksınız ona?"

"Verilen karar uygulanacak."

İrina, sert sert, "Karar vermek hakkını kimden aldınız?" diye sordu.

"Halkımdan."

"Hangi halkınızdan? Ne zamandan beri?"

"Zorla bu topraklara girenler, bu ulusu alaya alıp da bu adam ve benzerleri, darağaçları kurdurup da ateşe verdirince..."

Yakında duran partizanlardan birkaçı öfkeyle mırıldanmaya başlamışlardı. İrina ürktü. Ama direnişi elden bırakmadı ve von Geier'in canını kurtarabilmek için çaba göstermekten vazgeçmedi: "Bütün bu emirleri bu adam mı verdi?"

Mişkin, "Doktor hanım, anlamazlıktan gelmeyin!" dedi. "Bu adam tütünlerin fiyatını düşürüyor ve cellatların avucuna altın sıkıştırıyordu. Bunun böyle olduğunu çok iyi bilirsiniz."

Mişkin'in bu dedikleri doğruydu ve çok korkunçtu. İrina titriyor, ama soğukkanlılığını elden bırakmıyordu: "Dedikleriniz doğruysa, otomobildeki ölüyü, başuzmanı ve beni de mahkûm etmeniz gerekiyor. Biz bu Almandan aldığımız paralarla devlete vergi ve işçilere gündelik ödedik. Şu halde hepimiz suçluyuz. Ama suçlu diye herkesi ölüme mahkûm etmek çok korkunç bir şey. Bu adamın böyle davranmak zorunda olduğunu da göz önünde bulundurun... O da benim gibi, ölmüş kocam gibi böyle yapmak zorundaydı..."

Mişkin, "Ölüleri Tanrı cezalandırır," dedi. "Siz ve şu öndeki adamı da kendi vicdanlarınızla baş başa bırakıyorum."

Partizanlardan biri, "Hangi Tanrı?" diye alay etti.

Mişkin, "Kıs çeneni!" diye çıkıştı. "Böyle söylenir, alışkanlık!"

İrina, "Ama o, kimsenin canına kıymadı!" dedi.

"Emirler ondan geldi ve katillerin parasını o ödedi. Suçları çok ağır. Daha az suçluları bağışlamak için onu mahkûm ettik."

İrina, von Geier'in konuşmaları izlediğini gördü. Başına gelecekleri anlamışa benziyordu. Tavrını hiç değiştirmemişti; üç saattir otomobil kullanan bir adam gibi keyifle tüttürüyordu sigarasını. İrina, son saniyelerini yaşayan bu adamın yürekli görünmekten başka yapabileceği bir şey kalmadığını anladı. Umutsuzluktan bağırası geliyordu, bu adam benim yüzümden geldi Selanik'e, diye! Ama bunun gülünçlüğünü hemen kavradı. Von Geier'in suçları pek ağırdı.

Sabrı tükenen Mişkin, "Bu kadını hemen götürün!" diye emretti adamlarına.

Bir kadını zorla götürmek kolay değildi; hele yaslı bir kadınsa ve kocasının ölüsü şosede duran otomobildeyse!

Mişkin boşluğa konuştuğunu sandı. Verdiği emri kimse uygulamamıştı. Öfkeyle, "Ne bakıyorsunuz aptal aptal!" diye haykırdı. "Kadife eldivenle mi okşamalı bayanı?"

İrina'nın yanı başında duran iki partizan, kadını yakaladıkları gibi şoseye sürüklediler. Kostov da arkalarından gitti. Acıdan kıvranıyordu. Heyecan, kalbine dokunmuştu.

İrina, "Kostov!" diye seslendi. "Otlara uzanın ve bir hap alın!"

Genç kadını götüren partizanlardan biri, "Ne o?" diye sordu. "Kendisini zehirlesin mi istiyorsun?"

"Hayır. İlaç almasını söyledim."

Von Geier'in ölümünü geciktirirmiş gibi, adamların elinden kurtulmak için çabaladı. Birden bir suçluluk duygusuna kapıldı. Kendi yeri de Almanın dünyasındaydı. Alman sigara tröstlerine daha çok tütün satabilmek için o da tıpkı Boris gibi didinmişti. Balkanlar'a İngilizler mi yoksa Ruslar mı ayak basacak diye tedirginlikle izliyordu olayları; tıpkı von Geier gibi. Boris ve von Geier gibi, partizanlara karşı ne gibi önlemler alınıyor diye o da bakanlara sormuştu. Büyük bir şiddetle harekete geçileceğini öğrenince korkunç keyiflenmişti. Bunlar aklına gelince yürekliliğini yitirdi ve direnmekten vazgeçti. Partizanlar, bırakmışlardı onu.

Tam bu sırada pat pat adım sesleri duyuldu tepenin ötesinden doğru. Varvara çıktı ortaya. Hızlı hızlı yürüyordu. Saçları karmakarışık, yüzü allak bullaktı. Bütün bakışlar ona çevrildi. Getirdiği haberin yükü altında çökmüş gibi öne eğildi birden ve kısık bir sesle, "Komutan ağır yaralı..." diye inledi. "Vuruldu, öldürdüler onu."

Partizanlar, yıldırımla vurulmuşa döndüler. Birbirlerine bakıp Varvara'ya yaklaştılar. Tutsakları unutmuş gibiydiler. Von Geier, 'topal olmasaydım otomobile koşup kaçabilirdim,' diye aklından geçirdi ilgisizlikle. Ama, yaşama isteğini yitirmişti. Kafasının içinde ilkçağlardan kalma, belli belirsiz şeyler vardı.

İrina, partizanların şaşalamasından yararlanıp yaklaşmıştı.

Von Geier, isteksiz bir tavırla, "Eşkıyalar!" dedi.

İrina, "Hayır, onlar eşkıya falan değiller!" dedi. "Bizim kurduğumuz düzeni kökünden yıkmak istiyorlar yalnızca. Bizlerin kafasızlığı yol açtı bu duruma." Sonra Almanın elini tuttu ve yavaş sesle, "Bağışla beni," dedi. "Selanik'e gelmeseydin bütün bunlar başına gelmezdi."

Von Geier, ölüme boyun eğmiş bir insanın kesin kararıyla, "Hiçbir şeyden üzgün değilim," dedi.

Varvara, otlara oturmuş hıçkırıyordu.

Mişkin, omuzlarından yakalayıp sarstı. "Söylesene! Öldü mü, yoksa yaralı mı?"

Mişkin, Varvara'nın şaşkınca söylediklerinden, Dinko'nun saldırı sırasında karnından yaralandığını anlamıştı. Arkadaşları çarpışma alanından uzağa taşıyıp çayıra yatırabilmişlerdi. Varvara'nın sözlerinin partizanlar arasında ilk uyandırdığı tepki yavaş yavaş azaldı. Bir ikisine göre, komutan hafifçe yaralıydı. Mişkin, başı önüne eğik, kötü kötü düşünüyordu. Müfrezenin başsız kaldığını anlamıştı. Şişko, yürekli insandı ama, savaşın gerekli inceliklerini bilmezdi. Her çarpışmada durumu hemen kavrayan ve gerektiğinde adamlarını geriye çekmesini bilen Dinko'ydu yalnız. Mangalar öylesine yerleştirilmişti ki, bir manganın vaktinden önce geriye çekilmesi, ötekileri tehlikeye düşürürdü. Böyle bir durumda en çok Mişkin ve adamları tehlikeye girerdi.

Mişkin, dalgın dalgın karşı dağlara baktı; şose kıvrıla kıvrıla uzanıp gözden kayboluyordu.

Sonra, tutsaklara döndü yine. Ufuk hâlâ sessiz ve sakindi. Düşmanın yaklaştığını gösteren hiçbir belirti yoktu. Ne var ki, Almanların, durumlarını radyoyla komutanlığa bildirmediklerine inanmak için budala olmak gerekirdi. Mişkin, sakinliğini korumak için çaba gösteriyordu. Ama her şeyden önce Dinko için bir şeyler yapmak gerekiyordu. Müfrezenin doktoru yoktu. Aralarındaki tek sağlık eri, savaş alanından gelen bilgiye göre, çarpışmanın başlangıcında vurulup ölmüştü. Mişkin, Dinko'nun canını kurtarmak için rastgele birine, hele düşmandan yana birine başvuramayacağını biliyordu; ama, İrina'ya başvurdu: "Doktor hanım," dedi. "Komutanımız yaralandı. Gidip bir bakın!"

İrina, von Geier'in canını kurtarmak için ufak bir umut belirtisi bulmuş gibi, "Arkadaşlarımı bırakırsanız, yaparım dediğinizi," dedi.

Mişkin, 'Çam-Koruya'daki villalarda yaşayan ötekilerden hiç farkı yokmuş,' diye aklından geçirdi, kendi çıkarı olmadan yardım etmiyor. Sonra, "Komutanımıza yardım etmeye yanaşmazsanız, bu yüzden onun öleceğini de bilsek, Almanı bırakmayız," dedi.

İrina, titredi. Şu sıradan insanlarda, insanüstücü Almanlarda bulunmayan bir yan vardı. Bunların yanında ötekiler ne de gülünç kalıyordu.

Mişkin, yere okkalı bir tükürük savurdu, "Tuuh be!" diye. "Yaralı bir insana yardımdan kaçınıyorsunuz!"

İrina kızardı; bu sözler ağırına gitmişti. Dişlerini gıcırdatarak, "Sersemliği bırakın," dedi. "Yardımdan kaçındığım yok. Ama ben de bir can kurtarayım istiyorum. Nerede bu sizin komutan?"

Mişkin, bu kadının gözünü budaktan sakınmadığını bir daha anlamış oldu. Karşısındakini kızdırmaya boş verip atıp tutuyor, ama yardıma ve komutanı kurtarmak için elinden geleni yapmaya da kararlı görünüyordu.

Mişkin, "Bu kadınla gidin!" dedi, Varvara'yı gösterdi. "O sizi götürür."

Otlara çömelmiş Varvara hâlâ hıçkıra hıçkıra ağlıyor, omuzları ve bütün bedeni sarsılıyordu. İrina, sinirleri bozulmuş bu kadının savaşçılar arasında ne aradığını anlayamamıştı. Burada her gün nice korkunç şeyler geçmekteydi.

İrina, Varvara'nın çıplak dirseğinden kanlar aktığını görünce, "Bu kadın yaralı!" diye haykırdı.

Mişkin de görmüştü. "Evet, yaralı!" dedi. "Ama pek önemli değil, sonradan sararlar onun yarasını." Ay ışığı altında kan kapkara parlıyordu.

İrina, ufak tefek Yahudi kadının omuzbaşını kaldırdı. Sıyırıp geçen bir kurşun, eti parçalamıştı. Varvara ise acısının farkında bile değil, hıçkırıp duruyordu.

Mişkin, yakındaki partizanlardan birini çağırdı ve İrina'yı yaralı komutanın yanına götürmesini emretti.

Mişkin, çok uzaklardan geliyora benzeyen boğuk bir gürültü duydu ve şosenin kıvrıla kıvrıla uzanıp gittiği karşı dağa baktı. Bana öyle geliyor, diye kendini aldatmak istedi, ama gittikçe yaklaşan uğultunun motor gürültüleri olduğunu anlamakta gecikmedi. Belki de bir yerlerde bir uçak filosu gecenin karanlıklarını parçalıyordu. Ama uçak motorlarının gürültüsü uzaktan daha başka duyuluyordu; yükselip hafifleyen uyumlu bir vınlaması olurdu uçak motorlarının. Şu anda kulağına gelenler ise motorlu araçların çıkardığı gürültüydü. Mişkin, heyecanla kulak verdi. Evet, mekanik ve tekdüze bir homurtuydu!

Dağın öteki yamacını tırmanan, az sonra dönemeçli şosede ortaya çıkıverecek olan motorlu birlik dizisiydi yaklaşan; Mişkin durumu kavramıştı. Almanların istasyonda binlerce ton benzini bulunduğuna ve çarpışmalar hâlâ sürüp gittiğine göre, durum daha başka olamazdı.

Mişkin, İrina'ya yaklaşan partizana, "Doktor bayanı bakımyerine götürüp buraya hemen dön!" emrini verdi; sonra, Dankin'e döndü ve "Şoseye yerleştireceğin mayınları iyice gizle!" dedi. Öteki partizanlara da "Çocuklar!" dedi, "Almanlara yardım geliyor! Köprüdeki ve istasyondaki arkadaşlarımız geri çekilmeden buradan ayrılmayacağız."

Uzaklardan doğru gelen gürültüyü partizanlar da duymuş ve bir çarpışmanın başlayacağını anlamışlardı. Çünkü istasyondaki arkadaşlar benzin deposunu ateşe verdikten sonra çekileceklerdi. Almanlar da, istasyonda çarpışan partizanlara yanlardan ve arkadan saldırmak üzere tepeyi ele geçirmek için hemen ileri atılacaktı.

İrina, yanındaki partizanla çabuk çabuk yürüyordu. Dankin, şoseye mayın döşüyordu. Genç kadın, yanan vagonlara, yangının kızıl alevleri arasında bir görünüp bir gözden kaybolan partizan gölgelerine dehşetle bakıyordu. Silah namluları parlıyor, kurşunlar vınlıyordu. Varvara böyle bir anda yaralanmış olabilir, diye düşündü ve kendi durumunun tehlikesini kavrayarak koşmaya başladı, ama yanındaki adam alay etmesin diye hemen vazgeçti bundan. Partizan, onun bu halini görmüş, ilgilenmemişti. Kamyon motorlarının boğuk uğultusuna kulak veriyordu bütün dikkatiyle. İrina ve partizan, yeni biçilmiş bir tarlayı geçiyorlardı. Barut ve yanık tütün kokuları geldi burunlarına.

Makineli kurşunları ıslık çalıyordu başları üzerinde. İrina elde olmadan yere eğildi. On yılın bütün aylaklıklarının, aşırı eğlencelerinin karşılığını bu gece ödeyeceğe benziyordu. Boris'in tahtakurulu pis bir otel odasında malaryadan ölmesi de bir çeşit kefaretti. Bomboş bakışlarla ölümünü bekleyen bu acılı alınyazısı bir kefaretti. Otlar arasında acıdan kıvranan Kostov'un hastalığı da öyle. Nikotiana dünyasını parçalayıp yıkan kişilerin yaralı komutanına yardıma götürülmesi de, İrina için bir kefaretti.

Biçilmiş tarlayı arkada bırakmışlar, bir boğaza giden çıplak yamaçta ilerliyorlardı. Kurumuş bir dere yatağı olan boğaz, geniş bir düzlüktü, yağmurların dağlardan yuvarladığı taşlar ve çakıllarla doluydu. Dere yatağının iki kıyısından yükselen çalılıklar, gittikçe sıklaşıyordu.

Daracık bir keçiyolunu tırmanırken, İrina, "Daha çok yol var mı?" diye sordu, yanındaki adama. Ayakkabıları kum ve dikenle dolmuştu.

Partizan "Vardık sayılır," dedi.

Kurumuş bir ağacın köküne yağmurun bir yığın taş getirdiği bir dönemeci arkada bırakınca, bakımyerine vardılar. Ay ışığı vurmuştu. Kumların üstüne bir düzine kadar yaralı uzatılmıştı.

Partizanların bakımyeri burasıydı demek. İrina'nın yüreği sıkıştı. Yaralılardan kimisi ölü gibi yatıyordu, sırtüstü. Kimi de sırtlarını yamaca dayamış, kendi çabalarıyla ya da bir arkadaşının yardımıyla yaralarını sarıyordu. Başından hafif yaralı bir genç, yakındaki dereden doldurup getirdiği bir teneke suyu, teneke matarasıyla dağıtıyordu yaralı arkadaşlarına. Kumların üstünde bomboş iki sağlık çantası vardı. Sargı bezleri son parçasına kadar kullanılmıştı. Bazıları gömleklerini yırtıp paçavra bağlamışlardı yaralarına. Bütün gezginci hastanelerin baş ilacı olan tentürdiyot kokusu sinmişti havaya. Partizanlar, tentürdiyotu bile jandarmalarla ya da askeri birliklerle olan çarpışmalarda ele geçirmişlerdi. Vuruşmalarda ölen sağlık görevlisi, cerrahlıkta bir şeyler biliyor olmalıydı; bir sonda, bir makas ve kan durdurma penselerinden oluşan aletlerini temizce bir beze sıralamıştı. Bezin yanında da aletlerin dezenfekte edilmesi için gerekli emaye bir kap ve rivanol eriyiği vardı.

İrina'nın yüreği daha da sıkıştı. Böylesine yoksul bir bakımyeri, içini burkultmuştu. Solgun ay ışığı vurmuş bu yabancı topraklarda tek başlarına ölüverecek yaralılar ne hüzün verici ve ürperticiydi.

İrina, sessiz bir korkuya kapıldı.

Birlikte gelen partizan, "Komutan nerede?" diye sordu, kuru bir sesle. Başı sarılı genç, hiçbir karşılık vermedi ve kumların üstüne uzatılıvermiş birini gösterdi. İrina yaklaştı oraya. Ay ışığı vurmuştu adamın yüzüne. Dinko'ydu bu. İrina tanımıştı onu.

İrina ilk anda öylesine bir kesiklik duydu ki, dizleri titredi, yerinden kımıldayamadı. Sonra titremeye başladı. Ama şaşkınlıktan ya da Dinko'yu bulmasından değildi bu. Von Geier'i kurtarabilir ve buradan bir an önce uzaklaşmalarını sağlayabilir diye de değildi. Onu bu korkunç ıssızlıkta yaralı görmenin acılığı, ya da üzüntüsünden de değildi. Hayır, bunların hiçbiri değildi. Daha derin ve uzaklarda bir nedeni vardı bunun. Şu andaki heyecanının anlatılması güçtü. Anıları geçmiş günlere uzanmıştı. Bir sepet dolusu üzümle akşamları bağdan eve dönüp de, tütün yapraklarını iplerden toplayan babasına yardım ettiği o neşeli sonbahar günlerine dönüvermişti. Babası, bu tütünleri Nikotiana'ya satardı. Boris yoluna çıkmadan önceki o sakin olduğu kadar da neşeli günleri hatırlamıştı şu anda. Sonra her şey değişivermiş, açlıktan ayaklanmış grevciler babasını taşla öldürmüşlerdi. Boris'in kapatması ve daha sonra da karısı olmuştu.

Otomobille Selanik'ten Kavala'ya bir yük gibi taşıdığı ölüyü düşündü. Koca ceviz ağacının gölgelediği badanalı küçük odasını, açık pencereden duyulan ırmak sesini hatırladı. Bunlar, bir düş gibi geçmişler ve tatlı acı anılar bırakmışlardı yüreğinde.

Şu anda kumlar üstünde hiç kımıldamadan yatan Dinko, bütün o tatlı günlerin tanığıydı. O yılları birlikte geçirmişti. O temiz ve neşeli günleri, beyaz badanalı odayı, bol gölgeli koca ceviz ağacını ve ırmağın şırıltılarını Dinko da bilirdi.

Oysa, İrina ona karşı pek haksız ve soğuk davranmıştı hep. Tarlada çalışmaktan çatlamış ellerinden, kaba kumaştan giysilerinden, çarıklarından, babasıyla konuşurken gözlerinde parıldayan dirençten hep irkilirdi. Kendisine karşı beslediği tutkunluğun sönük ateşine de kızardı. Onun sevgisinde acı veren bir derinlik ve tütün ekili kırmızı toprakların sıcaklığı vardı.

İrina bütün bunları düşünüyor ve acılardan kıvranan bedenin bütün izlerini taşıyan ter içindeki yüzü gözden geçiriyordu. Bu yüzde eski günlerin ezilmişliğinden, somurtkanlığından küçük bir iz bile kalmamıştı. Acıdan kıvranırken iyice kenetlediği dişlerinde bile üstten bakan bir hal, erkekçe bir güzellik vardı. Birden, buraya yardım etsin diye getirildiğini hatırladı ve kendini toparladı. Dinko'nun üzerine eğilerek diz çöktü. "Demek senmişsin," dedi. "Ormanlara sığındığını anlatmışlardı. Hiç şaşmadıydım. Duyuyor musun sesimi? Gözlerini açsana..."

Dinko, gözkapaklarını güçlükle araladı ve yüzü gölgelenen İrina'yı tanıyamadı. Kısık bir sesle, "Kimsin?" diyebildi. "Ne istiyorsun benden? Şişko'dan emir çıkmadan geriye çekilmek yok..."

İrina'yı buraya getiren adam, "Komutan arkadaş" dedi. "Bu bayan bir hekim. Yolda otomobilinden alıp getirdik buraya."

Dinko, hekimin bana yardımı dokunamaz bundan böyle, demek ister gibi salladı başını. Sonra yine gözlerini araladı; donuk ve durgun bakışlarla baktı.

İrina, hüzünlü bir sesle, "Beni tanımadın mı gerçekten?" diye sordu ve hastanın ıslak alnına koydu elini. "Böylesine kötü mü durumun?" Sonra, buraya getiren adama dönüp, "Sağlık aletlerinizi ve şu pis kapla rivanolu verin bana," dedi.

Partizan, "Neyi?" diye sordu.

"İçinde sarı su bulunan kabı. Önce ellerimi yıkamalıyım."

Çantalara baktı ve bir şırıngayla oldukça kâfurruhu ampulü bulunca, "İyi," dedi. "Ama ne gazlıbez, ne de sargıbezi var. Sağlık işleriniz böylesine kötü mü?"

Partizan, ters ters, "Bunlardan başka bir şeyimiz yok," dedi. Sonra, Mişkin'in hemen geriye dön emrini hatırladı, "Ben gidiyorum," dedi. "Bir şey isterseniz şu adam yardım edecek size."

Başı sargılı partizanı göstermişti. Yaralı genç her söyleneni duyuyor, ama konuşamıyordu. İrina'nın yanına geldi.

İrina, Dinko'nun gömleğini sıyırınca dehşetten donakaldı, düşecek gibi oldu. Kendi kendine konuşurmuş gibi, "Vay canına!" diyebildi. "Karnın delik deşik olmuş. En usta cerrah bile seni kurtaramaz. Gözlerini açsana! Tanıyamadın mı beni hâlâ?" Hızlı hızlı soluk alıyor, sinirli sinirli konuşuyordu. Gözlerini yaşartan iç çöküntüsünden kurtulmak, umutsuzluktan haykırmamak için böyle bir sürü söz sıralıyordu birbiri arkasına.

Dinko, gözlerini araladı; bulanık, donuk ve ilgisiz bakışlarında ölümün pençesinde olduğunu bilen bir insanın çaresizliği vardı.

"Hayır. Seni bu durumda yalnız bırakamam. Hep eskisi gibi olduğumu sanmanı istemem. Yakınlarından utanç duyan bir sersem, kendini beğenmiş bir kaz..."

Sözlerini bitirmedi, gözyaşları boşanıvermişti yüzüne.

"Tek başına mı yolculuk ediyorsun?"

"Hayır. Nikotiana'nın başuzmanı ve Alman sigara fabrikaları kuzeydoğu genel yöneticisi de var... Dinle, bak..." diye güldü, gözyaşları arasında kendi kendisiyle alay eder gibi: "Senden yararlanmak istiyorum yine. Hayır, hayır, hiçbir şey yok..."

"Nedir istediğin?"

"Adamların o adamı belki de kurşuna dizecekler. Oysa adamcağız benim için katıldı Selanik yolculuğuna."

"Kim bu adam?"

"Von Geier, Alman sigara tröstünün adamı..."

Gözyaşları kuruyuvermişti. Suçlu ve ürkek, "Onu kurtarabilir misin acaba?" diye sordu.

İkisi de susuyorlardı. Dinko'nun iyice düşünmek için büyük bir çaba gösterdiği belliydi. Bir süre sonra, acı bir gülümseyişle, "Von Geier... Anladım..." diyebildi. Sevgilin olan herif, demek istercesine. "Nikotiana'dan alınan tütünleri senin hatırına artıran adam. Değil mi?"

İrina, dayak yemiş bir hayvan gibi oluverdi. "Konuşma böyle şimdi," dedi. "Söyle adamlarına da, hiç değilse kurşuna dizmesinler."

Dinko, biraz düşündükten sonra, "Hayır," dedi. "Bunu yapamam. Böyle bir emir vermeye hakkım yok."

"Benim hatırım için yap bunu."

"Hayır. Senin için de olsa yapamam."

"Bir kaybın olmaz."

"Sen anlamazsın bunu. Bağlı bulunduğum inanca saygısızlık edemem. Ben öldükten sonra da savaşı sürdürecek arkadaşlarıma karşı böylesine aşağılık davranamam. Anlıyorsun beni, değil mi?"

İrina, "Hâlâ mı tanıyamadın beni?" diye inledi. Sonra, başı sargılı adama dönüp, "Şırıngayı ve ampulleri verin," dedi. "Hiç değilse birkaç dakika daha yaşatmış oluruz. Evet sonra da size ve ötekilere bakarım."

Şırıngaya kâfurruhunu ampulden çekerken bir hışırtı duydu ve başını kaldırıp baktı. Dinko son bir çabayla yerinden doğrulmuş, gözlerini dikmiş onu süzüyordu. Çok uzaklarda kalmış güzel bir hayale dalıveren sevinçli bir şaşkınlık vardı bakışlarında. Ama aşırı çabadan bitkin düşmüştü; boğuk bir inilti çıkararak yere yığılıverdi.

İrina, sinirli bir gülüşle, "Sonunda tanıyabildin beni," derken gözlerinden yaşlar boşandı. "Kımıldama!" Yanında duran partizana, "Bu şırınganın iğnesi paslı, çabuk bir başkasını ver," dedi.

Adamın uzattığı bir başka iğneyi alıp şırıngaya taktı ve kâfurruhunu ampulden çekti. "Bu gece çok korkunç şeyler oluyor, Dinko. Uzat bana kolunu!"

Gözyaşlarını kolunun yeniyle kuruladı. "Bu iğneden sonra gücün yerine gelir. Aman tanrım, bu mu pazuların! Lisede barfikste birinciydin. Matematik ve fizikte de. Latinceyi pek beceremezdin."

İrina iğneyi yapıp da yerini ispirtolu pamukla kuruladıktan sonra hıçkırmaya başladı birden, geçmişin anıları ağır basmış, kolunu kanadını kırıvermişti.

Bir süre sonra Dinko'nun sesi duyuldu; yavaş, kısık, ama tanış bir sesle, "Nasıl geldin buraya?" diye sordu.

"Kocam Selanik'te öldü. Ölüyü otomobille Kavala'ya götürüyorduk. Adamların yakaladılar bizi."

Dinko, "Öldü mü?" derken susuverdi. Hafif bir şaşkınlık belirtisi dolaştı yüzünde, böyle bir haberi duyuyorum da neden sevinmiyorum gibilerden. Sonra, ilgisizce, "Ölümü neden?" diye sordu.

"Malaryadan. Belki de aşırı içkiden. Sağlık bozucu ve çılgınca bir yaşayışı vardı."

Dinko, zayıf bir sesle, "Evet çılgınca ve hiç anlamsız yaşadı," diye doğruladı. "Hemen yola çık. Faşist çeteler arkamızdan baskın yapabilir. Vakit geçirmeden uzaklaşmalısın buradan!"

İrina, hıçkırmaya başladı yine. Ama Dinko için, Alman için, ya da kendi için değildi gözyaşları, bu gecenin korkunçluğuna ve yoksulluğuna ağlıyordu.

Dinko da bunu sezinlemişti; güçlükle duyulan bir sesle, "Her şey gelip geçer. İnsanlar vurulur ölürler, hayat sürüp gider ve daha iyi yarınlar gelir..." dedi.

İrina umutsuz bir hüzünle, "Gerçek mi?" diye sordu.

Dinko gülümsedi, "Evet," derken.

Konuşmaktan yorulmuş ve en son gücünü de yitirmişti. Kâfurruhu kalbini güçlendirmişti ama kan durmamıştı; korkunç yaralardan kan akıyordu aralıksız. İyice bitkinleşmişti, kesik kesik inliyordu ve yüzü ter içindeydi. İrina hıçkırmayı bırakıp bir elini yaralının kalbine, öteki elini de alnına koydu. Birkaç dakika daha yaşayabileceğini anlamıştı. Hayat kadar güçlü olan ölüm karşısında hissedilen o anlatılması güç duygu sinirlerini yatıştırmıştı. Gözyaşları kısa bir süre daha boynunu ve göğsünü ıslattıktan sonra dindi.

İrina şimdi sonsuz bir hüzünle karışık bir ilgisizlik duyuyor ve çocukluğunun ışıltılı anılarında yaşıyordu; küçük kentin güneşli ve sessiz günlerine rastlayan bağbozumları, beyaz badanalı küçük oda, ceviz ağacının serin gölgesi, köpüre köpüre akan suyun çağıltısı ve sabahları bahçeyi mavimsi bir tül gibi saran sisler, gözünün önüne geliyordu birbiri arkasından. Bütün bu aydınlık anıların ortasında bir çocuk, bir delikanlı ve şu anda kollarının arasında ölmekte olan bir erkek vardı. Nabzı gittikçe düşüyor, yavaşlıyordu. Kalbi aralıklı çarpmaya başlamıştı. Bir ara durdu ve sonra, son bir yaşama çabasıyla, öncekinden daha da güçlü, bir daha çarptı. Bunu, güç duyulan düzensiz titremeler izledi; kalp sönmekte olan bir mum gibi ürperiyordu. Sonra, her şey bitti. Ölüm başlamıştı.

İrina, elini kısa bir süre daha tuttu kalbin üstünde ve bomboş, cam gibi gözlere baktı; bir zamanlar eşsiz ve canlılıkla parıldayan gözlere. Ay ışığı, belli belirsiz kül rengi oluvermişti.

İrina ayağa kalktı; yüzü gergindi. Donuk bir hüzünle, "Komutanınız öldü!" diyebildi.

Bir sessizlik oldu. Çarpışmaların gürültüsü duyuluyordu uzaktan uzağa. Partizanlardan biri, "Yakınlarından mıydınız komutanın?" diye sordu.

"Evet, yeğenimdi."

12

Dankin, asfaltı kazmayla parçalıyor, mayını yerleştirdikten sonra büyük bir titizlikle yine örtüyordu. Boğuk motor homurtuları gittikçe yaklaşıyordu. Alman motorlu birliklerinin neredeyse ortaya çıkmasını bekliyordu. Kıvrıla kıvrıla uzanan şose henüz boştu.

Mişkin'in sinirliliği artıyordu. Dankin'e "Delikanlı, elini çabuk tut!" diye seslendi ve işin nasıl yürüdüğünü görmek için yola indi. "Ağır çalışıyorsun!"

Mayın işini iyi bilen Dankin, görevini sakin ve dikkatle yapıyordu. Az sonra başlayacak çarpışma, kışlada atlattığı tehlikelerin yanında çocuk oyuncağıydı. Hiç karşılık vermeden bir baktıktan sonra çalışmasını sürdürdü.

Mişkin, tepeye dönerken von Geier'in ölüsünün yanından geçti; Lijate, ya da bir başka partizan az önce öldürmüş olmalıydı. Alman iki eli yana uzanmış, yüzükoyun yatıyordu boylu boyunca. Ensesinde bir kurşun yarası vardı. Partizanlarca çoktandır ölüm hükmü giymiş olan Alman, her bakımdan gerçek bir soyluydu ve öldürülmesine hiçbir şey engel olamazdı. Von Geier, bir Alman askeri gibi savaşta ölmüştü. Az sonra tepeye saldırırken vurulup ölecek Alman askerleri gibi.

Kostov, başını ellerinin arasına almış otlarda oturuyordu. Mişkin, başuzmanı görünce, "Biraz daha iyi hissediyor musunuz kendinizi?" diye sordu.

"Biraz daha iyiyim. Geçiştirdim."

"Neyiniz var?"

"Kalp."

Mişkin, "Kötü," derken acıyarak başını salladı: "Babamda da vardı. Heyecanlanmazsanız öldürmez bu hastalık." Sonra sözlerinin saçmalığını fark ederek, "Gidebilirsiniz," dedi. "Özgürsünüz."

Kostov, "Doktor bayanı bekliyorum," dedi.

"Çağırtayım. Hemen yola çıkmanız doğru olacak. Çünkü az sonra kıyamet kopacak burada."

Mişkin adamlarından ikisini çağırdı ve gidip komutanın sağlık durumunu öğrenmelerini, İrina'yı getirmelerini ve yaralıların işine yaramayan ne kadar silah varsa buraya taşımalarını emretti.

İstasyondaki çarpışmaların gürültüsü kesilmişti. Savaş ölü bir noktaya girmişe benziyordu. Almanlar, savunma durumuna zorlanmışlardı. Tek tük silah sesleri duyuluyordu ve arada bir partizanların benzin deposuna yaklaşmayı her deneyişinde Alman makinelileri işliyordu. El bombalarıyla yapılan saldırıda çok kayıp verilmesi ve Dinko'nun ölümü, birliğin savaş gücünü düşürmüştü. Daha da yayılmış yangının koyu kırmızı alevleri tepeye vuruyordu; ne var ki, benzin vagonuna bir şey olmamıştı hâlâ.

Mişkin, yeni emirler almak üzere bir adamını Şişko'ya gönderdi. Sonra tepeye tırmandı ve karşı dağları gözlemeye başladı. İçi daralıyordu. Şosede uzun bir kamyon dizisi ilerliyordu. Mişkin, yirmi bir kamyon saydı. Dönemeçleri dönerken bile hız kesmiyorlardı. Motorlu birliğin komutanı, istasyondaki durumun tehlike derecesini ve benzin vagonunu kurtarabilmenin önemini kavramışa benziyordu. Kamyonlarda en azından iki yüz kişi vardı, hepsi de mayınatarlar ve hafif bataryalarla silahlıydı. Bu adamların yalnızca otomatik tabanca ve makineliyle silahlanmış bulunduğunu sanmak kendi kendini aldatmak olurdu. Mişkin, en geç yarım saat sonra tepenin bir cehenneme döneceğini ve kendisiyle on beş adamının hallaç pamuğu gibi atılıp mahvedileceğini biliyordu. Çarpışmaları hiçbir işe yaramayacaktı ama, yine de direneceklerdi sonuna kadar. Ne diye mi? Almanlar durumu anlayıp da tepeye saldırıya geçinceye kadar Şişko'nun sol kanadını korumak gerekiyordu. Aşağıdan son ve umutsuz bir deneme yapacaklardı, benzin vagonunu ateşe vermek için. Mişkin ve adamları, şu ya da bu biçimde kurban etmek zorundaydılar kendilerini. Son kişiyi kurban vermek karşılığında da olsa tepeyi elde tutmanın büyük anlamı vardı.

Mişkin, inler gibi bir ses çıkardı, ama emir almadan buradan ayrılmayı bir an olsun düşünmedi. Kahramanlığından ya da anlatılması güç bir sorumluluk duygusundan, Birinci Dünya Savaşı'nda hiçbir çarpışmadan kaçmamış olmasından da değil. Tepeyi bırakırsa Şişko ve arkadaşlarının yanlarını korunmasız bırakacağından da değil. Çöküşünü gördüğü bir dünyaya duyduğu kinden de değil. Mişkin'i ayakta tutan tek şey inancıydı. İnanç uğrunda hepsi de ölebilirdi.

Mişkin, vicdanın sesine uyacak ve tepeyi bırakmayacaktı. Verilen görevi yerine getirmek için seve seve ölebilirlerdi. Ama Şişko'ya yine atıp tuttu içinden. Şu anda Şişko'nun önemi, mevkii ya da tütün işçileri grevini yönetme kişiliği ona vız geliyordu. Şişko'nun ağırkanlılığına köpürüyor, 'yağ tulumu herif,' diye küfürü basıyordu. Marmelat ve tütün yüklü birkaç vagonun ateşe verilmesi bunca partizanın gözden çıkarılmasını haklı gösteremezdi. Mişkin'in adamları sessizce dinliyordu atıp tutmalarını; Şişko denilen eşek herif ise işleri berbat ediyordu. Mişkin kendini feda etmeyi göze almıştı. Şişko'nun söylediklerini duyması vız gelirdi.

Mişkin yatıştı birden, Alman motorlu birlikleri şosede kıvrıla kıvrıla ilerlerken, istasyondaki çarpışmalar şiddetlenmişti. Saldırı, benzin vagonlarının birinin çevresinde at nalı biçiminde yoğunlaşmıştı. Alman makineli tüfekleri, gittikçe daha şiddetle kıyametleri koparıyordu. Böylesine sinirli ateş etmek şaşkınlık ve panikle sonuçlanacağa benziyordu. Almanlar hiç aralıksız ateş ediyordu.

Bu cehennem benzeri ateş arasında el bombalarının, boğuk boğuk patlayışları da duyuluyordu. Mişkin, Şişko'nun benzin vagonlarına şimdi her yandan saldırdığını anlamıştı. Ama bu saldırı, birincisinden yine de farklıydı. Gözünü budaktan sakınmayan ve tuttuğunu koparan Dinko'nun yokluğunu belli ediyordu. Şişko, ağır ve sistemli saldırıyordu. Belki adamları yerde karınüstü ilerliyorlardı santim santim. Uygun duruma girdikten sonra el bombalarını düşmanın makineli yuvalarına savurmalarını emretmiş olabilirdi Şişko. El bombaları gittikçe daha sık patlıyordu. Makineli ateşi azalmaktaydı. Sonra birden, çiğ sarı bir alev yükseldi istasyonu saran yeşilimsi dumanlar arasından.

Bunu korkunç patlamalar izledi. Yarım dakika sonra ikinci bir alev yükseldi, sonra bir üçüncü ve dördüncüsü... Benzin vagonları birbiri arkasından havaya uçuyor, benzin fışkırtan alev çeşmeleri gibi her yanı kapkara dumanlara boğuyorlardı. Ovayı koyu bir kırmızılık kaplamıştı.

Mişkin, sevinçle, "Başardılar!" diye haykırdı. "Benzin deposunu havaya uçurdular! İhtiyar Şişko'da iş varmış!"

Hiç kimse karşılık vermedi bu sözlere. İstasyonun korkunç görüntüsüne dikilmişti bütün gözler. Silah sesleri kesilmişti. Alevlerin aydınlattığı kalın kara duman sütunları arasında gölgeler koşuşuyordu can kaygısıyla.

Mişkin, düşmanın motorlu birliğinin yaklaşmakta olduğu yana baktı yine. Almanlar, dağın eteğine varmak üzereydi. En son yerleştirdiği mayını hemen patlamaya hazır duruma getiren Dankin, tepeye doğru koşmaktaydı. Az ötede duran siyah limuzine sarı farlarını yakmıştı. Bayan doktor ve boylu erkek, öne oturdular. Arkada örtüye sarılı ölü vardı. Ak saçlı ve boylu erkek, bu dehşet bölgesinden bir an önce uzaklaşmak kaygısıyla gaza bastı. Otomobil, bir yolcusu eksik uzaklaşıyordu. O yolcu, ensesinde bir kurşun yarasıyla uzanmıştı yol kenarındaki çukurlardan birinde. Mişkin patlamaların çiğ sonrası aydınlığında bütün bunları bir anda gördü. Sonra yine kapkara oldu her yan. Ay ışığı da soluklaşmıştı, sönen bir projektörden sonra gaz lambasının ışığı gibi.

Biri yapıştı Mişkin'in koluna, Şişko'nun adamlarından biriydi; ter içinde ve her yanı kapkaraydı, soluk soluğa, "Mişkin arkadaş!" dedi. "Şu yazılı emri imzala. Komiser gönderdi."

Mişkin kâğıdı aldı ve el fenerinin ışığına tutup adını yazdı kopyalı kalemle. Emirde, "Kırmızı işaret verilinceye kadar tepeyi tutacaksın!" yazılıydı. Şişko'nun titrek ve kargacık burgacık elyazısıyla yazılmıştı.

Mişkin, pusulayı geri verirken, ters ters, "Komutan arkadaş nasıl?" diye sordu.

Adam, heyecanla, "Şişko mu?" dedi. "Sapasağlam, hiçbir şeyi yok."

Mişkin, öfkeyle, "Eşek herif!" diye gürledi. "Komutanımızı soruyorum ben..."

Partizan, korkuyla baktı ve "Onu bilmiyorum," dedi. "Geriye taşırlarken görmüştüm yalnızca."

Düşman motorlu birliklerinin görünmesi ve bununla ilgili önlemler, Mişkin'in bütün dikkatini çekmişti. O sırada İrina da hemen otomobile binip uzaklaştığından Dinko için bilgi alamamıştı. Adama, "Komutan neresinden yaralandı?" diye sordu.

"Karnından... Gömleği kan içindeydi..."

"Şişko'ya söyle, komutan için ağaç dallarından bir sedye yaptırsın, kırmızı ışıklı işareti de geciktirmesin!"

Partizan, "Söylerim..." dedi ve geldiği yönde gözden kayboldu.

Mişkin, yine dağlara dikti bakışlarını. Alman motorlu kamyonları, çok keskin ve dik olan son virajı hız keserek dönüyorlardı. Aklına gelseydi, daha önce –vakitleri de vardı– dönemeçlerden birini mayınlatırdı; "Bazen pek sersem oluyorum," diye homurdandı ve alnını yumrukladı. Böyle yapmış olsalardı hiç değilse beş kamyon havaya uçacak ve arkadakiler de birbirine girip, yolu uzun süre geçilmez duruma sokacaklardı. Mişkin, kendi sersemliğine küfrü bastı. Ancak uzun süre sonra biraz yatışabildi. Dankin'in mayınları şosenin her yanına iyice yerleştirmiş olduğunu düşünmüştü. Böyle bir durum Almanları şaşkına çevirir ve tepeye saldırılarını kısa bir süre de olsa geciktirebilirdi.

Mişkin, adıyla çağrıldığını duydu. Lijate ve bir başka partizan karşısındaydı.

Makedonyalı, "Komutan öldü," dedi hüzünle. "Kâğıtlarıyla makinelisini getirdim."

Lijate, Dinko'nun tabancasını uzattı. Mişkin, içinde harita ve kâğıtlar bulunan çantayı omzuna astı ve asmasıyla da, bir ölünün öteberisini üzerinde taşıyacak kişiye bunun uğursuzluk getireceğini düşünüp ürktü. Sıkıntılı ve üzüntülü bir sessizlik oldu. En son benzin vagonu tam o sırada havaya uçtu. Alevlerin kırmızılı sarılı aydınlığında partizanların hoyrat ve asık suratları görünüp kayboldu. Makineli tüfek ve cephane sandığı yükü altında iki büklüm insanların gölgeleri göze çarpıyordu, kara kara dumanlar arasında.

Mişkin, "Arkadaşlar, komutanımızdan kalan silahları kim alacak?" diye sordu.

Adamlardan biri, tek söz söylemeden makineliye uzandı, bir başkası tabancayı aldı. Cephaneyi de paylaştılar.

Bir partizan, "Varvara'yı ne yapacağız?" diye sordu.

"Nerede?"

"Yolun yanındaki çukura çömelmiş hiç konuşmuyor, çıldırmış gibi bir hali var..."

"Yarası sarıldı mı?"

"Evet, bayan hekim sardı... Varvara'nın yarası hafif..."

"Yaralıların bulunduğu yere götürün! Oraya yolu düşecek arkadaşlar ilgilenirler elbette."

"Buradan gitmek istemiyor."

Mişkin'in bakışları şosede dolaştı yine.

Ovaya varmış kamyonlar, yolun çok dönemeçli olduğu bir yerde gözden kaybolmuşlardı yine. Yolun ondan sonrası tepeye kadar dümdüzdü. Korkunç motor gürültüleri şimdi daha iyi duyuluyordu. Benzin deposu havaya uçurulmuştu. Alman motorlu birliğinin komutanı, hiç değilse öç almak için acele ediyordu. Mişkin, Dankin'in şoseye yerleştirdiği mayınları düşünüyor ve ikide bir, "gelin de görün köpoğlu köpekler," diye söyleniyordu, "az sonra anlarsınız başınıza geleceği... Mayınatarlarınızı yerleştirinceye kadar bizler çoktan dağların ötesindeyiz."

Yamaçtan doğru birden duyulan silah seslerine dikkat kesildi. Silah sesleri, partizanların ilk mangalarının çekildiği yandan geliyordu.

Bir saniye sonra yeşil bir ışık fişeği yükseldi. Partizanlardan biri küfrü bastı. Işık yeşildi. Düşman arkadan sarmıştı. Mişkin içinden köpürüyor, ama bozuntuya vermiyordu; yatıştırıcı bir sesle, "Mevzilerinize!" diye haykırdı. "Faşist çetelerinin bir tuzağı yine. Arkadaşlar onları çabucak püskürtür..."

Çarpışmalar hızla genişliyordu. İstasyondan çekilen partizanlar arasında şaşkınlık başgöstermişti. Kimisi geriye dönüyor, kimisi de düşmana yandan saldırmak için dağın eteği boyunca ilerliyordu; bazıları da siper alıp Almanların ateşine karşılık veriyorlardı. Gittikçe solgunlaşan ay ışığı altında birtakım gölgelerin tepedeki düzlüğe koşuştukları görülüyordu; iyice eğilmişlerdi koşarken. Bu kargaşalığın arasında Şişko'nun sesi yükseldi. Yakınlarda olmalıydı. Kızgın kızgın bağırıyor ve birliğini düzene sokmaya çabalıyordu. Az sonra başarıya ulaştı da. İstasyondan karmakarışık çekilen partizanlar, üç manga olarak toparlandılar. Faşist çetelerin ateşinden, bu durumda oldukça korunmuş oluyorlardı.

Mişkin'in bakışları şoseden ayrılmıyordu. Motor homurtuları gittikçe artıyordu. Ama kamyonlar tepeden görünmüyordu daha. Mişkin bir süre sonra arkasına döndüğünde faşist çetelerin ateşinin hemen hemen kesilmiş olduğunu gördü. Yanlardan girişilen çevirme hareketini fark etmişler, kurtulmaya çabalıyorlardı. Şişko'nun manevrası başarıya ulaşmıştı. Ancak bu çarpışma partizanlardan olağanüstü çabalar istiyordu. İstasyona kadar uzun bir yürüyüş ve bütün gece aralıksız süren çarpışmalardan bitkin düşmüşlerdi. Yine de bir umutları vardı üstesinden gelmek için. Mişkin, şu anda kendini değil, tepedeki mevziini düşünüyordu. Durumu umutsuzdu. Faşist Yunan çeteleri, dağdan, Almanlarsa istasyondan doğru saldırıyordu ve kamyon dizisi şosede gittikçe yaklaşıyordu.

Mişkin, ölümün yakınlığını duydu yine. Mangasıyla birlikte burada ölecekti. Ama bir an bile gevşemedi. Kurtuluş umudu yok gibiydi. Kırmızı ışık, Almanlar mayınatıcılarını harekete geçirmeden yükselirse belki faşistlerin çemberini yarabilir ve Şişko'nun çekilmesini bekleyebilirlerdi olsa olsa.

Çam-Koruya'nın eski sütçüsü Mişkin, üzücü düşüncelerle kıvranıyordu. Derinliği pek az çukurlara yatmış olan Lijate ve bir iki partizan, istasyona ateş ediyorlardı. Şişko'nun geri çekilmesi üzerine barakadan çıkan bir Alman makineli mangası, tepeye doğru koşmaya başladı. Partizanların korunmadan çekildiğini sanan Almanlar, gerileyenleri arkadan vurmak için makineliyi tepeye yerleştirmeye çabalıyorlardı. Lijate ve arkadaşlarının açtığı ateş, Almanları istasyonun kara dumanlarına sığınmaya zorladı. Kaçan Almanlardan biri yüzükoyun kapaklandı ve öylece kaldı.

Mişkin, solunum darlığı çeken birinin güçlükle soluduğunu duyunca başını çevirdi. Şişko tepeyi tırmanıyor ve arkasından Varvara yürüyordu. Şişko soluyarak yaklaştı. Saçsız başı ter içindeydi. Mişkin'in yanına varınca güçlükle soluk alıp bir dakika kadar durdu. Solunum darlığından konuşamıyordu. Şişko biraz daha rahat soluk alabilmek için büyük çaba gösteriyor, bir yandan da eliyle bir şeyler işaret ediyordu ama, ne Mişkin, ne de ötekiler bir şey anlayabildi.

Birlikte gelmiş olan ve ayağından yaralı partizan, Şişko'nun işaretini görüp, "Sizler gidin!" diye açıkladı. "Arkanızı biz koruyacağız."

Mişkin, "Ne?" diye sordu.

"Geri çekilmenizi emrediyor, Şişko."

"Nasıl? Geri çekilmek mi? Ya siz?"

"Bizim için kurtuluş umudu kalmadı. Tepeyi savunacağız."

Yaralı ayağını gösterdi Dankin'e ve, "Bir sargı bezin var mı?" diye sordu. "Yok mu? Öyleyse götür beni makinelilerin yanına kadar. Bu kadın çok zayıf, beni taşıyamaz oraya..."

Mişkin, şaşkınlık içinde, "Geri çekilmeyi tek başına mı koruyacaksın?" diye sordu.

Yaralı, "Ben ve Şişko, birlikte," karşılığını verdi. "Solunum darlığı ve koca karnıyla, Yunan faşist çetelerinin elinden kolay kolay kurtulamaz." Sonra, Şişko'ya döndü.

"Bağışla arkadaşım!" dedi. "Göbeklisin ama, iyi yüreklisin de! Kızmadın ya bana?"

Mişkin, bu birden değişivermeye sevinmemişti; Şişko'ya döndü ve asık bir yüzle, "Doğru mu?" diye sordu.

"Doğru, Mişkin arkadaş." Şişko'nun soluma darlığı geçmişti. "Bir iki gönüllü daha gerekli bana, ötekiler çekilinceye kadar tepeyi tutabilmem için!"

Mişkin, göbekli ihtiyara şaşkınlıkla baktı. Kamyon dizisinin homurtusu iyice yaklaşmıştı. Tepeye doğru ilerliyor olmalıydı kamyonlar. Ama şu anda Mişkin'in hiçbir şeyi umursadığı yoktu. Şişko'nun tek gözünde parıldayan eşsiz ışıltıya bakıyordu yalnızca. Asılmaya götürülmeden az önce son kez gördüğü kendi oğlunun gözlerinde de bu ışıltı vardı. Dinko'nun gözleri de her çarpışmadan önce hep böyle parıldardı. Bütün arkadaşların gözlerinde de hep bu ışıltı belirirdi çarpışmalarda.

Çam-Koruya'lı sütçü Mişkin, bunları bir anda sezmiş ve şaşmıştı. Yaşamaya bağlıydı. Ama Şişko'nun tek gözündeki pırıltıyı görüp, motorların homurtularını daha da yakından duyunca, öldürülen oğlunu düşündü. Bu hatırlayış gittikçe güçlendi, aydınlıklaştı, daha acı verir ve heyecanlandırır oldu.

Öldürülen oğlunun isteğine boyun eğmek zorunda olduğunu kavrayan Mişkin, "Çocuklar!" diye bağırdı. "Şişko arkadaşla kalıyorum ben! Gönüllü olan var mı daha?"

Herkes susuyordu. Alman kamyonlarının motorları yaklaşan felaket habercileri gibi gittikçe daha korkunç homurdanıyorlardı. İstasyonu saran kara duman bulutlarının arasından arada bir dev alevler yükseliyor ve partizanların yüzlerini aydınlatıyordu, korkunç hayaller gibi.

Mişkin, kızgınlıkla, "Yok mu aranızda başka babayiğit?" diye bağırdı. "Kocakarılar! Ne korkak heriflere komuta etmişim ben bugüne kadar!"

Dankin, "Ben varım!" diye atıldı.

Şişko, "Haylaz oğlan, sen yerinde kal bakalım!" dedi. "Sen harp okulundan gelmesin, daha yıllarca görev bekleyecekler senden!"

Varvara, boğuk bir sesle, "Ben de kalıyorum!" dedi.

Şişko, bir an durakladıktan sonra, "Sen aydın kişisin," dedi. "Başka görevlerde daha yararlı olabilirsin."

Başka hiç kimse bir şey söylemedi. Alman kamyonlarının motor homurtuları gittikçe yaklaşıyordu.

Mişkin, "Gönüllü yok mu başka?" diye sordu ve küfüre, hatta gerektiğinde emre hazırlanırken vazgeçti, sustu. Böyle anlarda ancak ölümü isteyerek göze alan kimseler bir şeyler yapabilirdi.

İki kişi daha istekli çıktı. O güne kadar hiç göze çarpmamış ve silik kalmış iki partizandı bunlar. Mişkin bunlardan yüreklilik, ataklık falan hiç ummazdı. Her zaman, geride kalmışlar, toplantılarda hiç konuşmamışlardı; bundan ötürü de kimsenin ilgisini çekmemişlerdi.

Mişkin, sert sert, "Bir kişi daha gerekli!" dedi.

Yine bir sessizlik oldu. İstasyondaki büyük yangının çatırtıları, Alman kamyonlarının ölüm habercisi homurtuları duyuluyordu yalnızca. Mişkin, bakışlarında uğursuz bir parıltıyla hepsini gözden geçirdi. Emretmek gerekiyordu, Lijate üzerinde durdu.

Makedonyalı: "Olur!" dedi. "Ben de ölürüm."

Alman kamyonları iyice yaklaşmıştı. Motor homurtuları çılgınca bir ulumaya dönüşmüştü, geç kalmış olmanın kızgınlığını haykırır gibiydiler. Çünkü benzin deposunu kurtaramamışlardı.

Bu durumda kaybedilecek tek saniye yoktu.

Mişin, "Gönüllüler mevzilerine, ötekiler hemen uzaklaşsın!" diye haykırdı.

Mişkin, makinelinin arkasına attı kendini, yanına çömelen Lijate de bir şarjör uzattı. Şişko ve yaralı partizanlar, otomatik tabancalarıyla istasyona giden düzlüğü görebilecek mevzilere yerleştiler. Mişkin'in yanındaki gönüllüler, ateşe hazır durumda silahlarını şoseye yönelttiler. Düzlükteki yaralılardan birkaçı da geldi; tepede kalmayı uygun bulmuşlardı. Onlar inleyerek çukurlara yerleşirken, Mişkin'in adamları da aralarında hiç konuşmadan hızla dağıldılar. En son uzaklaşan Dankin'di. Yamaca inmeden Şişko'ya yaklaştı, "Göndereceğiniz bir haber var mı?" diye sordu.

Şişko, "Hayır, delikanlım!" dedi. "Görevimizi yaptığımızı ve inancımız uğrunda öleceğimizi söylersin arkadaşlara! Aldın mı bütün kâğıtları?"

"Evet."

"Öyleyse hemen uzaklaş. Boğazdan çekilin ve yanlarınızı korumayı unutmayın!"

Dankin, birkaç saniye durakladı. Gözleri ardına kadar açılmıştı. Bu gece olup bitenlerin altında ezilivermiş gibiydi. Az derin çukurlara karınüstü yatmış yaralılara, Mişkin'in sinirli ve gergin yüzüne, Şişko'nun yere batmış dazlak kafasına, bakışlarını şoseden ayırmayana, Lijate'nin kırış kırış suratına bir bir baktı. Kışladan ölümü göze alarak silah kaçırmasının boşa gitmediğini şimdi çok iyi anlıyordu.

Şişko, kısık sesiyle, "Uzaklaş diyorum sana!" diye haykırdı. "Ne sallanıyorsun hâlâ?"

Tepede kalan insanların hemen hepsi de, son anlarını yaşadıklarını biliyorlardı. Almanlar, mayınatarlarını işlettiği anda sonları gelecekti. Mişkin umudunu yitirmemişti büsbütün. Kırmızı ışıklı işaret fişeği belki de yükselecek ve Almanlar saldırıya geçmeden dönmelerine izin verilmiş olacaktı. Beklemek sinirlerini bozuyordu. Çok kan kaybettiklerinden silah kullanamayan yaralılara dağı gözlemelerini ve kırmızı işaret fişeğini görünce hemen haber vermelerini emrediyordu ikide bir.

Kamyonlar şimdi tepeden ancak bin beş yüz metre ötedeydi. Dizi burdan durdu. İstasyonda nöbet tutan Alman askerleri, tepede düşman bulunduğunu haber vermiş olmalıydılar. Diziden ayrılan iki kamyon, çevreyi yoklamak için ağır ağır ilerlemeye başlamıştı.

Şişko, "Ateş etmeyin, daha!" diye emretti.

Kamyonlardan bir tanesi, Dankin'in mayın döşediği yeri geçmiş ve hiçbir şey olmamıştı. Ama yoldaki bozuk yerleri görünce kuşkulanan şoför, makineyi geriletti ve az önce dokunmadan geçiverdiği mayına çarptı.

Tepedekiler, sarı bir alevin yükseldiğini ve şosedeki Almanların arasında kargaşalık başladığını gördüler. Alman askerleri kamyonlardan atlıyordu hızla. Çoğu, istasyona koşuyor, az bir kısmı da, küçük sandıkları bataklığa yöneltiyordu. Bir partizan "Canlarını okumanın tam sırası!" diye haykırdı.

Şişko, "Daha değil!" dedi. "Tepede kimsecikler bulunmadığını sanmaları gerekiyor... Bir tek atış onları uyarır ve mayın atıp hesabımızı görürler."

Partizanlar susuyorlardı. Büyük yangının gürültüsü ve Almanca komutlar duyuluyordu ovadan.

Şişko, "Anlaşıldı mı?" diye sordu.

Mişkin, "Evet!" dedi.

Geriye bir bakınca umutlandı. Dağın eteğinde Yunan faşist çeteleriyle yapılan çarpışma gittikçe uzaklaşmıştı. Ancak sağ kanattan doğru çarpışma sesleri geliyordu. Dankin ve adamları, Yunanlılarla çarpışıyordu hâlâ. Bu durumda, nefes darlığı çeken Şişko'yu bile götürebilirlerdi yanlarında.

Ay soluklaşmıştı. Doğuda, karanlık dağların arkasında gün ışıyor, şafak söküyordu.

Mişkin köylüydü. Doğanın içinde yetişmişti ve gecelerin bitişini, yıldızların sönüşünü, yepyeni bir günün doğuşunu binlerce kez görmüştü. Ama sabah kızıllığının böylesine canlı ve taze oluşuna ilk olarak bugün rastlıyordu. Aşırı kan kaybından gittikçe bitkinleşen yaralıya döndü ve farkına varmadığı bir bencillikle, "Işıklı işaret fişeğini kolluyor musun?" diye sordu.

Yaralı da sabah kızıllığına dalmıştı; hüzünlü bir sesle, "Evet, kardeşim" dedi. "Görür görmez söylerim!.."

Mişkin, katı yüreklilikle, 'göremeden öleceksin belki de,' diye, aklından geçirdi. 'Belki de ben öleceğim, karımı, evimi ve güneşi bir daha göremeden.'

Bunları düşünürken tepeyi çok alçaktan yalayan bir vınlama duydu ve hemen yere yapıştı ötekilerle birlikte. Yirmi metre kadar arkalarına bir mayın düşmüştü.

Kısık bir ses, "Haydi artık!" diye haykırdı.

Bir başka partizan, "Mayınatarı yol çukuruna yerleştirdiler," diye haber verdi. "Canlarına okuyalım heriflerin."

Şişko, sert sert, "Kimse ateş açmayacak!" diye emretti.

Sağ kanattan duyulan ateş şiddetlendi. Gecikmiş ve yanlarını koruyamamış olan Dankin'le adamları, Yunan faşist çetelerinden sıyrılmaya çalışıyorlardı. Mişkin, onlar bunu başardığı anda kırmızı ışığın yükseleceğini umuyordu. Tam bu sırada bir ikinci mayın patladı önlerinde. Almanlar, hedef bulma atışına başlamışlardı.

Mişkin, ateş etmenin zamanı geldiğini sanıyordu ama Şişko emir vermiyordu bir türlü. Tepesinde yine bir vınlama oldu ve Mişkin yine toprağa yapıştı. Birkaç saniye gözleri kapalı kaldı. Mayınlar aynı anda birçok yerde birden patladı. Mişkin'in her yanına toprak parçaları yağıyordu. Sonra bir sessizlik oldu ve Şişko'nun kalın sesi duyuldu: "Kimseye bir şey oldu mu?"

Tek bir kayıp vermişlerdi. Mişkin'in sağında üç dört metre ötedeki adamı, gönüllü olarak tepede kalıncaya kadar kimselerin gözüne çarpmamış olan iki partizandan birini kaybetmişlerdi. Mişkin, dirsekleri üzerinde doğrulup o yana baktı. Az önce hafif çukurca bir siperin bulunduğu yerde şimdi çarpuk çurpuk koca bir delik ve bir insan kalıntısı vardı; tanınmayacak kadar ezilmiş, kolsuz ve başsız bir gövde yatıyordu kanlar içinde.

Bir partizan, "Bu böyle olmaz!" dedi. "Ateş açmalıyız!.."

Şişko yine, "Daha sırası değil!" diye direndi. "Ben emir vermedikçe ateş açılmayacak."

Mişkin, onun en uygun anı kolladığını anlamıştı. Almanlar tepeyi bomboş sanıp istasyonla şose arasındaki açık araziye çıkıvereceklerdi. Bu durumda makineli için eşsiz bir hedef olacaklardı.

Mişkin, yeni bir yaylım ateşi bekliyordu ama, olmadı. Almanlar tepenin boşaldığını, ya da düşmanın yerle bir edildiğini sanıyorlardı herhalde. Şoseden ayrılan bir Alman piyade mangası, istasyona doğru yürüyordu. Bir başka Alman mangası makineli tüfekler ve cephane sandıkları taşıyordu tepeye koşar adımla. Mişkin, rahat bir soluk aldı. Yine birkaç dakika uzatabilmişti ömrünü. Dağın eteğindeki silah sesleri büsbütün susmuştu. Dankin ve adamları görünürlerde yoktu. Bataklık onları Almanlardan korumuştu.

Tepeyi tutmakta direnmenin bir anlamı kalmamıştı. Kırmızı işaret ışığı yükselmeliydi şu sıra. Ya şimdi, ya da hiçbir zaman. Çünkü Almanlara ateş açar açmaz tepe bir anda cehenneme dönecekti. İşaret beklemek gerekir miydi hâlâ! Soluna bakınca, Şişko'nun yüzüyle karşılaştı. Büyük tütün grevi önderinin sağlam tek gözü de ona bakıyordu. Bakışında her zamanki sevinç ve yaşama sevgisi parıldıyordu. Şişko, ne Dinko gibi hüzüne kapılıyordu, ne de Lukan gibi soğuktu.

Şişko'nun sağlam kalmış tek gözü, dostça, sıcacık ve yakınlıkla bakıyordu. Mişkin'in içini dolduran yaşama isteğini yüzünden okumuştu. Almanların birkaç dakika sonra tepeyi mayın yağmuruyla altüst edeceklerini biliyordu.

Şişko, birden, "Haydi gidin hepiniz!" dedi. "Mişkin, Lijate ve hepiniz! İşareti beklemeniz gerekli değil. Arkadaşlar geriye çekildiler..."

Mişkin, şaşkın şaşkın, "Ya sen?" diye sordu.

"Ben kalıyorum... Yaşlıyım... Koşamam."

Almanlar hızla yaklaşıyordu. Saniyeler uçar gibi geçiyordu.

"Tanrı seni korusun... Seni bırakıyoruz sonunda..."

"Tanrı sizleri korusun!.."

Mişkin, Şişko'nun bu isteğini yerine getirdiği için vicdan azabı duyuyordu. Biraz olsun yatışmak ister gibi, "Tanrı sizleri korusun, arkadaşlar!" dedi bir daha.

Yüreği küt küt atıyordu. Tüfeğini de sürükleyerek tepenin arka yamacına kadar karınüstü kaydı. Sonra, yıkık köprüye koştu. Lijate ve ötekiler onu izlediler.

Tepede, Şişko, ayağından yaralı partizan ve öteki iki yaralı kalmıştı yalnızca. Bu son ikisinin yaraları sarılı olmadığından durmadan kan kaybediyorlardı ve Şişko'ya hiçbir yardımları dokunamazdı.

Şişko sonunun yaklaştığını hissediyordu. İçinden yükselen bir ses, 'bravo ihtiyar, iyi dayandın, çok iş başardın,' diyordu. 'Sol sosyalistleri günlerinde olduğu gibi dayandın. O tarihlerde pek bir şey anlamadığın halde toplantılara katılmış ve bir gözünden olmuştun. Büyük grevde, tütün kralları, grev komitesini oyalarken, seni satın almaya kalktıklarında dayattığın gibi dayandın yine. Poliste ölesiye dövüldüğün günkü gibi dayandın. Bu son dövüşte de iyi dayandın. Ama öleceksin artık. Yaşlandın, gücünü yitirdin ve kafan çok ağır çalışıyor. Evet, kafan ağırca işliyor ve çok şeyi çabuk kavrayamıyorsun. Oysa Dinko'nun kafası hızla çalışıyordu. Çarpışmalar gece yarısına kadar bitmezse savaşın böyle gelişeceğini önceden sezmişti Dinko. Kim bilir, el bombalarıyla bir ikinci saldırı belki daha başarılı olurdu. Böyle bir durumda birlik, daha da başarıyla geri çekilebilir, kayıp sayısı senin şu kararsız yönetiminde olduğundan çok daha aza düşerdi. İnsanların çeşitli özellikleri vardır. Birinde olan ötekinde olamıyor. Sen elinden geleni yaptın, içinden geldiği gibi davrandın. Ama şu son saniyelerde daha dikkatli ol, ihtiyar! Almanlar az sonra burada olacaklar!'

Şişko, Mişkin'in bıraktığı makinelinin arkasına geçmiş bekliyordu; dudaklarını ısırıyordu. Tepede kimse olmadığı kanısına varan Almanlar, koşar adımlarla saldırıya geçtiler. Şişko, genç Alman askerlerinin besili ve yağlı yüzlerine bakıyordu. Alman olduklarından değil, yaralı partizanları tekmeyle ve tüfek dipçiğiyle öldürdüklerinden kin duyuyordu onlara. Aralarında yalnızca elli metre kaldığı halde ateş etmiyordu. 'Biraz daha yaklaşın, kuduz köpekler,' diye düşündü. Sonra ateşe başladı, iyi nişancıydı. Makinelinin sarsıntısından omzu ağrıyordu. On, on iki kadar Alman inleyerek ve bağrışarak yüzüstü yere kapaklandılar. Ötekiler kaçtılar ve yolun yanındaki çukurlara girdiler. Şişko, şoseden istasyona giden mangaya ateş ediyordu şimdi. Bir süre aralıksız ateş etti, makinelide bir tutukluk başgösterinceye kadar.

Makineli susunca bir sessizlik oldu ve Almanlar, öfkeli kısık seslerle, "Ateş! Ateş!" diye bağırdılar.

Şişko'nun birkaç dakikası kalmıştı. Otomatik tabancasını çabuk bir davranışla sırtladı ve arka yamaçtan yokuş aşağı yuvarlana yuvarlana bıraktı kendini. Tepenin eteğine vardığında baştan aşağı çamura batmıştı ve soluk soluğaydı. Yine de gülümsedi. Kırk yıl önce sol sosyalistler kulübü beden eğitimi kolu üyesi olarak arkadaşlarına göğsünde taş kırdığı günlerde gülümsediği gibi. Aydın arkadaşlar burun kıvırırdı ama, sıradan işçilerin pek hoşuna giderdi bu gösteri. Şişko'nun gücü o günlerden bu yana hiç eksilmemişti. Tütün tozlarının zehirlediği ciğerleri kötülemişti yalnızca.

Şişko biraz daha rahat soluk almaya başlayınca yolun yanındaki çukura kaydı yerde sürünerek. Otomatik tabancası da yanındaydı. Tepe şimdi Almanların mayınlarıyla gerçek bir cehenneme dönmüştü.

Çukurdan seyrediyordu tepeyi, şoseyi ve istasyonu. Tepede toprak yığınları havaya yükseliyor, düzlükte Alman askerleri koşuyordu. Şişko onlara ateş edebilirdi ama etmedi. Çukurun kenarındaki çimenlerin birazını kaldırıp dirseklerini dayadı. Mayınların patlaması arada bir durdukça, kulak veriyordu dağdan yana. Orada ateş kesilmişti. Arkadaşların çekilmiş olduğu anlaşılıyordu. Tepenin savunması gerekmezdi bu durumda. Şimdi Almanlara ateş edebilirdi yine. Almanların atışları da sürüyordu. Ama daha ilk atıştan hemen sonra, kocaman, taş gibi ağır ve sert bir şey düştü az ötesine. Dönüp baktı ve hemen yere yatan bir Alman askeriyle karşılaştı. İki saniye sonra bir el bombası patladı.

Şişko hiçbir şey hissetmemişti. Acısız ve kolay ölmüştü.

Tepenin en yüksek ve düzlük yerine varan Almanlar insan kalıntılarından başka şey bulamadılar. Yol çukurunun yanında uzanmış duran von Geier'in cesedini de partizanlardan birinin sandılar; mayınlardan öylesine tanınmaz olmuştu. Diziden ayrılan iki sağlık kamyonu geriye döndü. Benzin vagonlarından hâlâ kara kara dumanlar yükseliyor ve sonsuz bir yas tülü gibi her yeri sarıyordu. Tepe, yeni sürülmüş bir tarlaya benziyordu. Mayınların açtığı çukurlar arasında tek tük gelincikler ve kuzukulakları vardı. Hiçbir şey olmamıştı. Yorgunluktan gözleri kan çanağına dönmüş bir Alman askeri yamacı ağır ağır tırmanıyordu; yüzü pırıl pırıl tıraşlıydı. Parçalanmış cesetlere basıyordu arada bir; ama boş veriyordu. Sonra bir sigara yaktı ve karşıda hâlâ yanan benzin vagonlarına baktı. Bakışları buz gibi, hüzünlü ve kızgındı.

Doğuda, pırıl pırıl bir gökyüzü altında ve erguvan rengi ışıltılarla, yeni bir gün yükselmekteydi.

13

Kavala'ya yaklaşan İrina ve Kostov, kuzeyin eşsiz gök mavisiyle karşılaştılar. Ne var ki, yeni başlayan parlak gün bile dünkü gecenin korkunç olaylarını unutturamıyordu. Tek tük zeytin ağaçları, iç karartıcı yıkıntılar, sazlıklar ve bataklıklar, tütün toplayan Yunan köylüleri görmüşlerdi yolculuk boyunca.

Nikotiana ve Alman sigara tröstü parçalanmıştı. İki gün önce Boris Morev ve dün gece von Geier, arkalarında suçluluklar ve acı olaylar bırakarak uçurumu boylamışlardı. Nikotiana kesinlikle son bulmuştu.

Tütün alımında aldatmalar, tütünlerin işlenişinde çekişmeler, satışlarda dalaverelere kadar her şey son bulmuştu. Nikotiana hiçbir anlam taşımayan bir ad olmuştu; bir zamanların göz alıcı başuzmanı ise kimsenin ilgilenmediği işe yaramaz bir kişiydi şimdi. Kostov, ancak anlıyordu, son anlarında Boris'le neden böylesine ilgilendiğini, Kondonyanis'le anlaşma imzalanması için çaba gösterdiğini ve von Geier'in ölümüne aşırı acımasını; Nikotiana'dan yoksun kalan Kostov, bir hiçti artık.

Başuzman bir kenara atılmış ve küçülüvermiş buluyordu kendini. Çöken bir dünyayla ortadan kalkması gereken kişilerin öfkesi vardı içinde. Yeni bir hayata başlamak için ne isteği vardı, ne de hayal desteği. Ama böylesine bir iç bomboşluğunun ortasında küçük bir umut ışığı vardı yine de.

Aliki vardı. Evet, Aliki ona kalacaktı. Kızıl saçlı küçük kız tuhaf ve şifalı bir etki bırakıyordu Kostov'da hâlâ. Herakli'yle pazarlığı başarılı biteli beri, Kristallo'nun evinde duyduğuna benzer bir sevinç vardı içinde. Taşoz kayalıklarından koparılmış bir kır çiçeğine benzettiği Aliki, Kostov'u korkunç uçurumdan kurtaracaktı. Dünün züppesi ve giyime aşırı düşkün insanı, Aliki'yi açık sarı bir tuvaletle Union Klüb balosunda görür gibiydi.

Madeni bir gürültüyle kendine geldi. Bir dönemeci alırken otomobilin önünü bir ağaç ya da bir kaya sıyırmış olmalıydı. Başuzman, sağ kolunun uyuşur gibi olduğunu hissediyordu. Kol, takma bir organ, yabancı bir parça gibi aşağıya sarkıyor ve istenileni hemen yerine getiremiyordu. İlerlemiş damar kireçlenmesini hatırladı. 'Hafiften bir inme belirtisi,' diye düşündü. Geceki aşırı heyecanlar sonucuydu. İncecik bir damar çatlayıp kan akışını tıkamış ve kolun hareket merkezini uyuşturmuştu. Bu durumda direksiyon kullanmanın tehlikeli olacağını bilirdi, otomobili durdurdu.

Sonra İrina'ya dönüp, "Siz kullanın lütfen," dedi. "Sağ elimde bir tutukluk var."

"Farkına vardım."

Yer değiştirdiler ve arkadaki ölüye bakmadılar. Konuşmadılar da aralarında; böyle bir anda konuşulacak ya da akıldan geçirilecek her şey ikisini de büsbütün sıkardı.

İrina direksiyona geçti ve otomobili ağır ağır dikkatle sürmeye başladı. Hızlı sürerse güçlü motorla başa çıkamayacağından korkuyordu.

Güneş doğmuştu. Kavala'ya, plaja giderken yolların tıkandığı saatte varacağını düşünen İrina'nın canı sıkıldı. Hele tütün kralının ölüsü çevresinde toplanacak tütün çakallarının yalancıktan üzüntülü yüzlerini düşününce büsbütün bunaldı. Kavala'nın kargaşalık içinde olduğunu ve tütün çakallarının Trakya işgalinde ele geçirdikleri ne var ne yok toplayıp herkesten önce kentten kaçtığını bilmeyen İrina, başsağlığına gelenler bulunur sanıyordu.

İrina, başını dinlemek, hiçbir şey düşünmemek istiyordu şu sıra. Dün gecenin korkunç olayları, onu, otomobilin arka koltuğunda yığılı duran ölüden farksız yapmıştı. Çam-Koruya'nın orman ıssızlığına, pırıl pırıl yıldızlı gökyüzünün serinliği altına çekilmek, bundan sonra olup biteceklere oradan ve hiçbir ilgi duymadan bakmak istiyordu. Bundan sonraki olaylar ona vız gelecekti. Eski toplum düzeninin yapıca çöküşü, onu hiç ilgilendirmiyordu. Kurulacak yeni düzenden de ürkmüyordu. Yabancı ülkelerdeki banka hesaplarına kimse dokunamazdı. Ama kurtulamayacağı bir başka şey daha vardı. Varlığının elden gidişinden, yoksulların öç almasından da korkunçtu bu. Kendi iç dünyasındaki çöküntüden kurtulamayacaktı. Şu ana kadar olup bitenlerden sonra içinde bir yanıklık, bir bomboşluk duyuyordu. Dün gece, başından geçenlerden sonra hiçbir şeye ilgi duymaz olmuştu. Elleriyle bastırdığı yüreğini de, von Geier'in korkunç alınyazısını, paçavralarla yaralarını sarmış partizanları bile düşünmüyordu. Bütün gücünü yitirivermiş bir insandı; canlı bir cenaze gibiydi.

İrina, bir otomat gibi sürüyordu arabayı. Arabanın hızını gittikçe artırıyor ve yanlış hareket yapmaktan ürkmüyordu. Arka koltuğa yığılı insan kalıntısı paket, sağa sola sallanıyordu ve gittikçe yanlıyordu. Sonunda büsbütün kapaklandı, otomobilin kapısına çarptı ve boğuk bir gürültüyle yere düştü. Tütün kralı Boris Morev, şu anda bir yük paketiydi yalnızca. İrina ve Kostov hiçbir şeyin farkına varmamışlardı.

Kavala'ya saat onda vardılar. Evleri ak badanalı bu kentin üzerinde acımasızlık dolaşıyordu. Bitki yaşatmayan kuraklığında bir ölülük, apaydınlık gökyüzünde ve güneşinde öldürücü bir yan vardı. Acımasız sıcaklık, insanları ya altın hırsına itiyordu ya da açlığın dilsiz umutsuzluğunda tüketiyordu.

Anayol, müthiş sıcağa karşın insan doluydu ve hepsi de Yunanlıydı. Günlük tekdüzeliğin umutsuzluğundan kendilerini sıyırıvermiş bir olay söz konusuymuş gibi, ateşli ateşli konuşuyorlardı.

Alman sigara tröstü, Nikotiana ve şu ya da bu yoldan Almanlara bağlı öteki tütün firmaları, depolarını hep birden kapatıverince, aslında yarı aç ve aşırı çalışmaktan bitkin düşmüş binlerce insan, kuru ekmekten de yoksun kaldıkları halde heyecanlı ve sevinçliydiler. Bu insanların şu anda içini kaplayan duygular, gözü kapalı bir yurtseverlikten, kahvelerde zaman öldüren aylakların ya da karaborsacıların duygularından çok değişikti.

Böylesine bambaşka bir heyecana kapılmış olan yığın, şu anda ne Nikotiana başuzmanının lüks otomobiline, ne de Yunan tütün kralı Kondonyanis'in başuzmanına bakıyordu.

İrina sinirli sinirli korna çaldı; yığının pek ağır yürümesine kızmış, yol almaya çabalıyordu. Tütün işçileri, biraz sabırlı olmalarını istiyorlardı gülerek. Kalabalığın arasından bir ses yükseldi: "Ne de pis kokuyor, leş gibi bir koku geliyor arabadan!" diye.

Kostov, birinin ötekine, "Bir köpek leşi taşıyorlar belki!" diye seslendiğini duydu.

"Bir köpek leşi mi? Ne diye otomobille taşısınlar köpek leşini?"

"Köpeklere insanmış, insanlara da köpekmiş gibi davrananlar da vardır bu dünyada. Baron Lichtenfeld denilen herif köpeğine doktor çağırır, beyaz ekmek ve et yedirirdi..."

Kostov ve Viktor Efimiç, Boris'in ölüsünü eve taşıdılar.

İrina, can sıkıntısıyla, "Kostov!" dedi, "Gömme işiyle siz ilgileneceksiniz... Başsağlığına gelecekleri bile dinleyecek halim yok..."

Aşırı sıcaktan ötürü keyfi hiç yerinde olmayan başuzman öfkeyle, "Daha önemli işlerle ilgileneceğim," karşılığını verdi. "Önce Aliki'yi göreceğim, sonra Alman komutanlığına gidip von Geier olayını bildireceğim. Bu olay pek kötü bizim için. Sorguya çekebilirler; tutuklayabilirler bile bizi!.."

İrina, umursamaz bir tavırla, "Yaparlar mı?" diye sordu ve ölünün bir an önce gömülmesi gerektiğini aklından geçirdi. Bundan ötesi umurunda değildi. "Peki! Frischmut'la görüşün. Bize güçlük çıkartılmamasını ondan rica edin, sonra da bir cenaze kaldırma kurumuna başvurun."

Kostov, bu kadının hâlâ herkesi keyfince kullanabileceğini, hele şu sıra Frischmut'a söz geçirebileceğini sanmasına pek kızdı. Yine de sustu. Aliki'yi görmek için sabırsızlanıyordu.

İkinci kata çıkan merdivende Kristallo ile karşılaştı. Geldiklerini görmüştü pencereden. Yunanlı kadın ölüyü görünce istavroz çıkardı ve ağlamaya başladı. Eskiden kalma bir kırıtkanlıkla saçlarını düzeltmeyi de unutmadı. Viktor Efimiç, ölüyü holde bir divana uzatmıştı.

Kostov, heyecanla, "Çocuğun sağlık durumu nasıl?" diye sordu.

"Kötü. Doktorun dediğine göre yakında ölecek. Aman tanrım, ne acıyorum size... Ne de iyi yüreğiniz var."

Kadın ağlıyordu ama, gözlerinden yaş boşanmıyordu. Pire genelevlerinde geçen aşağılatıcı yıllar, gözyaşlarını kökünden kurutmuştu. Ancak aşırı sinirlilik anlarında gözyaşı dökebiliyordu.

Kostov, Kristallo ile birlikte, Aliki'nin bulunduğu odaya gitti. Küçük kız, güzel tahta oymalı, geniş bir karyolada yatıyordu. Kristallo, komodine karanfiller koymuştu. Aliki, kar beyazı yatak örtüsünün altında, keten bezine sarılı bir iskelete benziyordu. Son beş günde hastalık öylesine yıkıntıya uğratmıştı ki, bir deri bir kemik kalmıştı. Kolları kuru dallar gibiydi. Çukura batmış gözlerinin mavisi koyu bir renk almıştı.

Kostov, çocuğun alnına dokundu. Ateş gibiydi ve kavurucu güneş altında bir taş kadar kupkuruydu. Soluk alışları hırıltılı ve çabuk çabuk, bakışları dalgın ve bomboştu. Şu anda belki de Taşoz kumsallarında, kocaman bir deniz yıldızının dikenli kolları arasında çırpınıyordu. Ya da mürekkepbalıklarından ve ahtapotlardan kurtulmaya çabalıyordu.

Başuzman, Aliki'nin öleceğini anlamıştı; Herakli'nin kulübesinden uzaklaştırma çabaları, özlediği bebeği bulmak, güzel giysiler almak için dükkân dükkân koşuşmaları da boşunaydı. Onun büyüdüğünü, süslü giysilerle dolaştığını göremeyecekti.

Aliki'nin karyolasının yanında tanımadığı bir Yunanlı hekim vardı. Kostov, eski model ceket giymiş ve burundan takma gözlüğünün kordonunu yakasına iliştirmiş bu kuru yüzlü ve kır saçlı adama öfkeyle baktı. Adamcağızı suçlayan ve ben herkesten daha çok para veriyorum sana, ne diye kurtaramıyorsun onu, diyen bir bakışla.

Geceyi Aliki'nin başucunda geçiren hekim, bu suçlamayı anlamış gibi, "Bayım," dedi, "Elimden geleni yaptım. Kan verdik. Çağırttığınız Alman hekimler de yardım ettiler."

Kostov susuyordu. Haftada bir Taşoz seferini yapan motorun gürültüsü duyuluyordu. Açık pencereden sokak, bahçe ve saçak altına rastlayan pembe zakkumlar görünüyordu. Limuzini garaja çeken Viktor Efimiç, yamru yumru olmuş çamurluğa şaşkın şaşkın bakıyordu.

Bütün bunlar, masmavi ve pırıl pırıl bir gökyüzünün altında oluyordu.

Hekim, "Binlerce Yunan çocuğu var, tıpkı bu hasta gibi," dedi.

Boğuk ve güç anlaşılır bir sesle söylemişti bunu. Kendini tutamamıştı. Oysa, bunun zararını görebilirdi. Gözlerini kırpıştırmaya başladı.

Kostov, kısık bir sesle, "Evet, Alman işgali siz Yunanlılara çok pahalıya patladı," deyince hekim şaştı.

Bundan yüreklenenYunanlı, "Öyle değil mi, bayım?" dedi yavaşça. "Savaş, insanlar için en büyük felaket."

Başuzman, "Ne kadar yaşar daha?" diye sordu.

"Bu akşama ya da geceye kadar. Nabız hızlanmaya, beden soğumaya başlayınca..."

"Yanında kalın. Rica ediyorum." Kostov, kendi sesini çok uzaklardan duyuyormuş gibi oldu. "Bu bayan da size yardım edecek. Birlikte yemek yeriz. Yapacak daha bir sürü işim var. Alt katta bir ölü..."

"Gördüm. Benden yana tasalanmayın, bayım!"

"Teşekkür ederim."

Kostov odadan çıktı.

Hekim, bu Bulgarların olağanüstü yumuşak davranışının ne çıkarı için savaşı kötüleyivermesinden, ne de Yunanlıların öç alması korkusundan ileri gelmediğini anlamıştı. İçten içe kemiren bir umutsuzluktandı bu yaptıkları. Eski moda giyinmiş duygulu hekim, gerçek nedeni kavramıştı. Başuzmanın çıktığını görünce, "Kimi kimsesi var mı?" diye sordu.

Kristallo, "Dünyada tek başınaydı," dedi. "Bu çocuğu evlat edinecekti."

Kostov, önce, Alman komutanlığına uğrayıp von Geier olayından sıyrılmak istedi. Von Geier'in ne gibi koşullar altında öldürülmüş olduğunu bütün ayrıntılarıyla öğrenmek isteyeceklerdi elbette! Tümen komutanlığına telefon edip Frischmut'la görüşmeyi denedi. Ama kimseyi bulamadı. Bu durumda komutanlığa kadar gitmesi gerekiyordu, ama İrina'nın onu gömme işiyle görevlendirdiğini hatırladı. İrina banyodaydı, su sesi geliyordu. Sonra, her zaman yaptığı gibi bir uzanırdı belki de; dış görünüşü ve sağlığını korumak için bol bol uyumaya pek önem verirdi. Başuzman, onun bu davranışlarına öylesine kızıverdi ki, hiç de hak etmediği bir küfür savurdu.

Ölüden yayılan ağır bir koku bütün eve dolmuştu. Gömülme işini daha da geri bırakamazlardı. İçkiden suratı mosmor olmuş Viktor Efimiç, bir işe yaramaz durumda, oraya buraya gidip geliyordu.

Kostov eve döndüğünde Viktor Efimiç'i daha da sarhoş buldu; kıyasıya içmişti. Öylesine uyumuştu ki, efendisinin küfürlerine de, yirmi dört saat sonra başlarına gelebilecek bütün tehlikelere de boş veriyordu. Kızıl Ordu, Bulgaristan'da ilerliyordu. Yunanlıların bir saldırısına uğrayabilirlerdi. Ya da Bulgar garnizonunda bir ayaklanma olabilirdi. Bütün bunlar Viktor Efimiç'in umurunda değildi. Bazı söylentiler gelmişti kulağına. Ama bunlara kafa yormaya değmezdi. Devrim patlak verirse hiçbir güç durduramazdı onu. Vrangel ordusundan eski Kazak teğmeni Viktor Efimiç kadar kimseler bilemezdi bunun böyle olduğunu. Bundan ötürüdür ki, olayları Birinci Dünya Savaşı'ndan edindiği bilgilerin süzgecinden geçiriyor, aşırı içkici bir düşünür gibi her şeye boş veriyordu. Oysa, Bulgar solcularının Nansen pasaportlu bir Beyaz Rus'a nasıl davranacağını da pek kestiremiyordu.

Kostov, "Tembel hayvanın birisin sen!" diye bağırdı. "Sızıncaya kadar içmekten başka bir şey gelmiyor elinden..." Belediye başkanlığını telefonla bulmaya çalışan başuzman, arada bir, "Aloo!" diye bağırıyordu. "Senin yerinde bir başkası olsa, bana düşen işlerden çoğunu üzerine alırdı!.. Alo!.. Aloo!.."

Konuşması iyice ağırlaşmış olan Viktor Efimiç, peltek peltek, "Eşyanızı hazırladım," dedi.

"Ne eşyası? Aloo!.."

"İç çamaşırlarınızı, giysilerinizi, iskarpinlerinizi!"

"Nerede giyeceğim bunları sarhoş herif?"

"Sofya yolculuğunda. Herkes kaçıyor. İşadamlarından kimse kalmadı."

"Ne dedin? Santral! Olur şey değil! Belediye başkanlığını bağlasanıza!"

Viktor Efimiç, isteksiz isteksiz, "Orada kimsecikler kalmadı," diye uyardı. "Belediye başkanı ve memurlar dün gece kaçtılar."

Kostov, "Olmaz böyle şey! Kimden duydun bunu?" derken ayakta sallandığını hissetti.

Beyaz Rus, "Kentte herkes bunu konuşuyor," dedi. "Yunanlılar bir katliam hazırlıyormuş, Kışladakiler arasında bir devrimci ayaklanmadan korkuluyor."

Kostov telefonu bıraktı ve uşağını bir süzdü. Viktor Efimiç'in içkiden morlaşmış yüzünde uyuşuk bir rahatlık ve hüzün vardı.

Beyaz Rus, olup biteceklere önceden boyun eğmiş bir bönlükle, "Ordu ayaklanmayagörsün," dedi, "Bizleri kurşuna dizecekler. Dizi dizi kurşuna dizecekler insanları."

Kostov, Viktor Efimiç'in körkütük sarhoş olduğunu gördü. Az önceki şaşkınlığı geçti, gülmeye başladı; ama sinirli ve acı bir gülüşle. Sonra, "Beni dinle, sersem herif!" diye başladı. "Solcuların en son düşüneceği adam sensin! Haydi git de papazla bir tabut bul!"

"Ne dediniz?"

Viktor Efimiç, başuzmanın sesinin çok uzak bir dünyadan geldiğini sandı. Kulakları uğulduyordu. Gemi düdükleri çalınıyormuş gibiydi kafasının içinde. Yine uykusu geliyordu.

Kostov, öfkeyle, "Papaz ve tabut!" dedi yine. "Günaha giriyoruz, ölüyü bir an önce gömmeliyiz."

Viktor Efimiç, sokağa çıkması gerektiğini az çok anlamıştı, ama bu sıcakta hiç de canı çekmiyordu. Bir kaçamak bulmak için, "Yunanlılar biz Bulgarları taşa tutacaklarmış," diye direndi.

"Saçmalama! Anayoldan geçtik de kimse kılımıza dokunmadı. Korkuyorum desene!"

Korkmak mı? Hayır, Viktor Efimiç korkmuyordu, uyuşmuştu yalnızca. Güneyin kızgın sıcağında sokak sokak dolaşmak hiç de hoşuna gitmiyordu. Peki ne demek istiyordu acaba, bir papaz ve bir tabut sözüyle? Anlaşıldı, bu ihtiyar züppe birini gömmeyi aklına koymuş! Şu küçük kızı belki ama, o da ölmedi. Ne tuhaf herif şu efendisi! Viktor Efimiç, gözlerini holün duvar saatine dikti. Sarkacın iki yana sallanmasıyla aklı büsbütün karışmıştı. Bir süre önce bir başka şey daha böyle sallanıyordu bir sağa bir sola!.. Neydi acaba?.. Tamam... İçeriye taşıdığı ölünün eliydi şu sarkaç gibi sallanan. Viktor Efimiç, Nikotiana genel müdürünün öldüğünü hatırlayıverdi.

Kapıya doğru yürüdü. Sarhoş sarhoş, "Papaz ve tabut!" diye mırıldanıyordu. "Papaz ve tabut, sakın unutma, Viktor!" Birden durakladı; efendisinin savaştan önce Stockholm'den getirdiği iki boyunbağıyla bir çift ayakkabıyı bavula yerleştirmeyi unutmuş muydu acaba?

Kostov, ayaklarını sürükleyerek yürüyen uşağına bakarken üzüldü; çok azarlamıştı adamcağızı... 'Zavallının biri... Kimi kimsesi olmayan bir yıkıntı,' diye düşündü. 'Benim gibi...'

İrina banyodaydı. Viktor Efimiç sokağa çıkmıştı. Kostov da Alman komutanlığına gitmeye karar verdi. Von Geier olayını Almanların öğrenmiş olması gerekirdi. Almanlardan dönerken kentteki Bulgar piyade taburuna da uğrar ve komutanla durumu görüşür, bilgi alırdı.

Başuzman, bunları düşünürken bir Metaksas konyağı içip biraz kendine geldi. Viktor Efimiç'in şişeyi yarılamasına kızmamıştı. Konyak, sardalye ve kara havyar gibi şeyleri konuklarını şaşırtmak için bolca bulundururdu. Ama bunları Bulgaristan'a taşıyamazlardı, bırakacaklardı. Viktor Efimiç'in özene bezene bavullara yerleştirdiği giysileri, boyunbağları, ayakkabıları, pijamaları ve iç çamaşırları da böyle olacaktı. Hepsini burada bırakmaları gerekiyordu. Otomobilde pek yer yoktu. Hem onun böyle şeyleri düşündüğü de yoktu artık.

Otomobile bindi ve Alman komutanlığına doğru ağır ağır sürdü. Kolundan bir şikâyeti yoktu. Direksiyonu rahat kullanabiliyordu. Öğleden önceydi. Bu saatlerde yaprak kımıldamazdı. Gökyüzü kül rengi olur ve kel tepelerden kavurucu bir sıcaklık yayılırdı kente. Kostov'un yüzü kızarmış, tere batmıştı. Liman alanı insan doluydu. Hiç aldırmadı ve korkup kaçmış varlıklı Yunanlıların villalarının bulunduğu kıyı yoluna saptı. Bu villaların birinde Kondonyanis otururdu. Kostov, o villanın önünden geçerken adının çağrıldığını duydu. Otomobili durdurdu. Verandada Kondanyanis'in adamlarından biri vardı; adam, "Bay Kostov çıldırdınız mı siz?" diye seslendi. "Nedir bu yaptığınız?"

Kostov omuz silkti.

"Otomobili avluya sokun ve hemen yukarıya gelin!"

Kostov, otomobili sokakta bıraktı ve eve girdi. Hoş bir serinlik ve holde bekleyen bayandan yayılan tertemiz bir lavanta kokusu çarptı burnuna. Görgülü bir genç olan memur, Kondonyanis'in yeğeniydi, evliydi. Patronunun güvendiği kişilerdendi ve onun villasında otururdu.

Genç Yunanlı, tedirginlikle; "Nereye gideceksiniz?" diye sordu.

"Alman komutanlığına."

"Nereden aklınıza geldi? Sırası mı şimdi? Şu sıra sokaklarda görünmeyin."

"Neden?"

"Öldürebilirler sizi. Alman komutanlığı da yok artık... İşçiler şu sıra alanda toplanıyorlar. Partizanları karşılayacaklar."

"Hangi partizanları?"

"Pek bilmiyorum ama, Kızıllar olmasından korkarım."

Kostov, boş ver gibilerden bir el işareti yaptı, "Hiç önemli değil," dedi; sonra, bayanın uzattığı limonatadan bir yudum aldı.

Başuzman, Kondonyanis'in tutuklanmasını, Boris'in ölümünü ve von Geier'in öldürülmesini birkaç sözle kısaca anlattı. Yunanlı ve karısı, allak bullak olmuşlardı bunları dinlerken. Kadın korkusundan inliyor, adam bir aşağı bir yukarı dolaşıyor, boğuk boğuk iç çekiyor ve aşırı heyecandan arada bir saçlarına götürüyordu elini.

Kostov'un sustuğunu görünce, "Anlaşma imzalanmadı şu halde?" diye sordu.

"Hayır, olmadı. Tutuklanması, işe engel oldu."

Kadın, "Onu öldürdüler," diye inledi.

Kocası, güvenli bir sesle, "Hayır hiçbir şey yapamazlar ona," dedi. "Bütün bunlar Baron Lichtenfeld ve Fraeulein Dietrich denilen pis domuzların yüzünden. Patronun onlara biraz rüşvet vermesi gerekiyor. Lichtenfeld bunu ilk gün dokundurduydu hep."

"Doğru. Lichtenfeld de, Dietrich de kirli kişiler. Ama dostunuz Maloni'nin de onlardan aşağı kalmadığı ortaya çıktı. Görüşmelerimizi Gestapo'ya o haber verdi."

Sustular. Yunanlıyla karısı tedirgin tedirgin kulak kabarttılar birden. Biri çıkıyordu merdiveni. İyi giyimli, dazlak kafalı bir adam girdi içeriye; sıtma yüzünden, olduğundan daha yaşlı gösteriyordu. Kondonyanis'in tütün deposunda çalışan ustabaşılardan biriydi.

Kadın, korkuyla, "Ne haberler var Petros?" diye sordu.

"Önemli bir şey yok. Genel toplantı akşama bırakıldı. Partizanların varışının gecikeceğini öğrenmiş olmalılar."

Kondonyanis'in güvenilir adamı, dazlak kafalıya bir kadeh rakı uzatırken, "İşçiler neler konuşuyorlar aralarında?" diye sordu. "Kızıl bayraklar çekildi mi?"

Petros, "Hayır," dedi ve rakısından bir yudum aldıktan sonra Kostov'a baktı kinle. "Hayır, kızıl bayrak çekilmedi ama, daha kötü bir şey oldu. Kollarına kırmızı bantlar takmış Bulgar askerleri görüldü." Sonra yine düşmanca baktı Kostov'a, "Bulgarların Ege kıyılarına inmesi bizlerin başını derde sokmaktan başka bir işe yaramadı," dedi. Kostov hiç ilgilenmiyormuş gibi, "Olabilir," dedi.

Yunanlı memur ve karısı, hoşnutsuzlukla baktılar ustabaşıya. Konuklarını kırmak istemiyorlardı. Ateşli bir Venizelos'çu olan Petros, Bulgarlardan nefret ederdi. Oysa, tütün kralları arasında ulus ve ırk ayrımı yapılmazdı.

Bir susuş oldu. Konuk da, karı koca da can sıkıntısından sigara içiyorlar ve arada bir Petros'a bakıyorlardı öfkeyle.

Ustabaşı, rakısını bitirince kalkıp izin istedi. Sorup öğrendiklerini anlattıktan sonra burada kalmasının istenmediğini acı acı sezmişti.

Kondonyanis'in güvenilir adamı olan memur, Petros çıktıktan sonra, "Yemeğe kalmaz mısınız?" diye sordu. "Hayır, teşekkür ederim. Bayan Morev'i yalnız bırakamam."

Evin hanımı, büyük bir yakınlık göstererek, "Zavallı kadın," diye iç geçirdi. "Güzel olduğu kadar da zeki."

Kocası da, "Ne yapmayı düşünüyorsunuz?" diye sordu.

Kostov, omuz silkti. "Ben Sofya'ya döneceğim," dedi.

Yunanlı, badem gözlerini acınarak dolaştırdı Kostov'un üzerinde. "Bundan daha büyük bir çılgınlık olamaz," dedi.

Yine sustular.

Koca, bir süre sonra, "Bizde kalırsınız," dedi. "Dilimizi iyi biliyorsunuz. İşbilir kişisiniz de. Atina'da iyi bir mevkiye geçebilirsiniz. Kondonyanis size çok değer veriyor."

Kostov, "Değmez bunların hiçbirine," diye kestirip attı.

"Bunu iyice bir düşünün yine."

Başuzman, "Hayır, değmez," dedi yine. "Sizlere yürekten teşekkür ederim."

Yerinden kalktı, kadının elini öptü ve kapıya yürüdü. Genç karı koca, sokağa kadar geçirdiler. Kostov direksiyona geçip motoru çalıştırınca, kadın, "Taşozlu kimsesiz bir çocuğu evlat edineceğiniz doğru mu?" diye sordu.

"Evet, niyetim vardı ama çocuk ağır hasta ve kurtulamayacak."

"Ne iyi yürekli insansınız."

Kostov, çocuğun ateşler içinde yanan kuru bedenini içi burkularak hatırladı ve acı acı, "Sayın bayan," dedi. "Hiçbir işe yaramayan bir insanım ben."

Viktor Efimiç, liman alanından geçti. Kaldırım taşları öyle kızmıştı ki, ayaklarını yakıyordu. Sarhoşlara özgü bir dirençle, "Bir papaz ve bir tabut bulmam gerekiyor," diye söyleniyordu durmadan. "Bizim efendi aklını kaçırmış, bu sıcakta ben nerede bulurum papazı ve tabutu?"

Papazların meslekleri bakımından ölü gömme kurumlarıyla ilişkilerini hatırladı birden; bir yerlerde bir papaz ele geçirirse, tabutu da bulurdu. Böylesine parlak buluşun verdiği sevinçle, bütün çabasını, görevinin ilk parçasını gerçekleştirmek için yoğunlaştırdı. İnsanları gözden geçirmeye başladı. Ama bir yandan aşırı sıcak, öte yandan aşırı sarhoşluktan, insan başlarını çift, üstelik de dört görüyor ve papaz şapkalı olanı kestiremiyordu. Bu arada Viktor Efimiç'in morumsu yüzü de, Yunanlı işçilerin ve kırmızı kurdele takmış Bulgar askerlerinin gözüne çarpmıştı. Efendisinin kullanılmış kılıklarını giymeye alışmış Efimiç, 1928'in son modasına göre giyimliydi. Bol ceket ve bol pantolon giymiş, başına da bir bere geçirmişti. Biraz tuhaf görünen bu giyim yine de pek göze çarpmayacaktı, ceketin yakasındaki gamalı haç işaretini çıkarmayı unutmuş olmasaydı. Herhangi bir inançtan, ya da komünist düşmanlığından değil, efendisi Alman konuklarından yüklüce bahşiş koparmak için bu gamalı haçı takardı. Yarım düzine Metaksas konyağını son damlasına kadar içmiş olan Viktor Efimiç, gamalı haçın yakasında olduğunu nerden bilsindi.

Beş gündür mısır ekmeği bile alamamış olan aç Yunanlılar arasında gamalı haçla dolaşmak kışkırtıcı bir davranıştı. Ne var ki, açlıktan avurdu avurduna çökmüş Yunanlılar, böyle lanet bir herifin tabancalı olmasından korkup geri durmuşlar ve saldırmamışlardı.

Viktor Efimiç, alanda biraz dolaşmış, Romalılardan kalma su kemerlerine yürümüş, ama bir tek papaz bile görememişti. Sıcaktan fenalaştığını hissediyordu. Başı dönüyor, yanından gelip geçenler kırmızımsı bir sisin içinde yüzer gibi görünüyorlar- Ayaklarını bastığı kaldırımlar da sallanıyor gibiydi. Viktor Efimiç, böyle durumlarda soğuk biranın iyi geleceğini bilirdi. İlk rastladığı gazinonun kaldırım masalarından birine oturuverdi. Masaya oturmasıyla bir papaz görmesi bir oldu; önünden geçmekteydi.

Soluk cüppeli, şapkalı, üstü başı kirli, açlıktan avurdu avurduna yapışmış, yaşlı bir zavallıydı Yunanlı papaz, Nikotiana genel müdürünün töreni için hiç de uygun biri değildi. Ama bir papazdı gene de, Ortodoks kilisesinin görünen belirtilerini taşıyordu. Papazı elden kaçırmaktan korkan Viktor Efimiç, önce bir ıslık çaldı, sonra da öylesine bir seslendi ki, papazdan başkaları da ister istemez dönüp baktılar. Din adamı şaşkın şaşkın yaklaştı.

Viktor Efimiç, büyük bir içtenlikle, "Otur da bira iç," dedi. "Korkunç bir sıcak, değil mi? Bir ölüyü gömecek vaktin var mı?"

Bulgarca anlamayan papaz, Efimiç'in yakasındaki gamalı haça ürkek ürkek baktı.

Viktor Efimiç, "Ne bakıyorsun öyle şaşkın şaşkın? Biraz içtim, hepsi bu," dedi ve birden, "Tuh be!" diye haykırdı, "Söylediklerimin tek sözünü bile anlamamışsındır."

Viktor Efimiç, istediğini anlatabilmek için, birtakım hareketler yaptı ve yüz çizgileriyle de belirtmeye çalıştı; bir insanın ölümünü, dinsel töreni, buhurdanlığı, ölünün gömülmesini, bu yoldan anlatmaya çalıştı. Bir tabut bulmak gerektiğini papaza anlatmakta çok güçlük çekti. Yüzünü buruşturup burnunu tıkayarak da ölünün en kısa sürede gömülmesi gerektiğini anlattı.

Ayık olan Yunanlı papaz, Bulgar işgal ordularının hemen arkasından ülkeye giren Bulgar tütün krallarından birinin öldüğünü anlamıştı. Zavallı papaz, bir ekmek kabuğu bulmak umuduyla liman çevresinde dolaşırdı sık sık. Hava kararınca, çöp kutularına yaklaşırdı; Viktor Efimiç ve benzerlerinin ziyafetlerinden sonra atıverdiklerini karıştırmak için. Böyle durumlar sıklaştıkça İsa'ya çok bağlı bu din adamı da, Ortodoksların katı inançlarındaki Tanrıya inanmaz olmuştu. Böylesine inançsız, kızgın ve umutlarını yitirmiş bir papaz, Nikotiana genel müdürünü öteki dünyaya yolcu edecekti.

İrina'nın vicdan rahatsızlığı, Kostov'un sandığından da çoktu. Sıcak ve yorgunluktan gelen öfkelenmesi, banyoya girerken daha da artmıştı. Temizlenme alışkanlığıyla yapıyordu banyosunu. Kahvaltı, sonra da uzanıp uyumak aklında bile yoktu. Ölünün kokusu bütün eve yayılıyor, sıcak, kımıldayacak hal bırakmıyordu insanda.

Serin toprağa ölüyü bırakıncaya kadar bu yabancı kentte birkaç saat kalması gerektiğini biliyordu. İnsanoğlunun dünyada var olalı beri ölülerine gösterdiği saygı belirtisine benzer bir şey yapılsın istedi; Kristallo'nun yardımıyla ölüyü yıkadılar, giysilerini değiştirdiler. Bunun yapılması için Kristallo pek direnmişti. Sonra alt katta, holde, uzun bir masaya arkaüstü bıraktılar. Masaya mutfaktan aldıkları bir sofra örtüsü yaymışlardı. Ölünün başucunda bir mum yanıyordu. Kristallo, komşulardan bulmuştu. Boris'in göğsüne zakkum çiçekleri ve solmaya başlamış Japon güllerinden bir demet koymuşlardı. Yunanlı kadın, bütün bunlar yapılırken öylesine ağlıyordu ki, görenler onu Nikotiana genel müdürünün karısı sanırdı. Hazırlıklar az çok bitirilince ölünün yanına oturdu ve ağlayıp sızlamaya başladı.

Kristallo, tiz perdeden türkü söyler gibi ağlıyor, yanıp yakınıyordu. Yunan kadınları iki bin yıldır böyle ağlar ölülerine. İrina, gittikçe sinir bozucu olan anlaşılmaz eski çağlar ağıtına bir süre kulak verdi. Yunanlı kadının yakınmalarında, iğrenç dünya zevkleriyle ilgili sarhoş erkeklerin orospu bedenlerini mıncıkladığı Pire meyhanelerinden kalma daha başka ezgiler de var gibiydi.

Kristallo'nun sesi gittikçe daha tizleşiyor, kulakları tırmalıyordu. İrina, Yunanlı kadının çılgın halinin kendisine de geçer gibi olduğunu sezdi. Kristallo'nun geçmişi ve bugünkü yaşayışıyla kendi geçmişi ve bugünü arasında benzerlikler vardı. Bu benzerlik, kendi çevresindeki kadınların da şu Kristallo gibi bedenlerini satmak zorunda bırakılmasından geliyordu.

İrina, yerinden fırladı ve Kristallo'yu omuzlarından yakalayıp sarstı, aşırı sinirli bir kahkahayla, "Sus artık büyücü karı, yeter!" dedi. "Çık buradan, hemen çık git!"

Kristallo susuverdi ve koşup uzaklaştı; İrina'nın panter pençesi gibi elleri canını acıtmıştı. Üstelik bir iki tokat da yemişti kaçarken. Kristallo yukarı kata çıkınca, bu ağlayıp sızlamaların, bu aşırı hıçkırıkların Pire günlerinden kalma bir alışkanlık olduğunu kavradı. Sarhoş yumrukları indikçe orospular isterik çığlıklarla ağlar dururlardı. Bir başladılar mı ağlamaya arkası gelmezdi.

Ağlamak iyi gelmiş, açılmıştı; mahvolmuş hayatını, yapayalnızlığını ve herkesin hor gördüğü muhabbet tellalı bir karı olmanın utanç vericiliğini bir anda unutuvermişti.

Kristallo'nun uzaklaştığını gören İrina, 'ne korkunç bir komedi, bu sinir hastası budalanın yeri klinik,' diye düşündü. Sonra, ölünün şiş gözüne baktı: Sineklerin biri konup biri kalkıyordu. Biçimini yitirmeye başlamış, mavi ve sarı lekeler dolu bir kalıptı şimdi. Dilinin ucu çıkmıştı dişlerinin arasından. Yüzde hiçbir anlatım belirtisi yoktu. Arkasından kimsenin bir yakınlık duymayacağı, çoktan unutulmuş, sıradan insanların yüzüydü.

Boris'in arkasından yakınlık duyabilecek kimselerin hepsi de, işadamı ve para sorumlulukları kaygısıyla kentten uzaklaşmışlardı. Nikotiana genel müdüründen, beş yüz milyon levanın sahibi Boris Morev'den, firmalar kuran, grevler bastıran, bakanları seçtiren ve basına para yediren bir insandan kalan şey, bozulmaya başlayıp ağır ağır kokan şu ölü bedendi.

İrina, sineklerin konup kalktığı yüze bakıyordu hâlâ. Von Geier de iki gün sonra buna benzeyecekti. Bir iki yıl sonra Kostov'u da buna benzer bir alınyazısı bekliyordu. Kendisi de böyle bir sonuçtan kaçınamayacaktı. Demek, hayat bir hiç, bir küçük an, karanlıkta solgun bir kıvılcımdı. Doğum ve ölümle belirli durakları olan küçücük bir an. Hayatı nasıl da boşuna geçmişti? Boris'i elinde oynatan, Kostov'u kafasız bir züppe yapan ve İrina'yı taş yürekli bir orospu durumuna düşüren korkunç gücün bir tek adı vardı: Nikotiana.

Nikotiana, kişilik denilen insan onurunu çürütmüş, vicdanları parayla satın alınır duruma getirmiş ve insanları öldürmüştü. Ama yaptığı kötülüklerin izlerini pay dağıtıp ortadan kaldırmıştı. Nikotiana, paraya gözü doymayan ve insan yutan bir makineydi. Yalnızca işçileri değil, kendi öz patronunu da öldürmüştü. Varlığını bundan böyle sürdürmesi insanların zararına ve akıl dışı olurdu.

İrina, çöküntü ve yıkıntının başladığını anlamıştı. Ama ne batan dünyaya üzülüyordu, ne de yeni kurulacak bir dünya için umutlar besliyordu. İçinde bir çöküntü ve boş verirlik uçurumu vardı.

Kostov, hole girmişti. Çiçekler altında yatan ölüyü görünce, sakin bir sesle, "Her şeyi yapmışsınız, iyi," dedi.

İrina, "Kristallo yaptı," dedi. "Ama öylesine uludu ki, dayanamayıp kovdum," dedi.

"Öyledir, hemen ağlamaya başlar."

"Kusura bakmayın ama, pek isterik kadın. Ne dedi Almanlar?"

"Almanlar yok. Dün geri çekilmişler. Kentte kalmak tehlikeli. Gömme töreninden sonra hemen yola çıkmalıyız."

İrina, "Olur," dedi Çam-Koruya'daki villayı ve oranın sessizliğini düşündü.

"Viktor döndü mü?"

"Hayır."

"Bu sarhoş domuzda iş kalmadı. Sanırım tabut bulamayacak."

İrina, karşılık vermedi; uyumak istiyordu. Çam-Koruya'yı görüyordu bulanık kartpostallar gibi. 'Şimdi serindir,' diye aklından geçirdi. Parlak gecelerde gökyüzü yıldız doludur. Sabahları mis gibi reçine kokar havası.

Kostov, balkon kapısını açtı gürültüyle. Masmavi körfez ışıl ışıldı. Islak bir sıcaklık esti içeriye ve ölünün ağır kokusunu biraz giderdi.

Başuzman, "Çocuğa bir baktın mı?" diye sordu.

İrina, şakınlıkla, "Çocuk mu?" diye sordu, "Hangi çocuk?"

"Aliki."

"Ah, bağışlayın. Hemen şimdi gidip bakıyorum."

Bir sigara yaktı ve ikinci kat merdivenini isteksizce tırmandı. Kostov ölünün yanında kalmıştı. Aliki'nin yanında Kristallo ile yaşlı hekim vardı. Çocuk baygındı. Hareketsiz yatıyor, soluğu güç duyuluyordu. Nabız durmuş gibiydi. İrina, hastanın kupkuru elini bıraktı.

Yaşlı hekim biraz Almanca biliyordu. "Küçüğün durumu umutsuz," dedi.

İrina, ilgilenmeyen bir tavırla, "Evet," dedi. "Tropikal sıtma humması böyle öldürür."

On yıl önce iç hastalıkları profesörünün yanında çalışırken tropikal malarya ve komplikasyonları üzerine incelemeler yaptığını, Fransızca, İngilizce ve Almanca tıp literatürünü izlediğini hatırladı ve, 'Aliki'yle yakından ilgilenseydim daha yeni tedavi yöntemleriyle çocuğu belki de kurtarabilirdim,' dedi içinden. Ama öylesine bir uyuşukluk ve isteksizlik çökmüştü ki üzerine, vicdan azabı falan duymadı. Aliki az sonra ölecekti ve bir şeyler yapmak için çok geç kalmıştı.

Alt kata inince, Viktor Efimiç'le karşılaştı. Kirli soluk cübbeli ve aç bakışlı bir papaz vardı yanında. Sokakta bir cenaze arabası bekliyordu. Sıska iki atın çektiği arabanın her yanı dökülecek gibiydi. Arabanın yanında papaz gibi sıska bir kilise memuru ve biri haç öteki de kilise sancağı taşıyan iki oğlan vardı. Az sonra bir binek arabası, tabutu getirdi. Papaz ve Viktor Efimiç, bu pek acele yapılıvermiş kaba tahta tabuttan daha iyisini bulamamışlardı. Oysa, birçok dükkâna uğramışlar ve çok varlıklı bir kişi için tabut aradıklarını belirtmişlerdi satıcılara.

Ölü, tabuta yerleştirilip arabaya götürülünce, İrina rahat bir soluk aldı; ağır kokan ölüden kurtulmuştu sonunda. Kostov, Kristallo, Aliki'nin odasında bekleyen yaşlı hekim de İrina gibi rahatladılar. Komşuları da belki. Çünkü dayanılmaz ağır koku onlara kadar gitmişti. Nikotiana'nın genel müdürü, ölümünden sonra bile canlıların havasını zehirliyordu.

Cenaze alayi, mezarlığa doğru ağır ağır hareket etti. En önde haç ve kilise sancağıyla iki oğlan gidiyordu. Onların arkasında papaz yürüyor, buhurdanlığını sallıyor, hüzünlü ilahiler okuyordu. Sıska atların çektiği cenaze arabası, papazın arkasında ilerliyordu. İrina ile Kostov yaya gitmekteydiler. Başuzman, genel müdürün dul karısının koluna girmişti. Siyah giysi giymeye vakit bulamadığından, ceket yakasına kara bir kurdele takmıştı. Az önce tabutu getiren araba, alayın en sonundaydı.

Cenaze alayı, fırın gibi yanan kent alanından geçiyordu. Yaprak kımıldamayan bir öğle vaktiydi. Ne denizden, ne karadan en küçük bir esinti bile gelmiyordu. Dükkânlar kapalıydı. Köpekler ağaç gölgelerine sığınmışlar, soluyorlardı sıcaktan. Ara sıra ortaya çıkan bir yaya hemen gözden kayboluyordu. Sıcaktan, ıssızlıktan ve bilinmeyenden ürken bir hal vardı herkeste. Kent sessiz ama tedirgindi. Papazın mızmız ilahilerinden, buhurdanın şangırtılarından başka ses duyulmuyordu. Cenaze alayı, alanı geçmiş, anayola sapıyordu. Burada da dükkânlar kapalıydı. Yolun taşları ve insansız kaldırımlar fırın gibiydi. Bir süre sonra yolun öteki ucunda altı Bulgar askeri göründü. Çelik miğferli, kısa pantolonlu ve kolları kırmızı bantlıydı. Kışlada kansız bir ayaklanma olmuştu: Askerler, subayları başlarından uzaklaştırmışlar, ama disiplini korumuşlardı. Askerlerin yanında bir sivil yürüyordu. Buralıya benziyordu. Kasketliydi ve kırmızı bantı vardı.

Kostov, askerler yanlarından geçerken, "Ne haberler var, delikanlılar?" diye sordu.

Askerlerden biri, yumruğunu salladı ve "Faşistlere ölüm!" karşılığını verdi. "Yaşasın halk! Bulgarsın değil mi?"

"Evet."

"Kim bu ölü?"

"Bir işadamı."

"Ya sizler?"

"Yakınları ve dostlarıyız."

Asker, düşmanca olmasa da yabancı gelen bir sesle, "Peki," dedi, "Onu elden geldiğince çabuk gömün ve Bulgaristan'a doğru yola çıkın!"

Başuzman, "Aşırı davranışlar olacak mı dersiniz?" diye sordu.

"Hayır. Ama yolda Yunan faşist çetelerine rastlayabilirsiniz. Nasıl gideceksiniz?"

"Özel bir otomobille."

"Akşam üzeri bizim levazım birliğinin iki kamyonu yola çıkacak. Arkalarından gidin."

"Teşekkür ederim arkadaşım."

"Değmez teşekküre arkadaşım."

İrina ve Kostov hiç konuşmadan bakıştılar. Delikanlının verdiği karşılık, dostça, ama yine de yabancıydı. İçlerinde, dünyaları yıkılmış gibilerden bir duygu vardı. Askerler uzaklaşınca Kostov, "Bunlar olmasaydı Yunanlılar bizi taşlardı," dedi.

Hayatında kimseden yakınlık görmemiş olan Nikotiana genel müdürünün şu pek zavallıca gömülme töreni de kimseyi duygulandırmamıştı. Şu anda mezarı başında duygusuz bir eş vardı. Sinir hastası yaşlı bir orospu hüngür hüngür ağlayarak ölümün yas havasını gülünçleştirmişti. Tabutunu sarhoş bir uşak yaptırmıştı. Törene, açlıktan kemikleri fırlamış ve Tanrıya inancını yitirmiş bir Yunan papazı gelmişti. Papaz, kutsama işini kilise yerine mezar başında yapmakla, gömülme törenini kısıtlamıştı. Adamcağız malaryalıydı. Eski Yunancayı genizden okur ve buhurdanı iki yana sallarken, açlıktan halsiz düşmüş bedenini sıtma nöbeti kapladığını sezdi. Mezar başındakilerin kavurucu sıcaktan, ölüden yayılan ağır kokudan ve ölüler ayininin uzamasından sıkıldığını da fark etmişti.

Mezarcılar tabutu çukura gürültüyle bıraktılar ve kürek kürek toprak attılar üstüne. Toprak topakları gittikçe daha az gürültü çıkarıyordu. Sonunda çukur doldu. Bu yabancı topraklar, Nikotiana genel müdürünün bozulmaya başlamış ölüsünü, günahları, yalnızlıkları, sonsuz para ve iktidar tutkusuyla yutuvermişlerdi. Bütün bunlar şu toprak yığını altında kalmıştı. Mezarcılar tahta bir haç diktiler. Kostov, bir tebeşirle,

BORİS MOREV

1908-1944

diye yazdı haçın üzerine.

Sonra, mezarlık kapısında bekleyen arabaya bindiler. Ölüm sessizliği vardı çevrede ve çivit mavisi gökyüzünde güneş cayır cayır yakıyordu.

Dul Bayan Morev, can sıkıntısından patlıyordu. Başuzmanın kolu kanadı kırılmıştı. Yunanlı papaz olup bitenlerden hınzırca bir hoşnutluk duyuyordu. Uşak Viktor Efimiç bulut gibi sarhoştu.

Kiralık araba bozuk şosede sarsıla sarsıla ilerliyordu.

Kostov, papaza döndü ve Yunanca olarak, "Adını haça tebeşirle yazdım ama yağmurla silinir," dedi.

Papaz, "Tasalanmayın," dedi. "Adını yağlı boyayla yazdırırım."

Birden papazı bir titremedir aldı. Yüzünü çılgınca ve şeytanca bir anlatım kapladı ve gözlerinde İsa'ya inanmayan bir kıvılcım parladı yine.

Papaz, 'bu mezarın yanına bile uğramayacağım bir daha,' diye geçirdi aklından. Ölünün ruhu rahatlasın diye dua da etmeyeceğim. Yağmurlar adını silecek ve ondan hiçbir iz kalmayacak. Ülkemize açlığı, sıkıntılar ve hastalıkları getiren bu köpeklerin canı cehenneme!

Kostov, "Üşüyor musunuz, bay rahip?" diye sordu.

"Sıtmam var da."

"Bize çağırmak istiyorduk, bir şeyler yiyelim diye!"

"Gelirim. Üç gündür bir şey yemedim."

Bunu söylerken evdekileri düşündü. Onlar da açtılar. Eve bir lokma ekmek getirebilmek için Alman askerleriyle yatan büyük kızını hatırladı. Kızının elleri, boynu ve yüzü o utanç verici hastalığın belirtisi olan kırmızı lekelerle doluydu. Ülkesine açlık, sıkıntı ve hastalık getiren yabancıların hepsi de yerin dibine batsındı! Böyle devlet yere batsındı! Tavuk ızgarasıyla karın doyuran patrik yardımcılarının canları cehennemeydi! Böyle patrikleri ve metropolitleri kiliselerde asmalıydı!

Sonra birden toparlandı ve "Tanrım, bağışla şu zavallı kulunu. Adını kötüledim," dedi.

Titremesi artmıştı. Kirli cübbesine daha sıkı sarındı.

İrina, "Bu papazın bakışlarında düşmanca bir şeyler var," dedi. "Siz de fark ettiniz mi?"

Kostov, dalgın dalgın, "Canından bezmiş açın biri," dedi. "Yiyecek şeylerinizi onunla hekime bırakın."

"Ben de öyle yapacaktım."

Kentin alanına varınca, kalabalık bir toplulukla karşılaştılar. Her yandan Yunan işçileri geliyordu akın akın. Aralarında tek tük Bulgar askerleri de vardı. Kostov, akşama bırakılan toplantıyı hatırladı. İşçilerden kimi, alandan geçen arabaya atıp tuttu: "Hepinizin canı cehenneme! Dönün geriye!"

"Toplantı yapıldığını görmüyor musunuz be!"

"Alın şunları arabadan aşağı! Nikotiana'nın Bulgar başuzmanı da arabada!"

İki kişi yaklaştı arabaya, ama silahlı bir Yunanlı onları önledi: "Arkadaşlar, aşırılık yok. Bırakın yollarına gitsinler."

Kostov, Yunanca olarak, "Cenazeden geliyoruz," dedi.

Ötekileri önleyen Yunanlının Nikotiana'da birkaç ay önce balyacı olarak çalıştığını hatırlamıştı. İyi çalışırdı. Kostov da onun Bulgar işgal makamlarıyla başının derde girmesini önlemişti. Adam bunu hatırlayıp borçluluk duymuştu belki de.

Yavaş sesle ve çabuk çabuk, "Hâlâ burada mısınız?" diye fısıldadı.

"Evet. Patronu gömdük az önce."

"İzin kâğıdınız var mı?"

"Hayır."

"Böyle bir belge sağlayın ve hemen dönün Bulgaristan'a."

"Nereden alabiliriz böyle bir kâğıdı?"

"EAM Komutanlığından."

"Verirler mi bize?"

Yunanlı, bir süre düşündükten sonra, "Gelin benimle," dedi. "Komutanlık şuracıkta."

Kostov indi, arabadakilere de eve gidip beklemelerini söyledi. Yunanlının adı aklına gelmişti: Leonides'ti. Ağır ağır yürüyüp kalabalığı arkada bıraktılar ve komutanlığa vardılar. Yolda giderken, bizim dünyamız her yanından yıkılıyor, diye düşünüyordu. Cinayetler, polis baskıları, tutuklamalar hep boşunaymış.

Başuzman, Leonides'in sesini duydu birden. Balyacı, "Beni korumuştunuz cellatlardan. Ben de elimden gelen bir yardımla borcumu ödemek isterim," diyordu.

"Teşekkür ederim Leonides. Ben o sıra elimde olanı yapmıştım."

"Her zaman böyle davranmazsınız, ne yazık ki. İyi bir işçiydim ve firmanıza gerekliydim. Ama bir başka iyiliğinizi biliyorum. Yunanlılara ekmek satmayan fırıncılara herkesin önünde atıp tutmuştunuz. Bunu hiç unutamadım."

Kalabalığın gürültüsü Leonides'in sesini bastırıyordu.

Kostov, bir süre sonra yine duyabildi onun sesini. Balyacı, "O günlerde biraz Bulgarca öğrendiğimden konuşmayı anlamıştım. İnsanca davrandınız ve Yunanlılara köpekmiş gibi davranan bazı yurttaşlarınızın görüşünü paylaşmadınız. Bundan ötürü yardım etmek istiyorum size."

Kostov karşılık vermedi. Yunanlı, komutanlık önünde toplanmış olanları dirsekleyerek yol açtı. Nöbetçiye de belgesini gösterdi ve Kostov'la birlikte girdi içeri. İçerisi serin ve sessizdi. Milislerin çoğu toplantıya gitmişti.

Balyacı Yunanlı, bir an durdu ve kafasından geçenleri söylemeden edemedi: "Aranızda çok kötü insanlar da vardı. Küçük tüccarlar, avukatlar, belediye başkanınız gibiler. Sağ eliyle tabancayı dayayıp sol eliyle rüşvet alan polislerinizi de unutmayın. Sizlerden de nefret ediyoruz ama, ötekiler kadar değil." Elini kolunu sallayarak ve heyecanlı heyecanlı konuşuyordu: "Özür dilerim, unuttum sormayı. Kaç kişilik izin belgesi gerekli?"

"Üç kişilik. Patronun dul eşi, ben ve uşağım için."

Kostov, bir bloknot çıkardı ve üçünün adlarını Yunan alfabesiyle yazdığı kâğıdı Leonides'e uzattı.

"Bir dakika bekleyin beni, lütfen!"

Leonides, otomatik tabancalı bir nöbetçinin kapısında beklediği odaya girdi. Kostov, 'bu Yunanlı benden nefret ediyor, istese tutuklatıp öteki dünyaya gönderebilir,' diye düşündü. Bulgar komutanlığına gitmeliydim, ama ne önemi var, dünya umurumda değil.

Az sonra göründü Leonides. Üç izin kâğıdı vardı elinde.

"Buyurun kâğıtlarınızı."

Kostov aldı belgeleri.

"Okuyun bir."

Belgeler, yazı makinesiyle Yunanca yazılmıştı ve EAM damgasını taşıyordu. İrina ve Viktor Efimiç'in izin belgelerinde bir özellik yoktu. Ama üçüncü belgede, Nikotiana başuzmanı Stephan Kostov'un EAM'cıların önemli kişilerinden birini Bulgar makamlarına karşı korumuş olduğu ve Yunanlılara hiçbir kötülük etmediği belirtiliyordu. Bu not gerçeğe pek uymuyordu, güney insanlarının aşırı iyilikseverliğini ortaya koyuyordu. Kostov duygulanmıştı.

Yunanlı, "Bu belge Bulgaristan'da da işinize yarar," dedi.

"Evet, olabilir... Yani... Hayır, hayır. Benim hayatım burada bitiyor."

"Ne gibi?"

"Burada mı kalıyorsunuz?"

"Hayır döneceğim Bulgaristan'a."

Yunanlı, şaşkınlıkla baktı. Kostov hüzünlü bir gülüşle uzattı elini ve "Sana borçluyum, Leonides," dedi.

"Bir şey değil bayım. Sizi kapıya kadar götürebileceğim, ancak, Makronis arkadaş benimle konuşmak istiyor."

Kostov, sokağa çıktı. Drama'ya giden yolda heyecanlı bir kalabalık vardı. Önce tek tük bağırmalar ve sesler geldi. Sonra gittikçe arttı sesler. Birkaç dakika sonra binlerce ses, tek ve yüce bir sevinç dalgası oluverdi. EAM komutanlığı önündeki nöbetçiler görevlerini falan unutup "Bizimkiler geliyor!" diye bağırarak koşuşmaya başlamışlardı.

Kostov, eve döndü. Sıcak azalmaya başlamıştı. Güneş batıya yanlamıştı. Gökyüzünün çivit mavisi daha bir çiğ parlıyordu. Denizden doğru serin bir rüzgâr esmekteydi.

Aliki güneş battıktan az sonra öldü. Hava biraz serinlemiş, altınla gümüş karışımı bir renk almış olan denizden doğru hafif bir meltem, yosun ve biberiye kokuları gelmeye başlamıştı. Küçük kız ölünce, Yunanlı doktor, odadan çıkalım diye işaret etti Kristallo'ya.

Kostov yalnız kalmıştı ölünün başucunda. Aliki'yi ilk defa şimdi görüyormuş gibiydi; küçüğün alınyazısıyla hiçbir ilişkisi olmamıştı sanki.

İç dünyasında bir boşluk duyuyordu. Bu çocuğa acımanın hiçbir anlamı olmadığı gerçeğiyle karşı karşıyaydı. Öteki binlerce ve binlerce hasta, aç çocukla ilgilenmedikten sonra ne önemi vardı bu yaptığının. Alacakaranlıkta soluk soluk parıldayan küçücük yüzü süzerken, 'şu Kristallo kinin vermeseydi belki yaşardı,' diye düşünüyordu. 'Bundan ötürü sarılık oldu. Onu Herakli'den altı şişe rakı ve birkaç bin levaya çekişe çekişe satın almasaydım, bütün bunlar belki de olmazdı. Bu utanç verici alışverişte bütün tüccarlığını göstermişti. Onun bunun çocuğunu satın almak hakkını kim verdi sana? İç dünyanı rahatlatmak için bu yolu seçtin ve kendi kendini kandırdın, onu açlık ve yoksulluktan kurtarayım diye. Ama gerçek neden bu muydu? Hayır, elbette. Bencillikten böyle davranıyordun. Onu bir oyuncak gibi yetiştirmek istiyordun, yaşlanıp da işe yaramayacağın günlerini süslesin diye.'

Otuz yılda milyonlarca leva kazanmıştı Nikotiana'dan, hepsini de har vurup harman savurmuştu; gösterişli şıklığı, Amerikan otomobilleri, su gibi para harcayışı ve kendini beğenmişlikleri için.

Union Klüb'de bir gecede otuz bin levayı gözünü kırpmadan pokerde bırakırdı. Bu parayla bir yetimlerevinin çocuklarını tepeden tırnağa giydirebilirdi. Kabarelerde nasıl da aşağılık oluverir ve çalgıcıların alnına binlik levalar yapıştırırdı. Bir tek gecede saçtığı parayla koca bir aile bütün bir yıl geçinebilirdi. Ya o şölenler, giysiler ve keyfi için giden paralar? Baloya gitmeden önce frakla aynada saatler saati kendini gözden geçirmesi? İyi ütülenmemiş bir gömlek için kıyametleri koparması? Genç kızların arkasından koşması? Göz alıcı villasında koynuna aldığı bayanların bakan kocalarıyla ertesi gün iş gereği alabalık avına gitmeleri? Su gibi para dökmelerin, kendini beğenmişliklerin ve budalaca davranışlarının sonu gelmiyordu o günlerde. Bir insanı yoksulluktan kurtarmayı ya da korumayı bir gün bile düşünmemişti.

Büyük grev patlak verince kapatmasını alıp Rila Manastırı'na gidivermişti; kötülüklere katılmış olmamak için. Ama patronlar uyuşmaya yanaşacaklar diye grev komitesini oyalamaktan da hiç utanmamıştı. İşçilere yalan söylemiş ve son meteliklerini de tüketen zavallılar, başlangıçta söz verilenlerden hiçbirini elde edemeden kuzu kuzu dönmüşlerdi depolara. Günde sekiz saat zehirli tütün tozlarını yutmaktan sapsarı kesilmiş insanlara bundan büyük kötülük olamazdı.

Kimilerini polisin pençesinden kurtardığı da olmuştu. Ama bunu herhangi bir ilkeden ötürü yapmış değildi. Kimisinin yüzünden hoşlanmış, kimisinin tavırlarını beğenmiş, bir başkasının gülüşünü şirin bulmuştu. Yeterince medeni cesaret göstermemişti hiçbir zaman. Nikotiana'nın para ödediği bakanlara ve polislere kafa tutabilmişti yalnızca.

Kostov, 'yaptıklarımın en saçması bu Aliki olayı,' diye düşündü. 'Şu çocuk ölüsünün solgun yüzü, hastalıktan ve açlıktan ölmüş daha binlerce Yunanlı küçüğün bir simgesiydi. Onu evlat edinmekle kendini beğenmişliğini hoşnut edecek ve vicdanını yatıştıracaktın, savaşı körükleyip binlerce çocuğu açlığa ve ölüme sürükleyen korkunç makinenin bir çarkı olduğunu unutmuş görünerek. Evet Kostov, rahatını bozmayı göze alıp da kötülüğe karşı çıkmadığın için ötekiler kadar suçlusun. Bu davranışı yapabilecek güçten yoksundun. Bir tek Aliki'yle bağışlatamazsın bu suçluluğunu. Ne o? Ağlıyor musun? Ama Aliki'ye ağlamıyorsun sen. Sürdüğün hayatın hiçliğine, içinde yaşadığın dünyanın batışına ağlamaktasın.

Bütün hayatının bilançosu işte bu! Yapılabilecek tek doğru davranış, suçunu kabullenmek. İnsanlar ölür, ama hayat sürüp gidecektir. Hem daha da güzelleşecektir. Yaklaşmakta olan çöküntü ve kargaşalık günlerinin ne önemi var. Senin daracık ve boğucu dünyanı yıkacaklar yalnızca.

Biraz yatıştın mı? Okşa öyleyse şu zavallı, şu sıska, solgun ve kızıl saçlı küçük yüzü. Açık sarı bir tuvalet belki çok yakışırdı ona. Senin korkunç dünyan zavallıyı açlıktan öldürmeseydi.'

Odaya dolan alacakaranlık gittikçe daha da koyulaşıyor, küçük ölünün çizgileri gerçek dışı olup korkutuyordu. Biri kapıyı vuruyordu. Yaşlı hekimdi. Tedirgin bir sesle, "Sizi telefondan istiyorlar," dedi. "Kışladan telefon ediyorlar."

"Geliyorum."

Bir düşündü. EAM komutanlığından çıkınca uğradığı Bulgar garnizonu subaylarından biri olabilirdi. Sağduyu gereği, askerler, subaylardan birkaçını orada alıkoymuştu. Telefonda konuşan bu subaylardan biriydi. Yarım saat sonra iki asker kamyonunun yola çıkacağını bildiriyordu. Bir başka kamyon dizisi de yarın sabah altıda hareket edecekti. Subay, yarın sabahın daha uygun olduğu kanısındaydı. Kostov da böyle düşündü.

Kostov telefonu yerine bıraktı.

Yaşlı hekim, kaygıyla, "Güçlükle mi karşılaşıyorsunuz?" diye sordu.

"Hayır."

"Bir tehlike karşısındaysanız, size yardım edebileceğimi sanıyorum. EAM'cılardan tanıdıklarım var."

"Hayır. Çok teşekkür ederim. Hiçbir tehlike yok benim için."

Kostov, alt kattaki hole indi. Bir süre önce ölünün yatırıldığı masanın başında papaz oturuyordu şimdi. Sıtma nöbeti geçmiş, sardalyelere, kızartmalara ve beyaz ekmeklere aç kurt gibi saldırıyordu. Az sonra mide sancılarından kıvranmaya başladı.

Zavallı papaz, patlayacak kadar yediği halde masada çeşit çeşit konserve, şişelerce şarap, kilolarca tereyağı, şeker, beyaz un kalmıştı. Kostov, bunları, papaz, Kristallo ve yaşlı hekim arasında paylaştırdı. Bavullar dolusu şık giysilere de otomobilde yer yoktu. Başuzman, bunların yaşlılarevine verilmesini rica etti hekimden. Sonra Viktor Efimiç'i ev sahibinin vekiline gönderdi. Mal sahibi, kentten kaçmıştı. Vekil hemen geldi, yakında oturuyordu. Kostov, "Eşyaları listeyle kontrol edin, lütfen!" dedi. "Her şeyinizi aldığım gibi teslim ediyorum."

"Bundan yana en ufak bir kuşkum yok ve kontrol edecek de değilim. Dürüst insansınız siz, Bay Kostov. Ama herkes sizin gibi olmuyor. Karşı evin kiracısı bütün eşyaları Bulgaristan'a götürdü."

Kostov, hekime döndü, kısık bir sesle; "Çocuğun gömülmesiyle ilgilenir misiniz?" diye sordu.

"Elbette. Papazla görüştüm bile."

Başuzman oldukça incelmiş bir banknot destesi çıkarıp hekimle Kristallo'ya ve papaza dağıttı. "Bulgar parası pek çok değer kaybetmez sanırım. Ulusal bankada altın var yeterince."

Hekim, "Çok para veriyorsunuz," diye karşı çıktı. "Siz çok eli açık bir insansınız, Bay Kostov."

Paranın birazını geri uzatıyordu. Kostov, "Firmamız İskeçe tütünlerinden iyi kazandı," dedi. "Yarın sabah buradan ayrılıyoruz. Yine görüşelim dostum. Hepinize iyi geceler."

Başuzman hepsinin ellerini sıktı ve adımlarını sürükleyerek birinci kat merdivenini tırmandı. Sahanlığın karanlığında yüreğinde bir sıkışma ve sol kolunda bir sızı duydu ansızın. İnleyerek elini cebine uzattı ve aldığı nitrogliserin hapını dilinin altına koydu.

Kristallo, Kostov gidince, ötekilere, "Bu adamın sonu iyi olmayacak," dedi.

Bol bol ödenmiş ücretini cebine yerleştiren hekim, "Neden?" diye başını salladı.

Kristallo, eski çağ falcıları gibi, "Yaşama sevincini yitirmiş," dedi.

Kostov, İrina ve Viktor Efimiç, ertesi sabah limuzinle yola çıktılar, silahlı Bulgar kamyon dizisinin arkasına takılmışlardı. Bu kamyonlar Kavala'daki Bulgar garnizonuna öteberi taşırdı ve şu son günlerde bile Bulgar Makedonyası ile Ege kıyıları arasında gidip geliyorlardı. Bir düzine kadardı kamyonlar. Hepsi de küçük bayraklarla süslenmişti. Şoförlerin yanında makineli tüfek ve el bombası taşıyan askerler oturuyordu. Faşist Yunan çetelerinin saldırısından korkuluyordu. Yolda EAM'cılardan başkasına rastlamadılar. Onlar da dostça davranıyorlardı. Otomobildekilerin kim olduğunu bir kere bile sormadılar. Başarı, hepsini de aşırı sevindirmiş, uyanıklığı elden bıraktırıvermişti. Çökmüş, sol kolu inmeli bir adamdan ve yas tutan bir duldan ne sorulurdu hem? Cehenneme kadar yolu vardı ikisinin de! EAM'cı nöbetçiler, geç gibilerden el sallıyorlar ve bakışları bomboş, yüzünde hiçbir anlam kalmamış kadın, yine gaza basıyordu.

Ancak eski Bulgar sınırına varınca uzun bir sorguya çekildiler. Bu durumda Kostov, Makronis'in verdiği belgeyi gösterdi. Kâğıtları gözden geçiren partizan, "Nereye gidiyorsunuz?" diye sordu.

"Sofya'ya dönüyoruz."

Partizan, "Korkmuyor musunuz?" derken, gülümsedi.

"Neden korkalım arkadaşlar. Bizler yurtsever tüccarlarız."

"Elbette, elbette. Yolunuza devam edebilirsiniz."

Adam, kâğıtları yeterli bulmuştu. Vatan Cephesi'nin direktiflerini olduğu gibi uyguluyordu. Bu gibileri yatıştırmayı bile deniyordu.

Otomobildekilei yollarına koyuldular. Öndeki kamyon dizisinden ayrılmışlar, yalnız gidiyorlardı. Çünkü Bulgar topraklarındaydılar ve Yunan faşist çetelerinin saldırısı korkusu kalmamıştı.

Arkada bıraktıları her tepeden sonra güney renkleri soluklaşıyor, hava serinliyordu. İrina yirmi gündür ilk olarak bulutları görüyordu. Bir sessizlik, çam ormanlarının hışıltısı, Çam- Koruya göklerinin serinliğinde parıldayan yıldızlar, Sofya'nın yıkılmış evleri ve soluk yeşili kaplamıştı içini. Gözden kaybolan güneyin parlak renklerine özlem duydu birden. Taşoz'da incir ve nar ağaçları arasında dolaşırken Çam-Koruya'ya dönmek istemişti içinden. Şimdi de adanın özlemini çekiyordu. Boris'in, von Geier'in ya da Dinko'nun ölümlerini unutuverip güneyin parlak renklerini hatırlamanın utandırıcılığını düşünemiyordu. İç dünyası böylesine ölmüştü.

İrina kendini toparlardı ve soğukkanlı bir gerçeklilikle, 'Çam-Koruya'ya varır varmaz mücevherleri ve hisse senetlerini çelik kasadan almalı,' diye aklından geçirdi. 'Sonra da bir pasaport sağlamalı. Şu sıra pek güç bu iş ama, Pavel yaptırır benim pasaportumu.' Bunları düşünürken, alaycı bir gülüşle, "Öyle ya, yurtsever tüccarlarız bugüne bugün," diye mırıldandı. "Şu Vatan Cephesi çok eğlenceli şey bence."

Şose yokuşlamaya başlamıştı. İrina, gazı kesti ve dalgın dalgın, "Bu Vatan Cephesi, İngilizlerin bir oyunu değil mi sizce?" diye sordu.

Başuzman, genç kadının politika alanında böylesine bilgisizliğine kızmıştı. Sert sert, "Hayır!" karşılığını verdi.

"İngilizler ve Amerikalılar bu işe karşı."

"Şu halde kimlerin işi bu?"

"Komünistlerin!"

"İngilizler ve Amerikalılar böyle bir dolabı anlayamayacak kadar sersem mi?"

"Böyle şeyleri başaramayacak durumdalar."

Kostov kolunu kımıldatmayı denedi, ama başaramadı. Kol iyice uyuşmuştu. Fizik yapısı çökmeye başlamıştı. 'Hiçbir şey umurumda değil bundan böyle,' diye düşündü.

Limuzin, maden ocakları ve tütün tarlaları bölgesinden geçiyordu. Partizanlar gelmemişti buralara henüz. Burada hayat eskisi gibiydi. Yeni yönetmeliğin belirtileri ve pankartları görülmüyordu hiçbir yerde. Suçluluk duygusu içinde belediye başkanları ve polisler, tedirgin tedirgin soruyorlardı ne var ne yok, diye. Kostov'un keyfi kaçıyordu gittikçe.

Dağa varmışlardı. Şose, uçurumların kenarından kıvrıla kıvrıla uzuyor, yüzlerce yıllık ormanlara tırmanıyor, sonra gölgeli vadilere iniyordu yine. Güneş kalın bulutların arkasında kayboluyordu sık sık. Arazi gittikçe hüzün verici oluyor, ormanlar karanlıklaşıyor, kayalıkların ve yamaçları dolduran iri taşların parıltısı gittikçe siliniyordu.

Bir süre sonra yine güneş çıktı ve kırların, güzün solgun renkleriyle yüzü gülüverdi. Yaz sıcaklığı içindeki yerlerden geçiyorlardı. Çam ormanlarının uğultusu geliyordu uzaklardan. Çiçekli çayırlar görüyorlardı. Kimi yerlerde yeni yönetim başlamıştı ve zaferle dönen partizanları karşılamak için taklar kurulmuştu.

İrina'nın, Boris'in, Maria'nın, Baba Pierre'in ve daha birçoklarının doğum yeri olan küçük kentten de geçtiler. Tanışların kimi ölmüş, kimi olayların kargaşalığında sürüklenmişti.

Baba Pierre, Nikotiana'yı bu kentte kurmuş, işlenmiş ilk tütün balyaları buradan yollanmıştı yurtdışına. Birçoklarının yükselişi ve kazanç tutkusu da burada başlamıştı.

Şose, küçük bir mezarlığın önünden geçiyordu. Sessiz ve hüzünlü bir haçlar ormanını andıran mezarlıkta mermerden anıtlar da vardı tek tük. Böyle anıtların en etkilisi, büyük tütün grevinde öldürülen komiser Çakır'ın mezarıydı. İrina, babasının mezarını görünce boğulur gibi oldu. Anası, gönderdiği paralarla öyle süslü bir mezar yaptırmıştı ki, Çakır'ın sosyal durumuna uymayan gösterişiyle alay konusu oluyordu.

Nikotiana'yı kimsenin hatırladığı yoktu.

Partizanların kente girişinden birkaç gün sonra hayat normale dönmüştü. Kaymakamlık binasının balkonunda Vatan Cephesi bayrakları sallanıyordu. Harita çantalarını, fişeklerini ve otomatik tabancalarını hâlâ bırakmamış eski partizanları taşıyan asker taşıtları işliyordu türlü yönlere doğru.

Otomobildekiler bildik yerleri görünce onlara daldılar. İrina, Boris'le buluştukları pastaneye baktı. Vitrin toz içindeydi. Pasta yerine kabak çekirdeği vardı. Yandaki fırının önünde uzun bir kuyruk olmuştu insanlar. İrina bu küçük kentte ne sevinçli ve umutsuz saatler, aşırı mutluluk ve tedirgin düşlerle dolu günler, geceler geçirmişti. Oysa, umursamazlık, sessizlik ve öldürücü bir hüzün uçurumu almıştı bütün bunların yerini.

İrina, Kostov'un kısık ve halsiz sesini duydu. Çevresinde her şeye karşı olduğu gibi bu sese de güçlükle katlanabiliyordu.

Başuzman, "Boris'lere bir uğrayalım mı?" diye soruyordu.

"Hayır."

"Hiç olmazsa anasını da mı görmeyelim?"

"Hayır. Şu sıra hiçbir şey istemiyorum."

İrina, küçük kentin anayolunda otomobili hızla sürüyor ve yalnızca bir an önce Çam-Koruya'ya varmayı düşünüyordu. İç dünyasını kaplayan sonsuz bir uyuşukluk ve boş verirlik yüzünden varlığını yitirmiş gibiydi. Gölün arkasında, yolun ikiye ayrıldığı yere varınca, otomobili Çam-Koruya'ya doğru sürdü. Kostov hiç karşı gelmedi. İrina orada kalır ve kendi de Viktor Efimiç'le Sofya'ya giderdi. Başuzman, kâğıtlarını gözden geçirecek, bazılarını da yok edecekti.

Nikotiana'nın kurulduğu bu küçük kenti arkalarında bıraktılar. Aradan geçen sürede orada olup bitenleri öğrenmemişlerdi.

Üç gün önce kente giren bir partizan birliğini binlerce işçinin sevinçle karşılamış olduğunu da öğrenememişlerdi.

İşçilere ve partizanlara dayanan Vatan Cephesi'nin yönetimi ele aldığını da öğrenememişlerdi.

Pavel Morev'in yönetiminde bir birliğin sakallı yanık yüzlü ve yırtık giysili partizanlarının birkaç gün önce buradan geçtiğini de bilmiyorlardı. Çiçeklerle karşılandıklarını, dokunaklı sahneler geçtiğini ve oğullarına sarılan yaşlı bir ananın onların kolları arasında kalp durmasından ölüverdiğini de öğrenmiş değillerdi.

Birlikle birlikte, partizan kurmayının da bu kente geldiğinden, lisenin eski Latince öğretmeninin evinde akıl almaz bir olay geçtiğinden de haberleri olmamıştı; yirmi yıllık bir aradan sonra babasına kavuşan Pavel'in suratına tüküren Redingot'un "Çık evimden, haylaz herif!" diye haykırdığını da öğrenememişlerdi. Redingot, "Vatansız serseri! Benim tek oğlum Boris'tir!" diye haykırmıştı. Oysa, Pavel gülümsemiş ve başını sallamıştı, "Geçmiş günlerin paslı bir parçası! Kaçık ihtiyarın biri!" diye.

Oğlunun halk ordusunda teğmen olduğunu öğrenen Sredorekli Stoişko Dankin'in, heyecandan ağladığını da duymuş değillerdi. Halk mahkemesine verilmelerinden korkan suçlu bazı polis ve subayların canlarına kıydığını, bir zamanlar siyasal sanıkları kovalayan ve türlü işkenceler yapan o şiş yüzlü polis ajanının bu yürekliliği bile gösteremeyip yalvardığını da öğrenememişlerdi.

Kentin en azılı ileri gelenlerinden yarım düzine kadar kişinin bir gecede partiye ve Köylü Birliği'ne giriverdiğini, şapkasını atıp işçi kasketi giyen Batakçiya'nın önüne gelenle, "Arkadaşım!" diye konuştuğunu ve kendinden başka herkesi Alman sigara tröstüyle iş yapmış olmakla suçladığını da öğrenememişlerdi.

Bu küçük kentte geçen irili ufaklı daha birçok olayın yabancısı kaldılar. Öğrenselerdi bile pek olağanüstü karşılamazlardı. Ne de olsa iç dünyaları kurumuş, hüzün ve donmuşluktan başka hiçbir şeyleri kalmamıştı.

14

İrina, Çam-Koruya'daki villada kaldı. Kostov ve Viktor Efimiç, yolculuğu Sofya'ya doğru sürdürdüler. Açığa vurulmayan bir tiksintiyle ayrıldılar birbirlerinden, ama yalancıktan tasalandılar da. İrina, Kostov'a bir doktor olarak, bazı öğütler verdi. Başuzman da, İrina Çam-Koruya'da tek başına kalıyor diye kaygılanmış göründü. Bunlar, biçimsel nazik davranışlardı. Tanışmalarının ilk yıllarında karşılıklı saygı duymalarına yol açan Nikotiana yüzünden sonraları birbirlerinden hoşlanmaz olmuşlardı. İrina, Kostov'un gözünde yüksek çevrelerin başarıya ulaşmış bir orospusuydu. Genç kadın da başuzmanın davranışlarında yaşlılık ve bunaklık belirtileri görüyordu. İrina'ya bolluk içinde yaşamaktan bulantı gelmişti. On iki yıl süreyle eğlenceler ve keyiflerle geçen hayatından şimdi yalnızca can sıkıntısı ve bomboşluk kalmıştı. Bu öylesine bir bomboşluk ki, ne çaba, ne manevi bağlılıklar ve ne de ruhça heyecanlanmalarla giderilebilirdi.

İrina ile Kostov, o yaldızlı dünyaların çöktüğü şu anda korkunç bir yapayalnızlık içindeydiler.

Otomobil uzaklaşmıştı. İrina, 'Sofya'da ne yapacağını aklım almıyor,' diye düşündü. Sonra kendisinin Çam-Koruya'da kalmasının da, onun Sofya'ya gitmesi kadar saçma olduğunu sezinledi. Başuzman, Nikotiana'nın bazı belgelerini yok etmek istiyordu; kirli işler ortaya çıkmasın diye belki de.

İrina, villada sekiz gün kaldı. Bir zamanlar Maria'ya bakmış olan hastabakıcı, o günlerdeki bağlılıkla, yeni hanımının mücevherlerini ve hisse senetlerini koyduğu deri çantayı yanından hiç ayırmıyordu. Sekiz yıl bakmıştı Maria'ya. Yaşlanmıştı iyice. Göğüsleri dümdüz olmuştu. İrina'ya da aşırı bağlanmıştı. Bir apartman edinmişti ama, küçük bir memurla yaşamak düşüncesinden vazgeçmişti. Yaşlandıkça, erkeklerden daha çok tiksiniyordu.

Güz yağmurlu geçiyordu. Çam-Koruya oldukça serinlemiş ve hüzünlü olmuştu. Alçalmış bulutlardan ince ince bir yağmur yağıyordu durmamacasına. Yamaçları sis kaplıyor, pencerenin dışındaki su oluğundan yağmur şıpırtıları geliyordu. İrina, gittikçe uyuşuklaşıyordu; uyku ilacı alıyor ve günün geç saatlerine kadar yataktan çıkmayıp polis romanları okuyordu. Geçmişin acı anılarını ve hâlâ odaları dolaştığını sandığı Maria'yı bu yolla unutmak istiyordu. Öğleyin ve akşamları aşağıya iniyordu, yaşlanmış hastabakıcıyla biraz bir şeyler yemek için. Ruhlara pek inanan kızcağız, başından geçenleri anlatıyordu bir yandan. Bir gece Maria'nın piyanosu kendiliğinden çalmaya başlamıştı. Maria'nın portresi, kimse elini sürmeden düşüvermişti duvardan. Çoğu zamanlar gece yarısına doğru merdivenlerin gıcırdadığı duyuluyordu.

Yaşlı kız, başka olaylar da anlatıyordu. Vatan Cephesi haberlerini ve çevrede olup bitenleri de söylüyordu. Üç yıl önce partizanlara katılmış olan sütçü Mişkin, dağdan dönmüştü. Görünüşe göre çok önemli bir kişiydi şimdi. Ciple kente gidiyordu sık sık. Çam-Koruya milisi, onun komutasındaydı. O sabah eski ordudan bir albayla bir yüzbaşıyı tutuklayıp Sofya'ya göndermişlerdi. On bir partizanı yargısız ve hükümsüz öldürtmüş olmakla suçlanıyorlardı. Partizanlara yardım edenleri jurnal etmiş olan orman korucusu, kendini asmıştı. Bir kocakarı, Mişkin'in karısının kiliseye gidip istavroz çıkardığını görmüştü.

İrina, bütün bunları hemen hiç ilgilenmeden dinliyor, sonra üst kata çıkıyordu yine. Her şeyle böylesine ilgisini kesmiş olarak yaşayan İrina'ya, yalnızca çok önemli olaylar, bütün ülkeyi değiştirecek çapta haberler ulaşabiliyordu ancak.

Yaşlı kız, bir gün büyük bir telaşla, "Villalara el koyuyorlar, askerler için," dedi. "Bizim evi komutanlık için uygun bulmuşlar."

İrina, boş veren bir tavırla, "Sofya'ya gideriz," dedi.

"Oraya nasıl gideceğiz?"

İrina'yı bir düşünce aldı. Boris'in otomobili ve şoförü Sofya'da kalmıştı. İki gün önce bazı kâğıtlar için telefon eden Kostov da, otomobiline el koyduklarını söylemişti. Eski rejimin ileri gelenleri tutuklanmıştı. Sofya radyosu onları suçlayan yayın yapmıştı. Yakınındaki varlıklı villa sahiplerinin hepsi bir deliğe gizlenmişti. İrina'nın başvuracağı kimse yoktu.

İrina, eski rejim çökeli, yıkıntılara takılıp, ilk kez tökezliyordu. Ama belli etmek istemedi ve: "Söyle Mişkin'e bana gelsin," dedi.

Yaşlı kız, "Mişkin'e mi?" dedi ve korkuyla bir baktı. "Komşuların anlattığına göre şimdi o çok kötü bir insan olmuş."

İrina, "Söyle ona, bana gelsin," diye tekrarladı.

Sonra odasına çekildi ve hiçbir şey düşünmemek için, bir polis romanı alıp okumaya başladı. Hava kararıyordu. Soğuk bir rüzgâr, süt rengi sis parçalarını yamaçlara sürüklüyor, evin önündeki çamlarda ıslıklar çalıyordu. Pencereye yağmur damlaları çarpıyordu.

İrina kitabı bıraktı. Hava iyice kararmıştı. Bilinmeyen bir neden yüzünden elektrik kesildiği için, kitap okuyamayacaktı. Odanın karanlığa gömülmüş köşelerinde, eşyalarda, duvar kâğıtlarında geçmişin anıları kımıldanıyordu. Babasının, Maria'nın, von Geier'in ve Nikotiana bekçilerinin öldürdüğü saz benizli delikanlının yüzlerini görür gibiydi. Müthiş bir korkuya kapıldı. Yerinden fırlayıp koşarak çıktı odadan. Yaşlı kız, alt katta sofrayı kurmuş onu akşam yemeğine bekliyor ve gaz lambasının sarı ışığında bir ispirtizma kitabı okuyordu.

Mişkin, ertesi akşam geldi. Bardaktan boşanırcasına yağan yağmurda sırılsıklam olmuştu. Bir tavsiye falan için çağrıldığını sandığından suratı asıktı. Bu kadına beslediği saygı yüzünden arkadaşlarla çatışma durumuna girebilirdi.

Mişkin, şişmanlamıştı. Deri bir ceket giymişti. Kasketini yenilemişti ve tıraşı pırıl pırıldı. Sorumlu bir göreve getirildiğinden, davranışları daha bir başkaydı.

Villaya el konulduğundan ötürü çağrıldığına hiç kuşkusu yoktu. Bunun içindir ki, ilk sözü, "Hekim hanım, villalar askerlere ayrıldı, elimden hiçbir şey gelmez," oldu.

İrina gülümseyerek, "Hele oturun konyak için de..." diye karşılık verdi.

Mişkin, alnını kırıştırdı ve buna yanaşmadı. Oysa, az önce ayrıldığı uzun toplantıdan sonra bir konyak içmeyi pek isterdi. Bu kadınla eşit durumlarda konuşmak gücünden tuhaf bir hoşnutluk duyuyordu. Bu kadında, halktan gelme güzel kadınlarla bir benzerlik, esintiyle sallanan başakları andıran hoş bir yan var gibi geldi. Ona yardım etmek ve villasını kurtarmak i-çin dayanılmaz bir istek duyuyordu. Ama politik bilinci hemen ağır bastı; partili arkadaşlar, bir burjuva kadının oyununa geldin, derlerdi. Yalan da söylememiş olurlardı.

Bu düşünceyle kabalaştı ve "Konyak içecek vaktim yok!" dedi. Sesinde, yapacak bir şey yok, villanızı alacaklar, demek isteyen bir hal vardı.

İrina, "Ben sizi villa için çağırtmış değilim," dedi.

"Ya neden?"

"Daha başka bir konu üzerinde görüşeceğim sizinle."

Mişkin yine surat astı. "Faşizmi yıkmak için dövüştük," dedi. "Burjuvaların keyfine hizmet için değil."

İrina, soğuk bir davranışla güldü.

"Ne istiyorsunuz benden?"

"Hiçbir şey istemiyorum. Gidin. Vaktinizi aldığım için bağışlayın."

Mişkin gitmedi. Bir sandalyeye çöküverdi. Bu kadının kar fırtınalı bir gecede eğlencesini bırakıp hasta torununa bakmaya geldiğini hatırladıkça, ne yapacağını bilemiyordu. Oysa, şu anda ona yardım edebilecek durumda olduğu halde böyle davranamıyordu. Yine de durumunu anlatmak için bir açıklama buldu, kaba ellerini yumruk yaptı ve "Doktor hanım," dedi, "Benim elimden hiçbir şey gelmeyen durumlar vardır. Vicdanım, inançları için canlarını vermiş arkadaşlarımın anıları beni alıkoyuyor. Villanızı kurtaramam. Başka bir şey isterseniz yapabilirim. Bundan ötürü hakkımda söz edenler olsa bile. Anlıyorsunuz beni, değil mi? Şimdi söyleyin, beni neden çağırttınız."

İrina, şaşkınlıkla baktı ve gülerken, 'sağlam karakterli adam,' diye düşündü.

Sonra bir süre sustu ve "Kayınbiraderimle telefonla görüşmek istiyorum," dedi.

Mişkin, yüzünü ekşitti; böyle önemsiz bir iş için rahatsız edildiğine kızmıştı. "Kim kayınbiraderiniz?" diye sordu.

İrina'nın sesi biraz üst perdedendi: "Bilmiyor muydunuz?" dedi. "Sizin Pavel Morev!"

Mişkin, şaşkınlıkla baktı ve "Şu halde Boris Morev..." diye kekeledi.

İrina, çabuk çabuk, "Evet," dedi. "Boris Morev, kardeşiydi Pavel Morev'in."

Mişkin, bir süre düşündü, dilini şaklattı ve Pavel'i villadan almaya geldikleri o geceyi hatırladı. Sonra, "Ne diye telefon etmiyorsunuz?" diye sordu.

"Nerede bulabileceğimi bilmiyorum."

Mişkin, birçok santrale başvurdu ve uzun süren bir çabadan sonra, Pavel Morev'i çalışma odasında yakalamayı başardı. Telefonu İrina'ya verdi. Telefonun öteki ucunda, işi çok yoğun birinin sesi vardı.

İrina, "Ben yengeniz İrina..." diye başladı.

"Yaa?"

"Hatırladınız mı? Bir kere karşılaşmıştık..?"

"Nedir dileğiniz?"

İrina, şoföründen hiçbir haber alamadığını ve Sofya'ya gitmek için otobüste bir yer bulmanın güçlüğünü anlatmaya başladı.

"Nereden telefon ediyorsunuz?"

"Çam-Koruya'dan."

"Yarın benim otomobili gönderirim."

Telefon çat diye kapandı. İrina, telefonun kulaklığı elinde, yıldırımla vurulmuş gibi kalakaldı. Dudakları titriyordu sinirinden.

Mişkin, "Ne var?" diye sordu. "Görüşmeyi kestiler mi?"

"Hayır, ama kendisi pek meşgule benziyor."

Mişkin, konyağını sonuna kadar içtikten sonra, düşünceli bir yüzle, "Bakanlar Kurulu şu sıra çok önemli kararlar verdi de..." dedi.

"Ne gibi bir karar?"

Mişkin, "Öldürülen arkadaşlarımız için sorumlu aranmaya cak!" diye açıkladı.

Ertesi gün büyük bir asker otomobili durdu villanın önündü. Kırmızı bir flaması vardı. Otomobilden şoför ve geniş omuzlu bir astsubay indi. Adamların suratı asıktı. Kapıyı bir süzdükten sonra zili çaldılar. İrina'nın bir şeyler yemeleri için yaptığı çağrıyı geri çevirdiler. Vakitleri yoktu. Morev arkadaş, hemen geri gelmelerini emretmişti. Otomobil ona gerekliydi.

İrina, 'görenler tutuklandım sanacak,' diye aklından geçirdi. Ama balık istifi gibi otobüsle gitmekten çok daha iyiydi böylesi. Gene de Pavel'e kızıyordu.

İrina ve yaşlı kız otomobile bindiler. Mücevher çantası, hastabakıcının dizlerindeydi. İrina, tam o sırada gelmiş olan Mişkin'le vedalaştı. Onun dediğine göre, villaya ertesi gün el koyacaklardı. İrina pek umursamadı. Maria'nın ruhu dolaşıyor gözüyle baktığı bu villayı bir gün olsun benimsememişti.

Sert bir güz rüzgârı esiyordu. Yamaçlar yer yer sisle kaplıydı. Karanlık ve buz gibiydi hava. Rüzgâr dinince yağmur başlıyordu. Astragan mantosunu giymiş olan İrina, Pavel'in koruyucularından sandığı partizan astsubayla konuşmayı denedi. Kokulu bir sigara sundu. Adam, İrina'yı umursamaz bir bakışla süzdükten sonra, ucuz Karioka marka sigara kutusunu çıkardı ve: "Teşekkür ederim," dedi. "Sert sigaraya alıştım."

Avucu dövmeli sert bir adamdı. Bir işçiydi belki de. Elindeki dövmelerde resimlerden başka yazılar da vardı. İrina, 'Bahia: 1934' yazısını okuyabildi.

Genç kadın, adamdan Pavel için bir şeyler öğrenmeyi denedi ama, boşunaydı; astsubay, kısa kısa karşılıklar veriyordu hep.

Sonunda İrina'nın sabrı taştı ve, "Sizin Morev arkadaşın yengesiyim ben," dedi. "Onu villamda sakladımdı."

Adam boş veren bir tavırla, "Biliyorum," demekle yetindi.

İrina utançla sustu. Ovaya varmışlardı. Amerikan, İngiliz ve Sovyet flamaları asmış otomobiller gelip geçiyordu yanlarından. Yol vıcık vıcıktı. Biçilmiş tarlalarda kargalar uçuşuyordu bağrışarak. İrina sigaranın birini söndürüp birini yakıyordu. Yaşlı hastabakıcı kız uyuyakalmıştı, ama mücevher çantasını sımsıkı tutuyordu kollarında.

Sofya'ya vardılar. Orlofmost köprüsünde üniformalı bir Rus kızı, dörtyol ağzı trafiğini düzenliyordu. Evlogi Georgiew bulvarında ağır tanklar ilerliyordu. İrina hiç ağır tank görmemişti. Kaplan sırtı gibi boyanmışlardı. Tanklarda üniformaları kir ve yağa batmış erkekler göze çarpıyordu. 1941 baharında Sofya'dan Alman tankları geçerken kimi sersemlerle kafasız kızlar, çiçekler atmıştı. Bu yağmurlu sonbahar günü Sovyet tankları geçerken de işçiler selam veriyorlardı yumruklarıyla. Tarihin çarkı yüz seksen derecelik bir yön değiştirmiş, Nikotiana'nın ve Alman sigara tröstlerinin kirli sarı dünyasını yerle bir etmişti.

İrina, genç tank subayı Zenker'i hatırladı elinde olmadan. Ama utancından da kızardı. Tank dizisi geçmişti. Genç Rus kızı otomobile yol verdi. İrina geçerlerken kıza baktı; basık burunlu, güneş yanığı yüzlüydü ve biçimli bir bedeni vardı. Sarışındı. Rus kızı da otomobille geçen güzel kadını süzdü. Yüz çizgilerinde merak belirtisi vardı, ilginç bir hayvan görüyormuş gibiydi.

Genç kadın, bombaların delik deşik ettiği kaldırımı, devrilmiş ağaçları, yanmış kapkara evleri görmemek için başını önüne eğdi. Hava kararmaya başlamıştı. Kaldırımda insanlar yürüyordu çabuk çabuk. Arkalarında çantaları vardı. Uzak aralarla yanan elektrik lambaları az çok aydınlatıyordu. Sofya'nın altı üstüne gelmişti bombardımandan. Kent, pek sevimsiz ve iç karartıcıydı. İrina, hem tanışı, hem de yabancısı olduğu bir kentin sokaklarından geçiyormuş gibi bir his duydu. Eviyle karşılaşmayı umduğu yerde çarpılmış demir yığınları ve yıkılmış beton parçaları buldu.

Otomobil durmuştu. Burası mıydı? Evet kendi eviydi bu! Camekanlı balkonun ve terasın bulunduğu sol kanat bombardımanda yıkılmıştı. Ama geri kalan bölümde oturabileceğini anlamıştı İrina. Birinci katın pencereleri aydınlıktı; Brüksel malı tül perdeler ve içerinin maun mobilyaları seçiliyordu. Kapıda bir asker ve bir milis, nöbet bekliyordu.

İrina, "Morev arkadaş burada mı?" diye sordu.

Asker şaşkınlıkla onu süzdükten sonra, ters ters, "Bilmiyorum," karşılığını verdi.

Bir zamanlar tuvaletli bayanların ve smokinli bayların girip çıktığı sokak kapısına acemi bir yazıyla yazılmış: 'VIII. Muhafız Birliği Komutanlığı,' tabelası asılıydı. Nikotiana genel müdürünün bakanlar, milletvekilleri ve yabancı konuklar onuruna verdiği kabul resimlerinde olduğu gibi hafif loştu hol. Ama parkeler ve halılar kir içindeydi. Her yer tütün ve naftalin kokuyordu. Boris'in çalışma odasının kapısında 'Genelkurmay Başkanı' tabelası vardı. Küçük salonun yarı açık kapısında 'Kurmay Başkanı Yardımcısı' yazılıydı. Makineli tüfekli bir nöbetçi koltuğa oturmuş, gözlerini yere dikmişti. İçerden yazı makinesi sesi geliyordu.

Nöbetçi, iki kadını görünce, yerinden fırladı ve kapıyı vurup, "Yarbay arkadaş, içerde misiniz?" diye seslendi.

Yeni üniforması yakışmış kumral bir genç subay çıktı odadan. Çocuk anlatımı henüz geçmemiş zeki bakışlı bir gençti. İrina, topuklarını vurup bir selam çakmasını bekledi; ama o, "Yarbay Dankin!" demekle yetindi.

İrina, gülümseyişini gizlemeye çalışarak, "Daha önce görmüşlüğüm var sizi," dedi. Yarbay bu sözlerden pek hoşlanmamışa benziyordu. Genç kadının yüzü bir süre sonra tersleşti, hatırlamıştı: "İstasyonda bizi alıkoyduğunuz o korkunç gece..." deyiverdi.

Yarbay, kuru sesle, "Doğru!" dedikten sonra, görev gereği hemen ekledi: "Morev arkadaş telefon etti. İkinci kata yerleşeceksiniz. Kendine tek bir oda ayırıyor."

"Teşekkür ederim sayın yarbay."

"Arka kapıdan girip çıkmanızı özellikle rica ederim. Komutanlığın işgalinde bulunan odalara girilmesi yasaktır."

"Emredersiniz sayın yarbayım."

İrina'nın sesi alaycı ve üst perdedendi. Gülümseyerek yukarı kata çıkarken, "Devrim yapan ordu buymuş demek," diye mırıldandı. "Şu yarbay yirmisinde bile yok."

Öte yandan genç yarbay Dankin, öfkesinden kıpkırmızı olmuş, ama bir emir yazmak için makineye eğilmişti yine. Bu kadının alaycı haline pek kızmıştı ama, bataryaların ve mayınatarların nerelere yerleştirileceğine kafa yorarken, nasıl öç alacağını düşünecek vakti yoktu. Bir ara gene de, "Zehirli burjuva yılanı!" diye mırıldandı.

İrina yukarı kata çıkmış, odaları dolaşıyor ve arka arkaya lambaları yakıyordu. Son hava saldırısından bu yana hiçbir şey değişmemişti bu katta. Bütün katı gözden geçirince, yabancı bir eve gelmiş gibi tuhaf bir his duydu. Burada bir gün bile oturmamış, ona buna emirler vermemiş gibiydi. Burası gerçekten yabancı bir evdi. İyi anlamıştı bunu. Bu ev ne Boris'in, ne Maria'nın ne de Baba Pierre'in değil, kavurucu güneş altında tütün toplayan köylülerin ve yaprak tütünlerini depolarda işleyen insanlarındı. İrina, Boris ve Baba Pierre; soyguncular, serüvenci kişilerdi. Nikotiana, serüvencilerin kurduğu bir çeteydi. Bu çete şimdi yere serilmiş, soyguncular ya ölmüş, ya da şuraya buraya kaçışmışlardı şaşkınlıkla. Aldatılanlar ve soyulanlar, emeklerinin karşılığı olan bu evi geri almışlardı. Sonra da, Kurmay Başkanlığı diye buraya yerleşivermişlerdi ve ilk katı soğan, deri, ucuz tütün kokularıyla doldurmuşlardı. Acı gerçek buydu. İrina'nın sağlam mantığı, gerçeği görmekten ürkmüyor ve her şeyi olduğu gibi karşılıyordu. Oysa, şu sıra yüzlerce şımarık kadın, milisler çizmeleriyle o canım halıları kirletti, evlerine yersiz yurtsuz yerleşti diye sinirden ağlaşıyorlar ve düşüp düşüp bayılıveriyorlardı.

İrina, olayların olağan bir sonuca yöneldiğini ve elden geldiğince kısa bir sürede Sofya'dan uzaklaşması gerektiğini anlamıştı. Şansını bir başka yerde aramak zorunda kalmış bir serüvenci gibiydi. Acem halılarının kirletilmesi, malların elinden alınması, Nikotiana'nın yıkılışı hiç hoş değildi elbette. Varlıklılığı, gücü ve her buyruğuna gözü kapalı koşan dalkavukları yoktu bundan böyle. Ne var ki o, aklı başında serüvenciler gibi ileriyi önceden görmüştü; yabancı bankalardaki parası, alıştığı gibi yaşamasına yeterdi. Ama yorgundu ve yaşamaktan bir bıkkınlık duyuyordu. Üst üste üç sigara içen, dördüncü sigarada tat bulmazdı. İki gece çılgınca sevişen, üçüncü gece bıkkınlık duyardı. İrina'nın sigaraları ve sevişme geceleri on yıldır birbirinin eşiydi; yalnızca eşlik edenler değişmişti. Bundan ötürüydü can sıkıntıları. Bundan ötürüydü hiçbir şeylere ilgi duymaması ve uyuşmuşluğu.

İrina dalgın dalgın yere bakıyordu. Odaları rastgele dolaşırken banyoya gelmiş olduğunu fark etti birden. Musluğun yanında ucuz bir sabun ve sandalyenin kenarında da çok kullanılmış bir havlu vardı. Uzun süre dağlarda kaldıktan sonra şimdi sık sık yıkanmaktan hoşlanıyora benzeyen 'Morev arkadaş'ın banyo öteberisi bunlardı demek. Dolaptan tuvalet sabunu ve temiz bir bornoz almayı akıl edememiş olması İrina'ya pek tuhaf geldi. Sonra, 'kardeşinin ve yengesinin özel öteberisine el koymaktan hoşlanmamıştır belki,' diye düşündü. Dağlarda kullandığı sabun ve havluyla yetinmesi bundan olabilirdi. Ya da, işi pek çok olduğundan, dolaba bakmayı bile akıl edememişti.

İrina, Pavel'le oyalanıp bomboşluğunu unutmaya çalışırken, 'acaba hangi odada yatıyor,' diye de düşündü. Katı dolaşırken, Boris'in odasına girmekten ürkmüştü; o odaya girerse Boris'e dokunuverecekmiş gibi tiksinti duymuştu. Oysa, Pavel tam da bu odayı seçmişti. Merdivenin yanında olduğundan belki de. Hemen girdi odaya ve karmakarışık olduğunu gördü. Komodinin üstünde otomatik bir tabanca ve kurşunlar, yazı masasında bir sürü dergiyle kitap vardı. Yatak yapılmamıştı. Divana kırmızı şeritli subay pantolonları ve yakası general rütbeli ceketler fırlatılmıştı rastgele. Masadaki tabanca, Morev arkadaşın Vatan Cephesi'ndeki güvenilmez bazı ortaklardan bir darbe beklediğini gösteriyordu. Üniformaya göre, Pavel'in rütbesi tuğgeneraldi. İrina buna hiç şaşmadı. Şu Dankin bile yarbay olduktan sonra! Acaba kimler mareşal olmuştu? "Hayır, hayır bu rütbeye varan olmamıştır daha," diye güldü. Ama Nikotiana genel müdürünün dul eşi olarak değil, keyifli, üstelik de iyi yürekli biri gibi güldü. Acem halılarının kir içinde olması biraz da hoşuna gitmişti. Neşeli, canlı bir yan bulmuş ve sıkıntısı geçivermişti. Sonra birden, Nikotiana'nın kirli sarı dünyasına her zaman yabancılık duymuş olduğunu ve yıkılmasının ne ruhça ne de bedence ona dokunmayacağını fark ediverdi.

Aylaklık ve bolluk yıllarında baskı altında kalmış bir kadınlık içgüdüsüyle odayı düzeltmeye başladı. Yatağı yaptı, masanın üstünü topladı, general üniformasını büyük bir titizlikle yerleştirdi.

Bunları yaparken biraz rahatlamış, Pavel'in odasını toplamaktan hoşlanmıştı.

Birden korkuyla sıçradı. Kaba bir ses, "Generalin odasına girmenize kim izin verdi?" diye soruyordu.

İrina başını kaldırıp baktı ve Dankin'in aydınlık yüzüyle karşılaştı. Yarbay, kapı ağzında durmuştu. Elinde bir kesekâğıdı üzüm, ekmek ve biraz beyaz peynir vardı. Küçük, öfkeli ve ışıl ışıl mavi gözleri boncuk gibiydi.

İrina, "Bir odayı toplamak için izin almak mı gerekli?" diye sordu.

Yarbay, kaba bir tavırla, "Orası sizi ilgilendirmez," dedi. "Benden başkası giremez generalin odasına!"

Üzüm, ekmek ve peynirini masaya bıraktı ve ceplerinde bir şey aramaya başladı öfkeyle.

İrina, "Bunların da mı masanın üstünde durması gerekli?" diye sordu. Genç yarbayın öfkeli yüzüne baktıkça gülmesi geliyordu.

Dankin, 'zehirli yılan'a öfkeyle bir baktıktan sonra halk ordusuna saygı duyulmasını isteyen ciddi bir tavırla,

"Evet!" dedi. "Bunlar generalin sabah kahvaltısı."

"Ben yerim diye mi korkuyorsunuz?"

Dankin de onu alaya almak ister gibi, "Hayır, bundan yana korkum yok," dedi. "Siz açlığın ne olduğunu bilmezsiniz."

Sonra, masanın orta çekmecesini gözden geçirdi, kilitli mi diye. Daha sonra yine ceplerini karıştırdı ve anahtarı kapının üstünde bıraktığını görünce bundan vazgeçti. Hemen alıp dış taraftan kilide soktu ve düşmanca bir bakışla, "Odadan hemen çıkınız!" dedi.

"Masanın gözlerini karıştıracağımı mı sandınız?"

"Ne düşündüğüm sizi ilgilendirmez."

İrina acı, ama halden anlar bir tavırla güldü, "Yeni rejim de eski rejim kadar umurumda değil."

"Sizin gibileri ilke olarak düşman sayıyoruz."

"Bu gibileri kazanmayı denemiyor musunuz?"

"Şu sıra böyle şeyler için vaktimiz yok."

İrina, 'iyi konuşuyor,' diye aklından geçirdi. Günün birinde iyi bir general olur bu gidişle. Bir tazelik ve canlılık duydu yine. Odadan çıkarken, kızmamıştı bile şu genç yarbaya.

Dankin, odayı kilitleyip anahtarı cebine koydu ve bir yarbaya yakışacak biçimde ağır ağır indi merdiveni. İrina'nın göremeyeceği kadar uzaklaşınca, merdivenin trabzanına atlayıp aşağıya kaydı. Dankin, sürdüğü sert ve çetin hayat yüzünden oyundan ve aylaklıktan yoksun kalmıştı hep.

İrina yatak odasına geçti. Hemen soyunmadı. Pavel'i biraz daha beklemeye karar vermişti. Dankin'den ayrıldıktan sonra yaşlı kızla akşam yemeğini yemiş, üst üste sigara içmişti. Pavel için hazırlattığı patates kızartmalı omletle bir şişe iyi şarabı Dankin'e ve nöbetçiye göndermişti. Dankin, yemek yediğini ileri sürerek geri çevirmiş, ama nöbetçi hiç nazlanmamıştı.

Bir toplantıda olduğunu öğrendiği Pavel'in dönmesini acı bir umutsuzlukla bekliyordu. Şu anda bulunduğu durumdan kurtulmak için şen ve umutsuz bir çare gibi geliyordu onunla karşılaşmak. İşten başını kaşıyacak vakti olmayan Pavel'in, Çam-Koruya'daki o ilk karşılaşma gecesinin buruk tadını hatırlayacağını pek sanmıyordu.

Okumaya vermek istedi kendini, ama olmadı. Can sıkıntısını gidermek için kâğıtların çoğunun hemen yok edilmesi gerektiğini dehşetle gördü. Sevdalılarının aşırı duygulu bir sürü mektubunu biriktirmişti sersemce. Boris'in uzun süren yurtdışı gezilerinde Çam-Koruya'da buluştuğu gelip geçici sevgilileri neler neler yazmamışlardı. Aşırı bağlılık sözleriyle fotoğraflarını göndermişlerdi. Mektuplar ve fotoğraflar, Nikotiana'nın kirli sarı dünyasında bir orospunun hayatını anlatan bir film gibiydi. Gerçi önceleri Boris'i, sonra da von Geier'i sevmişti. Ama Nikotiana, Alman sigara tröstlerine en çok tütün satan firma durumuna geldikten sonra, İrina da bedenini hesaplı kitaplı bir kurnazlıkla satar olmuştu. Mektup yazanların ve fotoğaf gönderenlerin çoğu yakında halk mahkemesi önüne çıkarılacaktı. Hepsini şömineye attı. Tomarla mektubu, topluca çekilmiş ve portre resimlerini acımadan alevlere atıverdi. Şöminenin alevleri daha bir parlamış ve kâğıtlar yanıvermişti. Ama mektup ve fotoğraflardan yine bir şey, bir kül yığını kalmıştı geriye; şöminenin ızkaralarını kirleten bu küller, iç dünyasını kirleten geçmiş günlerini hatırlatıyordu.

İrina, bir başka çekmeceyi açtı ve kirli olmayan bir şeyler bulabildi sonunda: Tıp fakültesi diploması ile iç hastalıklar uzmanı belgesini. Her iki belge de, koyu yeşil kumaş kaplı bir karton kutudaydı. Bu belgeler herkesten saygı göreceği ve çalışacağı bir hayat sağlayabilirdi ona yeniden.

Diplomaların yanında bir sürü mektup daha vardı. Yüz vermediği ya da unuttuğu hayranlarından gelmiş mektuplar. İç hastalıkları profesörünün imzaladığı bir fotoğraf da vardı. Öğrencilerine pek sert davranan profesör, İrina'ya gizli bir yakınlık gösterir ve onunla konuşurken gözleri parlar, sesinin ahengi değişirdi. İrina bazı akşamüstleri ona çaya giderdi. Çok varlıklı bir bekârdı, solculardan nefret ederdi ve İrina'yı bütün erkek öğrencilerden kıskanırdı. Ama şimdi çok gerilerde kalmış olan o günler de tam istediği gibi değildi.

İrina hayatta her zaman bir şeyleri bozmuş ya da fırsatları kaçırmıştı. Gençliğe özgü sevinçleri tadamamış olması da bundandı. Diplomayı kutusuna koydu ve ayağa kalktı. Heyecanlanmıştı. Tam bu sırada bir otomobil durdu evin önünde. Pavel yeni dönüyordu. Biraz sonra sesini duydu ve güçlükle tanıdı. Sonra kapı açıldı. Yanında Dankin vardı ve bir şeyler anlatıyordu fısıl fısıl. Odayı neden kilitlediğini anlatıyordu belki de. Pavel, hafifçe güldü.

İrina, Dankin'in aşağı kata inmesini bekledi; sonra Pavel'in kapısını vurdu.

Kızgınca bir ses "Girin!" dedi.

Pavel, yazı masasının arkasında oturuyordu. Tuğgeneral üniforması giymişti ve göğsü nişan kurdeleleriyle kaplıydı. Üniforması yeniydi ve pek yakışmıştı. Dankin'in de, Pavel'in de giysileri partizandan daha çok bir geçit töreni üniformasına benziyordu. Bedenin biçimliliğini, sağlıklılığını ve güçlülüğünü iyice gösteriyordu. Kara saçlarını arkaya taramıştı. Yüksek alnından ve birbirinden uzakça koyu renkli gözlerinden zekâ fışkırıyordu. İncecik dudaklarında, keyfe düşkünlüğü açığa vuran bir belirti vardı.

İrina, güzel bir erkek görünce her zaman duyduğu o hafiften kıvrandıran heyecanı hisetti; ama bu heyecan ulaşılamayana duyulan özlemle karışık hoş bir duyguya yerini bıraktı. Gözlerini hiç ayırmadan onu süzerken, içini olağanüstü duyguların kapladığını fark etti. Ne Boris'e, ne von Geier'e, ne de bir başka erkeğe karşı hiç hissetmediği bir duyguydu bu. Bu yüzün, zekâ ve güzellik taşan böylesine güçlü bir kişiliğin önünde, yepyeni bir yaşama isteği duymaya başlamıştı. Vurdumduymazlığından ve yaslılığından, bezgin ve yitik iç dünyasından yepyeni bir duygu fışkırmaktaydı. Boris'i ilk gördüğü gün hisettiğine hiç benzemeyen bu duygu, ürkeklik ve körpelikten uzaktı. Olgunlaşmış ve güçlenmiş bedenine yakışan, yazlar kadar kavurucu bir duyguydu.

Bütün bunları çok kısa sürede düşündü, Pavel'i süzerken. Güzel ve fildişi tenli yüzü kıpkırmızı oluvermişti. Gözlerine sıcak ve heyecanlı bir parıltı geldi, solukları hızlandı ve dudaklarında özlem dolu bir gülümseyiş belirdi, seni ömrümce aradım, der gibi. Çam-Koruya'da anlamamıştı bunu iyice. 'O sıra geçmişin baskısındaydım. Seni geveze bir devrimci sanmıştım. Bizi yıkabileceğini hayal eden biri diye düşünmüştüm. O tarihte yakınında şehvet duymuştum yalnızca. Ama senin güneş altında parıldayan bir kaya gibi dayanıklı olduğunu ancak şimdi anlıyorum ve yepyeni bir hayat kurmak istiyorum bu sapasağlam kayayla.'

İrina gözlerini hiç ayırmadan Pavel'e bakıyordu; bakışlarında, yardım et bana, bana yardım et, yoksa batıyorum, diyen bir yalvarış vardı.

Oysa Pavel, buz gibiydi ve acı veriyordu. Koyu renkli gözleri soğuk ve durgun bakıyordu İrina'ya, Boris'in bakışları da gençliğinde böylesine ısırıcıydı. İki kardeş arasındaki benzerlik, Pavel'in bakışlarında belirmiş düşmanca alaycılıkla daha da artmıştı.

Pavel, yazı makinesindeki işine ara verdi ve ağır ağır doğruldu yerinden. İncelikli, ama ilgilenmez bir tavırla selamladı. İrina, Çam-Koruya'daki o geceki konuşmasını hatırlayınca, küçülüverdi. Pavel, "Bana bir şey mi söylemek istiyorsunuz, acaba?" diye sordu.

"Evet."

İrina da, onun gibi ilgilenmiyor görünmek istedi, ama başaramadı. Karşısındakinin buz gibiliğine dayanamamıştı. İnsanlara karşı davranış konusundaki deneyimlerini yitirivermişti. Çaresizlikle, "Size akşam yemeği hazırlamıştım," dedi.

Pavel'in gözlerinde, düşmanca bir alaycılık belirdi yine. "Gerekli değil," derken. İğneleyici bir sesle, "Bakanlık kantininde yiyorum," diye ekledi.

İrina, ilgisiz bir tavır takınabilmişti yine. "Çok mu dolusunuz?" diye sordu.

Pavel, "Pek çok," dedi. "Bir toplantıdan geliyorum ve yarın sabah için bir rapor yazmam gerekiyor." Ne kardeşini, ne anasını sordu İrina'ya. "Yarın öğleden sonra görüşebileceğimizi sanıyorum," demekle yetindi.

Gözleri, düşmanca inceleyerek ve buz gibi bakmaktaydı; Çam-Koruya'daki gece karşılaşmasındaki alevli parıltıdan hiçbir iz yoktu bu gözlerde. Pavel de Dankin gibi davranıyordu ona karşı; iki erkeğin davranışları da bir tek nedene dayanıyor gibiydi.

İrina, alçak bir sesle, "İyi geceler," diledi ve karşıya yürüdü sessizce. Pavel duymamıştı bile. Selam vermeden gitti sanmıştı.

İrina, odasına çekildi ve bir uyku ilacı aldı.

Ertesi sabah baş ağrısıyla uyandı. Çaresizlik duygusu içindeydi. Hafif bir güz yağmuru yağıyordu. Sokağın kirli gri kaldırımı ve bahçedeki kasımpatıları bir tül arkasından görünüyor gibiydi. Üst kattan ayak sesleri, heyecanlı sesler ve birbiri arkasına telefon görüşmeleri duyuluyordu. Evin önünden cipler geçiyordu. Bahçe parmaklığına bağlanmış atlar, tarhlardaki çiçekleri çiğniyorlardı acımasızca. Komutanlıkta müthiş bir çalışma göze çarpıyordu.

İrina, perdeyi indirip yemek odasına geçti ve bir iki bisküviyle sert bir kahveden oluşan hafif bir kahvaltı yaptı. Baş ağrısı yavaş yavaş geçiyordu. Pavel'in öğleden sonra görüşmeyi kabul etmesi onu yeniden umutlandırmıştı. Dün geceki davranışı aşırı çalışmasındandı belki de. O Çam-Koruya gecesini hatırlamaya vakit bulamamış da olabilirdi.

İrina, hem kahvesini içiyor, hem de bir sürü önemsiz şey anlatan yaşlı kızı dinliyordu, dalgın dalgın. Geçen hafta Kostov'un Çam-Koruya'ya telefon edip uyardığı gibi, bazı yazılı belgeleri yok etmek gerektiğini hatırladı birden. Bu kâğıtlar, lavabonun aynası arkasında duvara gömülü demir bir kasadaydı. Nikotiana ile Alman sigara tröstleri arasında bütün gizli yazışmalar, yazılı anlaşmalar ve bakanlara, yüksek memurlara verilen rüşvetlerin hesapları hep o kasadaydı. Bu belgeler, rüşvet veren için olduğu kadar alan için de suçlayıcı nitelikteydi.

İrina, titredi. Bu belgeler onuruna birer damga vuruyordu. Onu, Nikotiana demirbaşının bir eşyası, Boris'in mallarının bir parçası durumuna düşürüyorlardı. Bu kâğıtları bugüne kadar kimse görmemişti. Bundan böyle de kimsenin görmemesi gerekirdi. Bu kasanın tek anahtarını Boris yanında taşırdı. Şimdi İrina'daydı. Kavala'ya doğru yola çıkarken almıştı.

İrina, odasına döndü ve yaşlı kızın yardımıyla lavaboyu yana itti. Gizli kasanın kapısı duvar kağıdı kaplandığından hiç belli olmuyordu. İrina, korku ve şaşkınlık karışımı bir duyguyla bakakaldı dolabın içine. Bomboştu, neredeyse, bir iki tomar kâğıt kalmıştı yalnızca. Anlaşmaların ve gizli yazışmaların bulunduğu o dosya yoktu. Kasayı açan biri o kâğıtları almış ve sonradan kapatmayı gerekli görmemişti. Önce biraz yatışır gibi oldu. Bir süre önce bu kâğıtlar için telefon eden başuzman almıştı belki de.

Ama Kostov'da anahtar olmadığını hemen hatırladı. Elini uzatıp kalan kâğıt tomarını aldı. Tomarın üzerindeki bir pusulada, "İmzasız mektuplar" yazılıydı. Boris, bütün küçük insanlar gibi, kâğıtlarını bir bir ayırıp bir çeşit arşiv yapmaktan hoşlanırdı. Bu tomardaki kâğıtlara neden böyle değer vermişti?

İrina, yaşlı kızı yanından uzaklaştırdıktan sonra ilk zarfı çabuk çabuk açtı. Mektup, "Çok sayın bay!" diye başlıyordu ve şöyle yazıyordu: "Nikotiana'nın işlerini şu sıra von Geier'le paylaştığınız karınızla yoluna koyduğunuzu, bütün namuslu kişiler biliyor. Erkeklik onuru diye bir şey tanımadığınıza göre sağduyunuza sesleniyorum: Alman sigara tröstünün tütün alışlarında aslan payını koparmak için başvurduğunuz kirli yöntem, dürüst tüccarların kin ve hakaretini üzerinize yöneltmektedir." Mektup, 1942 yılında yazılmıştı. İkinci okuduğu mektup, daha uzundu, basit ve iyiliksever bir anlatımı vardı. 1944 yazında Varna'da kiralık bir villada kalan von Geier'in dar kafalı bir komşusu yazmış olabilirdi. Boris'i namuslu bir kişi sayan mektup sahibi, Bulgar kadınlarının ahlakını yabancılar yanında küçük düşüren eşini dizginlemesini rica ediyordu. Üslubun eskiliği, evlendirecek kızları olan emekli bir generalin putseverliğini akla getiriyordu. Üçüncü mektup çok aşağılıktı. Yabancı sırları öğrenmekten keyif duyan bir it yazmış olabilirdi. İrina, bir yana bıraktı. Ötekiler de, karısının yanlış yola saptığını Boris'e bildirdiğine göre, kıskanç kadınların kaleminden çıkmış olabilirdi. İrina'nın Çam-Koruya'da geçirdiği hayat üzerine gerçeğe uymayan olayları öne sürüyorlardı.

İrina, mektupları yerine bıraktı ve kasayı kapattı. 'Alman sigara tröstleriyle gizli yazışmaları ve anlaşmaları kim almış olabilirdi,' diye düşünüyordu. Korkunç bir kuşkuya kapıldı birden: Pavel almış olabilirdi.

Yıldırımla vurulmuş gibi olmuştu bunu düşününce. Boş kasanın önünde taş kesilmişti. Evet, Pavel'den başkası olamazdı. Kişi olarak da, resmi sıfatı bakımından da kasayı açıp belgeleri gözden geçirmeye ve gerekli bulduklarını almaya yetkisi vardı. Boris'in kardeşiydi ve yeni rejimin önemli bir kişisiydi. İrina'yı her yanıyla ortaya koyan o mektupları ve fotoğrafları da karıştırmış olabilirdi. Pavel, kardeşinin kirli geçmişiyle ilgili belgeler arasından mektup ve fotoğraflara önem vermemişti belki de. İrina'nın kirli geçmişini, satın alınma değerini, tutkularını, çılgınca serüvenlerini öğrenmek için ayıracak vakti yoktu herhalde!

İrina, bu düşüncelerden kurtulmak için, kâğıtları Kostov'un almış olabileceğine kendini inandırmak istedi. Bunun böyle olması olasılığı pek uzaktı, ama o yine de bu cılız umuda sımsıkı sarıldı. Bu umutla telefona koştu. Viktor Efimiç, efendisinin durumunun kötü olduğunu ve yatak odasından çıkmadığını söyledi, güç anlaşılır bir dille.

İrina, "Hemen oraya geliyorum," dedi.

Bombardımanlarda delik deşik olmuş bulvardan Kostov'un apartmanına gitti. Kopmuş telefon telleri, kiremitler ve beton parçaları vardı kaldırımlarda. Kirli gri bir gökyüzünün solgun ışığı ve yağmur altında büsbütün iç karartıcıydı bütün bu yıkıntılar ve kalıntılar. Bazı evlerin önünde milisler nöbet bekliyordu. Motosikletler ve kırmızı flamalar takmış asker otomobilleri geçiyordu bulvardan. İrina, heyecanlı heyecanlı konuşan yoksul giysili insanlara rastlıyordu arada bir. İncecik pardesüleri içinde soğuğu umursamayan bu insanlar, alınyazılarının bundan böyle kendi ellerinde olduğunu kavramış görünüyorlardı.

İrina, Kostov'un oturduğu apartmanın önüne vardığında aklı hâlâ o kayıp kâğıtlardaydı. Umutsuzluğun verdiği düşüncesizlikle, Pavel'i elde etmeyi tasarlıyordu bir yandan da.

Asansör işliyordu. Hemen ikinci kata çıktı. Viktor Efimiç kapıyı açıncaya kadar zili üç kere çalması gerekti. Viktor, bulut gibi sarhoştu ve güçlükle duruyordu ayakta. Suratının rengi öylesine mosmordu ki, bundan aşırısı ancak bir ölü yüzünde görülürdü.

İrina, "Nedir bu halin!" diye payladı. "Aşırı gidiyorsun. Utanmıyor musun? Efendin hastayken daha az iç, hiç değilse..."

Viktor Efimiç, söylenilenlerden hiçbir şey anlamamış, kan çanağına dönmüş gözlerle bakıyordu alık alık. Sonra, bir makineymiş gibi ağzını açtı ağır ağır ve parmağını ağzına götürüp bedenini çarpıttı birden.

İrina, öfkeyle, "Görüyorum, konuşacak halde değilsin," dedi. "Efendine olan borçluluğunu pek güzel ortaya koyuyorsun bu halinle."

Viktor Efimiç, bakışlarını İrina'dan hiç ayırmadan işaret parmağıyla hep o hareketi yaptı.

İrina, "Ne demek istiyorsun?" diye sordu. "Efendinin boğazı mı ağrıyor?"

Viktor Efimiç, hiçbir şey söylemedi, hırıltılı bir inilti geldi göğsünden.

"Nerde Bay Kostov?"

Viktor Efimiç, o anlaşılmaz işareti üçüncü kez yaptıktan sonra, yatak odasını gösterdi. İrina, yarı açık duran kapıya koştu. Masada, krem rengi kâğıtlı bir abajur yanıyordu. Başuzman, arkası dönük oturuyordu masa başında ve sırtında ipekli robdöşambr vardı. Odanın havasında tütün, ağır bir esans ve yaşlanmış erkek kokusu birbirine karışmıştı. Odanın uzun süredir kapalı kaldığı belliydi. Abajurdan, mobilyalara sarımsı bir ışık vuruyordu. İrina odanın içini pek seçemiyordu ama, Kostov'un masaya olağan dışı eğik durduğunu yine de fark etti.

Kısık bir sesle, "Kostov!" diye haykırdı.

Başuzman, hiç kımıldamadı. Odayı kaplayan derin sessizlikle, Viktor Efimiç'in hırıltılı hıçkırıkları vardı yalnızca. İrina, Rus'un ağladığını anladı birden.

İrina, Kostov'a yaklaştı ve eğilip yüzüne baktı. Başuzmanın çenesinden kan akıyordu. Halının üstünde, ropdöşambrının ipek kordonunun hemen yanında, bir tabanca duruyordu. Masanın üstünde mektuplar vardı.

Bütün bunlar pek az önce, telefon ettiği sırada olmuştu belki de. Odadan çıkınca, Viktor Efimiç'i koltuğa yığılmış buldu. Rus, konyak içiyordu yine.

İrina, 'hayvan herif,' diye kızdı içinden. Böyle körkütük sarhoş olmasaydın farkına varırdın da felaketi önlerdik. Ama sonra, Kostov'un yaşamak istemediğini düşündü. Bundan böyle yaşamasının bir anlamı kalmadığı kanısındaydı. Elinde olmadan kendi durumunu düşündü ve ürperdi. Bundan böyle onun yaşamasının da bir anlamı kalmamıştı belki de.

İrina eve geç vakit döndü. Nikotiana başuzmanının kendi eliyle canına kıyması büyük kuşkulara yol açmıştı ve İrina'yı uzun uzun sorguya çekmişlerdi. Geceyi karakolda geçirmemek için Pavel'e olan akrabalığını kullanmış ve Muhafız Birliği Komutanlığına telefon ettirmişti. Telefona gelen Dankin, İrina'nın Morev arkadaşın yengesi olduğunu doğrulamış ve faşistlerden yana açıkça ortaya vurulmuş bir çabası görülmediğini söylemişti. Bunun üzerine İrina'yı salıvermişlerdi.

Toz gibi bir yağmur yağıyordu. Tek tük sokak lambaları sisten bir tüle bürünmüştü. İrina, on yıldır ilk olarak yaya dönüyordu eve, hem de böyle bir havada. 'Yağmur saçımı bozar,' diye düşündü. Sonra, 'saçımı düzelttirmek için berbere de yaya gitmek gerekecek,' diye alay etti kendi kendisiyle. Otomobilini elinden almışlardı. Üniversiteye giderken de yaya yürürdü, para artırıp çorap ve iskarpin alabilmek için.

Sömestr başlarken yağmurlu sonbahar günlerinde tuhaf bir heyecan ve tedirginlik duyduğunu hatırladı. Pavel'in çalışma odasında ışık görünce de buna benzer duygular kapladı içini.

Yukarı kata çıktı. Giysilerini değiştirdi. Saçlarını düzeltti ve gidip Pavel'in kapısını vurdu, çekinerek. Kayınbiraderinin bariton sesi daha dostçaymış gibi geldi bu kez.

Pavel'in yüzü durgunlaştı onu görünce. İrina, onun kendisini değil, Dankin'i beklemekte olduğunu anladı. Yine temiz giyinmişti ve tıraşı pırıl pırıldı. Saçları arkaya taranmıştı. Yüksek alnı, gözlerine ve ince dudaklarına olağanüstü bir isteklilik gücü, bir anlam veriyordu. Sırtındaki üniformasının yakasında sırmayla işlenmiş meşe dalı ve pantolonunda kırmızı bir zırh vardı. Siyah iskarpinleri yeni boyanmıştı. Bir kabul resmine, ya da bir elçiliğe gidecekti belki de.

İrina, yeni düzenden yana yöneticilerin de şıklığa ve güzelliğe değer verdiğini biraz şaşarak anladı. Hayranlığını gizlemeye çalışarak, "Bir kabul resmine mi gideceksiniz?" diye sordu.

Pavel, alnını kırıştırdı ve kısaca, "Saat dokuzda bir işim var," demekle yetindi. Sonra, kol saatine bakıp, "O saate kadar vaktim var," diye ekledi.

İrina, koltuklardan birine oturdu; onun bu umursamaz davranışına kızmıştı. Küçük gümüş tabakasından bir sigara aldı ve Pavel'in ateş uzatmasını bekledi. Ama o farkında bile olmayınca, kendi yaktı sigarasını, sinirli bir davranışla.

Pavel, "Ne oldu?" diye sorarken, yazı masasının gözündeki kâğıtları karıştırıyordu.

"Firmamızın başuzmanı canına kaydı."

"Suçluluk duymuş olmalı."

"Hayır. Bundan böyle yaşaması için hayatın bir anlamı kalmamıştı da..."

Kostov'un kişiliğini ve Aliki olayını anlattı kısaca.

Pavel, hiç ilgilenmeden dinledikten sonra, "Ona bir şey yapmazdık," dedi.

Susuyorlardı. Yağmur hızlanmıştı. Yağmur şakırtıları ikisini de bunaltıyordu. Pavel'in aşırı ciddi yüzünde umut kırıcı bir buz gibilik vardı.

İrina, birden kendini tutamadı. "Yatak odamdaki kasayı siz mi açtınız?" diye sordu.

Pavel, acı bir gülümseyişle güldü, "Evet!" derken.

"Hangi hakla?"

"Halkımın bana verdiği yetkiyle..."

İrina, "Buna benzer ucuz doğrulamaları şu sıra pek kullanıyorlar!" demek gücünü bulabildi kendinde. Sonra da, "Neler ilgilendirdi sizi?" diye sordu.

"Kardeşimin geçmişte yapmış oldukları..."

Yüzü asılmıştı; soğuk ve ters ters baktı İrina'ya. Bakışları Boris'i andırıvermişti.

İrina, "Anlaşmaları ve Alman sigara tröstüyle gizli anlaşmaları yok ettiniz mi?" diye sordu.

"Hayır, Merkez Komitesi'ne verdim."

Şu anda yüzü Boris'i ne de andırıyordu. Ama bakışlarında onun gözlerindeki kötü parıltı yoktu.

"Şu halde, iyi oldu kardeşinizin ölmesi!.."

Pavel, heyecanlı bir sesle, "Hayır," dedi. "İyi olmadı. Halk mahkemesi önünde hesap vermeliydi."

"Onu kurtaramaz mıydınız?"

Pavel'in yüzü allak bullak oldu kinden. "En çok ben suçlardım onu. Stefan'ın ölümü ve grevde öldürtülen işçi için. Kardeşimin böylesine kötü olabileceğini aklıma getirmemiştim."

"Ama o yardım ettiydi size. Sakladı sizi, gizli çalıştığınız günlerde."

"Hesaplıydı her şeyi. Durum Almanlardan yana gelişirse beni ele vereceğini siz söylemiştiniz."

Yine bir sessizlik oldu. Yağmur hızla çarpıyordu camlara; bir ölü pencereye vuruyormuş gibi. Güzün karanlık gecesi korkunçtu. İrina titredi, "Ne korkunç şeyler!.. Ne korkunç şeyler!" diye mırıldandı.

Pavel, içine kapanık bir sesle, "Evet, korkunç şeyler," dedi. "Ama hayat sürüyor yine de."

İrina, ölürken Dinko'nun da böyle söylediğini hatırladı. Toplantıya giderken atlı polislerin copla saldırdığı yoksul üniversiteliler de böyle söylerdi. Buna benzer düşünceler, çok bulanık ve belli belirsiz de olsa, kendi bilincinde de kımıldanmaya başlamıştı. Çat diye bir çakmak sesinden pek korkmuştu. Dalgın dalgın, "Öteki kâğıtları da okudunuz mu?" diye sordu.

Pavel, kısa bir kararsızlıktan sonra, kuru ve çabuk çabuk, "Kardeşimin özel mektupları beni ilgilendirmez," karşılığını verdi.

"Benimle ilgili olanları da mı?"

"Okumadım hiçbirini."

İrina, Pavel'in yalan söylediğini anlamıştı. Bir kadını alçaltmış olmamak için ya da o ilk tanışma gecesinin ikisine de sonsuz heyecanlar veren anısından belki de.

Karşısındakinin yalanını sezdiğini açığa vuran acı bir alayla, "Bu sözünüze inanmıyorum," dedi. "Evet, inanmıyorum. Onurumu korumak için gerçeği söylemiyorsunuz. Düşmüş bir kadın olduğumu biliyorsunuz. Mahvolmuş bir insanım ben. Nikotiana'ya büyük siparişleri ben sağlıyordum, von Geier'den. Kendimi kıyasıya harcadım ve sonraları daha başka budalalıklar yapmaya başladım."

"Bilmiyordum bunu."

"Ama şimdi öğrendiniz."

"Bunun ne işe yarayacağını anlayamıyorum."

Pavel'in sesinde hep o umursamazlık vardı. Bu durum, İrina'ya paylanmış olmaktan daha çok acı veriyordu. Birden, yıllarca önce genç kızlığında olduğu gibi, hıçkırmaya başladı. İlk gözağrısı Boris'i Nikotiana'ya kaptırdığı günlerde olduğu gibi. Öylesine acı duyuyordu ki, bir ara haykırdı. Sonra kendini toplamak için elini ısırdı. Pavel'e utançla baktı. O ise susuyor ve sigara içiyordu. Umursamazlığını hiçbir davranış giderememişti. İrina, 'elbette umursamaz,' diye aklından geçirdi; partizanlara katılmış namuslu nice kadın ve erkeğin, soğuk, açlık ve yaralardan ölüşünü görmüştü. İrina, onu hiçbir zaman kazanamayacağını ve Çam-Koruya gecesinde sevgisinin şöylesine bir geçip gittiğini kavradı. Bu erkekten, hayattan ve yarından hiçbir şey bekleyemezdi.

Kurtarıcı bir ışık gibi iç dünyasında parlayıvermiş olan özlem ve umudu, kirli geçmişinin karanlıkları yutmuştu. Nikotiana, çöktükten sonra bile insanları birbirinden ayırıyordu.

İrina, bu gerçeği kavramasının sarsıntısıyla kalktı, gitmeye davrandı.

Pavel, hiç beklemediği halde, genç kadını durdurdu, "Ne yapmayı düşünüyorsunuz?" diye sordu.

İrina, dalgın dalgın, "Bilmiyorum," dedi.

"Paranız var mı?"

"Para mı?"

Soruyu pek kavrayamamıştı. Düşlerde gibiydi. Bakışlarını yerden hiç ayırmıyordu.

"Evet, para. Para gerekli size elbette."

"Yetecek kadar param var."

Yabancı bankalarda çok parası vardı. Boris ve von Geier'den sızdırmıştı. Ama şu sıra bu paraların ne yararı vardı ona? Aylak hayatını yabancı ülkelerde sürdürmekten ve yaşlanınca da Maria'nın anası gibi erkeklere yedirmekten gayrı neye yarardı bu paralar? Pavel'in, o imzasız mektuplarını okumadığını açıklayacak, içtenlikli tek bir söze bütün parasını verirdi. Pavel bir şeyler konuşuyordu, ama içtenlikle mi? Hayır. Buz gibi, düşmanca bir uyumla ve gizlese bile, onu hor görerek konuşuyordu. Toplumun beklediği görevleri ve hekim olarak çalışabileceğini ileri sürüyordu, kuru anlatımla.

İrina, onun bu sözlerini kesti, "Bana bir pasaport sağlayabilir misiniz?" diye sordu.

Pavel, onu şaşkınlıkla süzdükten sona, "Hayır!" dedi. "Söz konusu olamaz böyle bir şey."

İrina, övünür bir davranışla, "Yabancı bankalarda çok param var," dedi. "Borçluluğumun altında kalmam."

Pavel, öfkeyle süzdü onu.

İrina, öylesine kendini kaybetmişti ki, ne söylediğini bilmiyordu. Karşısındaki adamın yüz çizgilerini süzüyordu. Evet, pişman değildi söylediğinden. Paraya böylesine düşkün oluşundan iğrensin, imzasız mektuplarda yazılanların doğruluğuna inansın, bunların gerçeğin ta kendisi olduğunu bilsin, istiyordu.

İrina, gittikçe azıttı ve okuması yazması kıt bir sokak kızı, karaborsa malları elinden alınmış savaş zengini bir parazit gibi atıp tutmaya başladı solculara ve partiye. Daha sonra, ille de bir pasaport sağlasın diye Pavel'i kandırmayı denedi, mücevherlerini sınırın ötesine nasıl kaçırabileceğini sordu ve çeşitli entrikalara başvurdu. Pavel, ya da partili arkadaşları yurtdışı yolculuklarında mücevherleri yanında götüremezler miydi? Diplomatların bavulları aranmazdı nasıl olsa.

Pavel, önce bir şaşırdı, sonra güldü ve sonunda öfkeyle: "Yeter!" diye bağırdı. "Siz çıldırmışsınız."

"Hiç değil. Bile bile söylüyorum."

"Saçma sapan konuşuyorsunuz."

"Aklı başında bir iş ortaklığı yapalım diyorum, size." Pavel pek kızmıştı. "Odamdan hemen çıkın!" diye bağırdı.

"Ne zamandan beri sizin oldu bu oda?"

Pavel, karşısındaki kadının aklından kuşku duyar gibi bir baktı. İrina da, sonuna kadar açılmış gözlerinde bir nöbet parıltısıyla ve pusudaymış gibi onu süzüyordu. Evet, bile bile! Birkaç söz daha bulabilseydi söyleyecek, genç adam ondan yaşadığı sürece nefret ederdi. Çöken bir dünyanın en utanmaz karısıymış diyecekti! Böyle bir durum İrina'nın ona yaklaşma çabalarını kökünden engelleyecekti, bütün umutlarını yıkacaktı ve hayatı son bulacaktı. Sonrası unutulmuşluk, hiçlik, bir türlü bitmeyen zaman, madde ve mekân, ölümün dinlendiriciliğiydi. Ölümün karanlığında bütün heyecanlar sona erecekti. Böylesine bir dinlenişi şimdi bilinçli olarak istiyordu; Kostov gibi. Nikotiana başuzmanı, kirli sarı dünyanın hiçbir işe yaramayan bir kalıntısı olarak, bir kurşunda o karanlık sessizliği boylayıvermişti.

İrina, Pavel'in öfkesinin geçtiğini ve yüzünün tasalandığını fark etti. İnanılmayacak bir şey oldu. Pavel, elini tuttu. İnsanların içini okumasını ve durumlardan yararlanmasını bilen zeki bakışlarında bir kararlılık pırıltısı belirmişti. Acaba bir şeyler mi sormak, bir şeyler mi öğrenmek istiyordu Pavel? Ne olabilirdi? Nefret ettiği kardeşinin dul karısının kirli çamaşırlarını mı karıştıracaktı yine. İrina acılı bir dalgınlık içindeydi.

Pavel, "Fraeulein Dietrich'i tanıyor musunuz?" diye sordu.

İrina, "Evet," diye yalan söyledi. "Onu çaya çağırırdım, sık sık."

Pavel'in bakışlarında bir hoşnutsuzluk parıltısı dolaştı. "Bilgiler verir miydiniz ona?"

İrina, "Evet!" diye bağırdı, öfkeyle. "Hemen her konuda bilgi verirdim ona! Saraydaki toplantılar, İngiliz dostu çevrelerinin toplantıları, Boris'in Vatan Cephesi'yle karşılaştığı güçlükler üzerine bilgi verirdim. Her şey üzerine, her konuda..."

"Fraeulein Dietrich'in kim olduğunu biliyor muydunuz?"

"Evet, Gestapo ajanıydı."

"İşbaşına bizler geçince başınıza bu yüzden neler geleceğini biliyor muydunuz?"

"Elbette biliyordum. Tutuklayın beni halk mahkemesine verin!.."

Pavel gülüverdi; ama acımasızca değil, dostça. Sonra, "Fraeulein Dietrich'in gizli dosyaları elimizde bulunuyor," dedi.

"Daha ne istiyorsunuz? Kanıtlayıcı belgeler elinizde demek! Tutuklayın beni!.. Ne bekliyorsunuz?"

Karşısındakini sonunda kandırabildiği için çılgınca ve acı veren bir sevinç duymaktaydı.

Pavel, sakin sakin, "Ne var ki," diye başladı, "Fraeulein Dietrich kendisinden hiç hoşlanmadığınızı, onu evinden kovduğunuzu yazıyor. Bundan ötürü de..."

İrina, sonunu dinleyemedi ve bayılıverdi; Pavel'in kolları arasına yığılıverdi.

İrina, gözlerini açınca kendini yatağında buldu. Yatağın başucunda Pavel, hizmetçisi yaşlı kız ve Yarbay Dankin vardı. Bir süre sonra bir başka adam daha gözüne ilişti; kepinde kırmızı yıldız göze çarpan üniformalı biriydi. Adam, koluna bir iğne yaptı. Sonra, işaret etti odadakilere, yataktan uzaklaşın anlamında. Kepindeki yıldıza ve apoletlerine bakılırsa, partizan ordusu hekimlerindendi. Yüzü güneşten iyice kararmıştı. Yanak kemikleri çıkık, gözleri çekikti. İrina, bu tuhaf yüzü tanır gibiydi. Moğol yüzlü bu adamı nerede görmüştü acaba? Oldukça kafa yorduğu halde bir türlü çıkaramıyordu.

Fısıldar gibi bir sesle, "Nem var benim?" diye sordu.

Hekim, "Aşırı heyecanlanmalar sinirlerinizi sarstı. Tedirginleşmek yasak," dedi. "Yakında bir şeyiniz kalmaz."

"Şimdi biraz daha iyiyim."

"Kalbinizi güçlendirmek için bir iğne yaptım. Şimdi de yatıştırıcı bir ilaç vereceğim. Uyumaya çalışın."

"Evet. İyi olur. Saridon var mı?"

Partizanların saridonu yoktu. Hekim bir tozu suda eritip uzattı ve ötekilere dönerek, "Bayanın yüzde yüz dinlenmesi gerekiyor," dedi.

Yaşlı kız ve Dankin odadan çıktılar.

Hekim, önce İrina'ya, sonra da Pavel ve Lila'ya baktı; bir süre düşündükten sonra, alçak sesle, "Konuşmak yok," dedi.

"Peki efendim. Olaylardan çok sarsılmış."

"Doğru. İyileşir iyileşmez anasının yanına göndermeli."

Hekim kapıya doğru yürüdü.

Pavel, Lila'ya yaklaşıp, "Odamda bekliyorum seni," dedi ve hekimle çıktı.

Lila, hastanın yanında kaldı.

İrina'nın yarı aralık gözleri odayı tarıyordu. Soluk alışları düzelmişti. Lila düşüncelere dalmıştı, yataktaki kadını süzüyordu bir yandan. Bir cariye kadar güzeldi. Burnu hafifçe kemerliydi. Mavimsi kara saçları sıktı ve kadife gibi yumuşacıktı, İrina'nın göğsünde ve kollarında, erkekleri oldum olası çeken dayanılmaz bir güç vardı. Bu dayanılmaz çekicilik, o Çam-Koruya gecesinde Pavel üzerinde de etkisiz olmamıştı elbette. Ama Lila, İrina gibi bir kadının Pavel'in gerçekten hoşuna gitmeyeceğini de biliyordu. O gece bir an heyecanlandırmış olabilirdi. Gizli çalışmalar, uykusuz geceler, Gestapo ve Çar polisinin eline düşme tehlikeleriyle yıpranmış sinirleri, bir an gevşeyivermişti belki de. Oysa, İrina şimdi eski İrina değildi. İç dünyası çökmüş, yaşama gücünü yitirmiş ve beyni işlemez olmuştu.

İrina, az sonra derin bir uykuya daldı. Lila, odadan çıkarken bir daha baktı hastaya. Gece lambasının sarı ışığı vurmuş bu yüzde cansız ve ürkütücü bir güzellik vardı. Şu anda yalnızca acıyordu kadına. On yıl önce kendisine karşı insanca davranışını da, hatırlayarak.

İrina, tek başınaydı odada. Yağmur damlaları pencereye vuruyordu, bir ölünün parmakları gibi.

Lila, Pavel'in yanına girince, "Gördüm onu," dedi.

"İnandın mı sözlerimin doğruluğuna? Ona hem acıyorum, hem kızıyorum. Bu evde daha çok kalmamalı. Burada komutanlık var. Arkadaşlar beni suçlayabilirler, haklı olarak,"

"Ona karşı iyi davranmalısın."

"Çaba göstereceğim. Ama onun bundan sonraki durumuyla sen ilgilenmelisin."

"Değiştirebileceğimi sanır mısın?"

"Hayır."

"Ama ben bütün insanlarda iyi bir yan bulunduğuna yine de inanıyorum."

"Ben de. Ancak, bu kadının kirli geçmişini unutma. Alınyazısının sürüklediği acıklı durumdan hâlâ kurtulmuş değil ve eski hayatını unutamıyor. Temelden değişikliklerin farkına vardığı gün küçük çıkarlar peşinde kötü bir kadın olabilir ve yeni düzene karşı çalışabilir. Düşmanlarımızın bir aleti de olabilir."

"Şimdiye kadar bunu yapmadığına göre bundan böyle de yapmaz."

"Şimdiye kadar böyle davranmaması, von Geier'den ve kardeşimden bol para almış olmasından. Çevresi yıkıldığına göre, bundan sonra kötülük yapabilir."

Lila, düşüncelere dalmış, önüne bakıyordu. Bir süre sonra, "Ona yardım etmek bir görev benim için," dedi. "Bana yaptığı iyiliği unutamam. Bu kadın yetişmeseydi ben sakat kalırdım."

"Bundan ötürü seni daha az sevecek değilim."

Lila, "Bilirim," derken gülümsedi. "Beni severdin yine de."

Birbirlerinin gözlerine baktılar.

Pavel, onu göğsüne çekti. Lila öpücüğe karşılık verdikten sonra yavaşça itti Pavel'i, sandalyeye bıraktığı mantosuna uzandı.

Pavel, üzüntüyle, "Gidiyor musun?" diye sordu.

"Merkez Komitesi'nin gece toplantısı var."

İrina, ertesi sabah öğlene doğru uyandı. Başı ağrıyordu. Hekimin ağır yaralılara kullanılan uyuşturucu ilacı onu iyice sersemletmişti. Birkaç gündür alışmaya başladığı sesleri duyuyordu. Telefonlar çalıyor, altları kabaralı çizmelerin gürültüsü, otomobil ve motosikletlerin homurtuları duyuluyordu.

Hizmetine bakan yaşlı kız, kahvaltısını yatağına getirmişti. Elini bile sürmedi. Kuvvetli uyku ilacında belki de afyon vardı. Midesi bulanıyordu. Biraz sonra hekim göründü. 'Bu adamı nereden tanıyorum ben,' diye düşünmeye başladı. Sonra, "Midem bulanıyor," dedi.

"Verdiğim uyku ilacından. Siz de hekimsiniz değil mi?"

"Bir zamanlar hekimdim."

Hekim bir süre sustu. Ne diyeceğini kestirememişti belki de. Çünkü bu kadının geçmişini iyi biliyordu. "Evlenince meslekle ilgilenmediniz belki de," dedi.

"Evet."

Hekim, onun kafasından geçenleri duymuş gibi, "Her şeyi neşeli yanından görmelisiniz," dedi.

"Belki de yaradılışım buna uygun değil."

"Ama özgür ve daha açık yürekli olmak elinizde. Yoksa yine bir buhran gelebilir."

"Yapamıyorum, yapamayacağım."

İrina, açığa vurduğu düşüncelerine şaşarken, ellerinin titrediğini fark etti.

"Yapamaz mısınız? Buna nazlanma derler."

"Nazlanma mı?"

İrina güldü. Ellerinin titremesi geçmişti. Hakkı vardı adamın. Gülmek iyi geliyordu. "Neydi bana verdiğiniz uyku ilacı?"

"Afyon. Daha başka bir uyuşturucu yoktu. Bir köy eczanesinde bulmuştum savaşırken. Ama yakında bütün hekimlerin bol bol ilacı olacak. Sinir buhranınızda bu kadar acele etmeseydiniz size özel bir tertip verebilirdim."

İrina yine güldü ve, 'hiç de budala değilmiş,' diye düşündü. 'Bilgisizlikten afyon verdi, sanmıştım.' Belki de üniversite yıllarında görmüş olduğu bu çekik gözler neşeyle bakıyordu ve zekiydiler. Onu daha önce bir görmüşlüğü var gibisine geliyordu. "Özür dilerim, bir türlü çıkaramıyorum," dedi. "Daha önce bir yerde karşılaşmış mıydık?" Hekim, bir an durakladıktan sonra, şakalaşır gibi "Elbette, tanışıyoruz," dedi. "Aynı fakültede ve aynı sömestrdeydik."

İrina, "Öyle mi?" derken, nedenini bilmeden şaşırdı. Sonra, anılarının parçaları birleşti ve tek bir görüntü oldu. "Doğru, hatırladım elbette! Sana Cengiz adını takmıştık. Çok güzel konuşurdun. Sen konuştun mu sonunda dövüş çıkardı her zaman. Tuhafı şu ki, inancım sizlerden yana olmadığı halde seni dinlerdim. Politikadan hoşlanmıyordum."

"Evet, politikada yan tutmazdın."

"Önünde küçülmeye niyetim yok."

"Sen hiçbir zaman böyle davranmadın."

Sustu ve kaşlarını çattı. Sonra, "Neden hemen kendini tanıtmadın?" diye sordu.

"Konuşmaman ve heyecanlanmaman gerekiyordu."

"Başımdan geçenleri biliyorsun herhalde?"

"Hayır, hiçbir şey bilmiyorum."

İrina, bir baktı. Cengiz'in doğuştan çekingenliği ve dengeli davranışını, başkalarının iç dünyalarındaki sarsıntılara merak duymasını önlerdi.

Cengiz'i tanıması, İrina'yı üniversite günlerinin neşeli ve gürültülü anılarına götürüverdi. Boris'in davranışından duyduğu üzüntüye rağmen gençliğin verdiği bir iç tertemizliği vardı. Üzülmüştü. Ama onurunu kurtarmış olduğu için de gururlanmıştı. Boris'e boş verip kendi yolunda yürüdüğü günlerin ne güzel olduğunu hatırladı. Bilime ve çalışmaya verivermişti kendini. Hayatı güçlü bir nehir gibi akıyor ve çalışmadan sonra küçük küçük eğlenceler neşelendiriyordu onu. Şu anda o yılların unutulmazlığını daha iyi anlıyordu. Beyaz badanalı küçük odasını, yüce ceviz ağacının serin gölgesini ve yakındaki ırmağın çağıltısını unutamadığı gibi.

İlkbahar başlangıcında çeşitli güzel kokular havayı doldurunca, yaz yaklaşıp da sokaklar benzin ve asfalt kokunca, sisli ve serin güz sabahları hastaneye gitmek için tramvaya koşarken ne hoş duygular dolardı içine. O günlerinde, her biçimde, her seste, her gürültüde, her renkte, sevinçler buluverirdi. Henüz tertemiz olduğu ve çalışmaktan başka hiçbir şey tanımamış bulunduğu günlerinde Boris'e rastlamamış olsaydı, hayatı boyunca da böyle kalırdı. Boris'e rastlamasaydı hayatın ilk dönemini hoşnutlukla kapatmış olacaktı. Mutlu ya da hayal kırıklığı içinde olacaktı, ama herkesin tiksinti duyduğu boyalı bir moda bebeği durumuna düşmeyecekti.

Varlıklı oluşu ve lüksü neye yaramıştı? Hiç! Yeni toplum düzeni bunları küçümsüyordu. Bütün çapkınları isteklendiren bakımlı bedeni ve fildişi teni, yılların hiçbir iz bırakmadığı pırıl pırıl yüzü neye yaramıştı? Hiç! Hayatı boyunca arayıp da sonunda bulduğu erkek, yüzüne bile bakmıyordu.

Elleri yine titremeye başlamıştı.

Cengiz, bunu görünce, "Kendimi tanıtmamalıydım," dedi. "Konuşmak yordu..."

"Hiç de değil. İyi oldu. Ne yapmam gerektiğini gösterdin bana."

Cengiz'in çekik gözleri, İrina'nın yüzüne takılmıştı. Bu yüz, büyüleyici güzelliğine rağmen, pörsümüş ve biraz bozulmuşu. Hiç amacı, istediği ve yaşama gücü kalmamış bir insanın yüzüydü. Hayatın kötü damgasını yemiş ve uçuruma yuvarlanan aşırı güzel bir kadının yüzüydü.

Cengiz, biraz da ürkerek, "Bundan böyle ne yapmayı düşünüyorsun?" diye sordu.

İrina, yalan söylediğini hiç belli etmeden, "Hekimlik mesleğime döneceğim," dedi.

"Çok güzel bir karar ama şimdi bunları düşünmenin sırası değil."

Gitmeye davrandı ve kepini koydu başına. Pek rahat olmadığı yüzünden belliydi.

İrina, güçlükle duyulan bir sesle, "Nereye gidiyorsun?" diye sordu.

Cengiz, genç kadını biraz oyalamış olmak için, fakülte günlerinin ağzıyla, "Ordu Sağlık Kurumu Dalay Lama'sına!" dedi. "Bizim birlik için gezici bir röntgen almaya çalışacağım."

"İyi düşünmüşsün."

Hem böyle dedi, hem de Cengiz'in gezici bir röntgen için sevinebilmesine şaştı.

Hekim, tasalı ve düşünceli bir baktı; İrina'nın sesi, uyuşmuşluk, umutsuzluk, sinir hastalığı ve umursamazlığı ele veriyordu. Bütün bunlar, çok yakın bir çöküntünün ilk belirtileriydi. Bu düşünce, tuhaf bir iç burkulmasına yol açtı. On iki yıl öncesinin genç kızını hatırlamıştı. Odadan çıkarken, "Kendini toplayıp mesleğine dönmelisin," dedi. "Sağlığına kavuşmanın tek yolu bu."

İrina, yapmacıklı bir sesle, "Elbette böyle yapacağım," diye karşılık verdi, bu güçten yoksun olduğunu kendi de biliyordu. Elleri titremeye başlamıştı yine.

Öğleden sonra Lila geldi. İrina, onu hemen tanıdı. Kumral saçları, mavi gözleri ve biraz durgun yüzü okul günlerinden beri hiç silinmemişti belleğinden. Lisedeyken onun güçlü ve açık davranışlı hallerine hayrandı. Lila hâlâ o liseli kız gibiydi. Ama hayat deneyimleri ve kazanılan zaferin sevinciyle şimdi biraz daha yumuşamış bir görünüşü vardı.

Birden öfkelendi. Ne istiyordu bu kadın ondan? Yükselişini ve başarılarını gösterip, gelecek için öğütler mi vermek niyetindeydi? Bunu belki de iyi yürekliliğinden yapacaktı. Olsun! İrina, soğuk davranmaya kararlıydı.

Lila, hiç de üst perdeden konuşmadı, lise arkadaşı gibi davranarak, "Bak şuna!" dedi ve kolunu gösterdi. "Sapasağlam. Senin sayende..."

İrina, yabancı yabancı ve biraz da şaşkınlıkla baktı.

"Ne? Tanımadın mı beni?"

"Tanıdım, elbette."

"Koluma neler olduğunu hatırlamıyor musun?"

"Ne gibi?"

Lila, "Yok yahu!" derken yüzünü buruşturdu, ama hemen dostça gülümsedi. Biraz alaycı, "Kolumun kırılmış olduğunu ve senin alçıya koyduğunu hatırlamıyor musun gerçekten?" dedi.

İrina, ilgisizlikle, "Hayır!" dedi. "Hiçbir şey hatırlamıyorum... Neredeydi?.."

"Dinko'nun köyünde."

"Ben o köydeyken birçok hastaya bakmıştım. Bu arada bir sürü kol ve bacak da görmüştüm."

Lila, İrina'nın karyolasına oturdu. "Saçmalama. Sen o tarihte hekimliği bırakmıştın çoktan. Bütün yaşamında on taneden çok hasta gördüğünü de hiç sanmam. Gerçekten mi unuttun koluma baktığını. Dinko getirmişti seni. Hükümet hekimine görünemezdim. Gizli çalışıyordum..."

İrina, hiç değişmeyen bir vurdumduymazlıkla, "Hiçbir şey hatırlamıyorum," dedi yine. "Senin o tarihte gizli çalıştığını bilmiyordum belki."

"Gevezeliğin sırası değil." Eğildi ve elini İrina'nın alnına koydu. "Dinko'yla bir bavul dolusu giysi göndermiştin, tanınmayayım diye. Her neyse, geçelim. Biraz başka şeyler soracağım: Neden nefret ediyorsun bizlerden? Yoksa benimle dostluk etmek ve konuşmak seni küçültür mü sanıyorsun?"

İrina baktı, ama karşılık vermedi.

Lila, durumu kavramıştı. "Seni milise jurnal etmeye gelmedim, korkma!" dedi. "Bir isteğin var mı diye sormaya geldim yalnızca."

"Evet, var bir isteğim."

"Ne gibi?"

"Bir pasaport."

"Ne yapacaksın pasaportu?"

"Sizden uzaklaşmak için."

"Bu kadar mı kötüyüz senin gözünde?"

İkisi de sustular. İrina, hayatının son on yılını bir film gibi hızla gördü. Ayrıntıları değil, sonsuz hüzünler ve ıssızlıklarla dolu yapayalnız saatlerini hatırlamaktaydı.

Lila, birden, "İçinde yaşadığın o dünyayı seviyor muydun?" diye sordu.

"Evet." Sonra, sert bir tavırla, "Ama şimdi hiçbir şey hatırlamak istemiyorum," diye ekledi.

"Cengiz'i de mi?"

"Fakülteden beri ondan hoşlanırdım."

"Benden hiç hoşlanmıyorsun, değil mi? Neden böyle İrina?"

İrina, hiç konuşmadan bakıyordu. Ellerinin titremesi geçmişti. Lila'ya duyduğu öfkenin yerini umursamazlık almıştı.

Lila, acımayla bakıyordu; tedirgin bir sesle, "Neden susuyorsun?" diye sordu.

İrina yine sustu. 'Bu kadın benim için iyi duygular besliyor ve ben ondan nefret ediyorum,' diye düşündü. 'Pavel onu seviyor diye nefret ediyorum. Ben kıskanç ve kötü oldum.' Lila'nın sesi, "Anlamaya çalış söylediklerimi," diyordu. "Yurtdışına gitmekle yeni bir hayata başlayacağını sanıyorsan, yanılıyorsun. Burada kalırsan..."

İrina, "Sus artık!" diye haykırdı öfkeyle, "Şu anda senden tek dileğim, hemen çekip gitmen. Git buradan!"

Lila, "Hayır!" dedi. "Kovsan da gitmeyeceğim. Bir zamanlar ben de yanlış bir adım atmıştım hayatta. Hayatı hiç sevmez olmuştum."

İrina, güldü, "Vatan Cephesi'ne üye yazılmamı mı istiyorsun?" dedi.

"O kadar değil."

"Gerçek mi sandın?"

"Yok canım, ben de şaka ediyordum."

"Ne istiyorsun benden? Boris Morev'in dul eşi, sizlere alkış mı tutsun istiyorsun?"

"Hiç değilse küçümsememeni."

"Daha başka ne yapmamı istiyorsun?"

"Hekim olduğunu unutmamanı."

Lila, daha bir sürü konuştu. İrina, düz ve sağlam bir hayata dönmeliydi. İnsanlarla dost olmalı ve çalışmanın tadına varmalıydı yine.

İrina'nın gözünün önüne, kızamıktan kurtaracağı yavruların sevimli yüzleri, annelerinin borçlu bakışları geliverdi. Cengiz gibi iyi yürekli dostların çevresinde geçireceği günler mutlu kılmaz mıydı onu?

Lila konuştu, konuştu. Sonunda, "Söz ver bana!" dedi. "Bütün bunları iyice düşünüp taşınacağına söz ver."

"Neye söz vereyim istiyorsun?"

"Sana deminden beri söylediklerimi yapacağına."

"Çalışacağım."

Lila, hüzünle bir baktı ve odadan çıktı. İrina, yalnız kalınca hüzünle gülümsedi. Yeni bir hayata başlayamayacaktı hiçbir zaman.

İrina, bunun böyle olduğunu birkaç gün sonra daha iyi kavradı. Oysa Cengiz çok iyi bakıyordu. Sık sık yanına uğruyor ve neşelendirmeye çalışıyordu onu. Çoğu, akşamları gelirdi, günlük işten yorgun argın. Arada bir Pavel de gelirdi onlarla konuşmaya. Cengiz, on yıl süreyle Nikotiana'ya ve Alman sigara tröstüne hizmet etmiş bu kadını iyi tanımıyordu. Pavel ise her şeyini biliyordu. Cengiz onu görünce gençlik günlerini hatırlıyordu. Pavel ise, her şeye karşın, nazik davranması gereken dul bir yengeyi düşünüyordu.

Pavel, bir akşam Lila'ya, "Seninki iyileşiyor," dedi. "Cengiz'le şakalaşıyor bile..."

Lila, tasalı bir yüzle, "Sen farkında değilsin," dedi, "Onun durumu çok kötüleşti."

"Neden?"

"Yapacak hiçbir şey yok da ondan."

"Şu halde göster kendini ve onu bir şeyler yapmaya başlat..."

"Denedim, ama başaramadım. Lisedeyken biraz direnseydim, onu bize katabilirdim. Belki de babasının polis olmasından bunu göze alamamıştım. İlk başarısızlıktan sonra arkasını bırakmıştım."

Pavel, karşısındakinin kızmasından hoşlanan bir tavırla, "Dar kafalı solculuğun yanlışları," karşılığını verdi.

"O tarihte partiden atılmam için de oy vermiştin."

Lila, "Kendin hiç yanlış yapmazmışsın gibi böbürlenme!" diye hırçınlaştı.

Pavel, "Nicedir çekişmemiştik," dedi. "Altı aydır bir aradayız ve bir gün bile tartışmadık."

Pavel'in aşırı neşesi, Lila'yı sürükleyemedi. İrina'yı düşündükçe üzülüyordu. Başkaları acı çekerken onun mutluluğu da yarım kalıyordu.

Hayat olağan bir yola girdi. Yeni bir düzen hızla gelişti. Vatan Cephesi, bir bütün oldu. Savaş cephesi için çabaların yanı sıra, ekonominin yeniden düzenlenmesi de ele alındı. Sokaklarda bombaların açtığı çukurlar ortadan kalktı. Caddeler kiremitlerden, yıkılmış telgraf direklerinden temizlendi. Tramvaylar yine işlemeye başladı. Almanların sömürdüğü ülkenin beslenmesi kolay değildi. Kundura ve giysi bulunmuyordu. Ama halk, bütün bunları umursamıyordu.

Yeni kurulan Sofya tümeni, bir haftaya kadar cepheye gidecekti. Bu tümenin komutanı Tuğgeneral Pavel Morev, uzun süre düşündükten sonra, yirmi dört saat izinli çıkmayı uygun buldu. Yengesine pasaport sağlamayacaktı, ama onu anasının yanına götürecekti. Bu arada babasının yeni yeni densizliklerini de düzeltmeye çalışacaktı.

İrina, düz siyah kumaştan bir manto ve gri bir başörtüsüyle bindi otomobile. Yüzü mum sarısıydı. Gözleri iyice çukura kaçmıştı. Hiç şık değildi giyimi. Manto ve başörtüsü, hizmetine bakan yaşlı kızındı. Pavel, yanına oturdu otomobilde: üniformasını çıkarmıştı. Açık renk bir pardesü ve spor bir kasket giymişti. Direnişçilerin generali, şimdi yanında muhafız olmadan dolaşabiliyordu. Vatan Cephesi düşmanları silinmiştiler. Pavel, gece gündüz çalışmaktan zayıflamıştı.

Otomobil, alanı geçmiş, ılık bir sonbahar güneşi vurmuş geniş bulvara sapmıştı. Gökyüzünde beyaz beyaz bulutlar uçuşuyordu. Evler, kaldırımlar, yaprakları sararmış kestane ağaçları, mavimsi sabah sisinden iyice sıyrılamamışlardı daha. Tam bu sırada bir cip göründü arkalarında ve motoru homurdayarak onları çılgın bir hızla geçti. Birkaç saniyede Millet Meclisi yapısının önüne varan cip, hızını hiç azaltmadan keskin bir dönemeci aldı, sonra biraz yavaşladı. Demir parmaklıklı bir kapının önünde durdu. Bulvarda yürüyenler, korkuyla kaldırıma sıçradılar. Cipi sürenin böylesine bir sirk numarası yapabilmesi için, aşırı sarhoş olması gerekirdi. İki yana yalpalayan bir Amerikan subayı ve çökmüş de olsa hâlâ güzel bir kadın indi arabadan. Kadın, çıngır çıngır kahkahalar atıyordu, sarhoştu. Yalpalayan subay, kadının kolunu tutmuştu; ama naziklikten değil, düşmemek için böyle davrandığı pek belliydi.

Pavel'in otomobili onlara yaklaşmıştı.

Sara'ydı. İrina'yı görünce donakaldı. Ama hemen kendini topladı, aşağılık ve ısırıcı bir sesle, "Yine dört ayağının üstüne düşmüşsün!" diye sataştı İrina'ya.

İrina, umursamaz bir tavırla, başka yana baktı. Sarhoş Amerikalıyı ve Sara'yı arkada bırakmışlardı.

Pavel, "Bu kadını nereden tanıyorsun?" diye sordu.

"Sara. Anan sana onu anlatmıştı. Boris'in ilk karısının arkadaşıydı ve Nikotiana'nın kirli işlerinde çalışırdı."

"Şimdi de Amerikalılara mı casusluk yapıyor?"

"Olabilir."

"Aşağılık bir sokak karısına benziyor."

"Kadıncağızı bu kadar hor görme. Benim de ondan kalır yanım yok." Sonra, bir düşündü ve dalgın dalgın, "Bana bir pasaport sağlamalıydın. Benim yüzümden utanmaktan kurtulmuş olurdun böylece. Ben de daha rahatlardım," dedi.

Pavel, biraz kaba, ama büyük bir açık yüreklilikle, "Öyle," dedi. "Yurtdışında daha rahat hissederdin kendini."

"Ne diye hiçbir şey yapmadın bu konuda?"

"Bunun birçok nedeni var. Dinle. Ama sözlerimi anlamaya çalış! Komutanlıktan çıkıp da otomobille önlerinden geçtiğim nöbetçilerin, arkamdan, bizim general bu kadınla gezsin diye mi dövüştük diye kara kara düşündüklerini sanıyorum. İçi dışı bir, yürekli ve kendi halinde bu insanlar bizim çetrefil duygularımızı anlayamazlar. İnançları için dövüşürken ölen arkadaşlarını, açlıkları ve dağda yoksulluk içinde geçmiş günleri unutamazlar. Özel yaşayışımdaki ilişkilerim için bu insanların neler düşüneceğini umursamazlık edebilir miyim?"

"Hayır!"

Kentten çıkmışlar, dağa yaklaşıyorlardı. Vitoşa dağının yer yer koyu kırmızı yamaçlarında derin boğazlar ve koca koca yuvarlak kayalar göze çarpıyordu; ılık ve parlak bir sonbahar güneşi vardı.

"Telefonla rica edip göndereceğim, Lukan Nikodimov arkadaş, seni karşılayıp sana yer gösterecek, ama tepeden tırnağa buz gibi süzecekti. Senin her şeyini biliyor. Nikotiana'nın kirli işlerini ve Alman sigara tröstüyle çevrilen dalaverelerin bütün belgelerini gördü. Gizli çalışmaları sırasında bir an bile yakasını bırakmadılar senin çevrenin ajanları. Polis işkencelerini ve öldürülen arkadaşlarını hatırlayacaktı. Sana pasaport verilmesi dileğimi, hiç de istemeyerek yerine getirirdi. Benim için bundan ötürü düşüneceklerini umursamazlık edebilir miyim?"

"Hayır!"

Otomobil, dar bir boğazda ilerliyordu. Vitoşa dağından serin bir rüzgâr geliyordu. Pavel, sakin ve kararlı bir sesle konuşuyordu.

İrina birden, "Bütün bunları niye anlatıyorsun bana?" diye sordu kısık bir sesle.

"Benden nefret edesin diye. Senin için hiçbir şey yapamayacağımı ve yapmak istemeyeceğimi bilesin diye... Böylece sen de biraz daha rahat..."

"O geceyi düşündüğün oluyor mu arada bir?"

"Hangi geceyi?"

İrina, yavaş sesle ve çekingen, güldü. "Dağlarda gizli çalıştığın sıradaydı. Telefon telini kesmiştin. Seni ele vermeyeyim diye. Senin düşmanın olan çevreden bir kadınla birkaç saat çene çalmak için. O gece aramızda bir şeyler başlayıvermişti."

"Bir gece oyalanması yalnızca."

İrina, hüzünlü bir sesle, "Kabalaşma," dedi. "O gece sana bambaşka bir duygu beslemiştim."

"Hiç sanmıyorum. Öteki erkeklere beslediğin duygulardan hiç farkı olmasa gerek."

"Haksızlık ediyorsun..."

"Neden?"

"Yanlış düşünüyorsun. Lila daha iyi anlıyor beni."

"O hep öyledir ve benden daha başka düşünür."

"Senden bir şey beklediğimi mi sanıyorsun hâlâ?"

"Yanıldım mı?"

Öfkeli bir sesle, "Korkma boynuna atılmam!" diye haykırdı acı acı.

"Bundan yana bir korkum yok. Senin iyiliğin için bunları söyledim. Sana karşı böyle davranmam gerekiyordu. Daha başkası, inancıma, inanç arkadaşlarıma ve yirmi yıllık kavgama sırt çevirmek olurdu."

Bir süre sustular. Sonra, İrina, "Haklısın," dedi, umutsuz bir sesle, yavaşça.

Pavel, İrina'nın yakınında yine titremeye başladığını seziyordu. O gece Çam-Koruya'da olduğu gibi. Ama yine bastırabildi bu duygusunu ve içini kaplayan Lila sevgisi güçlü çıktı.

Otomobil, hafif bir yokuşu iniyordu. İki dağın arasındaki su, arkalarında kalmıştı. Önlerinde güneşli aydınlık topraklar açılıyordu güneye doğru. Ufukta karanlık ve koca bir dağ yükseliyordu. Dağın arkasında bataklık vardı. Partizanların zorlu çarpışmalarından biri burada olmuştu çok kısa bir zaman önce. Almanların benzin deposuna yapılan baskında Dinko ve Şişko orada can vermişti. Partizanların gözbebeği o iki arkadaş, düşmanı canevinden vurup geri atmak için ölmüşlerdi orada. Ufukta yükselen koyu mavi koca dağın görüntüsü ve ölen arkadaşların acı anılarıyla kendini toplayan Pavel, yanındaki bu kadının onu sonsuz değerlerle yüklü bir dünyadan koparmayı denediğini kavradı. Oysa, milyonlarca insanın umutlarının ve sevinçlerinin sorumluluğunu taşıyordu. Yeni başlayan bir dünya Pavel için türkülerin en güzeliydi.

İrina'ya bir baktı. Ağlamıştı. Görmezlikten geldi. Kendi bencil dünyası için ağlıyordu bu kadın.

Otomobil, İrina'nın doğup büyüdüğü küçük kente yaklaşıyordu. Şose, kumlu ve kırmızı topraklı tepeler arasında kıvrıla kıvrıla uzanıyordu. Bağlardan ve tütün tarlalarından ürünler kaldırılıyordu. Ilık bir güneş ve güz renklerinin coşkunluğu, iç sızlatan duygulara yol açıyordu.

Yarım saat hiç konuşmadılar. Pavel geriye yaslanmış, gözleri yarı aralık uyukluyordu. Son günlerde pek yorulmuştu. İrina, hüzünle baktı ona. Böylesine kestirebilmek, iç rahatlığı, vicdan temizliği ve gençlik belirtisiydi. İrina, kendisinden sekiz yaş büyük olan bu erkeğin ruhça ve bedence daha genç göründüğünü fark etti. Bir sarsıntı olmuştu.

Pavel gözlerini açtı ve şaşkın şaşkın bakındı:

"Bağışla, yorgunluktan uyuklamışım."

İrina, "Önemi yok, biraz daha uyu!" derken gülümsedi.

Bir çınar korusuna yaklaşmışlardı. Güzün altın parıltısı vardı yapraklarda. Küçük kent, korunun hemen arkasındaydı.

İrina, güçlükle duyulan bir sesle, "Beni gölün yanında bırak lütfen!" dedi.

"Neden?"

"Orada inip yaya dönmek istiyorum eve."

"Bu da nesi?"

"İşçi semtinde birlikte görülmemizi ve senin için yanlış düşünülmesini istemiyorum. O insanlar beni Boris'le gördülerdi, sık sık."

"Bundan olağan bir şey olamazdı. Karısıydın."

"Hayır, orada inmek istiyorum. Çünkü yanında görülmek istemiyorum, ben de..."

"Nasıl istersen..."

Otomobil, korunun önünden geçiyordu. Çınarların gövdelerine küçük gölün maden parıltısı vurmuştu. Gölde nilüferler ve solmuş yapraklar yüzüyordu. Tahtaları çürümüş eski bir kayık vardı kıyıda. Kayığın hemen yanında, gölün sazlıklarına yarı gömülmüş küçük bir pavyon yıkıntısı göze çarpıyordu. Hüzün verici görüntüydü. Pavel, şoförü dürttü ve durmasını söyledi. İrina, elinde küçük bavuluyla otomobilden indi.

"Bundan böyle birbirimizi göremeyeceğiz demek?"

Pavel, bir eziklik duyuverdi. Sessizce bir baktı ve kararlı bir sesle, "Hayır!" dedi.

İrina'nın eli, Pavel'in eline sarılmıştı hiç bırakmamak ister gibi. Pavel, dönüşü olmayan bir yere onu fırlatıvermiş gibi bir duyguyla itti bu eli.

İrina, hızlı hızlı uzaklaştı.

Güz renkleriyle bezenmiş çınarların ve yavaş yavaş ölen bitkiler dünyasının üzerinde ılık bir güneş parıldıyordu.